李扬 著

反不正当竞争法基本原理

—北京—

图书在版编目（CIP）数据

反不正当竞争法基本原理/李扬著．—北京：知识产权出版社，2022.1
ISBN 978-7-5130-7813-9

Ⅰ.①反… Ⅱ.①李… Ⅲ.①反不正当竞争—经济法—法的理论—中国 Ⅳ.①D922.294.1

中国版本图书馆CIP数据核字（2021）第225879号

内容提要

本书对反不正当竞争法的历史沿革、保护法益和特征、行为类型和一般条款等进行了分析，并结合各种行为类型，分别针对商标混淆行为、冒用驰名标识行为等具体不正当竞争行为的构成要件、保护范围、类型和规制等进行了研究。

责任编辑：卢海鹰	责任校对：谷 洋
执行编辑：武 伟	责任印制：刘译文

反不正当竞争法基本原理

李 扬 著

出版发行：知识产权出版社有限责任公司	网 址：http://www.ipph.cn
社 址：北京市海淀区气象路50号院	邮 编：100081
责编电话：010-82000860转8122	责编邮箱：lueagle@126.com
发行电话：010-82000860转8101/8102	发行传真：010-82000893/82005070/82000270
印 刷：天津嘉恒印务有限公司	经 销：各大网上书店、新华书店及相关专业书店
开 本：720mm×1000mm 1/16	印 张：22.75
版 次：2022年1月第1版	印 次：2022年1月第1次印刷
字 数：410千字	定 价：120.00元
ISBN 978-7-5130-7813-9	

出版权专有　侵权必究

如有印装质量问题，本社负责调换。

序

早就想写一本简洁、明了、实用的《反不正当竞争法基本原理》，但因俗务缠身，尤其是单位变动耗费不少光阴，研究和撰写工作时断时续，原定2020年上半年完成的计划，拖到现在才暂时得以了结。

反不正当竞争法性质复杂（有点像东北的乱炖菜），保护的法益具有多样性，不正当竞争行为的样态也因互联网和电子商务的出现而不断翻新。对每个与不正当竞争有关的问题的看法，尤其是《反不正当竞争法》第2条和第12条的适用问题，理论界和实务界几乎都存在激烈争论。但万变不离其宗，没有市场就没有竞争，没有竞争就没有不正当竞争。计划经济下不存在市场不存在竞争，不存在竞争也就不存在不正当竞争。不正当竞争、反不正当竞争法都是市场经济的产物，市场经济是自由和平等竞争的经济，以此为原点，逻辑上就应当假定，市场中所有竞争行为都是正当的。哪些竞争行为不正当乃至不合法这种关涉市场经济基础的重大问题，原则上只能交由负有政治责任的立法者作出法政策决定。如果任何机关、任何人都可以诚信原则或者商业道德为由认定市场主体的竞争行为构成不正当竞争行为，那么市场经济必将被人为扭曲。在负有政治责任的立法者作出的法政策决定无法回应竞争形势变化而需要司法者在个案中行使自由裁量权介入市场资源配置的情况下，司法者应当坚持效率优先、兼顾他人的竞争自由和行动自由，同时预估是否符合立法者将来通过民主立法程序作出的法政策决定，也就是在综合考量竞争者、竞争参与者、消费者利益的基础上，对某种反不正当竞争法未明文列举的竞争行为是否构成应受规制的不正当竞争行为作出判断。本书紧紧围绕这一法政策学基本理念展开所有问题的讨论。

和笔者分别在法律出版社、知识产权出版社出版的《商标法基本原理》《著作权法基本原理》一样，《反不正当竞争法基本原理》未能引用、评析太多国内相关的案例。不是笔者不重视案例，也不是笔者不熟悉相关判决，而是笔者以为某个判决成为案例的唯一根据只能是，该判决说理中能够抽象出适用于相同案件的具有拘束力的规则,当事人的规模和性质、案件标的的大小和判赔额的多少、案件受社会关注的程度、案件的复杂和疑难程度等均非该案件判决能否成为案例的判断因素。案例可分首创型、改良型、颠覆型三种。首创型案例是指在判决说理部分,首次将抽象法律规范或者原则适用于具体案件,并归纳出抽象法律规范或原则适用于具体案件时具有决定性的分析因素的判决。改良型案例是指在判决说理部分,对法律事实基本相同的案件,对首创型案例具有拘束力的规则所确立的决定性分析因素进行增减后得出相同结论的判决。颠覆型案例则是指基于法律事实变化,或者法律事实没有变化但基于对法律规范的不同理解,对首创型或者改良型案例中的决定性分析因素或者判决结论进行彻底颠覆而得出不同决定性分析因素或者结论的判决。重复首创型、改良型、颠覆型案例中决定性分析因素的判决,对已有裁判规则没有任何总结和创新,从中看不出规则演进的任何历史脉络,并非案例。对于学习和研究者而言,最要紧的,还是掌握基本法理和研究方法。掌握了基本法理和研究方法,一切案件也就迎刃而解了。所谓万变不离其宗,就是这个道理。

附诗三首,以飨读者。

草原遭遇一场暴雨

劫持眼眸的弯刀闪过
雨水像突然醉酒的北方汉子
跌跌撞撞而来,草原是必经之路

我喜欢它没有规律的行事风格
理解它在格桑花身上留下的疼痛
偶然相遇,又像命中注定

它替代镰刀,旗帜与呐喊
重新界定天空、草原和骑手织成的画卷
类似囚徒冲破牢笼
使个人的沮丧,甚至死亡
雕塑成历史长河中的兵马俑

我庆幸身边意外发生的小事件
它们容易将预定的结果引向反面
容易让死灰复燃

(2021年6月21日)

致友人

抵达呼伦贝尔的第一天
烂如一滩生活的乌云遮蔽着天空
轻盈的骏马被赶进一场死亡的盛宴
蒙古包升起的炊烟,恍如别离的脚步,曲折而艰辛
这些草原上的事物,不管好还是不好
或多或少在修剪着我的难言之隐

每年选择去往不同的方向
离开你更远一点,更远一点
即使来到曾经金戈铁马的草原
蒙古族的长调还是搬不动心上的石头
马奶子酒射不出英雄的宝剑
更是无法用在场者或不在场者的口吻
向你讲述寒风舌尖上吐出的阴晴圆缺

已经燃起的三昧真火,又怎会轻易熄灭

可以确信的是
我需要一把锉刀重新清理生活的指甲了
母亲说,每个人都有一道要过的坎
你就别再为我操心了
我不会再臣服于语言的暴力或者贿赂
不管我是一团烈火还是一块寒冰

(2020年6月14日)

初 雪

初雪是诗歌喂养的一匹骏马
骑着我胸中死灰复燃的篝火

初雪是道士手中的一道符咒
封存了我再也回不去的沧海桑田

一路向南

一百年未曾遇见的妹妹哟
初雪是你建造的一所房子,盖不住另一所房子
初雪是你燃起的一盏灯,点亮不了另一盏灯

再一百年也不会遇见的妹妹哟
初雪降临时,刻在北方大地上的风景
是两个冰冷的脚印
怅望着南方

(2021 年 11 月 11 日)

2021 年 12 月 1 日

目 录

第一编

第一章 反不正当竞争法的历史沿革 ········· 3
第一节 我国反不正当竞争法的历史沿革 ········· 3
一、1993 年《反不正当竞争法》 ········· 3
二、2017 年《反不正当竞争法》 ········· 4
三、2019 年《反不正当竞争法》 ········· 5
第二节 世界主要国家反不正当竞争法的历史 ········· 6
一、古罗马和中世纪反不正当竞争法的萌芽 ········· 6
二、世界主要国家反不正当竞争法的立法沿革 ········· 7

第二章 反不正当竞争法的保护法益和特征 ········· 15
第一节 反不正当竞争法的保护法益 ········· 15
一、竞争者利益 ········· 15
二、消费者利益 ········· 19
三、其他市场参与者利益 ········· 21
四、公平竞争秩序 ········· 22
第二节 反不正当竞争法的特征 ········· 22
一、作为侵权责任法特别法的反不正当竞争法 ········· 22
二、作为知识产权法的反不正当竞争法 ········· 24
三、作为消费者权益保护法的反不正当竞争法 ········· 26
四、作为竞争法的反不正当竞争法 ········· 27

第三章　不正当竞争行为的类型与一般条款 ········· 29
第一节　不正当竞争行为的类型 ········· 29
　　一、立法上的类型 ········· 29
　　二、学理上对不正当竞争行为类型化的尝试 ········· 30
第二节　不正当竞争行为一般条款 ········· 33
　　一、不正当竞争行为一般条款的历史沿革 ········· 33
　　二、不正当竞争行为一般条款的适用要件 ········· 37

第二编

第一章　商品来源混淆行为 ········· 49
第一节　概　论 ········· 49
　　一、规制商品来源混淆行为的立法目的 ········· 49
　　二、《反不正当竞争法》第6条和《商标法》第57条第1项、
　　　　第2项的适用关系 ········· 50
第二节　商品和商品等标识 ········· 52
　　一、商品和服务 ········· 52
　　二、商品等标识 ········· 53
　　三、商品等标识的分类方法及其意义 ········· 59
第三节　商品来源混淆行为的构成要件 ········· 60
　　一、商业标识知名 ········· 60
　　二、标识近似性 ········· 86
　　三、混淆可能性 ········· 89
第四节　适用除外 ········· 93
　　一、概　论 ········· 93
　　二、使用普通名称或者惯用标识的行为 ········· 94
　　三、没有不正当目的使用自己姓名的行为 ········· 97
　　四、先使用行为 ········· 100
第五节　商品来源混淆行为的规制 ········· 104
　　一、民事规制 ········· 104
　　二、行政规制 ········· 118
　　三、刑事规制 ········· 118

第二章　冒用驰名标识行为 ……………………………………… 120
第一节　概　论 ………………………………………………… 120
第二节　冒用驰名标识行为的构成要件 ……………………… 121
　　一、他人商品标识驰名 ………………………………………… 121
　　二、标识近似性 ………………………………………………… 125
　　三、给驰名标识使用者营业上的利益造成损害可能性 ……… 126
　　四、作为自己商品标识使用 …………………………………… 127
第三节　适用除外 ……………………………………………… 129
第四节　对冒用他人驰名标识行为的规制 …………………… 129

第三章　侵害商业秘密行为 ……………………………………… 130
第一节　概　论 ………………………………………………… 130
　　一、规制侵害商业秘密行为的立法目的 ……………………… 130
　　二、《民法典》第123条是否改变了商业秘密的法律属性 …… 132
第二节　商业秘密的构成要件和保护范围 …………………… 133
　　一、构成要件 …………………………………………………… 133
　　二、商业秘密保护的信息种类和范围 ………………………… 146
第三节　侵害商业秘密行为的类型及其适用除外 …………… 150
　　一、概　论 ……………………………………………………… 150
　　二、侵害商业秘密行为的类型 ………………………………… 151
　　三、适用除外 …………………………………………………… 162
　　四、侵害行为的证明 …………………………………………… 165
第四节　对侵害商业秘密行为的规制 ………………………… 172
　　一、民事规制 …………………………………………………… 172
　　二、行政规制 …………………………………………………… 180
　　三、刑事规制 …………………………………………………… 180
第五节　竞业禁止与商业秘密的保护 ………………………… 196
　　一、竞业禁止的含义和种类 …………………………………… 196
　　二、竞业禁止与商业秘密保护的关系 ………………………… 198

第四章　商品形态酷似性模仿行为 ……………………………… 206
第一节　规制商品形态酷似性模仿行为的趣旨 ……………… 206
第二节　酷似性模仿他人商品形态行为的构成要件 ………… 207

一、他人商品形态 ……………………………………………… 207
　　二、酷似性模仿行为 …………………………………………… 210
　　三、将酷似性模仿品进行转让等行为 ………………………… 213
第三节　适用除外 …………………………………………………… 213
　　一、确保商品机能不可欠缺的形态 …………………………… 213
　　二、酷似性模仿自首次销售之日起经过3年的商品形态 …… 214
　　三、善意无重过失者转让模仿品等行为 ……………………… 215
第四节　对酷似性模仿他人商品形态的规制 ……………………… 216
　　一、民事规制 …………………………………………………… 216
　　二、刑事规制 …………………………………………………… 217

第五章　不正当取得、保有或者使用域名的行为 ………………… 218
第一节　规制不正当取得、保有或者使用域名行为的立法目的 … 218
　　一、域名的含义、结构、作用和注册 ………………………… 218
　　二、规制不正当取得域名等行为的意义 ……………………… 221
第二节　不正当取得、保有或者使用域名行为的构成要件 ……… 224
　　一、图利加害目的 ……………………………………………… 224
　　二、域名与他人的特定商品标识相同或者近似 ……………… 226
　　三、取得、保有使用域名的权利或者使用域名 ……………… 226
第三节　对不正当取得、保有或者使用域名行为的规制 ………… 227

第六章　误导行为 …………………………………………………… 229
第一节　概　论 ……………………………………………………… 229
　　一、国际条约和国内法的相关规定 …………………………… 229
　　二、保护法益 …………………………………………………… 230
　　三、与其他法律的关系 ………………………………………… 230
第二节　构成要件 …………………………………………………… 232
　　一、商业行为 …………………………………………………… 232
　　二、在商品、商品广告或者交易文书等中使用误导标识 …… 232
　　三、误导可能性 ………………………………………………… 241
第三节　对误导行为的法律规制 …………………………………… 243
　　一、民事规制 …………………………………………………… 243
　　二、行政规制 …………………………………………………… 245

三、刑事规制 …… 245

第七章 商业毁谤行为 …… 247
第一节 概论 …… 247
一、规制商业毁谤行为的目的 …… 247
二、与《民法典》的关系 …… 247
三、与言论自由的关系 …… 248
四、主观过错是否是商业诋毁行为的构成要件 …… 248
第二节 商业毁谤行为的构成要件 …… 249
一、原被告之间存在具体的竞争关系 …… 249
二、毁损行为 …… 251
三、损害竞争对手的商业信用 …… 254
第三节 特定行为与商业毁谤行为 …… 256
一、比较广告与商业毁谤行为 …… 256
二、知识产权侵权警告与商业毁谤行为 …… 258
第四节 对商业毁谤行为的规制 …… 259
一、民事规制 …… 259
二、行政规制 …… 262
三、刑事规制 …… 262

第八章 侵害数据的不正当竞争行为 …… 264
第一节 概论 …… 264
第二节 限制提供的数据的构成要件 …… 265
一、限定提供性 …… 266
二、相当积累性 …… 266
三、电磁管理性 …… 267
四、属于技术信息或者经营信息 …… 268
五、作为秘密管理的数据除外 …… 268
六、与公众可以无偿利用的信息相同的数据除外 …… 269
第三节 侵害限制提供的数据的不正当竞争行为及其适用除外 …… 270
一、不正当获取、使用或者披露限定提供的数据的行为 …… 270
二、显著违反诚信原则使用或者披露限定提供的数据的行为 …… 273
三、转得者的不正当获取、使用或者披露行为 …… 276

四、适用除外 ·· 278
第四节　日本保护数据不正当竞争法模式的评价 ············ 279
一、日本保护数据不正当竞争法模式的优点 ············ 279
二、日本保护数据不正当竞争法模式的弊端 ············ 280
第五节　数据反不正当竞争法保护的技术路线 ·············· 283
一、数据赋权保护模式的反思 ························· 283
二、反不正当竞争法保护数据的技术路线 ·············· 285

第九章　侵害商品化权的行为 ···························· 288
第一节　商品化权概论 ···································· 288
一、商品化权的含义和性质 ···························· 288
二、商品化权保护的理论根据 ························· 290
第二节　侵害商品化权行为的构成要件 ···················· 293
一、对自然人的姓名等进行利用 ························ 293
二、广告宣传或者商品化利用 ························· 295
三、利用行为足以给商品化权人的利益造成严重损害 ···· 296
四、未经许可 ·· 298
五、不符合著作权法等特定知识产权法保护客体的要件 ·· 298
第三节　对侵害商品化权行为的规制 ······················ 299
一、差止请求 ·· 299
二、损害赔偿请求 ····································· 300
三、信用恢复请求 ····································· 301
四、请求权人 ·· 301
五、自然人死亡后的商品化权 ························· 302

第十章　引诱违约行为 ···································· 305
第一节　概　论 ·· 305
一、何谓引诱违约行为 ································ 305
二、对引诱违约行为进行反不正当竞争法评价的必要性 ·· 306
三、效率违约与引诱违约行为 ························· 309
四、立法例 ·· 310
第二节　引诱违约行为构成不正当竞争行为的要件 ·········· 313
一、概　论 ·· 313

二、引诱违约行为构成不正当竞争行为的要件 ……………………… 314
　第三节　救济手段 ………………………………………………………… 317
　　一、损害赔偿请求 ………………………………………………………… 317
　　二、竞业禁止请求 ………………………………………………………… 317

第十一章　互联网环境下的新型不正当竞争行为 ……………………… 319
　第一节　《反不正当竞争法》第 12 条与其他法条的适用关系 ……… 319
　第二节　互联网环境下新型不正当竞争行为的构成要件和种类 …… 322
　　一、互联网环境下新型不正当竞争行为的构成要件 ……………… 322
　　二、互联网环境下新型不正当竞争行为的种类 …………………… 323
　第三节　互联网环境下新型不正当竞争行为与私力救济抗辩 ……… 326
　　一、概　论 …………………………………………………………… 326
　　二、私力救济抗辩的必要性和合理性 ……………………………… 327
　　三、私力救济抗辩的要件 …………………………………………… 329
　　四、私力救济抗辩中的私力救济措施 ……………………………… 331
　　五、私力救济抗辩的法律效果 ……………………………………… 332

第十二章　知识产权警告函行为与不正当竞争 ………………………… 334
　第一节　概　论 …………………………………………………………… 334
　　一、绪　论 …………………………………………………………… 334
　　二、德国的实践 ……………………………………………………… 335
　　三、日本的实践 ……………………………………………………… 336
　　四、我国的司法实践 ………………………………………………… 337
　第二节　美国反托拉斯法上的诺尔－佩宁顿法理（Noerr-Pennington）… 340
　　一、诺尔－佩宁顿法理（Noerr-Pennington） …………………… 340
　　二、诺尔－佩灵顿法理之假象例外（sham exception） ………… 341
　第三节　诺尔－佩灵顿法理与知识产权侵权警告函行为 …………… 344
　　一、诺尔－佩灵顿法理适用于知识产权侵权警告函行为的可行性 … 344
　　二、假象知识产权侵权警告函行为 ………………………………… 345
　　三、提起诉讼是否适用诺尔－佩灵顿法理的前提 ………………… 346
　　四、诺尔－佩灵顿法理的适用与警告函的形式要件 ……………… 347
　　五、假象知识产权侵权警告函行为构成不正当竞争行为的具体判断 … 348

参考文献 ………………………………………………………………… 349

第一编

第一章
反不正当竞争法的历史沿革

第一节　我国反不正当竞争法的历史沿革

一、1993 年《反不正当竞争法》

在 1900 年修改《保护工业产权巴黎公约》(以下简称《巴黎公约》)的布鲁塞尔外交大会上,被认为属于工业产权保护一部分的反不正当竞争保护首次被加入该公约第 10 条之二。第 10 条之二第 1 款规定本联盟国家有义务对各该国国民保证给予制止不正当竞争的有效保护,第 2 款规定凡在工商业活动中违反诚实的习惯做法的竞争行为构成不正当竞争行为,第 3 款特别例举了应当予以禁止的下列三种不正当竞争行为:

"1. 具有采取任何手段对竞争者的营业所、商品或者工商业活动产生混淆性质的一切行为;

2. 在经营活动中,具有损害竞争者的营业所、商品或者工商业活动的信用性质的虚伪说法;

3. 在经营商业中使用会使公众对商品的性质、制造方法、特点、用途或数量 易于产生误解的表示或说法。"

1985 年 3 月 19 日我国正式成为该公约成员国。为了履行《巴黎公约》第 10 条之二规定的义务,制止不正当竞争行为,1993 年 9 月 2 日,第八届全国人民代表大会常务委员会第三次会议通过《中华人民共和国反不正当竞争法》(以下简称《反不正当竞争法》)。该法自 1993 年 12 月 1 日起施行。《反不正当竞争手法》共33条，其中第5条至第15条规定了如下11种应当被禁止的不正当竞争行为：仿冒行为（第5条）、限制竞争行为（第6条）、行政权力经营行为（第7条）、商业贿赂行为（第8条）、虚假广告行为（第9条）、侵犯商业秘密行为（第10条）、倾销行为（第11条）、不正当附条件销售行为（第12条）、不正当有奖销售行为（第13条）、商业毁谤行为（第14条）、串通投标行为（第15条）。

1993年《反不正当竞争法》的最大特点是将规制不正当竞争行为、限制竞争行为和垄断行为进行合并立法，这一方面折射出当时我国市场竞争的乱象，另一方面表明当时我国立法者持广义的不正当竞争观念，将限制竞争行为、垄断行为也理解为不正当竞争行为，对反不正当竞争法、反限制竞争法、反垄断法之间的区别认识不足。

与日本1934年制定、1935年实施的不正当竞争防止法和德国1896年首创的世界第一部成文的反不正当竞争法相比，我国1993年的《反不正当竞争法》还有一个突出特征，即从一开始就设置了有关不正当竞争行为的一般条款（第2条第2款），赋予了法官认定《反不正当竞争法》未列举但市场经济生活中可能出现的其他不正当竞争行为的自由裁量权，从而使我国《反不正当竞争法》从诞生之日起，对不正当竞争行为的认定和规制就具备开放性。

二、2017年《反不正当竞争法》

为了回应互联网领域竞争新样态的需要，且随着立法者对反不正当竞争法、反限制竞争法、反垄断法之间区别等理论问题认识的深化，2017年11月4日第十二届全国人民代表大会常务委员会第三十次会议第一次修订了1993年《反不正当竞争法》。2017年《反不正当竞争法》第6条至第12条规制的不正当竞争行为包括：混淆行为（第6条），商业贿赂行为（第7条），引人误解的宣传行为（第8条），侵害商业秘密行为（第9条），不正当有奖销售行为（第10条），商业毁谤行为（第11条），妨碍、破坏其他经营者合法提供的网络产品或者服务正常运行的行为（第12条）。

与1993年《反不正当竞争法》相比，2017年《反不正当竞争法》内容上主要作了如下修订：一是将第2条第1款基本原则中的"经营者在市场交易中"应遵循的原则，修改为"经营者在生产经营活动中"应遵循的原则，将不正当竞争行为一般条款由原来的"经营者违反本法规定，损害其他经营者的合法权益，扰乱社会经济秩序的行为"修改为"经营者在生产经营活动中，违反本法规定，扰乱市场竞争秩序，损害其他经营者或者消费者的合法权益的行为"，明确将消费者权益规定为反不正当竞争法保护的法益；二是对混淆行为重新进行了界定，将"知名商品"要求修改为标识"有一定影响"要求，并增加了兜底规定"其他足以引人误认为是他人商品或者与他人存在特定联系的混淆行为"，从而使得部分驰名标识的反不正当竞争法保护有了法律依据；三是将"利诱"从非法获取商业秘密的不正当手段中删除，增加"贿赂、欺诈"两种手段，同时将侵害商业秘密的第三人扩大为"商业秘密权利人的员工、前员工或者其他单位、个人"；四是增加了经营者利用网络从事"妨碍、破坏其他经营者合法提供的网络产品或者服务正常运行"的不正当竞争行为规定；五是将商品的"性能、功能、质量、销售状况、用户评价、曾获荣誉"增加为误导行为的内容；六是增加了国务院建立反不正当竞争工作协调机制的相关规定，县级以上人民政府履行工商行政管理职责的部门负责对不正当竞争行为进行查处的规定，以及行业组织的义务性规定；七是增加了监督检查部门对经营场所进行检查，对相关财务进行查封、扣押以及银行账户进行查询等行政执法权；八是将法定赔偿最高额增加到300万。

显然，2017年《反不正当竞争法》强化了对商业标识、商业秘密的保护水平，加大了对不正当竞争行为的打击力度，扩充了监督检查部门的行政执法权。

三、2019年《反不正当竞争法》

第十三届全国人民代表大会常务委员会第十次会议于2019年4月23日通过了《全国人民代表大会常务委员会关于修改〈中华人民共和国建筑法〉等八部法律的决定》，对《反不正当竞争法》进行了修改，此决定同日施行。此次修改的主要内容如下：

（1）将商业秘密界定为"不为公众所知悉、具有商业价值并经权利人采取相应保密措施的技术信息、经营信息等商业信息"，扩大了商业秘密的客体范围。

（2）进一步明确并扩大了侵害商业秘密的行为，在第9条第1款中增加了以电子侵入手段获取权利人商业秘密的行为，以及教唆、引诱、帮助他人违反保密义务或者权利人有关保密的要求，获取、披露、使用或者允许他人使用权利人商业秘密的行为,并将"经营者以外的其他自然人、法人和非法人组织"纳入为侵害商业秘密的主体。

(3) 规定对"恶意实施侵犯商业秘密行为,情节严重的"可以实施一至五倍的惩罚性赔偿。

(4) 将法定赔偿最高限额由 300 万提高到 500 万。

(5) 加大了对侵犯商业秘密行为的处罚力度,并且将经营者以外的其他自然人、法人和非法人组织纳入了处罚对象,除罚款限额提高到 10 万至 100 万,情节严重的提高到 50 万至 500 万之外,还可没收违法所得。

(6) 民事审判程序中,商业秘密权利人提供初步证据证明商业秘密被侵犯后,举证责任即在侵权方,从而减轻了商业秘密权利人的举证责任,加重了侵权者的举证责任。

本次修改,主要亮点在于提高了商业秘密的保护力度,可谓为日益重要且侵权极为严重的商业秘密的保护注入了一剂强心针。

第二节 世界主要国家反不正当竞争法的历史

一、古罗马和中世纪反不正当竞争法的萌芽

竞争可谓社会经济生活的伴随品,即使在古罗马时期,也不能说没有抑制不正当竞争行为的法制度。根据有些学者的研究,在古罗马,对于侵害商业秘密的不正当竞争行为,按照诱惑奴隶之诉(actio servi corrupti)进行处理,其原理和近代反不正当竞争法一样。[1]

中世纪,在特许经营者或者同业组合员内部,也有不正当竞争。不过,对于此种行为,通过封建领主的权力即足以禁压。但是,随着领主权力的衰弱和都市的勃兴,脱离领主控制的工商业者的自治权扩大,在同业组合内部,开始通过组合规约统制不正当竞争行为。比如,在 1400 年代的德国,就存在禁止营业毁谤、不当引诱顾客和泄露商业秘密的同业组合规约;在法国的路易王朝时代,也存在禁止不正当竞争令的事例;在英国,行业工会对组合成员拥有裁

---

[1] SCHILLER A A. Trade Secrets and the Roman Law [J]. Cal. L. Rev, 1930, 30 (6): 837.

决权,如果组合成员不遵守公正竞争规约的话,则不得进行营业。1580年,英国已经出现了关于仿冒行为(passing off)的判例。[1]

二、世界主要国家反不正当竞争法的立法沿革

(一)法国

法国大革命后,人人均可自由从事一切被认为是正当的商业或者职业,这被认为属于人权的一部分。但该宣言的意义主要在于打破封建特权,反不正当竞争法的形成伴随19世纪法国资本主义形成才得以完成。尽管法国有反不正当竞争的传统,而且1824年制定过关于制品名僭用模仿的法律、1905年制定过关于商品、食料品、农产品销售欺诈取缔法等各种反不正当竞争法,但其至今也未制定适用于不正当竞争行为的专门反不正当竞争法,而是以其民法典第1382条关于侵权行为和第1383条关于准侵权行为的规定为基础,在判例中逐渐发展并形成关于反不正当竞争的法规范。

(二)英国

与法国在不正当竞争概念下,围绕不正当竞争形成判例法不同,英国虽然也是通过判例法解决问题,但并未构筑出"不正当竞争"这样的一般性概念,而且尽管同样是判例法,与法国判例法主要是围绕其民法典第1382条展开形成不同,英国有关反不正当竞争的判例法,是通过不同类型的侵权行为发展而来,包括1850年最早出现的仿冒之诉,16世纪末出现的信用毁损之诉,以及恶意的虚假之诉等,用以制止不正当竞争行为。此外,英国于1863年制定了关于展览奖牌的法案、1906年制定了关于禁止腐败的法案等特别法,与法国一样。

(三)美国

美国虽然继受了英国的判例法传统,但因产业发展显著,尤其是作为大资本威力而出现了各种竞争样态,因此超越了英国法传统而独创出其他解决竞争问题的方式。最为典型的,是独创出反垄断法理,在不正当竞争领域中创设了

---

[1] 小野昌延. 注解不正競争防止法(新版上卷)[M]. 東京:青林書院,2007:28-29.

联邦贸易委员会等行政委员会。1890年制定的《谢尔曼法》明确了已经为普通法承认的不正当竞争行为，1914年制定《克莱顿法》《联邦贸易委员会法》，赋予联邦贸易委员会对不公平竞争行为管辖权，1938年制定《维勒－李法》（Wheeler－Lea Act），赋予联邦贸易委员会对不公正的欺骗行为或者实践管辖权，从而将原产地虚假表示、不正当广告等典型的不正当竞争行为纳入规制范围。根据1938年的羊毛产品标签法案（Wool Products Labeling Act）、1951年的皮毛制品标签法（Fur Products Labeling Act）、1953年的易燃织物法案（Flammable Fabric Act－FFA）等，联邦贸易委员会又获得对特定商品表示规制的执法权限。除了联邦贸易委员会之外，美国食品药品监督管理局（FDA）等各种行政机关对于夸大广告、虚假广告等的规制，亦有执法权。

1946年制定的兰姆法（Lanham Act）第43条第1款规定制止仿冒、虚假广告、商业毁谤等广泛的不正当竞争内容，被认为是美国联邦意义上的反不正当竞争法。1993年美国法学会经过7年努力拟定和颁布并于1995年修订的反不正当竞争法重述，系统规定了反不正当竞争的内容，标志着美国反不正当竞争法完全从侵权法中独立出来。

根据美国司法界和学术界的总结，美国反不正当竞争法禁止的行为主要包括如下几种：仿冒行为，包括对商标、商号和商业外观的仿冒；虚假广告行为，包括对自己商品或者服务的品质、功能、特征等进行误导消费者的陈述；商业毁谤行为，即以虚假陈述的方式毁谤他人商品、服务、商标、商号或商业信誉等的行为；淡化行为，包括淡化他人商标和商号的行为；盗取他人商业价值的行为，主要是指未经许可使用他人已经披露的商业信息，并且造成对他人商业利益的严重损害的行为；盗取他人商业秘密的行为；侵害他人形象权的行为。❶

（四）德国

19世纪末，由于认识到不当贱卖、产业间谍等不正当竞争行为造成的弊害，德国法院改变了以往不承认存在应该受保护的营业利益的立场，这对德国于1896年首创世界第一部反不正当竞争法发挥了巨大推动作用。❷ 该法的特点

---

❶ 李明德. 美国知识产权法［M］. 2版. 北京：法律出版社，2014：621.
❷ 小野昌延. 注解不正競争防止法（新版上卷）［M］. 東京：青林書院，2007：31－32.

是并未设置关于不正当竞争行为的一般条款，只限定列举了应该受禁止的五种不正当竞争行为，尤其是误导行为、贬低与诋毁商誉行为、模仿他人标识行为、泄露商业秘密行为。但司法实践发现，这种立法模式不适应市场发展形势。1909 年，德国制定颁布了一直适用到 2004 年的新的反不正当竞争法。1909 年反不正当竞争法增加了关于不正当竞争行为的如下一般条款："商业交易中以竞争为目的违背善良风俗者，得请求其不作为与损害赔偿。"

由于欧共体一体化、自由化和法典化运动，德国于 2004 年制定颁布了新的反不正当竞争法。2004 年反不正当竞争法保留了一般条款，但以"不正当竞争行为"概念取代了"违背善良风俗"概念，首次在立法中正式确立保护竞争者利益、消费者利益和其他市场参与者的利益，同时保护公众在未扭曲的竞争方面的利益，并对在欧共体法已经规定的误导广告、比较广告以及不合理逾期骚扰等行为进行了规定。

2005 年欧盟《不正当商业行为指令》颁布，该指令仅适用于经营者与消费者之间的商业交易，并且附录了侵害消费者利益的 30 种本身违法行为。为了转化欧共体指令中的规定，2008 年德国对 2004 年的反不正当竞争法进行了修改，以"商业行为"概念取代了"竞争行为"概念，从而将合同签订中、签订后的"市场后行为"纳入规制范围。最为重要的是，2008 年反不正当竞争法将一般条款由原来的"不利于竞争者、消费者或者其他市场参与者而足以不仅非显著地损害竞争"，修改为"足以显著地侵害竞争者、消费者或者其他市场参与者的利益"的不正当商业行为，才是应当禁止的不合法商业行为。第 3 条第 3 款则基本吸纳了欧盟《不正当商业行为指令》附录Ⅰ规定的 30 种本身不合法的商业行为。[1]

（五）日本

日本明治维新之后，工商业变得自由。1884 年日本虽制定了商标条例等，但只不过是以商标权为中心的思考方式，"不正当竞争"的文字最初出现于日本 1899 年的商法第 20 条、第 22 条中。1911 年和 1925 年，日本虽然以德国反不正当竞争法为参考，制定了反不正当竞争法草案，但因当时代日本产业尚处于发展阶段，民法解释上又认为不构成权利侵害的行为不应当承担法律责任等

---

[1] 范长军. 德国反不正当竞争法研究 [M]. 北京：法律出版社，2010：9 - 16.

原因，最终未能成为正式的法律。由于 1899 年日本加入《巴黎公约》后应当履行制止不正当竞争的最低限度义务，以及以大学汤案❶为契机，民事法律责任的承担在民法解释上发生了从权利侵害到违法性的转变，日本在 1934 年制定颁布了不正当竞争防止法，该法于日本加入《巴黎公约》海牙改正文本的决定发生效力的 1935 年 1 月 1 日开始施行。❷ 该法仅有 6 个条文，禁止的不正当竞争行为仅有知名商品表示混同行为、原产地虚假表示行为、信用毁损行为三种，且明确要求各不正当竞争行为的构成需要"不正当竞争目的"，罚则仅针对使用外国国家纹章的行为，对上述三种不正当竞争行为未规定罚则，民事救济也仅规定了损害赔偿请求权，而无差止请求权❸的规定。该法施行后至 1950 年的 15 年间，因战时经济影响，日本仅出现过 1 个关于不正当竞争的案例。❹

至 2018 年为止，日本对不正当竞争防止法进行了 24 次大小修改。历次修改的主要情况如下。

1938 年为了满足《巴黎公约》1934 年伦敦改正文本要求，新设禁止营业表示混同行为规定。

1950 年，日本按照 1949 年远东经济委员会指令备忘录要求，修改《不正当竞争防止法》，将差止请求权主体修改为营业上利益可能受侵害之虞者，在禁止的不正当竞争行为中增加出口行为，并增加禁止来源地误认行为，商品品质、内容、数量误认行为，删除了不正当竞争行为需要"不正当竞争目的"主观要件的规定，将 1000 日元以下刑事罚金改为 3 年以下有期徒刑或者 20 万日元以下罚金，明确规定了适用除外行为，扩大了信用回复请求权的对象。

1953 年因加入《制止商品产地虚假或欺骗性标记马德里协定》（以下简称《马德里协定》），新设禁止将葡萄酒原产地地方名称（香槟、波尔多）作为普

---

❶ 日本大判 14.11.28 民集 4 卷 670 页。该案件中，因字号"大学汤"当时并非日本民法典保护的权利客体，被告行为是否构成侵害成为争议焦点。日本当时的最高法院大审院通过解释认为，字号虽非民法明确规定的保护客体，但也是受法律保护的利益，被告未经许可使用应当承担法律责任，从而完成法律责任的承担由"权利侵害"到"违法性"的转变。
❷ 経済産業省知的財産政策室. 逐条解説不正競争防止法 [M]. 東京：商事法務，2016：2-3.
❸ 差止请求权是日本法上的用法，包括停止侵害危险请求权、停止侵害请求权、废弃侵权工具请求权、废弃侵权产品请求权。
❹ 小野昌延，山上和則. 不正競争の法律相談 [M]. 東京：青林書院，2010：4；小野昌延. 注解不正競争防止法（新版上卷）[M]. 東京：青林書院，2007：34.

通名称使用的特例。

1965年，因1958年《巴黎公约》里斯本改正文本以及《马德里协定》里斯本改正文本的关系，除了将旧法第1条第4项"商品的产出、制造或者加工国"的"国"改为"地"，相应追加禁止"使用引人误认为同一个国家内其他地方产出的标识"之外，伴随《巴黎公约》第10条之2第3款第3项的修改，日本相应在旧法第1条第1款第5项禁止的品质误认行为中增加了"制造方法、用途"两个要素，同时新设禁止日本代理人或者代表人冒用同盟国作为被代理人或者被代表人的商标权人商标的行为，对使用政府间国际组织纹章的行为规定刑事处罚措施。

1990年为了适应技术革新带来的经济社会信息化、商业秘密日趋重要的形势，日本不正当竞争防止法新设商业秘密保护规定，具体内容包括侵害商业秘密的不正当竞争行为类型，对侵害商业秘密行为的废弃和除却请求权，善意取得者适用除外，3年消灭时效和10年除斥期间，同时将刑事罚金额由20万日元提高到50万日元。

因实践中出现了条文未规定的大量不正当竞争行为，为了应对，司法在个案中采取了对日本不正当竞争防止法条文进行扩张解释或者类推适用产业财产法等不统一做法，亟须立法解决。1992年，世界知识产权组织为了调和国际反不正当竞争法，开始着手制定反不正当竞争示范法，日本认为有必要对此提前进行整备。在此背景下，日本于1993年对其日本不正当竞争防止法进行了大修。主要内容包括，将法律文本由片假名改为平假名，规定了立法目的、预防请求权和废弃除却请求权，新设了驰名标识保护和商品形态酷似性模仿禁止规定，将原产地标识误认混淆行为的对象由商品扩大到服务，新设了损害额推定规定以及文书提出命令制度，将个人刑事罚金额由50万日元提高到300万日元，法人的由50万日元提高到1亿日元。

1994年将代理人或者代表人商标冒用行为的保护对象国扩大到世界贸易组织成员，1996年进一步将保护对象国扩大到商标法条约缔约国。1998年新设禁止以获得营业上的不正当利益为目的对外国公务员进行贿赂的规定，违反者，法人罚金额由1亿日元提高到3亿日元。

1999年新设禁止销售无效化他人使用、复制等管理技术的机器或者计算机程序的行为，对此等行为，规定了差止请求权等民事保护措施。同时，将商业上使用外国国旗等的行为调整为不正当竞争防止法的一部分。

2001年新设禁止不当取得、使用、保有域名的行为，并规定即使行贿方和受贿方的外国公务员不属于同一个国家，亦构成日本不正当竞争防止法处罚对象。

2003年新设侵害营业秘密刑事保护的规定，将不正当获取、使用或者披露他人商业秘密者作为处罚对象。同时，扩充了文书提出命令制度内容，导入了不公开审理程序，并将通过电气通信线路提供不正当使用他人商品等标识的行为，规定为不正当竞争行为。❶ 为了保护诉讼过程中的商业秘密，2004年，日本导入秘密保持命令制度，规定当事人在诉讼过程中接触的商业秘密，除了用于诉讼目的外，不得使用或者披露。同时完善了不公开审理制度，规定审理文书提出命令时，裁判所如认为有必要就是否存在拒绝提出文书的正当理由听取意见，可以对当事人开示该文书。

2005年，为了强化商业秘密的刑事保护，以及加强对模仿品和盗版的打击力度，日本对其不正当竞争防止法又进行了修改。主要内容包括：一是出于不正当竞争目的，将商业秘密拿到日本国外使用、开示的行为，以及基于在职中约束的原员工使用、开示商业秘密的行为，规定为刑事处罚对象，并对侵害商业秘密罪实行两罚规定；二是规定，出于不正当目的使用他人驰名商标等标识的行为，酷似性模仿他人商品形态的行为，受刑事处罚；三是考虑侵害知识产权犯罪和刑法上财产犯之间的均衡，将罚则提高至5年以下有期徒刑或者500万日元以下罚金，且可两罚并处。2006年，侵害商业秘密的罚则进一步提高至10年以下有期徒刑或者1000万日元以下罚金，适用两罚时金额则提高至3亿日元以下罚金，违反秘密保持命令罪和商品形态酷似性模仿罪的罚则也提高至5年以下有期徒刑或者500万日元以下罚金，且商品形态酷似性模仿罪适用两罚时金额提高至3亿日元以下罚金。此外，还延长了对法人犯罪的公诉时效期间。

根据2003年修订的不正当竞争防止法，侵害商业秘密罪的构成，需要不正当竞争目的要件，如此一来，一是不存在竞争关系但出于加害目的或者有利于外国政府目的，不正当使用或者开示商业秘密的行为，将不受处罚。二是因侵害商业秘密罪以不正当使用或者开示商业为着眼点，尽管从事业内部管理体

---

❶ 小野昌延. 新注解 不正競争防止法（新版上卷）[M]. 東京：青林書院，2007：35-37；経済産業省知的財産政策室. 逐条解説 不正競争防止法 [M]. 2版. 東京：商事法務，2019：15.

制的痕迹上看，商业秘密被不正当盗出的事实非常清楚，但因该使用、开示行为在事业者外部秘密进行，证明存在困难，受害者不得不忍气吞声。为了回应企业的呼声，2009 年，日本修改不正当竞争防止法，再次强化了商业秘密的保护。主要内容：一是将侵害商业秘密罪的目的要件"不正当竞争目的"修改为"不当获利目的"或者"加害商业秘密保有者❶的目的"，也就是"图利加害目的"。二是扩大不正当获取商业秘密第三人的行为范围。2009 年改正前，受罚第三人的行为限于采用欺诈或者侵害管理手段获取记录商业秘密媒介等，或者制作记录商业秘密记录媒介复制件，从而获得商业秘密的行为。2009 年则修改为，出于图利加害目的，采用欺诈手段或者侵害管理手段获取商业秘密的行为都构成刑事处罚的对象行为。三是 2009 年改正前，合法知悉商业秘密者，在不正当盗走商业秘密的阶段并非处罚对象，只有到了不正当使用或者开示阶段才成为处罚对象。2009 年改正后，因商业秘密保有者开示而知悉商业秘密者背弃商业秘密管理任务，出于图利加害目的，侵占商业秘密的行为亦成为商业秘密侵害罪的对象行为。

1999 年日本修订不正当竞争防止法，虽将提供无效化复制控制和接触控制技术手段或者装置的行为规定为不正当竞争行为，且设置了民事救济措施，但可以用于盗版游戏软件的装置依旧横行，内容提供事业者因此遭受巨大损害。为了防止这种状况发生，2011 年，日本强化了技术限制手段的保护。主要内容包括：一是缓和了受规制的装置的要件，不再要求装置仅有无效化复制控制或者接触控制的作用；二是将提供无效化装置的行为规定为刑事处罚的对象行为。

为了构筑更为有效的刑事处罚抑制措施和民事救济措施，强化商业秘密的保护，2015 年日本修改不正当竞争防止法时，导入了如下内容。一是扩大刑事和民事上的保护范围，将商业秘密转得者作为处罚对象，规制侵害商业秘密产品的流通，将取得或者占有商业秘密作为国外犯的对象，导入侵害商业秘密罪的未遂罪。二是将侵害商业秘密罪的罚金刑提高至 2000 万以下日元，加重侵害商业秘密罪海外犯的处罚，个人罚金刑提高至 3000 万以下日元，法人罚

---

❶ 保有者，大致相当于我国法学文献中所说的"利益享有者"。"商业秘密保有者"的用法说明：商业秘密仅是受法律保护的一种利益，排他范围相当有限，他人通过独立研发、收集整理、反向工程等手段获得的实质性相同的技术信息和经营信息等商业信息，在采取保密措施的情况下，亦可就此等商业信息享有有限的排他利益。

金刑提高至 5 亿以下日元，导入犯罪所得的任意没收和追缴规定，将侵害商业秘密罪由亲告罪改为非亲告罪。三是为了提高侵害商业秘密民事救济的时效性，导入民事诉讼中技术秘密不正当使用的事实推定制度，且延长了差止请求权的除斥期间。

伴随第四次工业革命，物联网和人工智能等信息技术革新取得了显著进展，企业竞争力的源泉在于数据、数据的分析方法、活用数据及其分析方法的产品和商业模式。在此背景下，为了促进数据的活用，整备与此相关的环境，2018 年日本再次对其不正当竞争防止法进行了如下修改。一是规定以营业为目的，不当获取、使用或者开示限定提供的数据的行为构成不正当竞争行为，并设置了差止请求权等民事救济措施。二是将提供使密码等技术限制手段无效的服务的行为规定为不正当竞争行为。三是规定为了判断文书提出命令中文书的必要性，专门委员可以参与不公开审理程序。

总的来看，日本历次修改不正当竞争防止法，一是为了履行国际条约规定的义务，二是为了适应信息技术革命带来的变化，三是为了强化商业秘密、商业标识、商品形态、大数据、技术保护措施的保护。

第二章
反不正当竞争法的保护法益和特征

第一节 反不正当竞争法的保护法益

一、竞争者利益

竞争者利益是反不正当竞争法保护的首要法益。德国反不正当竞争法第1条[1]和我国《反不正当竞争法》第1条虽然措辞上有所不同，但均直接规定本法保护竞争者利益。日本不正当竞争防止法第1条虽然未直接规定本法保护竞争者利益，但从其第3条规定可以行使差止请求权和损害赔偿请求权的主体限于因不正当竞争行为营业上的利益受到侵害或者受到侵害之虞者来看，显然也保护竞争者利益，因为利益受不正当竞争行为侵害者或者侵害之虞者，首当其冲的是竞争者。日本田村善之、小野昌延等学者持这种见解。[2]

竞争者，是指作为商品或者服务的供应者、需求者而与一个或者多个经营者处于具体竞争关系的经营者。[3] 构成反不正当竞争法中的竞争者，应当具备两个要件：一是属于经营者，二是处于具体竞争关系中。

---

[1] 德国反不正当竞争法第1条规定："本法旨在保护竞争者、消费者以及其他市场参与者免受不正当商业行为。同时保护公众在未扭曲的竞争方面的利益。"范长军. 德国反不正当竞争法研究 [M]. 北京：法律出版社，2010：437.

[2] 小野昌延. 注解不正競争防止法（新版上卷）[M]. 東京：青林書院，2007：90；田村善之. 不正競争法概説 [M]. 2版. 東京：有斐閣，2003：9-10.

[3] 德国反不正当竞争法第2条第1款第3项。范长军. 德国反不正当竞争法研究 [M]. 北京：法律出版社，2010：437-438.

(一) 经营者

经营者，按照德国反不正当竞争法的规定，是指在工商业、手工业或者职业活动中从事商业行为的自然人或者法人，以及以其名义或者受其委托从事活动的人。商业行为，则是指有利于自己或者他人的经营的，缔结交易之前、期间或之后的，与促进商品或服务的销售、商品或服务合同的签订、履行客观上相关联的人的行为。❶ 经营者不仅包括工商业者，也包括建筑师、医生、律师、会计等各种自由职业者。按照我国《反不正当竞争法》第2条第3款的规定，经营者，是指从事商品生产、经营或者提供服务的自然人、法人和非法人组织。与德国法不同的是，我国《反不正当竞争法》明确将从事商品生产、经营或者提供服务的"非法人组织"规定为"经营者"。

是否具备直接营利目的，并不影响经营者的认定。不以营利为直接目的的医生、律师等自由职业者，以教育、慈善、体育振兴等为直接目的的公益法人，在一定范围内允许从事事业活动，作为市场经济的构成单位参与到交易秩序中，对其事业活动亦应作为反不正当竞争法上的生产、经营或者服务活动处理，相应地，也应当将活动主体作为经营者对待。日本判例上认为，反不正当竞争法所称的"营业"，不仅仅指以营利为目的的活动，而且包括立足于经济上的收支计算而从事的事业活动，因此医院、公益法人、宗教团体等均可成为从事营业活动的经营者。❷

是否具备某种特定主体资格并不影响经营者的认定，关键看其行为是否符合上述事业活动。未取得医事、律师等特定职业资格，超过限定经营许可范围从事生产、经营或者服务活动，除了构成行政违法之外，其具体营业行为亦可构成反不正当竞争法所称的事业活动，进而使活动主体获得"经营者"身份。

(二) 竞争关系

经营者转化为竞争者，以与一个或者多个作为商品、服务的供应者或者需求者的经营者处于具体竞争关系为前提条件。竞争关系有抽象竞争关系和具体竞争关系之别。一般而言，虽然产品或者服务处于同一市场，但因地域区隔、

---

❶ 德国反不正当竞争法第2条第1款第6项、第1项。范长军. 德国反不正当竞争法研究 [M]. 北京：法律出版社，2010：437-438.
❷ 松村信夫. 不正競業訴訟の法理と実務 [M]. 4版. 東京：民事法研究会，2004：31.

时间区隔、交通成本等因素,一方受益并不直接导致另一方受损,受益与受损之间并不存在能量转换式的结果,❶ 则双方只存在抽象竞争关系,而不存在具体竞争关系。比如,2016初开始从事餐饮服务的 A 公司位处哈尔滨,同时间开始从事餐饮服务的 B 公司位处三亚,二者虽因在相同时间内均提供餐饮服务而具有抽象竞争关系,但因地域区隔遥远,交通成本昂贵,A 公司与 B 公司的食客群几乎不会发生重合,A 公司受益与 B 公司受损之间并不存在能量转换式的结果,因此不存在具体竞争关系。双方是否存在具体竞争关系,是具体案件中能否适用反不正当竞争法的前提要件。

竞争亦有供应竞争和需求竞争之分。已经或者即将处于对顾客而言功能上具有相互替代性的产品或者服务市场,同时在相同的地域和时间范围内,面向相同的消费者群提供各自的产品或者服务时,则双方构成具体的供应竞争关系。比如,考虑到交通运输服务的特点,即使总部位于国内不同地点,不同航空公司之间、航空公司与高铁公司之间,通常构成具体的供应竞争关系。是否存在具体的供应竞争关系,并不必然以处于相同产销阶段或者相同部门为前提。比如,高档酒生产商通过电视广告向顾客宣传,完全可以用其高档酒取代高档香烟作为送礼最佳选择,则高档酒生产商和高档烟销售者之间存在具体的供应竞争关系。相反,对于顾客而言,如果供应者的商品或者服务不具有相互替代性,则即使处在相同产销阶段或者相同部门,双方之间也不具备具体的供应竞争关系。比如,尽管作为馈赠品的高档白酒和高档香烟生产者和销售者之间、销售者相互之间,因对作为馈赠品的购买顾客具有替代性而具有具体的供应竞争关系,但对于为自己消费目的而购买的顾客而言,由于酒和烟并不具有相互替代性,则不具备具体的供应竞争关系。

需求竞争,是指购买商品或者接受服务时,需求者双方在相同时间和相同地域内,指向商品或者服务具有相互替代性的相同或者不同供应者,一方受益直接导致另一方受损。

(三) 反不正当竞争法保护的竞争者利益

受反不正当竞争法保护的竞争者利益究竟是什么？日本不正当竞争防止法第 1 条和第 3 条明确规定,是竞争者"营业上的利益"。所谓"营业上的利

---

❶ 范长军. 德国反不正当竞争法研究 [M]. 北京：法律出版社,2010：64.

益",按照日本学者满田重昭的理解,虽非支配权,但在事实上支配存在的限度内,具有财产属性,由于其并非有体物及其集合,因此属于无体财产。所谓营业,是指以获得交易对手的可能性为中心,人与各种财产有机结合在一起,而且拥有比单个组成部分价值总和更大价值的活动体。损害每个组成部分的财产会损害营业上的利益,妨害营业活动或者损害作为整体的营业也会损害营业上的利益,结果无非都是对信用的侵害。❶

德国反不正当竞争法和日本不同,并未直接规定保护竞争者"营业上的利益"。不过早期德国帝国法院在解决一件有关侵权警告的不正当案件中,为竞争者发展出了一项所谓的"营业权",并成为德国民法典第823条第1款规定的"其他权利",作为绝对权利受到该条款的保护。按照德国学者的解释,营业权是保护营业活动以免因为特定的侵害而遭受财产损害的权利,其保护客体是"已成立且运作的营业",主体是企业主,包括自然人、合伙、法人、律师和医生等自由职业者。由于内容不明确,司法实践中也没有发展出统一的侵权判断标准,因此营业权受到了梅迪库斯、拉伦茨、卡纳里斯等著名学者的批判,这些学者认为营业权只不过是一种框架性权利,或者仅仅是为保护营业活动目的而为交易提供了授权基础。但也有Piper/Ohly等德国学者认为,在反不正当竞争法没有规定并且存在需要填补的漏洞时,营业权具有漏洞补充功能。❷

然而,正如另一个学者施瓦布所批判的那样,不合法的权利侵害警告,完全可以适用德国反不正当竞争法第3条一般条款的规定或者第4条第1项关于损害消费者或者其他市场参与者决定自由的行为禁止的规定、第8项关于商业诋毁行为禁止的规定、第10项关于有目的地阻碍竞争者行为禁止的规定,进行规制。其他情况下,也可以直接适用德国民法典第823条第1款关于损害赔偿义务的规定、第824条关于信用损害禁止的规定,或者第826条关于违反善良风俗的故意损害的规定,进行处理。因此,在存在漏洞的情况下,认为只能通过漫无边际的、难以进行限定的、与民法典体系无法协调的营业权这种框架权进行填补,非常令人怀疑。❸

我国《反不正当竞争法》第1条虽规定保护经营者的"合法权益",但经

---

❶ 小野昌延,山上和则. 不正競争の法律相談 [M]. 東京:青林書院,2010:11.
❷ 范长军. 德国反不正当竞争法研究 [M]. 北京:法律出版社,2010:32-38.
❸ 迪特尔·施瓦布. 民法导论 [M]. 郑冲,译. 北京:法律出版社,2006:250.

营者在《反不正当竞争法》上受保护的"合法权益"究竟是什么,该法并未提供明确答案。考虑到反不正当竞争法的经济基础是市场经济,竞争的本质在于优胜劣汰,任何竞争者都应当将损害作为竞争自然结果加以容忍,以及市场、立法、行政、司法在法政策决定和运行过程中的不同角色分担,本书作者认为,反不正当竞争法所保护的竞争者利益,原则上只能由立法者在反不正当竞争法中明确规定,因此《反不正当竞争法》保护的竞争者利益,首先是指《反不正当竞争法》第 6 条规定的竞争者的商业标识不被混淆性使用的利益、第 7 条规定的不因商业贿赂其竞争对手而受损害的利益、第 8 条规定的不因虚假宣传而受损害的利益、第 9 条规定的商业秘密不被非法侵害的利益、第 10 条规定的不因不正当有奖销售而受损害的利益、第 11 条规定的商业信誉和商品声誉不被非法诋毁的利益、第 12 条规定的不因利用技术手段非法影响用户选择而受损害的利益。这些利益既不能成为也不能称为绝对权意义上的"营业权",但像日本不正当竞争防止法那样,基于这些利益都和竞争者的营业活动有关,将这些不同利益统一称之为能够涵盖其共同特征且具备一定开放性的"营业上的利益",亦无不可。

至于不符合《反不正当竞争法》第 6 条至第 12 条明文规定保护利益构成要件的竞争者其他营业上的利益,是否应当通过《反不正当竞争法》第 2 条第 2 款规定的一般条款再为其提供保护,如果为其提供保护,需要什么样的要件,将在后文详细论述。

竞争者利益的保护属于私益保护、个体利益保护,在《反不正当竞争法》中,是通过上述所说的禁止混淆行为、商业贿赂行为、虚假宣传行为、侵害商业秘密行为、不当有奖销售行为、商业毁谤行为、不当妨碍或者破坏经营者合法提供的网络产品或者服务正常运行的行为实现的。具体的民事保护手段则是,赋予直接受到侵害的具体竞争关系中的竞争者停止侵害请求权和损害赔偿请求权。除了民事保护手段之外,《反不正当竞争法》还规定了保护竞争者的行政手段。

二、消费者利益

消费者利益已经成为德国和我国《反不正当竞争法》所保护的重要法益之一,但具体保护方式有差异。

德国模式的特点是,不但在反不正当竞争法第 1 条明确将保护消费者利益作为立法目的之一,而且通过第 3 条第 3 项和附录详细规定了为保护消费者利益而应当禁止的 30 种本身违法行为,❶ 即黑名单 30 条。虽然如此,考虑到消费者个体诉讼导致的不经济以及合同法、侵权法已经对消费者利益进行了充分保护,德国反不正当竞争法对消费者利益的保护仍然是一种集体保护,消费者个人对不正当竞争行为并不享有排除妨碍和不作为请求权、损害赔偿请求权。按照德国反不正当竞争法第 8 条第 1 款和第 3 款第 3 项,只有消费者团体才享有排除妨碍和不作为请求权、利润返还请求权。❷

中国模式的特点是,《反不正当竞争法》从一开始的 1993 年文本到 2017 年和 2019 年两次修订的文本第 1 条,均明确规定保护"消费者的合法权益"是本法的立法目的之一。尽管如此,我国《反不正当竞争法》并未像德国反不正当竞争法那样,详细列举以直接保护消费者利益为目的而应当被禁止的 30 种本身违法行为。从具体条文上看,尽管在我国《反不正当竞争法》第 6 条禁止的混淆行为和第 8 条禁止的虚假宣传行为的认定中,消费者扮演着"裁判者角色",混淆行为和虚假宣传行为的成立都会直接影响消费者的选择,但考虑到竞争者与这些不正当竞争行为的利害关系更为直接,以及《中华人民共和国产品质量法》(以下简称《产品质量法》)、《中华人民共和国消费者权益保护法》(以下简称《消费者权益保护法》)对消费者利益的保护,我国《反不正当竞争法》和德国反不正当竞争法一样,依旧未赋予消费者个体停止侵害请求权和损害赔偿请求权。和德国法不同的是,我国《反不正当竞争法》不但未赋予消费者个体停止侵害请求权和损害赔偿请求权,而且未像德国法一样,赋予消费者团体停止侵害请求权和利润返还请求权。

此外,我国《消费者权益保护法》第 37 条第 1 款第 7 项虽然规定消费者协会负有"支持受损害的消费者提起诉讼或者依照本法提起诉讼"的职责,但并未规定消费者团体为了保护全体消费者利益可以自己的名义独立提起诉讼并主张停止侵害和损害赔偿的权利。

从请求权的角度看,可以说,德国反不正当竞争法对消费者利益的保护是一种直接的保护,我国《反不正当竞争法》对消费者利益的保护则是一种间接的保护。

---

❶ 范长军. 德国反不正当竞争法研究 [M]. 北京:法律出版社,2010:450-452.
❷ 范长军. 德国反不正当竞争法研究 [M]. 北京:法律出版社,2010:68-69.

从立法语言上看，日本不正当竞争防止法第 1 条并未像我国和德国反不正当竞争法第 1 条那样，明确规定保护消费者利益是其立法目的之一。虽然也有少数学者从解释论角度认为日本不正当竞争防止法应当在竞争者利益、消费者利益和公共利益的保护之间寻求平衡，❶ 但满田重昭等学者认为，冒用商业标识的行为虽然损害消费者对商品的选择，但说到底和停止商业标识的使用没有切实利害关系。虚假宣传行为，即使以向消费者直接提供商品或者服务信息为直接目的，和消费者具有直接利害关系，但这也是制造物责任问题，以赋予针对不正当表示私法上的差止请求权为着眼点的不正当竞争防止法，并未给消费者准备可以利用的救济方法。消费者整体利益的保护，以消费者保护基本法作为基础的话，由相关中央机关以及都道府县负责，从维持公正竞争秩序的立场看，由公正交易委员会以独占禁止法和景品表示法为根据进行规制，采用的是公法手段。满田重昭似乎认为，日本不正当竞争防止法并不直接保护消费者利益。❷

消费者是不以工商业活动为目的，又不以独立的职业活动为目的而实施行为的自然人，是拥有通常信息、通常注意力以及通常理解力的普通消费者，不是拥有适当消息、具有适当注意力的挑剔的消费者，也不是近乎愚钝、不谙世事、需要广泛照顾、孤立无援的消费者。❸

反不正当竞争法保护的消费者利益，主要体现为三个方面，即保护消费者作出交易决定所依赖的基本条件、保护消费者作出交易决定的过程以及保护消费者的私人领域免受不正当行为的侵害。

三、其他市场参与者利益

"其他市场参与者"，是德国反不正当竞争法第 1 条的用法，按照该法第 2 条第 1 款第 2 项的规定，其他市场参与者，是指竞争者、消费者以外，作为商品或者服务的供应者或需求者进行活动的所有人。其他市场参与者和日本学者满田重昭所说的"竞业者"含义相同，❹ 指为工商业活动或者独立职业活动的消费而取得商品、接受服务的人，包括自然人顾客和工商业顾客。

---

❶ 田村善之. 不正競争法概説 [M]. 2 版. 東京：有斐閣，2003：10.
❷ 小野昌延，山上和則. 不正競争の法律相談 [M]. 東京：青林書院，2010：32-33.
❸ 范长军. 德国反不正当竞争法研究 [M]. 北京：法律出版社，2010：70.
❹ 小野昌延，山上和則. 不正競争の法律相談 [M]. 東京：青林書院，2010：31.

从事不正当竞争的行为人，相比竞争者和其他市场参与者而言，通常处于有利地位，不正当竞争行为目标以外的所有市场参与者均和不正当竞争存在利害关系。比如，从事虚假宣传的不正当竞争行为人，虽不以特定的市场参与者为目标，但该行为将使其获得竞争上的优势，如对其放任自流，其他全体市场参与者利益将受损，因而必须禁止此种不正当竞争行为，以保护其他市场参与者的利益。

具体的保护手法有两点：一是赋予能够代表其他市场参与者全体的相关团体提起团体诉讼的权利；二是赋予和不正当竞争行为人营业范围在地域上重合的同业竞争者停止侵害请求权和损害赔偿请求权。我国和日本目前采用的是第二种手法，德国则采用了第一种手法。

四、公平竞争秩序

我国和日本的反不正当竞争法第 1 条明确规定公平竞争秩序。竞争者利益、消费者利益、其他市场参与者利益的保护是私人利益的保护，公平竞争秩序是公共利益的保护。公平竞争秩序虽是反不正当竞争法保护的最终目标，但属于高级的、抽象的保护法益，竞争者利益、消费者利益、其他市场参与者利益则是较低一级的、具体的保护法益。反不正当竞争法只要保护了竞争者、消费者、其他市场参与者的具体利益，也就实现了保护公平竞争秩序的抽象利益。**对于认定具体的不正当竞争行为而言，公平竞争秩序只有抽象的价值评判意义，而非具体不正当竞争行为的法律构成。**

第二节　反不正当竞争法的特征

一、作为侵权责任法特别法的反不正当竞争法

不正当竞争行为，是违反工商业事务中诚信惯例的违法行为，营业上的利益因此遭受损害者或者遭受损害之虞者，可以行使差止请求权和损害赔偿请求权。反不正当竞争法，实为侵权责任法的特别法。

从法源上看，法国司法判例至今一直根据其民法典第 1382 条侵权行为一般条款禁止不正当竞争行为。德国虽在 1896 年制定了反不正当竞争法，但仅

禁止五种不正当竞争行为。为了弥补其漏洞，在1909年修改1896年反不正当竞争法增加关于不正当竞争行为的一般条款之前，德国的司法判例曾经不得不援引其民法典第826条侵权行为法一般条款作为案件审判依据。日本1993年不正当竞争防止法颁布之前，司法判例都是适用其民法典第709条侵权行为一般条款（因故意或者过失侵害他人权利的，负赔偿责任）处理不正当竞争行为。❶ 即使1993年不正当竞争防止法施行后，由于该法不存在关于不正当竞争行为的一般条款，日本司法判例依旧援引民法典第709条处理不正当竞争防止法未限定列举的不正当竞争行为。

上述事实一方面说明，即使独立的反不正当竞争法没有从侵权责任法中脱胎出来，作为特殊侵权行为的不正当竞争行为，亦可适用侵权责任法关于侵权行为的一般条款进行处理。另一方面说明，从侵权责任法中脱胎出来的专门规制不正当竞争行为的反不正当竞争法，实际上是侵权责任法的组成部分。

适用侵权责任法一般条款来处理仅仅侵害竞争者营业上的利益的不正当竞争行为，与立足于传统权利侵害论的侵权责任法似有不和。然而，随着民法理论的发展，传统"权利侵害论"已让位于"违法性论"，亦即现代侵权责任法已不再将保护的对象限定为绝对权利，绝对权利之外的应受法律保护的利益亦可成为侵权责任法的保护对象。故而适用侵权责任法一般条款追究不正当竞争行为人的法律责任，并不存在障碍。

既然侵权责任法关于侵权行为的一般条款可以用来处理工商业领域中的侵权行为，即不正当竞争行为，为什么还需要制定独立的反不正当竞争法呢？主要理由在于，按照侵权责任法一般条款，侵害他人受法律保护的利益的行为人，只有主观上具有故意或者过失即存在过错的情况下，才应当承担赔偿责任。由于侵权责任法一般条款所要求的"故意或者过失"在反不正当竞争纠纷案件中难以被举证证明，即使能够被举证证明，营业上的利益遭受损害的竞争者也没有法律根据行使差止请求权，因此适用侵权责任法一般条款规定处理不正当竞争行为不足以保护竞争者营业上的利益。为此，制定独立于侵权责任法的反不正当竞争法，将保护的法益由竞争者利益扩张为竞争者利益、消费者利益和其他市场参与者的利益，删除不正当竞争行为法律构成上的"故意或者过失"要件，赋予营业上的利益遭受不正当行为侵害者或者遭受侵害之虞

---

❶ 松村信夫. 不正競業訴訟の法理と実務[M]. 4版. 東京：民事法研究会，2004：22-23.

者损害赔偿请求权和差止请求权，就使反不正当竞争法获得了不同于一般侵权责任法的特殊性。

从适用上看，由于反不正当竞争法属于侵权责任法的特别法，反不正当竞争法有规定的，优先适用反不正当竞争法的规定，在反不正当竞争法的规定为封闭性排他规定的情况下，尤其如此。我国《反不正当竞争法》第6条至第12条的规定，即为封闭性排除规定，一旦发生第6条至第12条规定的不正当竞争行为，必须优先适用反不正当竞争法第6条至第12条的规定，侵权责任法没有适用的余地。

《反不正当竞争法》第6条至第12条没有规定的不正当竞争行为，是否可以适用侵权责任法关于不法行为的一般条款规定进行补充，因反不正当竞争法是否存在关于不正当竞争行为的一般条款而有所不同。我国和德国的反不正当竞争法有关于不正当竞争行为一般条款的规定，因此在原被告双方存在具体的竞争关系的情况下，无须适用侵权责任法关于不法行为的一般条款进行补充，直接适用反不正当竞争法关于不正当竞争行为一般条款规定，认定反不正当竞争法没有明文列举的不正当竞争行为即可。在原被告双方不存在具体竞争关系的情况下，则仍有适用侵权责任法关于不法行为一般条款补充保护营业上的利益受侵害者的必要性。日本的不正当竞争防止法由于没有关于不正当竞争行为一般条款的规定，在出现不正当竞争防止法没有明文列举的不正当竞争行为时，则不管原被告是否存在具体竞争关系，都只能适用其民法典第709条不法行为一般条款进行漏洞补充。

在共同侵权、帮助侵权、教唆侵权、诉讼时效等方面，则必须通过《民法典》侵权责任编、《民法典》民法总则的相关规定进行补充（《民法典》第3条、第179条、第1164条、第1165条）。**片面强调《反不正当竞争法》的竞争法性格，而忽视《反不正当竞争法》的特别侵权责任法性格，将导致某些营业上的利益遭受损害或者遭受损害之虞者，得不到《反不正当竞争法》的保护。**

二、作为知识产权法的反不正当竞争法

如果将知识产权界定为利用某些创作性智力成果或者经营性标识成果的排他利用权益，则知识产权法包括著作权法、专利法、商标法、植物新品种保护法、集成电路布图设计保护法、反不正当竞争法，反不正当竞争法是知识产权

法的组成部分。从国际立法层面看，《巴黎公约》明确将专利法、实用新型法、外观设计法、商标法、反不正当竞争法对工商业领域中成果的保护统称为"工业产权保护"。在德国和我国的司法实践中，某些曾经或者现在未被纳入著作权法、专利法、商标法等保护的客体，比如没有独创性的数据库、电视节目时间表、税务表格汇编、字体、虚拟角色名称、真实人物形象、商品形态等，都是由法官适用反不正当竞争法关于不正当竞争行为一般条款规定进行保护的。❶ 从我国《反不正当竞争法》第6条对商业标识的保护、第9条对商业秘密的保护看，保护的虽不是绝对权意义上的知识产权，但毫无疑问是对创作性智力成果和经营性标识成果（非绝对权意义上的知识产权）的排他利用保护。认为反不正当竞争法不属于知识产权法的观点是站不住脚的。

不同的是，著作权法、专利法、植物新品种保护法、集成电路布图设计保护法，是通过赋予权利人全国范围内利用其智力创作成果的排他权，商标法是通过赋予权利人全国范围内利用其商业标识的排他权，激励创作性成果或者经营性标识成果的开发和利用。而反不正当竞争法则是在营业圈相互重合的竞争区域内，赋予竞争者对商业秘密、已经实际使用且获得一定知名度的商业标识等创作性智力成果或者经营性标识成果极为有限的排他利用权，来确保创作性智力成果或者经营性标识成果开发和利用的激励。

上述激励手法的不同，决定了反不正当竞争法和专利法、著作权法、商标法、植物新品种保护法、集成电路布图设计保护法各自具有独立性，是相互平行的关系。❷ 从适用顺序上看，某个创作性智力成果或者经营性标识成果，符合专利法、著作权法、商标法、植物新品种保护法、集成电路布图设计保护法保护客体要件的，优先适用这些保护绝对权的法律规定，并排除反不正当竞争法的适用。不符合这些保护绝对权意义上知识产权的法律规定要件，但符合反不正当竞争法保护客体要件的，不管绝对权意义上的知识产权是否经过了保护期限，均可适用反不正当竞争法进行保护。究竟专利法等保护绝对权意义上知识产权的法律优先适用，还是保护非绝对权意义上知识产权的反不正当竞争法优先适用，取决于保护客体的法律构成。从实务上看，某些不符合专利法等保护客体要件的创作性智力成果或者经营性标识成果，在立法过程中被立法者疏

---

❶ 范长军. 德国反不正当竞争法研究 [M]. 北京：法律出版社，2010：40.
❷ 田村善之. 不正競争法概説 [M]. 2版. 東京：有斐閣，2003：29-34.

漏的创作性智力成果或者经营性标识成果，随着科技与经济发展新出现了某些创作性智力成果或者经营性标识成果，反不正当竞争法一般条款往往充当了保护的急先锋。

如果某个创作性智力成果或者经营性标识成果既不符合专利法等保护绝对权意义上知识产权客体的要件，也不符合反不正当竞争法保护客体的要件，则需要进一步分析该客体是否符合侵权责任法一般条款的保护要件。但需要进一步分析某客体是否符合侵权责任法一般条款保护要件的情形，限于原被告不存在具体竞争关系时的情形。

特别需要指出的是，在原告同时以知识产权专门法和反不正当竞争法为请求权基础时，法院不能因为支持了原告知识产权专门法上的请求，就因为审理任务繁重而不再审理原告反不正当竞争法上的请求。理由是，如果二审推翻了一审当事人（上诉人，也就是一审原告）或者再审推翻了二审当事人（再审申请人，也就是一审原告）知识产权专门法上的请求权判决，而一审或者二审又没有审理当事人反不正当竞争法上的请求，在二审或者再审程序中，当事人（上诉人或者再审申请人，也就是一审原告）将丧失反不正当竞争法上的救济渠道。

三、作为消费者权益保护法的反不正当竞争法

市场经济中，消费者处于商品流通或者服务提供环节的末端，是市场竞争最终争夺的交易对象，因此很容易成为不正当竞争行为的受害者。为了确保市场经济健康发展，有效保护消费者权益必不可少。但消费者权益保护首先是消费者权益保护法的职责范围。从保护的实效性上看，也只有消费者权益保护法赋予了个体消费者损害赔偿请求权。

现代反不正当竞争法，尤其是德国和我国反不正当竞争法第1条均明确规定保护消费者利益。从具体条文上看，德国反不正当竞争法第3条第3项规定了直接保护消费者利益的黑名单30条，第4条规定禁止的利用压力、以不尊重人的尊严或者以其他不客观合理的方式影响消费者决定自由的行为；利用消费者精神或者身体上的缺陷、年轻、无商业经验、轻信、恐惧或者强迫情势实施的商业行为；掩饰商业行为广告特征的行为；在促销措施如降价、附赠或者赠送中，未明确、无歧义地说明其利用条件的行为；在具有广告特征的有奖竞猜、有奖射幸活动中未明确、无歧义地说明参与条件的行为，使得消费者参与

有奖竞猜、有奖射幸依赖于购买商品或接受服务的行为，也均以直接保护消费者利益为目的。第5条禁止的误导性商业行为，第5a条禁止的误导性不作为，第6条禁止的不当比较广告行为，第7条禁止的不合理预期骚扰行为，也以消费者作为判断主体或者直接保护消费者利益。日本不正当竞争防止法第2条第1款第1项和第2项分别禁止的混淆行为和冒用商品著名标识的行为，第2条第1款第10项禁止的原产地、质量误认惹起行为，也从侧面保护消费者的信赖利益。我国《反不正当竞争法》第6条禁止的商业标识混淆和冒用行为，第8条禁止的虚假宣传行为，和德国、日本上述条款一样，消费者在其中既充当了裁判者，信赖利益也得到了保护。以此观之，难以否认，反不正当竞争法具有一定程度上的消费者权益保护法色彩。

不过，正如本章第一节所言，除了德国反不正当竞争法明确赋予了消费者团体排除妨碍和不作为请求权、利润返还请求权之外，德国、日本和我国的反不正当竞争法都没有赋予个体消费者这方面的请求权，并且日本和我国的反不正当竞争法没有赋予消费者团体这方面的请求权，因此至少在日本和我国，反不正当竞争法对消费者利益的保护相比消费者权益保护法对消费者的保护而言，只能说是一种间接保护。

四、作为竞争法的反不正当竞争法

公平和自由竞争，是市场经济的基本理念，也是市场经济制度追求的目标。确保公平和自由竞争的法律，包括反不正当竞争法和反垄断法。反不正当竞争法以竞争的公平为目标，而反垄断法以竞争的自由为目标。从具体介入技法上看，两者也存在较大差别。

在损害赔偿方面，反垄断法采取无过错赔偿规则（参见日本反垄断法第25条、《中华人民共和国反垄断法》第50条），而反不正当竞争法采取过错赔偿规则（参见日本不正当竞争防止法第4条和第5条，我国《反不正当竞争法》第17条）；在请求权主体方面，包括消费者在内的任何人都可以请求反垄断执法机关采取措施处置违反反垄断法的行为。而且利益遭受垄断行为损害者或者损害之虞者，在损害严重的情况下，任何人均可行使差止请求权。而根据反不正当竞争法，只有营业上利益遭受损害或者损害之虞者，才可行使差止

请求权。❶

　　反不正当竞争法的竞争法性格主要体现在，反不正当竞争法规制不正当竞争行为时，以经营者之间存在具体竞争关系为前提。在不正当竞争行为的认定中，以争夺市场交易机会意义上的广义竞争关系或者抽象的竞争关系替代具体的竞争关系，从而将竞争关系虚无化甚至抛弃的做法，使反不正当竞争法变成了纯粹的侵权责任法，即使反不正当竞争法完全丧失了竞争法的性格，也使侵权责任法变得没有存在的必要，需要深刻探讨。

---

❶　松村信夫. 不正競業訴訟の法理と実務［M］. 4版. 東京：民事法研究会，2004：26.

第三章
不正当竞争行为的类型与一般条款

第一节 不正当竞争行为的类型

一、立法上的类型

国际立法层面上,《巴黎公约》第 10 条之二将不正当竞争行为界定为,在工商业事务中违反诚实的习惯做法的竞争行为,且特别列举了如下 3 种典型的不正当竞争行为:第一种是具有采用任何手段对竞争者的营业所、商品或工商业活动产生混淆性质的一切行为;第二种是在经营商业中,具有损害竞争者的营业所、商品或工商业活动的信用性质的虚伪说法;第三种是在经营商业中使用会使公众对商品的性质、制造方法、特点、用途或数量易于产生误解的表示或说法。

国内立法层面上,日本不正当竞争防止法第 2 条第 1 款限定列举了如下 12 种不正当竞争行为:商品等主体混同惹起行为;冒用著名标识行为;商品形态酷似性模仿行为;侵害商业秘密行为;无效化技术限制措施行为;不正当取得域名行为;品质等误认惹起行为;信用毁损行为;代理人等冒用商标行为;不正当使用外国或者国际组织等的徽记的行为;向外国公务员提供不正当利益的行为;不正当取得、使用或者开示限定提供的数据的的不正当竞争行为。

德国反不正当竞争法第 4 条到第 7 条列举了如下 5 种不正当竞争行为:不正当商业行为(第 4 条);误导性的商业行为(第 5 条);误导性的不作为(第 5a 条);不正当的比较广告行为(第 6 条);不可合理预期的骚扰行为

（第 7 条）。其中第 4 条又详细列举了 11 种不正当商业行为。[1]

我国《反不正当竞争法》第 6 条至第 12 条列举了如下 7 种不正当竞争行为：混淆行为（第 6 条）；商业贿赂行为（第 7 条）；虚假宣传行为（第 8 条）；侵害商业秘密行为（第 9 条）；不正当有奖销售行为（第 10 条）；商业毁谤行为（第 11 条）；妨碍、破坏网络产品或者服务正常运行的行为（第 12 条）。

由此可见，大陆法系国家基于各自市场竞争实况，规定了范围不一的不正当竞争行为种类，究竟哪些竞争行为构成应当被禁止的不正当竞争行为，各国立法例上并不存在整齐划一的做法。

二、学理上对不正当竞争行为类型化的尝试

由于不正当竞争行为复杂多样，国际国内两个层面的立法例虽列举了一些必须规制的严重不正当竞争行为，但都未能进行类型化，这给理论研究和学习造成了一定困难。为此，国内外学者从学理上对不正当竞争行为进行了各种类型化尝试。

从相互间增减有利和不利达成目的的条件角度，Lobe 将不正当竞争行为分为促进自己有效期待的行为和减少他人有效期待的行为，Nipperdey 将不正当竞争行为分为有帮助作用的竞争行为和起妨害作用的竞争行为。基于行为的不同性质，Kohler 将不正当竞争行为分为诈称行为、强压行为和敌对行为。与此相对，Alexander Katz 则根据不正当竞争行为的对手数量，将不正当竞争行为分为仅与个人发生竞争的行为和面向竞争者全体发生竞争的行为。Hefermehl 和 Mestmäcker 将不正当竞争行为分为侵害竞争者营业的行为（妨碍行为）、不当获得顾客的行为、冒用他人创作价值的行为（剽窃行为）、违法获得优势地位的行为。Callmann 将不正当竞争行为分为不当广告与价格行为、不正当侵害竞争者营业关系的行为、冒用竞争者价值的行为、不法营业行为。Hubmann 则从竞争法保护的价值出发，将反不正当竞争法保护的利益分为竞争者保护、关系者保护和竞争秩序保护，相应地将不正当竞争行为分为侵害竞争保护的行为、侵害关系者保护的行为和侵害竞争秩序保护的行为。法国的 Houin 和 Desbois 则将不正当竞争行为分为混淆惹起行为、毁谤竞争企业行为、

---

[1] 范长军. 德国反不正当竞争法研究 [M]. 北京：法律出版社，2010：437–442.

破坏竞争企业行为、破坏市场行为。❶

日本学者渋谷達紀则立足于市场中"成果竞争的机能",将不正当竞争行为分为冒用成果行为(包括混淆行为、冒用著名表示行为、商品形态酷似性模仿行为、不正当取得商业秘密行为、盗用商业秘密行为)、妨碍自由选择成果行为(包括混淆行为、原产地误认或者质量误认等表示行为、营业毁谤行为、代理人冒用被代理人商标行为、不当引诱顾客行为、托儿广告行为)、妨碍成果竞争行为(包括不正当开示他人商业秘密行为,无效化他人技术措施限制行为,不当取得、保有和使用域名行为,拒绝交易行为,差别对价行为,不当贱卖行为,不当高价买入行为,搭售行为,附排他条件交易行为,约束转售价格行为,附拘束条件交易行为,滥用优势地位行为,妨碍交易行为,对竞争对手内部进行干涉的行为,无正当理由挖角从业员的行为,恶意申请先行取得商标权行为)、采用禁止方法胜出的行为(比如对外国公务员进行贿赂以争取交易机会的行为)。❷

另一位日本学者田村善之从维持自由市场存在前提的竞争秩序和发展政策观点出发,将应该受禁止的不正当竞争行为分为减杀竞争行为(比如价格协定行为、为排挤竞争对手的不当贱卖行为、不当拒绝交易行为)、唤起不当需要行为(包括欺诈行为和其他不当引诱行为。前者如伪装商品或者服务内容的行为、毁谤竞争对手商品或者服务的行为。后者如托儿贱卖和广告行为,诉诸附过大赠品不当激发侥幸心理的广告和销售方法、歪曲消费意思决定的搭售行为)、冒用成果行为(包括主体混同行为、不正当使用著名表示行为、商品形态酷似性模仿行为、不正当使用商业秘密行为)、惹起外部不经济行为(比如未经许可使用外国国旗等的行为、惹起公害的制造行为)四种。❸

国内学者范长军则以德国反不正当竞争法的规定为基础,根据不正当竞争行为侵害的不同法益,将不正当竞争行为分为侵害竞争者利益的不正当竞争行为、侵害消费者利益的不正当竞争行为、侵害公众利益的不正当竞争行为。该学者进一步将侵害竞争者利益的不正当竞争行为分为,贬低商誉和诋毁商誉的不正当竞争行为、不当模仿他人成果的不正当竞争行为、阻碍竞争的不正当竞

---

❶ 小野昌延. 新注解 不正競争防止法(新版上卷)[M]. 東京:青林書院,2007:22-27.

❷ 渋谷達紀. 知的財産法講義(Ⅲ)[M]. 東京:有斐閣,2005:18-23;渋谷達紀. 不正競争防止法[M]. 東京:発明推進協会,2014:13-19.

❸ 田村善之. 不正競争法概説[M]. 2版. 東京:有斐閣,2003:21-24.

争行为、不正当的比较广告行为；将侵害消费者利益的不正当竞争行为分为，侵害消费者决定自由的行为、误导消费者的行为、不合理预期的骚扰行为；将侵害公众利益的不正当竞争行为，分为违法行为和整体的市场阻碍行为。❶

国内学者除了对传统不正当竞争行为进行类型化尝试外，还对互联网领域发生的新型不正当竞争行为进行过类型化尝试。有的学者在区分互联网不正当竞争行为与传统不正当竞争行为的基础上，将互联网中的不正当竞争行为类型化为以下七种：域名抢注行为、不当链接行为、通过"埋设"技术进行的不正当竞争行为、软件攻击行为（恶意软件冲突）、强制广告行为、软件赖皮行为（难卸载）、擅自更改他人主页行为。❷ 有的学者将互联网领域中的不正当竞争行为类型化为以下六种：损害竞争对手商誉的行为，侵犯商业秘密的行为，流量劫持行为，利用客户端软件破坏、干扰他人合法产品或服务行为，商业抄袭行为，网络搭便车行为。❸ 有的学者将互联网领域中的不正当竞争行为类型化为以下三种：无正当理由的侵犯行为（干扰、不兼容）、欺诈、误导用户行为（诱导卸载），不当模仿及搭便车行为（劫持流量）。❹ 有的学者将互联网中的不正当竞争行为类型化为以下两种：不当滋扰行为（无正当理由屏蔽广告、恶意软件冲突、恶意风险提示、恶意软件评分）、不当妨碍营业行为（非必要软件捆绑、设置不合理的 robots 协议、劫持流量）。❺ 2011 年 34 位人民代表大会代表联名向全国人民代表大会提交多位学者参与制定的"关于修改《反不正当竞争法》规范网络竞争行为的议案"，建议《反不正当竞争法》增加"网络不正当竞争行为"一章，该章类型化的互联网不正当竞争行为包括以下七种：对知名网站网页、特有商品名称的混淆；专门开发拦截其他网站商业广告工具的行为；软件捆绑发行的行为；特定软件故意与其他软件不兼容的行为；改变用户终端其他软件的行为；诱导或强迫用户关闭或卸载其他商家软件、服务的行为；网络中介服务提供者明知或者应当知道存在不正当行为，却没有提

---

❶ 范长军. 德国反不正当竞争法研究 [M]. 北京：法律出版社，2010：1-8.
❷ 侯霞. 网络环境中新型不正当竞争行为的法律规制 [J]. 安徽工业大学学报（社会科学版），2010（1）：24-25.
❸ 张冬梅. 互联网领域不正当竞争行为及法律监督问题研究 [J]. 电子知识产权，2014（12）：34-36.
❹ 田辰，吴白丁. "案例群"归纳法与互联网不正当竞争行为规制 [J]. 竞争政策研究，2016（4）：35-38.
❺ 张今. 互联网新型不正当竞争行为的类型及认定 [J]. 北京政法职业学院学报，2014（2）：5.

出制止的不作为行为。❶

上述国内外学者对不正当竞争行为的类型化，虽然对于从不同侧面深化认识不同不正当竞争行为的本质有所裨益，但要么存在分类标准不明确的问题，要么存在反不正当竞争法和反垄断法纠缠不清的问题，要么存在不正当竞争行为之间交叉重叠的问题，对于准确区别不同不正当竞争行为，尤其是司法适用时并无实际意义，这也反映出不正当竞争行为的复杂多样性，难以抽象出科学的类型化标准。国内学者范长军根据侵害法益不同对不正当竞争行为进行的类型化，虽然类型化标准较为明确，但三种大类型的不正当竞争行为之间同样存在边界不够清楚的问题，比如被归入侵害竞争者利益的不正当比较广告，也存在误导消费者而可归入侵害消费者利益的不正当竞争行为中；被归入侵害消费者利益的误导行为，也会直接或者间接侵害竞争者利益而可归入侵害竞争者利益的不正当竞争行为中。

考虑到各种应被禁止的不正当竞争行为之间性质差异较大，难以进行科学分类，本书无意对其进行类型化。本书除了探讨我国《反不正当竞争法》第6条至第12条明文规定的与知识产权有关的不正当竞争行为之外，还选取该法未明文列举但日本、德国反不正当竞争法有禁止规定，且已经在我国频繁发生的其他几种不正当竞争行为进行探讨。

第二节 不正当竞争行为一般条款

一、不正当竞争行为一般条款的历史沿革

（一）日本

日本不正当竞争防止法1934年制定时就未规定关于不正当竞争行为一般条款，其后历次修订时虽也多有关于是否需要纳入一般条款的讨论，但终因不正当竞争防止法着眼于行为的不正当性进行规制，担心规定一般条款将导致可

---

❶ 聂士海. 知识产权修法进行时［EB/OL］.［2017 - 06 - 10］. http：//www. chinaipmagazine. com/journal - show. asp? 901. html.

以自由模仿的范围不明确，赋予法官过大自由裁量权，危害事业活动的预测可能性，萎缩正当的事业活动，过度干预以公平和自由竞争为基本保障的市场经济，而放弃了纳入一般条款的努力。❶ 话虽如此，日本司法判例的历史表明，在商品形态酷似性模仿行为被日本1993年的不正当竞争防止法规定为不正当竞争行为之前，未经许可酷似性使用他人"打字机用文字书体"、制造销售与他人木纹化妆纸花纹酷似的木纹化妆纸的行为被法院适用日本民法典第709条认定为侵害他人合法利益的不法行为。❷ 未构成作品的大量简短新闻标题，也被法院适用其民法典第709条认定为侵害他人合法利益的不法行为。❸ 这表明，尽管日本不正当竞争防止法没有规定关于不正当竞争行为的一般条款，但日本民法典第709条不法行为一般条款（因为故意或者过失侵害他人权利或者受法律保护的利益的，负赔偿责任）实际上起到了一般条款的作用，从而弥补了日本不正当竞争防止法缺少一般条款造成的不能适应市场经济和社会价值理念变化的不足。

（二）德国

德国1896年反不正当竞争法制定之初，未规定不正当竞争行为一般条款，1909年修改1896年反不正当竞争法时，才增设了第1条一般条款："商业交易中以竞争为目的违背善良风俗者，得请求其不作为和损害赔偿。"2004年德国修改反不正当竞争法时，继续保留了不正当竞争行为一般条款，以弥补立法者理性认识能力的不足，赋予法官根据社会观念和价值准则变化判断法律未规定但实践中新出现的不正当竞争行为的权力。与1909年反不正当竞争法一般条款相比，2004年反不正当竞争法关于不正当竞争行为一般条款由第1条改为了第3条，措辞上亦有了如下重大变化："不正当行为，不利于竞争者、消费者或者其他市场参与者而足以不仅非显著地损害竞争的，是不合法的。"从具体内容上看，2004年一般条款和1909年一般条款相比，出现了如下两个重要变化：一是以"不正当"概念替代了"违背善良风俗"概念；二是只禁止不利于竞争者、消费者或者其他市场参与者而足以不仅非显著地损害竞争的不正当行为，增加了判断不正当竞争行为时需要具备的对竞争损害的"显著性"

---

❶ 小野昌延，山上和则. 不正競争の法律相談 [M]. 東京：青林書院，2010：37-38.
❷ 田村善之. 不正競争法概説 [M]. 2版. 東京：有斐閣，2003：281.
❸ 知財高判平成17.10.6 平成17（ネ）10049号ラインピックス事件.

要件。❶

2008年，为了转化欧盟《不正当商业行为指令》，德国将2004年反不正当竞争法第3条规定的一般条款修改为如下3款：（1）不正当商业行为，足以显著地侵害竞争者、消费者或者其他市场参与者的利益的，是不合法的。（2）针对消费者的商业行为无论如何都是不合法的，当该行为不符合对于经营者适用的专业注意义务，足以显著地损害消费者根据信息作出决定的能力，并且因此足以促使其作出在其他情况下不会作出的商业决定。如果商业行为指向特定的消费者群体，在此从该群体的普通成员的角度判断。如果经营者可以预见，其商业行为仅涉及因为精神上或者身体上的缺陷、年龄或者轻信而特别需要保护的、可以明确识别的消费者群体的，从该群体的普通成员角度判断。（3）本法附录中所列的针对消费者的商业行为总是不合法的。❷ 与2004年反不正当竞争法比较，德国2008年反不正当竞争法放弃了不正当竞争行为法律构成中不明确的"损害竞争"这一结果要件，且规定了侵害消费者利益的30种本身不合法的不正当竞争行为。

德国2008年反不正当竞争法第3条第2款和第3款已经将第3条第1款具体化，这一方面大为减缩了第3条第1款可以适用的具体情形，另一方面也使德国反不正当竞争法中真正发挥一般条款作用的只限于第3条第1款。

(三) 中国

中国《反不正当竞争法》从制定开始，就规定了不正当竞争行为的一般条款。1993年《反不正当竞争法》第2条第2款规定，"本法所称的不正当竞争，是指经营者违反本法规定，损害其他经营者的合法权益，扰乱社会经济秩序的行为。"2017年《反不正当竞争法》第2条第2款规定，"本法所称的不正当竞争行为，是指经营者在生产经营活动中，违反本法规定，扰乱市场竞争秩序，损害其他经营者或者消费者的合法权益的行为。"2019年《反不正当竞争法》第2条第2款规定重复了2017年《反不正当竞争法》第2条第2款的规定。2017年和2019年《反不正当竞争法》第2条第2款与1993年《反不正当竞争法》第2条第2款规定的主要区别有两点：一是2017年和2019年

---

❶ 范长军. 德国反不正当竞争法研究 [M]. 北京：法律出版社，2010：83-85.
❷ 范长军. 德国反不正当竞争法研究 [M]. 北京：法律出版社，2010：438-452.

《反不正当竞争法》第 2 条第 2 款在界定不正当竞争行为时，明确将"消费者的合法权益"规定为不正当竞争行为侵害的法益之一，并将"消费者的合法权益"是否受到侵害作为认定竞争行为是否构成不正当竞争行为的要素之一；二是将认定不正当竞争行为的结果要件"扰乱社会经济秩序"，修改为"扰乱市场竞争秩序"，从而使不正当竞争行为的认定趋向合理化，缩减了不正当竞争行为的认定范围。

唯有争论的是，不正当竞争行为一般条款应当是对反不正当竞争法列举的各种具体不正当竞争行为共同具象特征的高度抽象，保持开放性，使法官能够在反不正当竞争法限定列举的各种具体不正当竞争行为之外，依据前述高度抽象的共同特征，认定反不正当竞争法未列举的竞争行为是否构成不正当竞争行为。然而，我国 1993 年、2017 年、2019 年《反不正当竞争法》第 2 条第 2 款在界定不正当竞争行为时，都加上了"违反本法规定"这一限定语。这一限定导致第 2 条第 2 款的规定存在如下两种理解。

一是"违反本法规定"，是指违反 1993 年《反不正当竞争法》第 5 条至第 15 条、2017 年《反不正当竞争法》和 2019 年《反不正当竞争法》第 6 条至第 12 条的规定，第 2 条第 2 款虽然抽象出了《反不正当竞争法》限定列举的这些具体不正当竞争行为的共同特征，但并未赋予法官适用第 2 条第 2 款认定《反不正当竞争法》并未限定列举的竞争行为是否构成不正当竞争行为的自由裁量权。以此为出发点，此种观点认为，我国《反不正当竞争法》和日本不正当竞争防止法一样，并不存在不正当竞争行为一般条款规定。实务中遇有不符合《反不正当竞争法》限定列举不正当竞争行为法律构成但侵害竞争者、消费者或者其他市场参与者利益的行为，只有援引《中华人民共和国民法典》（以下简称《民法典》）第 3 条、第 179 条、第 1164 条、第 1165 条，分析行为人是否应当承担民事责任。

二是"违反本法规定"，不仅指违反 1993 年《反不正当竞争法》第 5 条至第 15 条，2017 年、2019 年《反不正当竞争法》第 6 条至第 12 条的限定列举规定，也包括违反 1993 年、2017 年、2019 年第 2 条第 1 款"诚实信用的原则或者公认的商业道德"和第 2 款的规定，因此《反不正当竞争法》仍然赋予了法官结合适用第 2 条第 2 款和第 2 条第 1 款认定《反不正当竞争法》未限定列举的竞争行为是否构成侵害竞争者利益、消费者利益或者其他市场参与者利益的不正当竞争行为的自由裁量权。这种理解是我国司法实务和理论界主流的观点。

由于只有法院才有权适用《反不正当竞争法》第 2 条认定该法没有列举的不正当竞争行为,且该法并未规定限定列举以外的不正当竞争行为需要承担行政责任和刑事责任,因此无论按照第一种还是第二种理解,被告都只需承担损害赔偿、停止不正当竞争行为等民事责任,对于不正当竞争行为人而言,法律结果并无差异。有差异者,仅是解释路径而已。

考虑到一般侵权责任法和特别侵权责任法各自的守备范围,以及立法者理性认识能力之不足导致难以穷尽所有类型不正当竞争的客观情况,本书倾向于上述第二种理解。亦即本书认为,我国《反不正当竞争法》第 2 条第 1 款和第 2 款结合构成了不正当竞争行为一般条款,尽管这个一般条款是如此蹩脚。将来再次修改《反不正当竞争法》时,如果继续保留具有兜底性质的一般条款,应当将"违反本法规定"予以删除,且第 1 款和第 2 款应当分立为两个独立条款。

二、不正当竞争行为一般条款的适用要件

蹩脚的《反不正当竞争法》第 2 条高度抽象,不易操作,适用不慎将产生过度干扰自由竞争的后果。从知识产权法政策学角度看,由于市场经济是自由竞争的经济,因此逻辑上必须假定所有市场竞争行为在商业道德上都是正当的。哪些商业道德上的行为不正当因而需要被禁止,原则上必须由立法者通过明确的要件化方式进行意思决定。在明确的立法意思决定之外,由司法适用一般条款在个案中进行决定时,因关系到竞争者、消费者预见可能性和行动自由等重大利益,因此应当持保守和慎重态度,且须尽可能比照限定列举的不正当竞争行为的构成要件,对通过适用一般条款加以认定的不正当竞争行为进行要件化处理。

最高人民法院已经在海带配额案[1]中发展出了适用《反不正当竞争法》第 2 条认定新型不正当竞争行为的如下三要件:一是法律对该种竞争行为未作出特别规定;二是其他经营者的合法权益确因该竞争行为而受到了实际损害;三是该种竞争行为因确属违反诚实信用原则和公认的商业道德而具有不正当性或者说可责性。话虽如此,这三个要件中,依旧存在"竞争行为""合法权益"

---

[1] 最高人民法院(2009)民申字第 1065 号民事判决书。

"诚实信用""公认的商业道德""不正当性""可责性"等不确定性概念,仍然需要通过个案具体化的方式明确其含义,在司法适用过程中依旧存在被过度使用而不适当扩张《反不正当竞争法》规制行为范围的倾向。

借鉴德国反不正当竞争法第3条第1款规定及其司法实践经验,以及日本适用民法典第709条认定其不正当竞争防止法未限定列举的相关竞争行为是否构成"不法行为"的有益经验,本书作者认为,法官在个案中适用《反不正当竞争法》第2条认定该法未限定列举的竞争行为是否构成不正当竞争行为时,需要具备如下几个具体要件。

(一)竞争行为

不正当竞争行为应当是竞争行为。竞争行为,被德国反不正当竞争法第1条和第2条第1款第1项称为"商业行为",是指有利于自己或者他人经营的,缔结交易之前、期间或之后的,与促进商品或服务的销售、与商品或服务合同的签订、履行客观上相关联的人的行为。要言之,竞争行为是指两个以上经营者在市场上以较有利之价格、数量、品质、服务或其他条件,争取交易机会的行为"。

非以在市场上争取交易机会为目的的行为,如恋爱行为就不是竞争行为,以不正当手段争取恋爱对象,非属《反不正当竞争法》规制的不正当竞争行为。

(二)具体竞争关系

在市场中从事生产经营活动的主体是否转化为竞争者,其争取交易机会的行为是否构成竞争行为,该竞争行为是构成不正当竞争行为还是违反其他法律的行为,以两个或者两个以上行为人是否存在具体竞争关系为前提。

两个或者两个以上行为人在市场上争取交易机会,如果一方受益直接导致另一方受损,受益与受损之间存在能量转换式的结果,则双方之间存在具体竞争关系。反之,虽产品或者服务处于同一市场,但因地域区隔、时间区隔、交通成本等因素,一方受益并不直接导致另一方受损,受益与受损之间并不存在能量转换式的结果,则双方只存在抽象竞争关系,而不存在具体竞争关系。

如本编第二章第一节所述,竞争关系亦有供应竞争关系和需求竞争关系之分。已经或者即将处于对顾客而言功能上具有相互替代性的产品或者服务市场，同时在相同的地域和时间范围内，面向相同的消费者群提供各自的产品或者服务时，则双方构成具体的供应竞争关系。需求竞争，是指购买商品或者接受服务时，需求者双方在相同时间和相同地域内，指向商品或者服务具有相互替代性的相同或者不同供应者，一方受益直接导致另一方受损。

互联网领域中，经营者以各种技术手段直接或者间接劫持其他经营者的网络流量，目的要么在于争夺广告客户群体，要么在于争夺其他具体产品或者服务的客户群体，一方受益与另一方受损之间存在此消彼长的因果关系，双方之间一般存在具体竞争关系。

当事人双方之间是否存在具体竞争关系，无论是具体的供应竞争关系还是具体的需求竞争关系，是认定某种商业行为是否构成竞争行为进而认定该种竞争行为是否构成不正当竞争行为的前提要件，也是当事人能否以反不正当竞争法作为请求权基础的前提。当事人间如不存在具体的供应竞争关系或者具体的需求竞争关系，一方因为另一方行为利益受损时，另一方行为可能构成违反侵权责任法编等其他法律上禁止的行为，利益受损的一方当事人只能在《民法典》侵权责任编等其他法律上寻找请求权基础。当今我国司法机关在适用《反不正当竞争法》第2条时，将竞争关系虚拟化甚至抛弃的做法，混淆了《反不正当竞争法》和《民法典》侵权责任编等其他法律之间的调整对象和范围，造成了《反不正当竞争法》第2条取代其他法律包打天下的结果，需要深刻检讨。

事实上，最高人民法院在海带配额案中确立的适用《反不正当竞争法》第2条的第一个要件是，《反不正当竞争法》对该种竞争行为未作出特别规定，也明确要求第2条适用的行为应当是竞争行为。本书认为，"竞争行为"实际上包含了"具体竞争关系"的要求。只有这样理解，才能避免过度泛化适用《反不正当竞争法》第2条的倾向。

当事人双方之间存在的如只是抽象竞争关系，虽然按照德国反不正当竞争法第8条第3款第2项和第3项，具有资格的经济团体或者消费者团体享有排除妨碍和不作为请求权，但无论竞争者个体还是消费者个体，都不享有排除妨碍和不作为请求权。在我国和日本，则不管是团体还是竞争者个体，都不享有差止请求权和损害赔偿请求权。

（三）足以严重损害竞争者、消费者或者其他市场参与者的利益

《巴黎公约》第10条之二将是否违反工商业事务中诚实的习惯做法作为

判断竞争行为是否构成不正当竞争行为的标准，我国《反不正当竞争法》第2条以及最高人民法院在上述海带配额案中，则将竞争行为是否违反诚信原则和公认商业道德作为判断竞争行为是否构成不正当竞争行为的标准。以内涵和外延都不确定的"诚信原则"和"公认商业道德"去界定另一个不确定概念的"正当性"，虽可能是立法者和司法者有意识追求的结果，意在通过概念的模糊性保持一般条款的灵活度和开放性，以尽可能应对立法未限定列举但市场经济生活中可能新出现的不正当竞争行为，却也因过度欠缺明确的统一判断标准而使得一般条款存在被法院放松适用要件，不加节制适用甚至泛滥适用的现象，立法者虽不得不将一般条款交给拥有自由裁量权的法官在个案中进行要件化解释，但也因此给虽有丰富审判经验却并不熟悉市场经济生活的法官增加了过重负担。

为了减轻法官将一般条款在个案中进行要件具体化解释时的负担，尽可能增强一般条款的明确性和法律的可预见性，德国反不正当竞争法立法者，一方面通过第4~6条的限定列举以及第3条第2款和第3款的特别规定，对"不正当性"概念进行立法具体化；另一方面法官在对1909年反不正当竞争法第1条一般条款从1909年到2004年近百年的适用中，对其司法适用具体化的方法和标准进行了各种探索。德国1909年反不正当竞争法生效后，德国帝国法院通过"礼仪感"，即大众中"公正和正直的思考者的礼仪观念"来理解第1条中的"善良风俗"，但因其过于主观、内容空洞而于2006年被德国联邦最高法院在判决中放弃。20世纪初由于强调法官应当注意平衡各种相互冲突利益的利益法学派在德国的兴起，德国法官亦强调在对1909年反不正当竞争法第1条进行具体化时，应当在衡量竞争行为涉及的竞争者利益、消费者利益和社会公众利益基础上，认定何为竞争行为的"不正当性"。从2004年和2008年德国反不正当竞争法明确规定保护竞争者利益、消费者利益和社会公众利益的角度看，利益衡量方法已经成了德国法官根据一般条款认定竞争行为不正当性的主流方法。❶

本书作者认为，借鉴德国经验，具体竞争关系中的某种竞争行为，是否构成应当被禁止的不正当竞争行为，**应当放弃过度主观化的"诚实信用"或者"公认的商业道德"标准，采用利益综合衡量标准。**按照该标准，具体竞争关

---

❶ 范长军. 德国反不正当竞争法研究［M］. 北京：法律出版社，2010：101-121.

系中的某种竞争行为，如果足以严重损害竞争者利益、消费者利益或者其他竞争参与者的利益，则既构成违反诚实信用或者公认商业道德的不正当竞争行为，也构成应当被反不正当竞争法禁止的违法不正当竞争行为。虽说损人利己是商业竞争的本质，优胜劣汰是商业竞争的客观结果，认定某种竞争行为是否构成不正当竞争行为时，放弃诚实信用和公认的商业道德标准可能造成难以判断该行为可责性的窘境，但本书作者认为，这个窘境可以通过严格认定竞争者应受法律保护的利益加以化解。下文将对此进行详细解释。

（1）"扰乱市场竞争秩序"。如前所述，"扰乱市场竞争"虽然在评判某种竞争行为是否应成为受禁止的不正当竞争行为时具有终极价值作用，但不再是认定不正当竞争行为的独立法律构成要件，因为损害竞争者利益、消费者利益或者其他市场参与者利益的竞争行为，也就损害了市场竞争秩序。这也是为什么德国2008年修改其2004年反不正当竞争法时，删除了2004年反不正当竞争法第3条中抽象的"损害竞争"要件的根本原因。❶

（2）"足以"表明，认定具体竞争关系中的某种竞争行为是否构成应当被禁止的不正当竞争时，并不要求该行为实际上已经显著地侵害了竞争者、消费者或者其他市场参与者利益的损害，只需要具备损害的客观可能性即可。理由在于，具体案件中的原告往往难以证明实际损害的发生，且不正当竞争行为造成的损害需要较长时间才会显露出来。

（3）如何判断某利益属于竞争者应受保护的"合法利益"？任何行为背后都存在具体的利益，反不正当竞争法禁止某些不正当竞争行为，实质是为了保护竞争者、消费者和其他市场参与者的某些具体利益。认为反不正当竞争法属于单纯的行为规制法，而非权益保护法，已经是过时而不切实际的观念。

如前所述，竞争者的合法权益在日本不正当竞争防止法上是指竞争者"营业上的利益"，在德国反不正当竞争法上是指竞争者获得并维持作为竞争展开前提要件的营业、竞争不受阻碍地展开的可能性以及因此而获得市场机会的可能性。从我国《反不正当竞争法》第6条至第12条的规定看，则既有竞争者具有一定影响的商业标识、商业秘密、特定商业模式等方面的智力性成果不被过度搭便车的营业上的利益（第6条、第9条、第12条），也有竞争不受阻碍地展开的可能性以及因此而获得市场机会的可能性的利益（第7条、第8

---

❶ 范长军. 德国反不正当竞争法研究［M］. 北京：法律出版社，2010：102.

条、第 10 条、第 11 条）。第 6 条至第 12 条未规定但受《反不正当竞争法》第 2 条保护的竞争者的利益，也应当类比第 6 条至第 12 条规定保护的竞争者利益进行解释，而不能随意进行扩大化解释。从 1993 年我国《反不正当竞争法》施行以来的司法实务看，受《反不正当竞争法》一般条款保护的竞争者利益，主要是指竞争者的智力性成果不被过度搭便车的营业上的利益，尤其是不符合著作权法保护客体构成要件的数据库、数据集合体、虚拟角色名称，附着了某些新产品或者新服务的特定商业模式等不被过度搭便车的营业上的利益。

为什么竞争者某些智力性成果能够成为应受反不正当竞争法保护的"合法利益"？对此，我国《反不正当竞争法》一般条款和最高人民法院在上述海带配额案中都未提供答案。对此，日本知识产权高等法院于 2005 年对ラインピックス案的二审判决提供了非常具有借鉴意义的探索。

该案中的原告做成 25 个字以内的新闻标题在其网站上以滚动方式向公众提供，并刊登广告赚取收入。被告未经原告同意，抄袭、模仿原告的新闻标题，且做成和原告具有实质同一性的新闻标题刊载于自己的网站上，登载广告赚取收入。原告起诉被告侵害著作权和构成日本民法典第 709 条规定的不法行为。东京地方裁判所否定了原告简短标题的独创性和对被告著作权侵权的指控，且在此基础上否定了原告对被告不法行为的指控。理由是，既然原告的简短新闻标题不符合作品构成要件，在著作权法上不存在受保护的法益，因而在一般法的民法上也没有受法律保护的法益。

然而，日本知识产权高等法院认为，有价值的信息如果不付出劳力，显然不会在互联网上存在。互联网上之所以存在大量有价值的信息，正是因为有人收集、整理并在互联网上开示这些信息。以此为前提，日本知识产权高等法院进一步认为，有关新闻报道的简短消息，原告等付出了巨大的劳力和费用，进行了选材、写成初稿、编辑、做成标题等一系列活动，并最终使之变成互联网上有价值的、有偿交易对象的信息。被告没有经过原告同意，以营利为目的，复制、模仿原告新闻标题，做成和原告新闻标题酷似性的标题，并在自己主页上显示，违法侵害了原告应当受法律保护的利益，构成了不法行为，应当支付适当使用费以赔偿原告的损失。[1]

---

[1] 知财高判平成 17.10.6 平成 17（ネ）10049 号。

从日本知识产权高等法院上述判决可总结得出，竞争者的智力成果，成为受日本民法典第709条保护的"合法权益"，应当具备三个要件：**一是该利益附着的智力性成果为社会所需要，或者可以成为市场交易的对象；二是该利益附着的智力性成果，原告付出了劳动和投资进行开发；三是允许被告免费搭便车，且做成和原告具有具体竞争关系的产品或者服务，被告将处于过分有利的竞争地位，并因此而减杀原告开发新智力成果的激励。**日本不正当竞争防止法没有一般条款，该法没有规定的搭便车行为是否应当受禁止，日本民法典第709条事实上发挥着反不正当竞争法一般条款的裁判作用。日本知识产权高等法院在上述案件中的判断规则，对于我国法院适用《反不正当竞争法》第2条具有重要参考价值。我国最高人民法院在上述"海带配额案"中，虽然也指出适用第2条的要件之一是其他经营者的合法权益确因该竞争行为而受到了实际损害，但并未指出经营者的"利益"成为受反不正当竞争法保护的"合法权益"的具体判断标准，这是一个巨大缺憾。

总结日本的司法经验，概而言之，竞争者某种营业上的利益，是否应当成为受反不正当竞争法保护的合法利益，应当根据知识产权正当化的激励理论进行评判。按照激励理论，如竞争者提供的某种社会所需要的产品或者服务被其他竞争者过度搭便车，以至于影响到该产品或者服务供应的激励，导致该产品或者服务供应不足时，则其他竞争者过度搭便车的行为具有法律上的可责性，应当被禁止。

（4）何谓"严重损害"？对处于具体竞争关系中的竞争者而言，基于市场经济自由竞争的基本原理，无权要求像保护物权所有人对其物拥有的支配权那样，保护其市场地位、顾客来源或者赢利机会免受来自竞争行为的必然的、合法的损害，而是天然具有容忍竞争行为造成自然损害结果的义务。反过来就是说，某些竞争行为对竞争者、消费者或者其他市场参与者的利益，虽然具有一定的危害性，但如果经过综合利益考量，认为利大于弊，也并非一定要被反不正当竞争法禁止。哪些竞争行为应当成为受反不正当竞争法所禁止的不正当竞争行为？

尽管反不正当竞争法不像物权法、专利法、著作权法、商标法等那样，通过创设权利的方式保护竞争者等市场参与者的利益，但反不正当竞争法之所以创设一系列有关竞争的行为规范，归根到底还是为了保护竞争者、消费者或者其他市场参与者的利益，保护了这些利益，也就保护了公平的竞争秩序。由此,竞争行为正当不正当、合法不合法的判断,最终还是得从该行为对竞争者、消费者或者其他市场参与者利益的损害程度进行判断。换句话说,只有"足以严重损害""竞争者、消费者或者其他市场参与者"在市场竞争中应受反不正当竞争法保护的合法利益的行为,才是应当被禁止的不合法的不正当竞争行为。

如何判断某种竞争行为"足以严重损害"竞争者、消费者或者其他市场参与者的利益?总结国内外司法实践经验,主要应当考虑如下因素。

(1)行为本身是否违反其他保护人身、财产安全方面的法律。这亦可称为行为的具体方式。市场竞争行为天然具有损害性,哪些市场竞争行为构成应当受反不正当竞争法禁止的不正当竞争行为,该行为是否违反其他保护竞争者、消费者和其他市场参与者人身、财产方面的法律需要被考虑。以侵害他人人格权和所有权方式,比如威胁他人人身安全、蔑视他人的尊严、囚禁他人人身自由、破坏他人私有财产等方式从事市场竞争的行为,毁损他人商誉的手段从事市场竞争的行为,行为本身严重违法,判断此类竞争行为构成应当受禁止的不正当竞争行为时,由于损害的严重性已经内化为行为本身当中,因此不再需要结合其他因素判断其严重性。其他市场竞争行为是否构成应当受禁止的不正当竞争行为,则还需结合其他因素,进一步判断其是否"足以严重损害"竞争者、消费者或者其他市场参与者的利益。

(2)行为对于竞争者、消费者和其他市场参与者利益造成的损害程度。竞争行为对竞争者、消费者或者其他市场参与者受保护的利益侵害强度越大,其损害的程度也就越高。比如,免费利用竞争者开发出的市场成果,并且制作出直接和竞争者具有同质性的产品,且在相同地域范围内提供或者销售,就可能直接蚕食竞争者的市场,关系到竞争者的生死存亡。在大众点评与百度地图不正当竞争案中,被告在百度地图中直接复制并使用大众点评收集、整理、维护、更新的大众点评信息的行为,由于直接使用了原告开发的成果,且对用户而言,仅提供了同质化产品和服务,并未增加用户福利,因而构成不正当竞争行为。❶

(3)行为发生的频率、持续时间的长短。行为频繁发生、反复发生、持续时间很长,其严重性相比零星发生、持续时间短的行为,对竞争者、消费者

---

❶ 上海知识产权法院(2016)沪73民终242号民事判决书。

或者其他市场参与者利益的损害程度不同。

（4）行为针对的对象。行为针对特定的一个或者多个竞争者，相比行为针对整个营业圈中非特定的竞争者，损害的程度更为显著和严重。比如，针对特定竞争对手进行商业毁谤，比针对整个行业进行商业毁谤，损害更为具体，后果更为严重。

（5）行为被模仿的可能性。如果某种损害竞争者、消费者或者其他市场参与者利益的行为非常容易被模仿，不存在成本和技术等因素上的实质障碍，则损害的后果具有严重性。

总之，在适用《反不正当竞争法》第 2 条认定不正当竞争行为时，不能简单回归传统侵权法保护绝对权的思路，必须时刻牢记《反不正当竞争法》的竞争法性格。唯有这样，才能对应受《反不正当竞争法》保护的利益以不正当竞争行为作出合理认定。

第二编

第一章
商品来源混淆行为

第一节 概 论

一、规制商品来源混淆行为的立法目的

《反不正当竞争法》第6条规定,"经营者不得实施下列混淆行为,引人误认为是他人商品或者与他人存在特定联系:(一)擅自使用与他人有一定影响的商品名称、包装、装潢等相同或者近似的标识;(二)擅自使用他人有一定影响的企业名称(包括简称、字号等)、社会组织名称(包括简称等)、姓名(包括笔名、艺名、译名等);(三)擅自使用他人有一定影响的域名主体部分、网站名称、网页等;(四)其他足以引人误认为是他人商品或者与他人存在特定联系的混淆行为。"该款保护的是知名商品标识和知名服务标识,禁止的是使用与他人知名商品或者服务标识相同或者近似的标识,足以引人误认为是他人商品或者与他人存在特定联系的混淆行为。

使用与他人知名商品或者服务标识相同或者近似的标识,足以导致相关公众对其商品或者服务来源发生混淆,从而攫取凝聚在他人知名商品或者服务标识中的信用,篡夺本应属于他人的顾客。放任这种行为,不仅会使经营者丧失改善商品或者服务品质,努力打造信用的激励,也将使知名商品或者服务标识表示特定来源的机能无法发挥作用,正常的交易秩序无法维持。相反,禁止这种行为,则可以激励经营者改善商品或者服务品质,努力打造信用,确保知名商品或者服务标识发挥来源识别作用,维护正常交易秩序。

规制商品或者服务来源混淆的法律，除了反不正当竞争法，还有商标法。商标法规制商品或者服务来源混淆行为，以被保护的商品或者服务标识获得注册成为注册商标为前提，标识是否实际使用在所不问，更不以知名为要件，且注册商标的排他权及于全国地域范围内的相同营业圈。反不正当竞争法规制商品或者服务来源混淆行为，以商品或者服务标识实际使用且获得一定知名度为前提，仅在足以导致商品或者服务来源混淆可能性的范围内给予保护，无通过注册程序进行公示的必要，亦不会因此而减损商标法激励商标注册申请的机能。

从立法例看，日本不正当竞争防止法第2条第1款第1项、美国兰姆法第43条第1款第1项、德国反不正当竞争法第4条第9项，均禁止商品来源混淆行为。

二、《反不正当竞争法》第6条和《商标法》第57条第1项、第2项的适用关系

在保护商业标识方面，《反不正当竞争法》第6条和《中华人民共和国商标法》（以下简称《商标法》）第57条第1和第2项的适用关系，经常被提起。一种观点认为，在当事人请求保护的商业标识为注册商标时，应当优先适用《商标法》第57条第1项或者第2项的规定，《反不正当竞争法》第6条无适用余地。与此观点相适应，对于以《反不正当竞争法》第6条为依据，请求保护注册商标时，法院通常采取的做法是驳回原告的诉讼请求。另一种观点认为，《反不正当竞争法》第6条和《商标法》第57条第1项和第2项在保护商业标识方面是平行关系，不存在谁先谁后适用的问题。这两种观点都存在一定偏颇。

从请求权行使角度看，《反不正当竞争法》和《商标法》适用的先后，应当是当事人选择的结果。原则上而言，如果当事人首选《反不正当竞争法》作为请求权依据，则应当优先适用《反不正当竞争法》。相反，如果当事人首选《商标法》作为请求权依据，则应当优先适用《商标法》。

话虽如此，由于《反不正当竞争法》第6条保护的是未注册商标，而《商标法》第57条第1项和第2项保护的是注册商标，因此如果当事人请求保护的是注册商标，却以《反不正当竞争法》第6条作为行使请求权的依据，则法院观念上应当将注册商标视为未注册商标，并依据《反不正当竞争法》第6条的法律构成，判断被告行为是否构成对他人未注册商标的混淆性使用行

为。在《反不正当竞争法》第 6 条规制的混淆性使用行为法律构成中，商业标识通过使用且获得一定知名度是要件之一。如此，法院在适用该条时，需要审查当事人请求保护的商业标识是否已经实际投入商业使用，是否通过实际投入商业使用获得了一定知名度。同时，由于《反不正当竞争法》第 6 条保护的商业标识，并未通过公示获得全国地域范围内的排他权，而仅在其知名度所及地域范围的相关营业圈中具有有限的排他性，因而法院颁发的禁令效力所及范围也仅限于该商业标识知名度所及地域范围的相关营业圈。

而如果当事人请求保护的商业标识是未注册商标，却以《商标法》第 57 条第 1 项或者第 2 项作为行使请求权的依据，由于当事人缺乏请求权基础，法院显然应当驳回其诉讼请求。

最重要也是实践中最常见的，是当事人请求保护的虽是注册商标，却同时以《商标法》第 57 条第 1 项或者第 2 项和《反不正当竞争法》第 6 条作为行使请求权的依据。在此情形下，如果法院以《商标法》第 57 条第 1 项或者第 2 项为依据（不问注册商标是否实际使用、是否获得了一定知名度）支持了当事人侵害注册商标权的诉讼请求，由于经过公示的注册商标的权利排他范围及于全国地域范围的相关营业圈，完全涵盖了《反不正当竞争法》第 6 条保护的商业标识的排他范围，从理论上而言，侵害注册商标权的行为同时构成《反不正当竞争法》第 6 条禁止的混淆性使用行为，因而再无必要耗费司法资源审查判断被告行为是否构成《反不正当竞争法》第 6 条禁止的混淆性使用行为。

但正如第一编第二章第二节所指出的那样，法院认定被告构成注册商标权侵害后不再评判其行为是否构成不正当竞争行为，在二审推翻原审判决的情况下，会剥夺原告程序上的权利，使其丧失在二审或者再审程序中获得《反不正当竞争法》救济的机会，法院是否可以在认定被告构成注册商标权侵害的同时，直接认定其行为构成不正当竞争行为，值得探讨。

相反，在上述情形下，如果法院以《商标法》第 57 条第 1 项或者第 2 项为依据驳回了当事人的诉讼请求，则仍存在将该注册商标视为未注册商标，依据《反不正当竞争法》第 6 条规定的混淆性使用行为的法律构成，分析评判被告行为是否构成对他人已经使用且获得一定知名度的商业标识的混淆性使用行为的空间。比如，注册商标为驰名商标，被告的使用行为并不存在足以导致相关公众混淆误认的可能性，却造成了弱化或者丑化驰名注册商标的损害结果，按照《商标法》第 57 条第 1 项或者第 2 项，被告的使用行为仍不构成侵害注册商标权行为。在此情形下，如果不进一步按照《反不正当竞争法》第 6 条的规定，审查判断被告的使用行为是否构成与驰名商标权利人存在"特定联系的行为"，显然将放纵被告的使用行为，并使驰名商标使用人持续处于被损害的事实状态中。极为遗憾的是，由于立法水平的限制，反不正当竞争法并未将对驰名商标的弱化或者丑化使用行为单列为一种独立的不正当竞争行为，因而对原告而言，不得到《民法典》中寻找行使请求权的依据，或者说服法院通过对《反不正当竞争法》第 6 条进行宽泛解释，曲径通幽地禁止对驰名商标的淡化使用行为。

第二节 商品和商品等标识

一、商品和服务

商品是具有经济价值、能够独立进行交易的对象，限于具有流通性的有体物。

欠缺流通性的有体物品的提供行为，如餐厅提供服务时所用碗筷，宾馆提供服务时所用床被，虽非商品，但这种服务属于服务范围，因此在碗筷、床被等物品上使用与他人用于服务的碗筷、床被上的服务标识相同或者近似的标识，提供相同或者类似服务的行为，如足以导致相关公众混淆服务来源，构成服务混淆行为。

非有体物的提供行为，如字体、数字化信息、光、电、热等的提供行为，因并未发生有体物的交易，和欠缺流通性的有体物品的提供行为一样属于服务提供行为，使用相同或者近似标识提供相同或者类似非有体物服务，如足以导致相关公众混淆服务来源，亦构成服务混淆行为。

在免费提供的广告品上使用与他人商品或者服务上标识相同或者近似的标识，就相同或者近似商品或者服务进行广告的行为，如果足以导致相关公众对被广告商品或者服务来源发生混淆，亦属于商品或者服务混淆行为。此时，该免费提供的广告品仅仅是被告进行广告的媒介，其是否属于商品对被告行为的认定不发生影响，因此无关紧要。但如广告品本身属于可以独立交易的商品，且被告行为足以导致相关公众对广告品本身的来源发生混淆，则被告行为还构成广告品来源混淆的行为。

服务，是指为他人付出劳务或者提供便利，且可独立成为交易对象者，包括在零售或者批发业务活动中为顾客提供的便利。所谓在零售或者批发业务活动中为顾客提供的便利，是指从顾客来到店里到最终离开这段时间，伴随零售或者批发所提供的一切服务活动的总称，最终从商品销售中获取利益。伴随商品批发或者零售进行的店铺装修、商品摆放设计、导购、对商品或者服务的讲解、购物车的提供、所售商品免费品尝等，均属于零售或者批发服务。❶

二、商品等标识

可以作为商品或者服务标识使用的标识多种多样，主要有以下种类。

（一）姓名

包括自然人的姓、名、姓名，自然人的雅号、笔名、艺名、假名。反不正当竞争法保护的姓名，不同于民法保护的姓名。反不正当竞争法保护的姓名，是作为商品或者服务标识实际使用的姓名，且以通过商业使用获得一定知名度为要件。而民法保护的姓名，始于自然人出生，以和特定自然人形成特定对应关系为要件，是否通过商业使用获得一定知名度在所不问。

由于反不正当竞争法保护的是已经发挥了识别商品或者服务来源作用的姓名，即使自然人死亡，只要还有承继者，依然应通过禁止混淆性使用而为其提供保护，即使该自然人是外国主体，情况也是如此。

在他人姓名已经作为商品或者服务标识实际使用且获得一定知名度的情况下，即使行为人户籍上的姓名与此相同或者近似，其也不得出于不正当目的使用其姓名，即不得在相同或者类似商品或者服务上，在相同地域范围内使用其姓名。

（二）企业名称或者字号

企业名称是企业按照《企业名称登记管理规定》申请登记的名称。企业名称由行政区划、字号、行业或者经营特点、组织形式依次组成，是企业法人格的象征。字号是企业名称中除了表示行政区划、行业或者经营特点、组织形

---

❶ 李扬. 商标法基本原理 [M]. 北京：法律出版社，2018：6-12.

式等一般共用要素之外,能够将不同企业区别开来的标识。比如,深圳市腾讯计算机系统有限公司是该公司名称全称,"腾讯"则是该公司字号,真正起识别作用的部分。县级以上行政区划地名不得作为字号使用,行业或者经营特点不得作为字号使用,除非其已经获得识别企业的第二含义。

从登记角度看,企业名称或者字号仅在同一登记机关所在行政区划内具有排除同行业其他企业登记和使用相同企业名称或者字号的权利。但从使用角度看,因其产品或者服务所及地域范围超过登记机关所在行政区划地域,因此在符合《反不正当竞争法》第6条规定条件下,其排他使用地域范围可以超出登记机关所在行政区划地域范围限制,行为人不得以属于对特定登记机关所在行政区域内登记字号的正当使用为由,进行不正当竞争行为指控的抗辩。

具体而言,如企业名称或字号被申请为注册商标,则在指定使用商品或者服务范围内拥有全国地域范围的排他权,受《商标法》保护。如未被申请为注册商标,则在作为商品或者服务标识使用并获得一定知名度的前提下,受《反不正当竞争法》保护。

(三) 社会组织名称

社会组织名称是社会团体按照《社会团体登记管理条例》申请登记的名称。社会团体是指中国公民自愿组成,为实现会员共同意愿,按照其章程开展活动的非营利性社会组织。国家机关以外的组织可以作为单位会员加入社会团体。社会团体的名称应当符合法律、法规的规定,不得违背社会道德风尚。社会团体的名称应当与其业务范围、成员分布、活动地域相一致,准确反映其特征。全国性的社会团体的名称冠以"中国""全国""中华"等字样的,应当按照国家有关规定批准,地方性的社会团体的名称不得冠以"中国""全国""中华"等字样。

社会组织虽为非营利性团体,但如其"立足于经济上的收支计算从事事业活动",则其活动相当于反不正当竞争法上所说的经营行为,既受反不正当竞争法保护,亦受反不正当竞争法规制。❶ 在社会组织名称被使用并获得一定知名度的前提下,亦有必要禁止对其进行商品来源混淆或者与该社会组织存在

---

❶ 東京地判昭37.11.28下民集13卷11号2395頁「京橋中央病院事件」。大阪地判昭55.3.18無体集12卷1号65頁「少林寺拳法事件」。大阪高決昭54.8.29判夕396号138頁「都山流尺八協会事件」。

特定联系的使用行为。

(四) 未注册商标

从最广义上讲,只要是未按照商标法规定申请注册但又在商业使用过程中发挥了识别商品或者服务来源的标识,就是未注册商标。但因我国《反不正当竞争法》第 6 条明确将商品名称、包装、装潢,企业名称(包括简称、字号等),社会组织名称(包括简称等),姓名(包括笔名、艺名、译名等),域名主体部分,网站名称,网页等单独列举出来,因此这里所讲的未注册商标,是指这些标识以外被作为商标使用的文字、图形、字母、数字、三维标志、颜色组合、商品形态、声音、动作、气味等标识。与商标法保护注册商标不同的是,反不正当竞争法保护这些标识,均以这些标识通过实际使用获得一定知名度、能够发挥识别商品或者服务来源作用为前提。

注册商标使用在未核定使用的商品或者服务上且未使用注册标识时,亦构成未注册商标,是否受反不正当竞争法保护,亦看其是否通过使用获得了一定知名度。

(五) 商品名称、包装、装潢

商品包装是为了方便搬运、防止商品毁损或者纯美观等目的使用的盛放商品的容器。商品装潢是为了美化商品,引起消费者购买欲望而对商品本身或者商品包装进行的装饰。商品包装、装潢符合商标法规定的识别力要件和独占适格性要件,可以申请为注册商标受商标法保护。未申请为注册商标的商品包装、装潢,如果通过使用获得一定知名度,发挥了识别商品或者服务来源的作用,则受反不正当竞争法保护。

商品名称是对商品的称呼,是否能申请商标注册以及作为商标使用,日本商标法和不正当竞争防止法均未规定,我国《商标法》和《反不正当竞争法》则明确规定可以。商品名称可以作为商标申请注册或者使用。商品名称有普通名称和特有名称之分。商品普通名称,是商品种类物的名称,比如水、茶、面包、汽车、油、米、面等。商品种类物名称,从市场竞争角度看,不能私有化和让任何人独占,也无法通过使用获得识别力,不能作为商标申请注册和使用。商品特有名称,因具有识别力,且不妨碍市场竞争,可以作为商标注册和使用,受《商标法》和《反不正当竞争法》保护。

（六）数字化影像

不管是影像播放设备工作时第一次出现在使用者面前的影像，还是影像播放过程中展现的影像，如果影像稳定，被反复、长期使用，获得一定知名度，数字化的影像亦可成为影像播放设备制造业者或者影像服务提供者的商品或者服务标识。

（七）域名主体部分、网站名称、网页等

域名主体部分，是指域名中除了通用域名以外能够识别特定域名所有者的部分。比如，域名"www.sysu.edu.cn"中表示中山大学的"sysu"，即该域名中的主体部分。网站名称是区别不同网站的名称，一般标注在网站首页上，类似于电视台的名称，比如百度、新浪、阿里、淘宝等。网页是构成网站的基本元素，是承载各种网站应用的平台，文字、图片、视频是网页常用元素。任何网站都是由网页组成，网站如果只有域名和虚拟主机而没有网页，客户无法访问到任何信息，该网站就是一个死的、无任何实际意义的网站。

因互联网和电子商务诞生而出现的这些标识，在未被申请为注册商标但又因实际使用而获得了一定知名度，能够发挥识别商品或者服务来源时，受反不正当竞争法保护。

（八）书名、电影名称、广播电视节目名称、广播电视栏目名称等

书名、电影名称、电视节目名称、电视栏目名称等，是否能够成为商品或者服务标识？

从日本的裁判例看，已经形成的结论性意见是，题目或者标题表现的是书籍、电影、电视节目、电视栏目本身的内容，而非作为识别商品或者服务来源的标识被相关公众所认知。因此通常情况下，被告书名、电影名称、电视节目名称、电视栏目名称使用原告的书名、电影名称、电视节目名称、电视栏目名称，不会构成不正当竞争行为。

在东京知识产权高等法院2005年10月27日判决的"マクロス"一案中，电影标题是否属于识别商品或者服务来源的标识成为案件的焦点。原告制作的电视动漫和剧场版动漫"超时空要塞マクロス"大获人气，作为标题一部分的"マクロス"也因此成为原告知名商品标识。被告将其电影、录像带、

DVD取名为"マクロスⅡ""マクロスプラス""マクロスセブン""マクロスダイナマイト7""マクロスゼロ"进行销售,原告指称其行为违反日本不正当竞争防止法第2条第1款第1项,构成侵害知名商品标识的不正当竞争行为。对此,日本东京知识产权高等法院认为,"マクロス"无论是作为电视动漫名称还是剧场版动漫名称,都是被作为特定电影名称的一部分被广泛认知,因此不能被认为已经成为控诉人(即一审原告)识别其商品或者营业来源的知名或者著名标识,其主张被控诉人(即一审被告)行为构成不正当竞争行为有失妥当。并以此为理由维持了一审判决,驳回了控诉人诉讼请求。❶

广播电视节目名称是否属于广播电视公司的服务标识也是问题。在播放节目名称为"究極の選択"(终极选择)的案件中,被请求人将其收集了与播放节目同样游戏内容的书籍取名为"究極の大選択",日本放送和日本放送出版社作为请求人针对被请求人申请假处分。本案中,请求人在其播放节目一右上角标注"究極の選択"电视节目名称的行为,是否属于表示其特定服务来源的标识成为焦点。对此,日本东京地方法院认为,涉案"究極の選択"之类的名称,作为以年轻人为中心游玩的语言游戏在社会上非常流行,本身作为表示涉案语言游戏的一般名称已经成为社会共识。被请求人将其书籍取名为"究極の大選択"进行销售,该标题仅仅表示书本内容,并不具有识别该书本来源的作用。以此为理由,东京地方法院并未支持请求人的假处分请求。不过,有些学者认为,广播电台电视台播放的节目名称著名的话,存在作为服务标识保护的可能性。❷

书名中使用他人商品或者服务标识是否构成不正当竞争行为,被告书名是否属于商品或者服务标识也成为焦点。在"スイングジャーナル"案中,被告书籍名称"スイングジャーナル青春録.大阪編",包括了他人商品标识"スイングジャーナル"。对此,东京地方法院认为,尽管被告的商品标识中包含他人的商品标识,但如被告专门用于叙述或者表现商品本身的内容和特征,不能认为被告使用了他人商品标识。接触涉案书籍的顾客和读者,通常而言,不会将"スイングジャーナル"和原告营业活动联系起来进行认知,而

---

❶ 東京地判平16.7.1マクロス事件、知財高判平17.10.27「マクロス事件」;小野昌延.注解不正競争防止法(新版上巻)[M].東京:青林書院,2007:184.
❷ 東京地判平2.2.28究極の選択事件、無体集22巻1号108頁;小野昌延.注解不正競争防止法(新版上巻)[M].東京:青林書院,2007:184-185.

只会理解为说明涉案书籍内容的要素。❶ 在"脱ゴーマニズム宣言"（脱傲慢主义宣言）案中，"ゴーマニズム宣言""新・ゴーマニズム宣言""新・ゴーマニズム宣言スペシャル脱正義論"是小林善范的系列书籍。被告的书籍名为"脱ゴーマニズム宣言"，被告的书名和原告的商品标识是否类似是本案焦点。东京地方法院认为，自己的商品标识尽管包含了他人商品标识，但其专门用于表现商品内容和特征等情况下，不能认定为使用了和他人商品等标识相同或者类似的标识。被告书名"脱ゴーマニズム宣言"中的"ゴーマニズム宣言"部分，因用于说明被告书籍内容，即使包含了"ゴーマニズム宣言"，也不能认为使用了和原告商品等标识相同或者类似的标识，因此不构成商品来源混淆行为或者不正当使用驰名标识的行为。❷ 在"デール・カーネキル"（戴尔・卡耐基）著作权侵权案中，被告书籍使用了"こうすれば人は動く""How to Win Friends and Influence People""デール・カーネギー著"等三个书名，东京地方法院以上述相同理由认定被告的使用行为不构成不正当竞争行为。但是，"デール・カーネギー・コース""デール・カーネギー・トレーニング"已经构成知名服务标识，被告在其发行的盒式磁带上使用"D・カーネギーゴールデンルール・プログラム"的行为构成不正当竞争行为。❸ 在三国志假处分抗告案中，东京高等法院认为，计算机版游戏程序名称，属于表示作品内容的名称，尚不足以认定其使用结果获得来源识别作用。❹

但是，在使用固定名称的书籍或者电影连续出版发行、放映或者配给的情况下，也有将该书籍或者电影名称认定为商品标识的案例。在"ファイアーエンブレム"（火焰徽章）案中，原告创作销售系列标题为"ファイアーエンブレム"的游戏软件，该标题被认定为标识原告游戏软件的知名商品标识。❺ 作为系列电影名称的 007 也是成为商品或者服务标识的典型例子。

总的来看，作品或者表演、录音录像、广播电视节目等的名称，主要用于精炼概括作品、电影、电视节目等的具体内容。不管其是否知名，其接触者或者读者一般不会将其作为商品或者服务来源进行认知，难以发挥识别作品、电

---

❶ 東京地判平 11.2.19 判時 1688 号 163 頁。
❷ 東京地判平 11.8.31 判時 1702 号 145 頁。
❸ 東京地判平 12.9.29 判時 1733 号 108 頁。
❹ 東京高決平 6.8.23 知的集 26 巻 2 号 1076 頁。
❺ 東京地判平 14.11.14 判例不競法 224、643 頁。東京高判平 16.11.24 裁判所ホームーページ。

影、电视节目来源（出版公司、图书销售公司、电影公司、电视公司等）的作用，不能被认定为商品或者服务标识，使用相同或者近似作品或者制品名称的行为，不构成混淆来源行为。即使被认定为商品或者服务来源的标识，而且将作者或者制作者理解为此处的来源，由于作者或者制作者的署名清楚地表明了作品或者制品的来源，相关公众不会发生混淆，使用相同或者近似作品或者制品名称的行为，也不能被认定为来源混淆行为。

例外情况是，特定标题等被作为系列作品名称反复、持续使用，比如《速度与激情一》《速度与激情二》《速度与激情三》《速度与激情四》《速度与激情五》……，则《速度与激情》因此获得发挥识别电影来源（制作者、销售者或者其他提供者）的作用，被认定为商品或者服务标识。

电视节目栏目，比如"非诚勿扰""星光大道""中国好声音"，一般被反复、持续使用，很容易被相关公众作为发挥识别商品或者服务来源的标识被认知，即使未被申请为注册商标，也应当认定为商品或者服务标识。

（九）商品形态

商品的三维立体形状及光泽、质感等其他特征发挥了识别商品或者服务来源的作用时，亦可成为商品或者标识受《反不正当竞争法》第6条的保护。

三、商品等标识的分类方法及其意义

《反不正当竞争法》第6条在不同款项中列举了商品名称、包装、装潢、企业组织名称、社会组织名称、姓名、域名主体部分、网页名称、网页等应当受该条保护的商品或者服务标识。此种立法方式，不但未能穷尽列举应当受本条保护的商品或者服务标识，也容易让人误解使用与这些标识相同或者近似的标识，足以导致相关公众混淆或者认为存在特定联系的行为，法律构成存在本质差别，徒增法律适用和学术研究的困难。尤甚者是，从反不正当竞争法保护商品标识规制商品来源等混淆行为的角度看，如此具体列举规定对认定混淆行为毫无实质意义。

法律规范贵在抽象而非具体，以适用于各种具体的行为。商品名称、包装、装潢、企业组织名称、社会组织名称、姓名、域名主体部分、网页名称、网页等标识，用于识别商品或者服务来源时即为商品或者服务标识。在此基础上，立法者需要考虑的是，反不正当竞争法保护商品或者服务标识规制来源混

淆行为需要具备何种一般性要件。对此，日本不正当竞争防止法第 2 条第 1 款第 1 项和第 2 项的规定具有示范意义。该条第 1 款第 1 项和第 2 项将所有具体类型的商品和服务标识区分为知名标识和驰名标识，并分别规定不同的保护要件。第 1 项规定，对知名标识的保护以该标识被混淆性使用为要件，而第 2 项规定，驰名标识的保护不以该标识被混淆性使用为要件，而以被不正当利用为要件。这种分类及对相关行为的规制，并不拘泥于商品或者服务标识的具体表现形式，而是抓住反不正当竞争法保护商业标识并不以注册而以使用为前提、仅保护已经通过使用获得一定知名度凝聚了相应信用的商业标识的特点，将商业标识分为知名标识和驰名标识，以及对其使用是否足以导致相关公众对商品或者服务来源发生混淆，将应受规制的行为分来源混淆行为和不正当利用行为，简洁明了，分类科学，也有利于司法适用和学术研究，非常值得我国借鉴。

第三节　商品来源混淆行为的构成要件

一、商业标识知名

2017 年《反不正当竞争法》和 2019 年《反不正当竞争法》第 6 条第 1、2、3 项，在规定商品来源混淆行为的法律构成时，将 1993 年《反不正当竞争法》第 5 条第 2 项规定的商品"知名"要件，修订为商品名称、包装、装潢、企业名称、社会组织名称、姓名、域名主体部分、网站名称、网页等"有一定影响"要件。❶ 对此种修订，全国人大常委会法制工作委员会负责立法工作的同志在学理阐释中作出了如下说明，一是进一步澄清了混淆行为的概念，二是以列举加兜

---

❶ 要指出的是，《反不正当竞争法》第 6 条将识别商品或者服务来源的知名标志具象为商品名称、包装、装潢、企业名称（包括简称、字号等）、社会组织名称（包括简称等）、姓名（包括笔名、艺名、译名等）、域名主体部分、网站名称、网页等，并将混淆性使用这些商业标识的行为分为四种，徒增法律适用的困难。这四种不正当竞争行为实际上就是一种：擅自使用他人知名商业标志，导致相关公众对商品来源发生混淆的行为。立法贵在对各种纷繁复杂的客观具象和行为进行抽象，进而制定出可以普遍适用的行为规范，而不是针对具有共同特征的纷繁复杂的客体和行为分别立法。《反不正当竞争法》第 6 条在立法技术方面，可谓犯了立法者之大忌。参见李扬. 残缺而不完美的新反法第六条 [EB/OL]. (2017-12-01) [2021-04-10]. https://www.sohu.com/a/207888227_221481.

底的方式对混淆行为进行了规制,扩大了保护范围,适应了实践发展需要。❶ 围绕商品或者服务来源混淆行为对象要件,理论和实务界进行了如下讨论。

(一)现有讨论

1. 围绕 1993 年《反不正当竞争法》第 5 条第 2 项规定的"知名商品"的讨论

(1)"知名商品"的判断标准。全国人大常委会法制工作委员会负责立法工作的同志在学理解释中提出了如下三个认定标准:第一,经认定的名优商品标准,即经国家主管部门严格按照程序认定的名优商品,属于"知名商品"。该标准将知名商品的认定主体交给了相关国家主管机关,而非相关公众。第二,用户、消费者熟悉度标准,即在本地区或者国内外为用户、消费者所熟悉的商品,属于"知名商品"。第三,反推标准,即从维护合法经营者权益的角度,划定较宽的标准,若他人相同或者近似商品名称、包装、装潢被擅自使用,一般就可认为他人商品为知名商品。❷ 与负责立法者的学理解释不同,最高人民法院则明确坚持以国内相关公众的认知为标准来判断何为知名商品。2007 年发布的《最高人民法院关于审理不正当竞争民事案件应用法律若干问题的解释》第 1 条规定,"知名商品"是在中国境内具有一定的市场知名度,为相关公众所知悉的商品。在费列罗金莎再审案中,最高人民法院法院认为,《反不正当竞争法》所指的知名商品,是在中国境内具有一定的市场知名度,为相关公众所知悉的商品。在国际上已知名的商品,我国法律对其特有名称、包装、装潢的保护,仍应以中国境内为相关公众所知悉为必要。❸

(2)"知名"的认定方式应采举证认定还是推定认定。对此,当时负责行政监管的原国家工商行政管理局在 1995 年发布的《关于禁止仿冒知名商品特有的名称、包装、装潢的不正当竞争行为的若干规定》中,明确坚持推定认定标准。该规定第 4 条规定,商品名称、包装、装潢被他人擅自作相同或者近似使用,足以造成购买者误认的,该商品即可认定为知名商品。该标准与立法

---

❶ 王瑞贺. 中华人民共和国反不正当竞争法释义 [M]. 北京:法律出版社,2018:15.
❷ 全国人大常委会法制工作委员会民法室.《中华人民共和国反不正当竞争法》释义 [M]. 北京:法律出版社,1994:16.
❸ 最高人民法院(2006)民三提字第 3 号民事判决书.

机关当时代学理解释中提出的第三个标准相同。孔祥俊指出，推定标准事实上使得"知名"要件形同虚设。❶

与行政监管机关不同，司法机关则坚持举证认定方式，主张"谁主张，谁举证"，当事人需要通过举证证明是否符合"知名商品"要件。如在周某与新百伦贸易（中国）有限公司、广州市盛世长运商贸连锁有限公司侵害商标权纠纷一案中，二审法院认为"人民法院认定知名商品，应当考虑该商品的销售时间、销售区域、销售额和销售对象，进行任何宣传的持续时间、程度和地域范围，作为知名商品受保护的情况等因素，进行综合判断。主张知名商品的当事人对其商品的市场知名度负举证责任。"❷ 此种做法不过是2007年《最高人民法院关于审理不正当竞争民事案件应用法律若干问题的解释》第1条的直接适用。王先林指出，根据这一规定，商品的知名度只要求在相关公众中的知名度，根据商品的属性和特点，在相关的经营者或者消费者中的知名度，并不要求在所有的市场内或者人群中都达到知名的程度。就地域范围而言，只要在特定的地域内知名就可以达到知名的要求，无须在全国知名。❸

（3）"知名"的对象是商品还是商业标识。2017年《反不正当竞争法》修改之前，不论是法律、行政规章、司法解释、司法判决，甚至包括绝大部分学理解释，都以1993年《反不正当竞争法》第5条第2项为依据，认为知名的对象是商品，而不是商业标识。❹但也有相当部分学者对此进行了反思。林华认为，"知名商品特有的名称、包装、装潢"应理解为知名的商品特有名称、包装、装潢。❺ 郑友德、伍春燕指出，1993年《反不正当竞争法》第5条第2项的立法本意是保护在相关消费者中具有知名度，产生一定市场影响力的名称、包装、装潢，知名商品要件实属画蛇添足，这一要件无形中提高了反不正当竞争法禁止混淆行为的门槛，❻ 使得实务中一些商品并不知名，但名称、包装、装

---

❶ 孔祥俊. 反不正当竞争法新原理：分论 [M]. 北京：法律出版社，2019：35.
❷ 广东省高级人民法院（2015）粤高法民三终字第444号民事判决书.
❸ 王先林. 竞争法学 [M]. 2版. 北京：中国人民大学出版社，2015：103.
❹ 杜颖，赵乃馨.《反不正当竞争法》第6条第1项的理解与适用 [J]. 法律适用，2018（15）：97-103.
❺ 林华. 知名商品特有名称与商标 [J]. 中华商标，2008（6）：42-46.
❻ 郑友德，伍春艳. 我国反不正当竞争法修订十问 [J]. 法学，2009（1）：57-71.

潢获得了市场知名度,可以标示商品来源的商业标识无法受到保护;❶也可能使一些商品知名,但名称、包装、装潢并不知名的标识获得了保护。❷❸ 概而言之,1993年《反不正当竞争法》第 5 条第 2 项存在保护对象错置与构成要件扭曲的弊病,❹ 不仅割裂了商业标识与商品之间的紧密联系,❺ 而且不适当地扩大或者缩小了混淆行为的规制范围。❻

(4)"知名"与商标法中"有一定影响"的关系。王太平主张,"知名"要件大体上可以参考《商标法》第 32 条后半段规定的"他人已经使用并有一定影响的商标"以及《商标法》第 59 条第 3 款所规定的"有一定影响的商标"的标准,这意味着只要商品上使用的标识在相当数量的消费者心目中已经是该商品的代表,就可以受到1993年《反不正当竞争法》第 5 条第 2 项的保护。❼ 刘继峰、缪慧认为,《商标法》语境中的"一定影响"既可以来源于经营者单纯的广告宣传活动,也可以来自于将商标用于商品之上投入市场销售并经消费者购买使用为消费者所接受和认可,但这种解释不能平移到《反不

---

❶ 在北京潘瑞克食品加工中心与北京市金天坛食品有限责任公司不正当竞争纠纷上诉一案中,二审法院虽认可原告的"潘瑞克"是具有知名度的品牌,但由于原告提供的证据不能证明涉案商品鲜奶油派产品的知名度,即涉案商品不能被认定为知名商品,因而未支持原告的保护请求。参见北京市高级人民法院(2003)高民终字第601号民事判决书。也出现过商品不知名,但商品名称、包装、装潢知名而受到保护的少数案例。在上海帕弗洛文化用品有限公司诉上海艺想文化用品有限公司擅自使用知名商品特有名称、包装、装潢纠纷一案中,一审法院否定原告的商品构成知名商品,但肯定原告的商品名称、装潢为其特有名称、装潢,原告经过数年经营已形成一定规模并有相应的消费群体,具有一定知名度,最终判定被告在其商品上仿冒原告的商品名称、包装装潢的行为,构成不正当竞争。参见上海市第一中级人民法院(2009)沪一中民五(知)初字第20号民事判决书。

❷ 姚鹤徽. 知名商品特有名称反不正当竞争保护制度辩证与完善: 兼评《反不正当竞争法(修订草案送审稿)》[J]. 法律科学, 2016(3): 126–134.

❸ 在扬州市雾中花食品工贸有限公司与扬州绿叶食品有限公司仿冒知名商品特有包装纠纷、装潢纠纷上诉案,二审法院认为,上诉人扬州绿叶食品有限公司"绿叶"牌牛皮糖属于特定区域内的知名商品,知名商品更换新的枕式包装、装潢,虽然投入使用不久,但仍是知名商品的特有包装、装潢,因而应该受到《反不正当竞争法》保护。参见江苏省高级人民法院(2006)苏民三终字第0110号民事判决书。

❹ 王太平. 我国知名商品特有名称法律保护制度之完善: 基于我国反不正当竞争法第5条第2项的分析[J]. 法商研究, 2015(6): 180–187.

❺ 刘继峰,缪慧. 商业标识混淆中"一定影响"的认定标准[J]. 中国社会科学院研究生院学报, 2020(3): 72–80.

❻ 姚鹤徽. 知名商品特有名称反不正当竞争保护制度辩证与完善: 兼评《反不正当竞争法(修订草案送审稿)》[J]. 法律科学, 2016(3): 126–134.

❼ 王太平. 我国知名商品特有名称法律保护制度之完善: 基于我国反不正当竞争法第5条第2项的分析[J]. 法商研究, 2015(6): 180–187.

正当竞争法》。❶

2. 围绕《反不正当竞争法》第 6 条规定的商业标识"有一定影响"要件的讨论

（1）商品"知名"要件修订为商业标识"有一定影响"要件的意义。关于这个问题，存在三种观点。第一种观点是无实质变化论。孔祥俊认为，商品"知名"要件修改为商业标识"有一定影响"要件，主要原因有二。一是由于"知名商品"容易被误认为荣誉称号，认定知名商品容易被误认为评奖评优，诱导一些人通过认定知名商品追求另外的目的，进而致使制度异化，修改为"有一定影响"可以降低这种误导的风险。二是与《商标法》第 32 条"有一定影响的商标"措辞一致。❷ 他进一步认为，"有一定影响"的修改对混淆行为的限定要求并无实质变化，在解释上，"有一定影响"与此前"知名商品"的认定标准没有实质性区别，❸ 存在两种界定方法，一是客观中性的界定，即只要客观上在相关公众中具有一定影响，即符合该要件的要求；二是价值取向性界定，即在判断是否具有一定影响时要体现是非和好坏的价值取向。两种界定方式的不同，其法律调整的方式也就迥然不同。❹ 第二种观点是保护门槛降低论。杜颖、赵乃馨认为，从文面解释的角度分析，"一定影响"的门槛应该低于"知名商品"的要求，这样可以把以前被"知名商品"要件排除的标志划进保护范围，如此理解符合此次修法的立法本义。❺ 第三种观点是语境论。刘继峰主张，上述修改虽然在立法层面解决了传统认定思路中商业标识与商品分置所带来的关系割裂以及保护对象错置问题，但没有明确修改后的"有一定影响"应如何认定的问题。❻ 语境学上，反不正当竞争法和商标法是两种不同的语言环境，包括作为体系性制度的命题系统语境和"一定影响"所处上下文形成的命题语境。语境不同，概念发挥作用的基础、方式等也会发生变

---

❶ 刘继峰，缪慧. 商业标识混淆中"一定影响"的认定标准 [J]. 中国社会科学院研究生院学报，2020（3）：72-80.
❷ 孔祥俊. 反不正当竞争法新原理：分论 [M]. 北京：法律出版社，2019：26.
❸ 孔祥俊. 论商品名称包装装潢法益的属性与归属：兼评"红罐凉茶"特有包装装潢案" [J]. 知识产权，2017（12）：3-29.
❹ 孔祥俊. 反不正当竞争法新原理：分论 [M]. 北京：法律出版社，2019：42.
❺ 杜颖，赵乃馨.《反不正当竞争法》第 6 条第 1 项的理解与适用 [J]. 法律适用，2018（15）：97-103.
❻ 刘继峰，缪慧. 商业标识混淆中"一定影响"的认定标准 [J]. 中国社会科学院研究生院学报，2020（3）：72-80.

化。在新的语境下,在商业标识混淆认定中作为认定标准的"一定影响"的适用,既需要在内涵上进行语义澄清,也需要验证语义时适用特殊的方法。❶

(2)"有一定影响"的程度。对该问题的回答也存在不同观点。黄璞琳认为,该"有一定影响"相当于《商标法》第13条第1款的"为相关公众所熟知"。❷ 张玲玲认为,未注册驰名商标均应属于具有一定影响的商业标识,但反之并不尽然。❸ 王莲峰、刘润涛认为,该"有一定影响"相当于《商标法》第32条和第59条第3款的"有一定影响",不同于《商标法》第13条第1款的"为相关公众所熟知"。❹ 王太平、袁振宗认为,"有一定影响"相当于商标法中的第二含义或者获得显著性,与《商标法》第32条、第59条第3款的"有一定影响"含义和标准相同。也就是说,"有一定影响"的标准应该处于如此范围:第二含义≤"有一定影响"<"为相关公众所熟知"。❺ 刘继峰认为,尽管形式上的定义要素相同,但"一定影响"在《反不正当竞争法》与《商标法》中的含义并不相同。因语境的不同,形成了"使用""一定地域""相关公众知晓"这些用语义涵上的差异。《反不正当竞争法》中的"使用"是实质性使用,不包括如只进行广告宣传的形式使用。换言之,只有在经过使用(包括经营者使用、他人使用和购买者使用)后形成正向信息才构成反不正当竞争法上的"一定影响"。"一定地域"指的是相关地域市场。商业标识是否具有"一定影响"需由相关公众的经验认识来决定。❻

要指出的是,尽管现行《反不正当竞争法》第6条删除了"知名商品"要件,代之以商业标识"有一定影响"要件,但仍有少数法院根据1993年《反不正当竞争法》第5条第2项规定错误理解商品来源混淆行为的法律构成。

---

❶ 刘继峰. 反不正当竞争法中"一定影响"的语义澄清与意义验证[J]. 中国法学,2020(4):186-200.

❷ 黄璞琳. 新《反不正当竞争法》与《商标法》在仿冒混淆方面的衔接问题浅析[J]. 中华商标,2018(2):45.

❸ 张玲玲. 论未注册驰名商标的司法认定与保护:兼评《商标法》第十三条及《反不正当竞争法》第六条第一项的适用[J]. 法律适用,2019(11):119-128.

❹ 王莲峰,刘润涛. 新反法第六条"有一定影响"的理解与适用[EB/OL]. (2017-11-29)[2021-04-10]. http://www.zhichanli.com/article/5361.html?from=timeline.

❺ 王太平,袁振宗. 反不正当竞争法的商业标识保护制度之评析[J]. 知识产权,2018(5):3-14.

❻ 刘继峰. 反不正当竞争法中"一定影响"的语义澄清与意义验证[J]. 中国法学,2020(4):186-200.

在农夫山泉案中，二审山东省高级人民法院认为，根据《反不正当竞争法》第 6 条规定，有一定影响的商品包装装潢包含两个构成要件，一是商品具有一定的知名度，为相关公众所知悉，另一个则是商品的包装装潢应是具有区别商品来源作用的显著特征的包装装潢。❶ 在大方传统菜案中，二审江苏省高级人民法院认为，认定知名商品，应当考虑该商品的销售时间、销售区域、销售额和销售对象，进行任何宣传的持续时间、程度和地域范围，作为知名商品受保护的情况等因素，进行综合判断。❷ 在清醇晓萍黄酒案中，一审上海市浦东新区人民法院认为，《反不正当竞争法》中商品"有一定影响"并不要求商品必须在全国具有知名度，只要在特定的地域内能为相关公众所知悉即为"有一定影响"，商品在该特定区域范围内受《反不正当竞争法》保护。❸

综上可见，现有文献虽然对现行《反不正当竞争法》第 6 条商品来源混淆行为法律构成中的商业标识要件的修订仅是立法语言上的改变还是实质含义有了不同，以及商业标识知名的程度等问题有所探讨，对 1993 年《反不正当竞争法》第 5 条"知名商品"的认定主体、知名的对象、知名认定的具体方式、"知名"与商标法中"有一定影响"的关系有所分析，但对商业标识"有一定影响"要件的功能及其对商品来源混淆行为认定的影响、商业标识"有一定影响"获得的时间、商业标识"有一定影响"的获得是否以善意为前提、商业标识"有一定影响"是否必须是自己对商业标识进行商业使用的结果、互联网对商业标识"有一定影响"认定的影响、商业标识"有一定影响"的商业标识并存或者竞合时应当如何处理等影响商品来源混淆行为认定的重大问题，均未涉及，研究基本处于空白状态。现有文献虽探讨过商业标识"有一定影响"的地域范围和认知主体以及证明方法，但均未能指出受保护商业标识的"一定影响"，究竟是在原告还是被告经营地域范围内相关公众中的"一定影响"，也未能详细分析商业标识"有一定影响"的具体证明因素，研究还很不深入，个别法院在适用现行《反不正当竞争法》第 6 条时甚至存在一些重大误解。这些因素的存在极不利于准确认定商品来源混淆行为，保护已经实际使用获得一定商誉的商业标识。

本书赞同上述部分学者的正确意见，认为现行《反不正当竞争法》第 6

---

❶ 山东省高级人民法院（2019）鲁民终 455 号民事判决书。
❷ 浙江省高级人民法院（2020）浙民终 299 号民事判决书。
❸ 上海市浦东新区人民法院（2019）沪 0115 号行初 245 号行政判决书。

条将 1993 年《反不正当竞争法》第 5 条第 2 项规定的 "知名商品" 要件，修订为商品名称、包装、装潢、企业名称、社会组织名称、姓名、域名主体部分、网站名称、网页等 "有一定影响" 要件，已经纠正了保护对象错置的问题，虽然有极少数法院在适用过程中还存在理解上的偏差，但理论和实务界对此基本上不再存在争议，因而已无必要再耗费笔墨探讨 "有一定影响" 的对象问题。同时，本书同意孔祥俊的观点，认为现行《反不正当竞争法》第 6 条的修订，并不意味着立法者对受保护商业标识 "知名度" 要求的降低。第 6 条的修订除了保护对象变化之外，"知名" 和 "有一定影响" 仅仅是措辞上的变化，对于受保护的商业标识而言，二者实质内涵相同。基于这种理解，同时为简洁和方便起见，本书将商业标识 "有一定影响" 的用法替换为商业标识 "知名" 的用法，商业标识 "'有一定影响'要件" 的用法，替换为商业标识 "'知名度'要件" 的用法。接下来本书将围绕上述研究基本处于空白状态或者研究还不够深入的问题，从中日比较法的角度展开深入、细致研究。

（二）商业标识知名度要件的功能和存废

1. 商业标识知名度要件的具体功能

为什么《反不正当竞争法》第 6 条规定受保护的商业标识需要具备 "知名度" 要件？这需要结合以注册为前提保护商业标识的《商标法》进行理解。从保护相关公众利益的角度看，在行为人故意导致相关公众混淆商品或者服务来源的情况下，如果以商业标识未注册为由否定其保护，将导致放任相关公众混淆商品或者服务来源可能性的状态存在。从保护具体信用的角度看，没有在全国使用其商业标识意图，尤其是没有获得注册必要的经营者的商业标识的保护，也不能被忽视。而能够对故意导致商品或者服务来源混淆可能性进行定型化判断的因素，就是 "知名度" 要件。只在已经知名即具体信用已经形成的限度内给予商业标识保护，防止相关公众对商品或者服务来源发生混淆的可能性，从一开始就不存在注册公示的必要，也不会导致商标注册制度的激励功能丧失。正因为《反不正当竞争法》第 6 条第 1～3 项对商业标识保护有知名度的要求，因而一开始就意图在全国地域范围内就其商业标识获得排他性保护的经营者，仍有申请商标注册的必要。[1]

---

[1] 田村善之. 不正竞争法概说 [M]. 2 版. 东京: 有斐阁, 2003: 36-37.

要言之，知名度发挥着判断是否存在应当发动《反不正当竞争法》第6条对原告商业标识进行保护、被告使用相同近似商业标识是否存在导致相关公众对商品来源发生混淆可能性、原告是否有必要申请商标注册获得全国地域范围内排他权等三大重要功能，因而不能从《反不正当竞争法》第6条中删除，也不能从被告使用相同近似商业标识的角度反推原告商业标识知名，从而使知名度要件虚无化。

删除受《反不正当竞争法》第6条第1～3项规定中商业标识的知名度要件，允许原告在其商业标识没有任何知名度的地域范围内，针对相同近似标识使用行为行使差止或者损害赔偿请求权，将造成在国内任何地域内在商业活动中实际使用的商业标识均获得相当于注册商标一样的全国地域范围内排他权的效果，这将极大萎缩甚至减杀耗费成本申请商标注册的意义，使商标注册制度激励商标注册申请的功能丧失殆尽。

2. 商业标识知名度要件是否应当被废除

在日本，有学者以如下三点理由主张废除来源混淆行为法律构成中的知名度要件：一是知名度要件不能应对知名度获得以前的搭便车行为。二是应将知名度作为判断是否导致相关公众对商品或者服务来源发生混淆可能性的一个要素而非独立要件。三是知名度要件违反《巴黎公约》第10条之2第3款第1项禁止混淆行为并不以商业标识具有一定知名度的如下规定："禁止采用任何方法对竞争者的营业场所、商品或者工商业活动造成混淆的行为。"❶ 但此种学术观点并未被日本立法者所采纳。日本立法担当者提出了如下三个方面的理由。

首先，不以注册为要件的商业标识，只有在通过实际商业使用获得知名的事实状态形成之后，才有给予保护的基础。在知名事实状态未形成之前，并不存在应当受法律保护的事实状态，也就不存在应当被禁止的搭便车行为。

其次，删除知名度要件，将是否存在应当受法律保护的事实状态变为判断是否存在混淆可能性的一个要素，将使混淆可能性的判断变得更为复杂。与其如此，还不如将是否已经形成值得法律保护的事实状态独立出来，作为知名度要件单独进行立法规定更为清晰。

---

❶ 紋谷暢男. 商号の保護［J］. 民事研修，第269号；紋谷暢男. 不正競争防止法における周知性［J］. ジュリスト，第1005号.

最后,《巴黎公约》第 10 条之二虽禁止产生商品或者服务来源混淆可能性的行为,但并未规定究竟达到何种程度的混淆可能性的行为才属于应当被禁止的产生混淆可能性的行为,将产生混淆可能性的行为的判断委任给知名度有无的判断,并不违反《巴黎公约》第 10 条之二的规定。基于这三个理由,1993 年日本修改其不正当竞争防止法时,依旧保留了知名度要件。❶

我国在 2017 年和 2019 年两次修订《反不正当竞争法》时,都保留了商品或者服务来源混淆可能性行为法律构成中的商业标识知名要件。虽然立法者对《反不正当竞争法》第 6 条的释义并未说明为什么保留了商业标识知名的要件,❷ 但非常明显的是,我国立法者和日本立法者一样,并无意废除商业标识知名要件。而且笔者大胆揣测,我国立法者应当和日本立法者一样,赋予了知名要件如上所述的三个重要功能。

(三) 商业标识知名的范围

包括商业标识知名的地域范围和相关公众范围。商业标识知名度的范围,是认定使用相同近似商业标识行为是否构成商品或者服务来源混淆行为中最为关键的因素。下面分别论述。

1. 地域范围

《反不正当竞争法》第 6 条虽规定受保护的商业标识应具备一定知名度,但并未具体规定知名度的地域范围。"知名度"的地域范围,所要解决的问题是,究竟在多大地域范围内商业标识为相关公众所认知,该商业标识才属于具有一定知名度的商业标识。与《商标法》保护注册商标不问该注册商标是否实际使用不同,《反不正当竞争法》对商业标识的保护以其实际商业使用为前提。与此相适应,在反不正当竞争法视点下,只要规制在原告知名度所及地域范围内相同或者近似商业标识的使用行为,就足以抑制导致相关公众对商品或者服务来源发生混淆可能性的行为。**换句话说,只要在相同或近似商业标识使用(被告营业地域范围)的地域范围内,原告商业标识知名,不管相同近似商业标识使用者营业地域范围的大小,原告商业标识就满足了知名度要件中的地域范围要件,原告商业标识在其他地域范围是否知名,则在所不问。**在此情

---

❶ 经济产业省知的财产政策室. 逐条解说不正竞争防止法 [M]. 东京:商事法务,2016:63.
❷ 王瑞贺. 中华人民共和国反不正当竞争法释义 [M]. 北京:法律出版社,2018:15.

况下，被告的使用行为容易导致相关公众对商品或者服务来源发生混淆可能性，应当被禁止。《最高人民法院关于审理不正当竞争民事案件应用法律应用法律若干问题的解释》第1条第2款（前半句）规定，"在不同地域范围内使用相同或者近似的知名商品特有的名称、包装、装潢，在后使用者能够证明其善意使用的，不构成反不正当竞争法第五条第（二）项规定的不正当竞争行为"，虽未明确指出原告商业标识的知名度应当及于被告的营业地域范围，但显然可以解释出这个意思。

比如，原告A的商业标识C在整个广州知名，但在拉萨未使用，不为相关公众所知悉。被告B在广州使用商业标识C提供相同或者近似产品，同时在拉萨使用商业标识C提供相同或者近似产品。因A在广州已经积累了一定的信用，被告B在广州的使用行为足以导致广州的相关公众混淆，其在广州的使用行为应当被禁止。而A在拉萨未积累任何信用，被告B在拉萨的使用行为不会导致拉萨的相关公众混淆，因而其在拉萨的使用行为不应当被禁止。

非常遗憾的是，我国法院适用1993年《反不正当竞争法》第5条、2017和2019年《反不正当竞争法》第6条的很多判决，在事实认定部分未能明确原告商业标识知名度所及地域范围是否仅覆盖被告使用相同或者近似商业标识的地域范围，在说理部分未能明确原告知名商业标识是否仅能排除其知名度所及地域范围内被告相同或者近似商业标识的混淆性使用行为，导致判决结果似是而非。比如在费列罗金莎案中，最高人民法院虽一般性指出，认定知名商品，应当考虑该商品的销售时间、销售区域、销售额和销售对象，进行任何宣传的持续时间、程度和地域范围，作为知名商品受保护的情况等因素，进行综合判断；也不排除适当考虑国外已知名的因素，但未能明确认定该商品在我国具体知名的地域是否属于被告使用相同或者近似标识的地域。[1] 在虎头牌电池案中，广东省高级人民法院虽认为，地域范围的认定应综合考虑销售地点、宣传范围、获得荣誉的范围等因素，销售地点不仅限于销售对象所在地，还包括销售行为发生地，同样未明确区分出原告"虎头牌电池"知名具体地域是否覆盖被告使用相同近似商业标识地域。[2]

不过，也有部分法院对原告商业标识知名度地域范围应限于被告使用相同

---

[1] 最高人民法院（2006）民三提字第3号民事判决书。
[2] 广东省高级人民法院（2014）粤高法民三终字第100号民事判决书。

或者近似商业标识的地域范围直接或者间接作出了明确认定。比如，在点趣公司诉乐考公司案中，一审北京市海淀区人民法院认定，原告点趣公司的注册为北京市，被告乐考公司的注册地在山东省潍坊市昌乐县，经营地点并不重叠，在点趣公司未提交充足证据证明其品牌知名度影响力的情况下，不足以证明乐考公司将"乐考"作为企业字号注册并使用的行为有攀附"乐考网"知名度的主观恶意，被告乐考公司的行为不构成不正当竞争行为。❶ 在淘最上海案中，一审上海市普陀区人民法院认为，"淘最上海"是介绍上海各类吃喝玩乐信息的生活资讯类栏目，影响力主要从上海地区向外辐射，淘最美酒公司是成都的企业，销售的酒类主要产自贵州，影响力主要从中国西南地区向外辐射，被告使用"淘最"作为微信公众号的标识，使用"淘最美酒"作为微信公众号的名称以及在公众号内提供服务时对自身进行描述，在字号中使用"淘最"字样，均不足以引人误认为是他人商品或与他人存在特定联系从而产生混淆。❷

此外，在最高人民法院审理的"PRETUL"商标侵权案❸和"东风"商标侵权案❹判决中，最高人民法院认为贴牌加工行为不构成注册商标权侵害的理由之一，就是被告对商业标识的使用行为发生在国外，不在原告商业标识知名度所及的我国境内，不存在导致我国相关公众混淆误认的可能性。这虽属于商标法领域中注册商标是否受保护的事例，但注册商标同样属于商业标识，作为旁证，一定程度上说明，知名商业标识排他地域范围，并不及于该知名度无法涵盖的被告相同或者近似商业标识的使用地域范围。

话虽如此，在认定原告商业标识是否在相同或者近似商业标识使用者即被告所在地域范围内知名时，应当考虑互联网、电视媒体、自媒体等广告宣传手段以及交通便利情况对原告商业标识知名度地域范围认定的影响。一般来说，

---

❶ 北京市海淀区人民法院（2019）京0108民初34137号民事判决书。
❷ 上海市普陀区人民法院（2019）沪0107民初8699号民事判决书。
❸ 最高人民法院（2014）民提字第38号民事判决书。该案中的原告莱斯防盗产品国际有限公司在我国拥有第6类"挂锁"等商品上的"PRETUL及椭圆图形"注册商标权，被告浦江亚环锁业有限公司接受就相同标志在墨西哥拥有商标权的储伯公司委托，在我国生产带有涉案商标的挂锁，挂锁全部出口到墨西哥。
❹ 最高人民法院（2016）最高法民再339号民事判决书。该案中的原告上海柴油机股份有限公司在我国拥有第7类"柴油机"等商品上的"东风"注册商标权，且案发前至今为国内驰名商标。被告江苏常佳金峰动力机械有限公司接受印度尼西亚PTADI公司委托，在国内生产"东风"柴油机，并全部出口至印度尼西亚。

如原告利用了互联网、电视、广播、自媒体等现代传媒手段对其商业标识进行了广告宣传，则在互联网、电视和广播信号、自媒体所及地域范围内，其商业标识容易为相关公众知悉，如相同近似商业标识使用的地域范围和互联网、广播信号、自媒体所及地域范围重合，则原告商业标识及于被告营业地域范围，被告对相同或者近似商业标识的使用容易导致被告营业圈中相关公众对商品或者服务来源发生混淆的可能性。交通越是便利，获取相关商品或者服务的成本越低，原告的商业标识知名度也越可能及于被告营业地域范围之内。

从日本的裁判例看，原告商业标识知名度所及地域，并不限于日本国内。在SPARK-S一案中，原告的商业标识在日本国内化学纤维交易圈中很知名，在沙特阿拉伯等中东地区国家也相当知名，原告针对被告向该地区销售使用近似商业标识商品的行为请求差止，被日本大阪地方裁判所以在沙特阿拉伯存在混淆可能性为由支持。❶ 日本这种裁判做法值得重视和研究。现今国际贸易壁垒逐渐减少，国际贸易越来越自由化，不同国家商品、服务和人员跨境流动也越来越频繁，由于不同国家对商品品质有不同标准，内国人跨境购物再回国消费的情况也已经普遍存在。放任被告向原告商业标识知名的国外地域输出或者销售商品，存在导致国外和国内相关公众混淆商品来源的可能性，对此行为予以规制有利于保护相关公众利益，也符合世界跨境贸易自由化的趋势。但是，此种做法相当于承认《反不正当竞争法》具有防止国外相关公众混淆的域外效力，也相当于承认国内某个未注册但实际使用的商业标识具有跨法域的排他效力，存在违反《反不正当竞争法》规制混淆行为基本原理之嫌疑，尚需进一步思考和研究。

将《反不正当竞争法》第6条规定的知名商业标识的受保护地域范围，理解为在相同或者近似商业标识使用（被告营业地域范围）的地域范围，是否会使《商标法》第13条规定的未注册驰名商标的保护落空，并因此而否定本书上述的结论呢？不会。主要有如下两点理由：一是在解释论上，《商标法》第13条虽在注册和使用场面上对未注册驰名商标的保护作了防御性规定，但结合《商标法》第57条规定可知，未注册驰名商标使用者行使停止侵害和损害赔偿请求权的依据，仍然是《反不正当竞争法》第6条和第17条。二是未注册驰名商标由于驰名，知名度覆盖的地域范围相比一般有"一定影响"

---

❶ 大阪地判平成12.8.29 平成12（ワ）2435 最高裁WP［SPARK-S］。

的未注册商标的地域范围更广，信用所及地域范围更大，在受到不正当竞争行为损害时，法院不可能不将"驰名"作为裁量损害赔偿的一个重要依据。这样一来，相比一般的未注册知名商业标识，未注册驰名商标权人将获得更多赔偿，且更容易获得行为保全救济。由此，按照本书对《反不正当竞争法》第6条规定的受保护商业标识知名度的理解，并不会减杀市场主体努力将其未注册商业标识打造成为驰名未注册商标的激励，也不会削弱商标注册制度的激励功能。

要指出的是，在立法论上，我国《商标法》第13条区分注册驰名商标和未注册驰名商标而给予跨类和不跨类保护，是一个应被诟病的地方。尤其应受诟病的是《反不正当竞争法》第6条未能弥补《商标法》第13条的立法缺陷，对于驰名商标（不管注册还是未注册）并未明确规定不以相关公众混淆可能性为要件的反淡化保护。不过即使如此，此种立法论上的问题，也不影响本书对于《反不正当竞争法》第6条规定的商业标识"知名度"保护范围的上述理解。

2. 相关公众

相关公众是指与商业标识使用的商品或者服务可能发生交易关系的人，包括终端消费者（个人消费者）和制造、加工、拣选、运输、批发、零售等所有中间层次的交易者（工商业消费者）。对在终端消费者之间不知名，但在制造业者等中间层次交易者之间知名的近似商业标识的使用放任不管，或者相反，对在制造业者等中间层次交易者之间不知名但在终端消费者之间知名的相同或者近似商业标识的使用行为放任不管，都相当于放任混淆可能性行为的发生，均为不妥，所以相关公众不能片面理解为终端消费者或者工商业消费者。将相关公众理解为终端消费者和工商业消费者，有利于彻底地制止混淆行为的发生。比如，原告的商业标识用于生产、销售服装，在作为关联商品的靴子的交易圈内知名，在其他交易圈和一般消费者中不知名，被告将与原告商业标识近似的商业标识用做商号以销售靴子除臭剂。因为被告交易圈中生产、销售靴子除臭剂的工商业消费者和终端消费者可能误以为被告生产、销售的靴子除臭剂来源于原告，因此原告的差止请求被日本大阪地方裁判所支持。❶

原告商业标识知名，并不要求该商业标识为被告营业地域范围内全体终端

---

❶ 大阪地判平成 4.12.24 判不競 1038／36 頁［モリトジャパン］。

消费者或者中间层次的交易者都知悉。商品或者服务仅针对特定层次消费者的，在认定商业标识是否知名时，应以该特定层次消费者为认知主体。采取会员制收费的高档休闲度假宾馆 CORONA，不对被告营业地域内一般消费者开放，即使仅在被告营业地域内少数缴费会员中知名，亦应当认定该度假宾馆 CORONA 知名。治疗骨髓癌的"凤凰"牌医疗设备，仅在被告营业地域内少数骨髓癌患者和骨髓癌医生之间知名，亦不妨碍其知名度的认定。

和商业标识知名的地域范围一样，原告商业标识知名的相关公众范围，也是指原告商业标识在相同或者近似商业标识使用地域范围内的相关公众中知名。因为唯如此被告使用行为才存在导致相关公众对商品或者服务来源发生混淆的可能性，制止被告的行为才有法理基础。在相同或者近似商业标识使用地域范围内的相关公众中，原告的商业标识不知名，说明原告在该地域范围内的相关公众当中，并未通过商业使用累积任何可受保护的商业信用，因而原告指控被告构成商品或者服务来源混淆性使用行为的，不应当得到支持。比如，原告 A 在上海销售的"天一"牌高级海苔在上海的购买者和销售者中知名，但在厦门制作、销售高级海苔的被告 B 的购买者和销售者中无人知晓，则被告在厦门使用"天一"标识制作、销售高级海苔的行为，并不构成仿冒原告商业标识的混淆性使用行为。

总之，原告商业标识知名度的范围，应当从地域范围和相关公众范围两个角度进行讨论，且仅限于在相同或者近似商业标识使用所在地域内的相关公众当中是否知名。只有这样理解，讨论原告商业标识是否知名，对于认定相同或者近似商业标识使用行为是否构成商品或者服务来源混淆行为，才具有规范意义。如此，第一部分梳理的现有诸多文献比对《反不正当竞争法》第 6 条规定的商业标识"知名度"，与《商标法》第 13 条、第 32 条、第 59 条规定商业标识"知名度"的程度关系，对于《反不正当竞争法》第 6 条规定的商品或者服务来源混淆行为的认定并无实益。

（四）商业标识知名的判断时间

原告商业标识知名的判断时间，关系到相同地域范围内相同或者近似商业标识的使用行为是否构成商品或者服务来源混淆行为，以及应否承担差止与损害赔偿责任的问题，对于原告和被告都非常重要，我国理论和实务界对该问题几乎没有关注，因此需要从理论上予以澄清。

1. 日本裁判例中商业标识知名时间的判断方法及其评价

对于原告商业标识获得知名度的时间，日本裁判例中存在两种做法。第一种做法是要求原告商业标识获得知名度的时间应当早于被告开始使用相同或者近似商业标识的时间，即以被告开始使用时间作为判断时点。仙台地方法院和高等法院在接地带（アースベルト）案中，采用此种立场。该案中的原告自1978年6月开始销售使用标识アースベルト的汽车用工具，被告1978年9月左右，开始从原告处进货销售，但随后不久被原告拒绝。1979年3月以后，被告制造与原告形态酷似的产品并使用与原告标识近似的标识"永久接地带"（エンドレスアースベルト）销售汽车工具。仙台地方法院认为，由于被告在1979年3月开始生产销售使用近似标识且与原告商品形态酷似的涉案商品时，原告的商品形态及其商业标识"接地带"在汽车业界相当范围的交易者中间并不知名，因而驳回了原告的诉讼请求。❶

第二种做法则是，原告商业标识获得知名度的时间，如果原告主张的是差止，则以事实审口头辩论终结作为判断时点，如果原告主张的是损害赔偿，则以被告开始使用近似商业标识的时间作为判断时点。日本最高法院的理由是，既然足以作为知名商业标识保护的事实状态已经形成，从该事实状态形成时点开始，防止使用和知名商业标识相同或者近似的商业标识导致商品主体混淆的行为，禁止针对知名商业标识主体从事不正当竞争行为，维持公平的竞争秩序，与禁止混淆行为的条款规定趣旨❷一致。如此理解，对于在原告商业标识知名之前开始善意使用相同或者近似商业标识的使用者而言，由于被允许继续使用相同或者近似商业标识，也获得了充分保护，而且损害赔偿请求以行为人故意或者过失作为要件，因此也不会导致不当的结果。❸ 此种做法是日本主流做法，也是日本学界主流观点。❹

日本裁判例和学说从其不正当竞争防止法第2条第1款第1项制止混淆行为的规范趣旨出发，将事实审口头辩论一审终结的时间作为原告请求差止时原告商业标识是否获得知名度的判断时点，可以避免被告使用相同或者近似标识

---

❶ 仙台地判昭55.12.26アースベルト事件，民集42卷6号508页；仙台高判昭59.3.16アースベルト事件，民集42卷6号549页。
❷ 趣旨是指立法目的、规范目的，及其与立法目的、规范目的相匹配的规范方法、规制路径。
❸ 日本最判昭63.7.19判夕681号117頁。
❹ 田村善之. 不正競争法概説 [M]. 2版. 東京：有斐閣，2003：54-55；小野昌延. 注解不正競争防止法：新版上卷 [M]. 東京：青林書院，2007：260-262.

时原告商业标识不知名，但事实审口头辩论一审终结时，原告商业标识变得知名后，未来混淆可能性状态的发生，从而较为彻底地保护相关公众利益，维护公平竞争秩序。而如果将被告开始使用相同或者近似标识的时间作为原告请求差止时原告商业标识是否获得知名度的判断时点，则无法抑制该种混淆可能状态的发生。之所以将被告开始使用相同或者近似商业标识的时间，作为原告请求损害赔偿时原告商业标识是否获得知名度的判断时间，是因为如果和原告请求差止一样，将事实审口头辩论一审终结的时间作为原告商业标识是否获得知名度的判断时间，在事实审口头辩论一审终结时原告商业标识丧失了知名度的情况下，对于被告开始使用相同或者近似商业标识至原告商业标识丧失知名度这段时间给原告造成的损害，原告损害赔偿请求，将丧失事实依据。简而言之，将被告开始使用相同或者近似商业标识的时间，作为原告请求损害赔偿时原告商业标识是否获得知名度的判断时间，原告的损害赔偿请求才有事实依据。

同时，日本不正当竞争防止法第19条第1款第3项规定了善意在先使用抗辩，保护了没有不正当目的在原告商业标识获得知名度之前近似使用者继续使用的利益，尽管原告请求差止时，原告商业标识知名度的判断时点晚于近似商业标识使用者开始使用近似商业标识的时间，但也不至于造成不公正的结果，从理论上看，值得借鉴。

2. 我国商业标识知名的判断时间点

尽管日本裁判例中的做法从理论上看值得借鉴，但问题在于，我国《反不正当竞争法》并未像日本不正当竞争防止法那样，针对商品或者服务来源混淆行为规定善意在先使用抗辩。如此一来，在原告请求差止的情况下，将原告商业标识是否获得知名度的时间确定为事实审口头辩论终结的时间，对于此前没有不正当目的使用相同或者近似商业标识的使用者而言，其在相同地域范围内的使用行为将构成商品或者服务来源混淆行为而受禁止，并且应当承担损害赔偿责任，这意味着其已经形成的信用将因此而被剥夺，结果并不公正。由于制度设计上的差别，笔者认为，至少在现阶段，我国暂不适合采取日本上述主流做法。基于我国《反不正当竞争法》未针对商品或者服务来源混淆行为规定善意在先使用抗辩制度的现实，笔者认为，不管原告请求的是差止还是损害赔偿，都只能将原告商业标识是否获得知名度的时点，暂时理解为被告使用相同或者近似商业标识的开始时间，日后如《反不正当竞争法》再次修改加

入了商业标识善意在先使用抗辩，则可借鉴日本上述主流做法。

当然，修法之前上述暂时性做法可能导致这样一个问题，即在被告开始使用相同或者近似商业标识时，原告商业标识已经知名，但事实审口头辩论一审终结时，原告商业标识因各种原因丧失了知名度，但其差止请求仍可能得到法院支持。这显然不妥。对于这个问题，只能通过如下解释论方法加以解决：被告开始使用相同近似商业标识时，原告商业标识已经知名，但事实审口头辩论一审终结时，原告商业标识不再知名，被告使用行为已经不再存在导致商品或者服务来源混淆的可能性，原告、消费者和其他竞争参与者的利益不会再受损害，原告请求差止的事实已经不再存在，因而其差止请求不应当再被支持。

（五）商业标识知名的具体样态

商业标识知名的具体样态，包括商业标识获得知名度是否以原告主观善意为要件，是否必须是原告自己商业使用该商业标识的结果，以及电子商务对商业标识知名判断的影响。下面分别论述。

1. 商业标识知名度的获得是否以原告主观善意为要件

我国 2019 年《反不正当竞争法》第 6 条文言上并未将商业标识获得知名度是否以原告主观善意作为要件。日本学说上多数派认为，商业标识知名度的获得需以原告主观善意为要件，采用不正当手段，或者违反诚实信用或者公序良俗等主观上存在恶意的手段，或者采用违反强行法或者其他保护权利法律的手段，使商业标识获得知名度，不值得法律保护。❶ 但是，正如少数日本学者指出的那样，如以恶意为由而对原告商业标识知名的事实状态不提供保护，则原告和被告近似商业标识并存使用导致的相关公众混淆状态将无法消除，从彻底贯彻保护相关公众利益消除混淆可能性的角度看，以原告商业标识知名度非善意获得而放任被告的混淆行为，进而放任相关公众利益受损的状况存在，并不妥当。❷ 要言之，《反不正当竞争法》第 6 条保护的商业标识的知名度，是**一种相关公众认知的事实状态，并非必须是相关公众的正向评价。法律保护某种事实状态，目的在于维护公平竞争秩序，并不意味着占有该事实状态者，享有某种可以自用的合法权益。**

---

❶ 小野昌延. 注解不正競争防止法：新版上卷［M］. 東京：青林書院，2007：266；豊崎光衛. 工业所有權法：新版［M］. 東京：有斐閣，1975：464.

❷ 田村善之. 不正競争法概説［M］. 2 版. 東京：有斐閣，2003：55-58.

比如，原告在北京海淀区开了一家名为"叫了个鸡"的名满整个北京城的烧鸡店。被告随后在西城区开一家也名为"叫了个鸡"的烧鸡店。如认为原告使用"叫了个鸡"作为店名有逆善良风俗而具有恶意，对其服务标识"叫了个鸡"名满北京城的事实状态不予保护而任由被告使用，显然将放任被告使用行为而导致的相关公众混淆的状态存在，与《反不正当竞争法》第6条规定的规范趣旨不符。这是原告采取违反行政管理法等公法规范使其商业标识获得知名度应当如何处理的情况。原告采取侵害第三人权益的手段使其商业标识获得知名度，对于相同或者近似标识的使用行为，同样应当按照此种思路处理。说到底，反不正当竞争法保护的知识性法益和其他知识产权一样，性质上也属于特定竞争范围内的排他性法益，而非自用性法益。

在禁止被告混淆性使用相同或者近似商业标识的前提下，原告是否能够使用其因为恶意获得知名度的商业标识，以及因为该种使用行为应当承担何种法律责任，则应视具体情况而定。原告使用行为违反行政管理法的情况下，其使用行为应当承担公法上罚款、停止使用相关商业标识等责任。原告使用行为违反《反不正当竞争法》关于虚假标识或者品质误认等禁止条款规定的情况下，应当承担《反不正当竞争法》上的相应责任。原告使用行为侵害第三人人格权或者财产权的情况下，则应当按照《民法典》承担侵害人格权或者财产权的相应法律责任。

商业标识知名度的获得，并不以原告主观善意为要件，是否会冲击《商标法》第10条第1款第8项"有害于社会主义道德风尚或者有其他不良影响的"商业标识不得作为商标申请注册并禁止使用的规范目的呢？回答是否定的。《商标法》第10条第1款第8项是从商标注册程序着眼对违背公序良俗商业标识作为商标申请注册和使用的事先禁止性规定，在商标注册审查过程中发挥着重要作用。问题在于，在使用者不就实际使用的违背公序良俗商业标识申请商标注册且该商业标识已经获得一定知名，发挥了识别商品或者服务来源作用的情况下，对他人未经许可使用相同近似商业标识的行为，应当如何定性和规制？这显然是《商标法》第10条第1款第8项无法解决的。更重要的是，《商标法》并未规定使用违背公序良俗商业标识行为的法律责任。因《商标法》无法介入被告行为的规制而对被告混淆性使用行为放任自流，相关公众自主选择权不因混淆行为而受侵害的利益必将受损，且会导致原告具有一定知名度的商业标识由于违背公序良俗不得使用且不受保护而被告却可以使用的荒唐状态。面对此种情况,通过《反不正当竞争法》第 6 条评价被告的行为,保护原告对其已经获得一定知名度的商业标识的使用状态,显然是最合适的规范选择。可见,《商标法》第 10 条第 1 款第 8 项和《反不正当竞争法》第 6 条,各自具有独特的规范价值,将《反不正当竞争法》第 6 条规定的商业标识知名度的获得理解为并不以原告主观善意为要件,并不会冲击《商标法》第 10 条第 1 款第 8 项的规范目的。

2. 商业标识知名度的获得是否必须是原告自己商业使用的结果

《反不正当竞争法》保护的商业标识,必须是经过实际商业使用获得一定知名度的商业标识,已是常识,学界和实务界已无争议。然而,《反不正当竞争法》第 6 条文言上对于原告商业标识知名度的具体获得样态和经过,并无规定。日本裁判例和解释论上都认为,原告虽然自己未在商业活动中使用商业标识,但如其爱称、简称、别称等在相关公众中被广泛知晓,仍需肯定其知名度。主要理由是,既然存在客观知名的事实状态,如不予保护,将放任相关公众混淆可能性的状态存在,因此不能以立法文言上未明确而否定该种知名度的保护。❶

本书赞成上述观点,且认为上述观点理论上亦可作另一种阐释,即如果观念上将"索爱"等相关公众对索尼爱立信,或者将"伟哥"对"万艾可"的"爱称""略称""别称"视为原告实际在商业活动中使用的商业标识"索尼爱立信"或者"万艾可",则"索爱""伟哥"等"爱称""略称""别称"的知名度,实质就是原告自己在商业活动中使用的"索尼爱立信"或者"万艾可"等商业标识的知名度。如此,也就不存在我国少数学者所主张的那样,所谓商业标识知名度的获得,不是原告自己商业使用而是所谓相关公众被动使用结果的现象。❷

3. 电子商务与商业标识知名度的认定

互联网具有高效率、高精准度、实时便捷、交互联系、展现丰富等特点,互联网中出现的电子商务对原告商业标识知名度的认定造成了一定冲击。但万

---

❶ 日本最判平 5.12.16 判時 1480 号 146 頁アメックス上告事件。田村善之. 不正競争法概説 [M]. 2 版. 東京:有斐閣,2003:61 - 62 頁;小野昌延. 注解不正競争防止法:新版上卷 [M]. 東京:青林書院,2007:270.

❷ 邓宏光. 为商标被动使用行为正名 [J]. 知识产权,2011 (7):11 - 18;反对意见参见李扬. 我国商标抢注法律界限之重新划定 [J]. 法商研究,2012 (3):76 - 84;黄汇,谢申文. 驳商标被动使用保护论 [J]. 知识产权,2012 (7) 85 - 94.

变不离其宗，原告在互联网中使用的商业标识的知名度的认定，仍然是在被告使用相同或者近似商业标识的范围内是否知名的一般认定标准的具体应用问题。

第一种情况，被告仅使用近似商业标识在互联网上做广告，具体交易在现实物理世界完成。在此情况下，原告商业标识是否知名，仍需以其是否为被告现实物理世界营业地域范围内相关公众所知悉为标准进行判断。比如，在中山大学南校区北门旁开设名为"GOLDENSTAR"日料店的A，虽在百度上进行了竞价排名广告，但其相关公众说到底仍然是事实上可能到该日料店就餐的顾客。如其针对在北京大学西门斜对面海淀体育馆内开设名为"SUPER GOLDENSTAR"日料店的B以《反不正当竞争法》第6条第2项为由起诉，则其仍需证明其服务标识"GOLDENSTAR"在北京大学西门斜对面海淀区体育馆内开设的名为"SUPER GOLDENSTAR"日料店的顾客群中知名，否则A的诉讼请求并不符合《反不正当竞争法》第6条第2项规定的知名度要件，应予驳回。

当然，如B也在百度上进行竞价排名，虽互联网上A和B的相关公众可能混淆两者的标识，但由于A和B都未在互联网上实际从事交易，因此只要防止物理世界中A和B的相关公众在交易中发生混淆，就足以实现《反不正当竞争法》第6条第2项的规范目的。

第二种情况，被告A不仅在网络上做广告，而且通过网络完成订货，但交货在物理世界完成。在此情况下，一方面，不管原告B是在网络上做广告和通过网络完成订货，知晓B的相关公众也可能成为A的相关公众。另一方面，如果A的相关公众中，仅有极少数甚至个别相关公众知晓B的商业标识，以此为由A需要回避相同或者近似商业标识的使用的话，则A的电子商务活动必将受到过度妨碍。从利益平衡的角度看，被告A仅在B能够证明其商业标识存在知名度的线上或者线下相关公众中，足以导致该等相关公众发生商品或者服务来源混淆可能性的情况下，才不得通过网络完成订货交易。

第三种情况，原被告所有的交易活动都在网络上完成。在此情况下，原被告的相关公众限于网民，因而原告主张其商业标识知名时，需要证明其商业标识在与被告重合的网民中具有一定知名度，方受保护。

不区分互联网中具体的交易形态，认为只要交易与互联网挂钩，就直接推定原告使用的商业标识获得了不受地域和行业限制的知名度，将造成不以注册为前提的《反不正当竞争法》第 6 条保护的商业标识获得类似甚至超越注册商标排他权的效果，根本上违背了反不正当竞争法和商标法保护商业标识的基本逻辑关系，这样的论点是本书断难认同的。

(六) 知名商业标识并存和竞合时的处理

原告商业标识是否存在知名状态，是一个事实问题。相同或者近似的知名商业标识，往往复数存在，并因此而发生并存和竞合现象，此时如何处理不同使用者之间的关系非常重要。以下图为例说明。

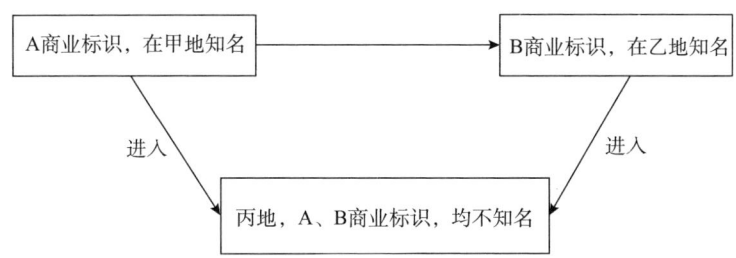

在上图中，如果 A 商业标识仅在甲地使用，相同近似的 B 商业标识仅在乙地使用，相互之间并不冲突，不存在导致相关公众混淆的可能性，不会引发需要解决的法律问题，二者在不同地域各自的营业圈相互并存。但在 A、B 商业标识使用地域重合的情况下，则二者的使用可能发生冲突，引发需要解决的法律问题，这种状态谓之二者竞合。

1. 在甲地使用的 A 商业标识是否可以进入知名商业标识 B 所在乙地使用（相反的情形也一样）

尽管 2007 年《最高人民法院关于审理不正当竞争民事案件应用法律若干问题的解释》第 1 条第 2 款规定，在不同地域范围内使用相同或者近似的知名商品特有的名称、包装、装潢，在后使用者能够证明其善意使用的，不构成 1993 年《反不正当竞争法》第 5 条第 2 项规定的不正当竞争行为。**但本书认为，在甲地使用的 A 商业标识事实上难以进入知名商业标识 B 所在乙地使用。**理由是，因为相同或者近似商业标识 B 已经在乙地通过使用获得了知名度，**A 进入乙地使用，几乎必然存在导致相关公众混淆 A 商品或者服务来源的可能性，放任 A 进入乙地使用，相当于放任此种混淆可能性状况的存在，有违《反不正当竞争法》第 6 条的规范趣旨**。在喷气式瘦身美容诊所（ジェットスリムクリニック）案中，原告使用"喷气式瘦身美容静冈诊所"（ジェットス

リム静冈クリニック）的名称于1983年7月在日本静冈市内开始从事瘦身美容业以来，逐渐在静冈各个市内开设了"喷气式瘦身美容滨松诊所"（ジェットスリムは浜松クリニック）等6家分店。被告于1983年5月在大阪市内开设了名为"喷气式瘦身美容梅田诊所"（ジェットスリムは梅田クリニック）的瘦身美容店，其后逐渐开设直营店和加盟店，至1990年3月，已有40家直营店，55家加盟店。1987年9月，被告在浜松市开设名为"喷气式瘦身美容滨松站南诊所"（ジェットスリムは浜松駅南クリニック）的瘦身美容店，1988年6月，被告又在静冈市内开设名为"喷气式瘦身美容静冈站前诊所"（ジェットスリム静冈駅前クリニック）的瘦身美容店。原告针对被告在两地的行为提起诉讼，请求禁止被告使用"喷气式瘦身美容滨松站南诊所"和"喷气式瘦身美容静冈站前诊所"。日本静冈地方法院认定，"喷气式瘦身美容诊所"的名称，在1987年9月之前，作为原告瘦身美容的服务标识，在整个静冈地区关心瘦身美容的女性中，已经具有相当高的知名度，尽管从全国范围来看，被告的"喷气式瘦身美容诊所"比原告的服务标识更著名，但本案中要解决的是被告在静冈地区内是否可以使用的问题。在静冈地区内，"喷气式瘦身美容诊所"的名称，既然作为指代从事瘦身美容业的原告的服务标识已经被相关公众认可，尽管被告的"喷气式瘦身美容诊所"在全国知名，但在静冈地区内，原告服务标识的知名度已经被认可，应当受到保护。据此，静冈地方法院支持了原告的差止请求。❶ 东京高等法院和日本最高裁判所亦以相同理由维持了静冈地方法院判决。❷

极端例外的情况是，基于A标识和B标识知名的具体情况，A标识在乙地的使用不存在导致相关公众混淆的可能性。在大阪大一宾馆（大阪大一ホテル）案中，在日本全国著名的"第一宾馆"（第一ホテル）进入大阪火车站前开店时，被告开设的"大一宾馆"（大一ホテル）在以大阪市为中心的整个日本关西地区已经非常知名，基于这个原因，原告采用"大阪第一宾馆"（大阪第一ホテル）作为其服务标识经营旅馆业。为了避免可能的法律后果，原告针对被告提起"使用差止请求权不存在确认之诉"，被告则针对原告使用"大阪第一宾馆"提起使用差止请求的反诉请求。该案本诉中的被告于1936

---

❶ 静冈地判平2.8.30 知的集23卷2号567页。
❷ 東京高判平3.7.4 知的集23卷2号555页。最判平4.6.4 速报206号15917页。

年3月左右在大阪火车站附近开业,开业时有客房30间,1938年8月扩大营业规模,有客房50间,在日本关西地区被认为是一流宾馆,至少在1971年3月本诉被告针对本诉原告使用"大阪第一宾馆"提出差止请求时,其使用的"大一宾馆"和"大阪大一宾馆"在以大阪市为中心的整个日本关西地区广为人知。本诉原告的"第一宾馆"于1938年4月左右在东京新桥开业,开业时有客房650间,作为当时采用近代化设施的大型商务宾馆而知名,在第二次世界大战前,在日本全国有名,住店人数在宾馆业中排名第一,知名度非本诉被告所能比拟。对此,大阪地方法院认为,"第一宾馆"和"大一宾馆"虽然标识具有近似性,但考虑到两者经营规模和房间设施的不同,在两者都知名的情况下,相关公众非常容易进行区别,不会产生混淆,本诉中的原告也不存在利用被告名声和信用、盗用其商誉的不正当竞争目的,因此支持了原告的请求。❶

从注册角度而言,如果A、B成为了驰名标识,任何使用一方虽可将自己的驰名商业标识申请为注册商标(究竟谁获得注册,以申请先后为准),但都不得抢注对方的驰名商业标识(《商标法》第13条)。即使A、B未成为驰名标识,任何一方虽可将自己的商业标识申请为注册商标,但也不得以不正当手段抢注对方的知名商业标识(《商标法》第32条后半段)。一方获得商标注册后,针对先使用或者同时使用的他方行使注册商标权的,他方可以援引《商标法》第59条第3款规定的在先使用进行抗辩,或者《民法典》规定的民事权利滥用法理进行抗辩,以对抗注册商标权人的请求权,但负有附加区别性标识的义务。尤其重要的是,一方尽管获得排他权及于全国地域范围的注册商标,但基于《商标法》和《反不正当竞争法》第6条避免导致相关公众混淆商品或者服务来源可能性的规范目的,注册商标权人(比如A注册商标权人)同样不能进入相同或者近似商业标识B所在乙地进行商业使用。❷

2. A、B先后或者同时进入丙地使用该如何处理

虽说A、B先后或者同时进入时,双方在丙地都不知名,但随着经营的推进,将会出现A知名B不知名,或者B知名A不知名,或者A、B都知名等三种情况。这三种情况出现,都可能导致相关公众混淆商品或者服务来源混淆

---

❶ 大阪地判昭48.9.21 無体集5卷2号321页。
❷ 关于商标在先使用抗辩以及附加防止混淆的区别性标识等问题的详细论述,可以参见李扬. 商标在先使用抗辩研究[J]. 知识产权,2016(10):3-16.

的结果。为了防止混淆可能性的结果出现，保护竞争者、消费者和其他竞争参与者的利益，应当按照如下规则处理 A、B 之间的使用关系。首先，任何一方都不得有混淆性使用行为，并负有附加区别性标识的义务。其次，A 或者 B 的使用者向对方行使差止和损害赔偿请求权时，在对方不存在混淆性使用行为的情况下，对方虽因《反不正当竞争法》未规定先使用抗辩而无法援该抗辩，但可以援引《民法典》规定的民事权利滥用法理进行抗辩，继续在丙地对其商业标识进行正当使用。❶ 话虽如此，现实生活中，A、B 绝对同时进入丙地使用的情况虽不能说不可能出现，但出现的概率应该不是很大，因此重点关注 A、B 先后进入丙地使用的情形即可。

举例而言，假设在北京知名的北京稻香村和在苏州知名的苏州稻香村均未进入乌鲁木齐市营业，在乌鲁木齐均不知名，二者理所当然均可进入乌鲁木齐展开营业。继续假设北京稻香村和苏州稻香村先后或者同时进入乌鲁木齐展开营业，北京稻香村在乌鲁木齐市先知名，苏州稻香村在乌鲁木齐市后知名或者不知名，①在双方先后知名的情况下，双方都必须规范使用自己的商业标识，不得有混淆性使用行为，即北京稻香村公司应当使用"北京稻香村"全称，苏州稻香村公司应当使用"苏州稻香村"全称，任何一方都不得单独使用"稻香村"。在双方都规范使用全称时，"北京""苏州"本身就发挥着区别性作用，相关公众不太可能将二者混淆起来。与此不同，任何一方单独使用"稻香村"时，相关公众都可能对使用者的商品或者服务来源发生混淆，搞不清楚究竟自己购买或者接受的是北京稻香村还是苏州稻香村的产品或者服务。任何一方存在混淆性使用行为时，对方可以《反不正当竞争法》第 6 条以依据，针对行为人行使差止请求权和损害赔偿请求权，并请求对方附加区别性标识。②在北京稻香村在乌鲁木齐知名，而苏州稻香村在乌鲁木齐不知名的情况下，如北京稻香村针对苏州稻香村行使差止和损害赔偿请求权，只要苏州稻香村不存在混淆性使用行为（比如去掉"苏州"二字单独使用"稻香村"，而不是规范使用"苏州稻香村"），则其可以援引民事权利滥用法理进行抗辩，以对抗北京稻香村的请求，但同样负有应北京稻香村请求，附加区别性标识的义务。

---

❶ 关于民事权利滥用抗辩法理及其在商标法领域中的适用，参见李扬. 商标法基本原理 [M]. 北京：法律出版社，2018：205-208.

（七）商业标识知名度的承继和证明

1. 商业标识知名度的承继

营业主体发生合并、兼并等组织变更时，只要之前营业主体的营业活动继续，则之前营业主体使用的商业标识的知名度就可以发生承继。这是一个事实认定问题。

2. 商业标识知名度的证明

商业标识是否知名是一个事实问题，需要提供证据加以证明。主张其商业标识具有知名度的一方当事人可以从如下方面提供证据证明。

（1）商业标识自身特点。一般来说，设计新颖，造型奇特，而非由普通名词或者司空见惯元素构成的标识，用于商业活动中识别商品或者服务的来源时，更容易吸引相关公众眼球，给相关公众留下印象，获得知名度。比如，在日本仙台市内从事营业的"東北大生家庭教師会"（原告）与"東北大生家庭教師研究会"（被告）之争案中，日本仙台地方法院就认为，原告使用的"東北大生家庭教師会"只不过由"东北""大生""家庭教师""会"等普通词汇组合而成，加上无其他特别情况，因此不容易获得知名度。❶

（2）商品或者服务的内容、种类、规模、交易形态。提供商品或服务的主体是生产商、批发商还是零售商，销售方式是店头销售、访问销售、面对面销售还是互联网等通信销售，销售数量及其行业内排名、资本金情况、分店数量、员工数量、关联企业数量、销售渠道、顾客层次等，都对知名度的认定产生实质性影响。

一般而言，从事日常饮食业、停车场经营、殡葬业、瘦身美容等，因受场所限制，知名的地域范围要求相对狭小，而从事运输业、建筑业、特许经营等，知名的地域范围要求相对较广。

（3）商业标识使用的时间和使用方法。一般而言，使用时间越长，使用方法统一的商业标识，越容易获得知名度。不过这并非绝对的，考虑商品或者服务受相关公众欢迎程度，某些商业标识或者服务标识也可能在很短时间内获得知名度。比如1980年7月25日初次在日本登场的旋转立体组合玩具ルービックキューブ，到当年9月末左右，该ルービックキューブ本体及其包装盒的

---

❶ 仙台地判平2.10.21 判不競810／186／1 頁「東北大生家庭教師研究会」。

形状,不仅在日本玩具业界而且在一般消费者中就都获得了广泛认知。❶

(4) 广告宣传的种类和方法。广告媒介(报纸、杂志、互联网、电视、收音机、公司内部的看板和宣传册、交通工具、露天广告牌、包装袋、文件袋、公文纸、发票、员工服装等)及其发行数量、广告的频率(定期刊发、日刊、周刊、月刊、年刊)、广告费用的多少、视频广告的收视率、广告媒介的证明等。

一般来说,如果是在电视媒体特别火热的电视节目(比如妈妈咪呀、非诚忽扰、中国好声音、星光大道)中间重复进行广告,商业标识非常容易获得较广地域甚至全国地域范围内的知名度。

(5) 字典、书籍、杂志等收录和介绍情况,获奖与纳税情况。这些方面的数据越多,品质越高,越能证明商业标识知名的事实。

(6) 问卷调查。问卷调查对象如果及于一般公众,且被告营业圈中30%以上调查对象知晓涉案商业标识,则该商业标识的知名度可以确认。如果问卷调查对象只限于相关公众,则过半数以上调查对象知晓涉案商业标识,该商业标识知名的事实亦难以否认。

二、标识近似性

《反不正当竞争法》第 6 条混淆行为构成的第二个要件,是被告使用的商业标识与原告使用的商业标识相同或者近似。

(一) 标识近似性的判断标准

日本学说和实践中,多有持如下观点者,即标识近似性要件无独立意义,而应当将标识近似性作为判断混淆可能性的要素之一。❷ 但日本最高裁判所在 1983 年的"日本ウーマン・パワー"一案中明确否定了此种观点,认为标识近似性要件和混淆可能性要件各有各的趣旨,标识近似性应当坚持如下判断标准:"考虑交易的实际状况,交易者和相关公众,是否会基于两者的外观、称呼、含义而产生的印象、记忆、联想,整体上将两者作为近似标识加以接受的可能性。"❸

---

❶ 東京地判昭 57.10.18 判夕 499 号 178 頁。
❷ 渋谷達紀. 商標法の理論 [M]. 東京:東京大学出版社,1973:338 – 339.
❸ 最判昭 58.10.7 民集 37 巻 8 号 1082「日本ウーマン・パワー上告審」。

然而，由于中国《反不正当竞争法》第6条保护的商业标识以使用为前提，是已经通过使用获得一定知名度的商业标识，将标识近似性作为瓶颈，拒绝原告的诉求，而放任商品或者服务来源的混淆可能性状态，与《反不正当竞争法》第6条制止混淆可能性的规范趣旨相悖，原则上应当回避。因而，原告与被告商业标识近似的判断，并不能像日本最高裁判所那样，以相关公众是否对双方标识本身存在混淆误认可能性为判断标准，而应当以相关公众是否对使用该标识的商品或者服务来源发生混淆可能性为判断标准。比如，在上述"日本ウーマン・パワー上告审"一案中，经营事物处理承包业的原告的营业标识为"マンパワー・ジャパン株式会社"（manpower. Japan，Corp. 人力日本株式会社），经营相同业务的被告的营业标识为"日本ウーマン・パワー株式会社"（Japan woman power Corp. 日本女子人力株式会社），日本最高裁判所认为，作为要部的"マンパワー"（manpower）和"ウーマン・パワー"（womanpower）都让相关公众联想起人的能力、智力，存在观念上容易将两者作为近似标识加以接受的可能性，因此属于近似标识。日本最高裁判所的这个结论虽然成立，但说理上并不值得赞成。学习过英文的相关公众应该都知道，"マンパワー"是指"人力"，包括男性人力、女性人力和其他人力，而"ウーマン・パワー"仅指女性人力，二者的含义显然不同，相关公众一般不会混淆误认这两个标识本身。但是，经营相同业务的两个公司分别使用这两个标识时，相关公众很可能误以为这两个公司属于同一个主体，或者属于关联企业，对服务来源存在混淆可能性，因此应当认定为近似标识。

以使用是否存在导致商品或服务来源混淆可能性为基准判断商业标识的近似性，似乎会产生循环论证的问题，因为作为混淆行为构成结果要件的"来源混淆可能性"很大程度上依赖于商业标识近似性的判断。这是一种误解。**以使用是否存在导致商品或服务来源混淆可能性为标准判断商业标识的近似性，比较的仅仅是原被告双方的商业标识，是一种抽象判断**。与此不同，在判断被告使用与原告相同或者近似商业标识是否存在导致商品或服务来源混淆可能性时，需要考察原被告商业标识的具体使用方式、使用的商品或者服务种类、使用的地域、使用时间长短、相关公众等各种因素进行综合判断。**商业标识近似，一般而言也存在来源混淆的可能性，但考虑原被告使用标识的具体方式、商品或者服务范围、使用地域等因素，也可能不会导致商品或者服务来源

混淆。对于来源混淆可能性的判断，可以说是一种具体判断。❶

《反不正当竞争法》第 6 条规制的混淆行为中，商业标识近似性的判断与《商标法》中商业标识近似性的判断不同。我国采取的是未使用商标亦可获得注册从而享有全国范围内排他权的注册主义制度，不允许使用与他人已注册或者在先注册申请中的商标相同或者近似的商标申请注册，以防止发生商品或者服务来源混淆可能性，并且以此划定注册商标权的权利范围。因而在商标法领域，无论是注册还是侵权场面，商标近似性的判断，只要考察双方当事人商标标识本身的外观、称呼、含义共同的部分给人的印象、记忆、联想是否会导致相关公众将双方当事人商标标识本身混淆即可，无须从商品或者服务来源是否混淆的意义上加以解决。

（二）标识近似性的限定功能

标识近似性之所以不能内化为商品或者服务来源混淆可能性判断的一个要素而丧失独立性，是因为它发挥着限定原告所使用的商业标识排他权范围的作用。

一方面，对于非商品或者服务普通名称或者惯用名称的商业标识，如果被告使用几乎相同的商品或者服务标识，比如"火の国観光ホテル"和"火の国観光ホテル"，虽是惯用标识，但因完全相同存在来源混淆可能性，应当允许原告行使请求权。另一方面，在双方商业标识存在可以达到辨识程度的不同点时，即使产生某种程度的来源混淆可能性，也不应当允许原告行使请求权。比如，日本司法实践中，就否定了下列标识之间的近似性："潮見温泉ホテル"和"潮見観光ホテル"、"火の国観光ホテル"和"ニュー火の国ホテル"、"日本印相学会"和"日本印相協会"、"ニッポン放送"和"ラジオ日本"、"501"和"505"、"アーバンイン伏見"和"アーバンホテル京都"、"ASAHI"和"ASAX"等。❷

此外，如双方的商业标识在发音、外形和含义方面没有共同部分，或者共同部分属于商品普通名称或者惯用名称，其他部分没有共同要素，则原告针对被告行使请求权也不应当被支持。

---

❶ 田村善之. 不正競争法概説 [M]. 2 版. 東京：有斐閣，2003：79.
❷ 田村善之. 不正競争法概説 [M]. 2 版. 東京：有斐閣，2003：80-81.

三、混淆可能性

（一）概论

《反不正当竞争法》第 6 条规制的是使用与他人商品或者服务标识相同或者近似的商品或者服务标识，"引人误认为是他人商品或者与他人存在特定联系"的行为。也就是说，混淆行为的构成，以导致相关公众对被告商品或者服务来源产生混淆可能性为结果要件。

相关公众实际混淆可以肯定混淆可能性的结果要件已经成立，但就要件论而言，被告使用行为足以导致相关公众对其商品或者服务来源产生混淆可能性即可，无须发生实际混淆结果。

一般而言，如果上述标识知名度和近似性要件得到肯定，则混淆可能性亦可得到肯定。但考虑被告可能将近似性标识进行描述性或者指示性使用、付加区别性标识进行使用、使用自己的驰名商标、使用的具体方法和样态等特殊情况，混淆可能性亦存在被否定的情形。

要强调的是，由于混淆可能性包括后续所说的广义混淆可能性，因而也不能因为任何特殊因素的存在，就简单直接地得出不存在混淆可能性的结论。比如，原告的茶叶在百货店、超市、小商店、专门的茶叶店销售，被告的茶叶作为旅游纪念品，在旅游景点的土特产商店销售，双方的销售渠道虽存在区别，但原告销售的茶叶完全可能渗透到旅游景点作为旅游纪念品在土特产商店销售，因此不能否定被告使用近似标识销售茶叶的行为导致相关公众混淆误认的可能性。所以说，在标识知名度和近似性被肯定的情况下，混淆可能性是否能被肯定，需要坚持相关公众隔离观察和整体观察原则，具体案件具体分析。

（二）混淆可能性的含义

1. 混淆可能性，包括标识本身的混淆可能性、商品或服务本身的混淆可能性、商品或者服务来源的混淆可能性、与他人存在特定联系的混淆可能性。按照《反不正当竞争法》第 6 条所使用的文言"引人误认为是他人商品或者与他人存在特定联系"，混淆可能性包括商品或者服务来源的狭义混淆可能性，和与他人存在特定联系的广义混淆可能性。

"他人"，是指商品或者服务被混淆的权益人，也即原告。由于《反不正当竞争法》第 6 条文言上明确要求被告使用与他人商品或者服务标识相同或者近似的商品或者服务标识，导致相关公众将其商品或者服务"误认为是他人商品或者与他人存在特定联系"，因此《反不正当竞争法》第 6 条禁止的仅是正向混淆行为，不存在将该条解释为禁止反向混淆行为的空间。此点与《商标法》第 57 条第 2 项的规定"容易导致混淆的"不同。从文言上看，《商标法》第 57 条第 2 项存在禁止反向混淆行为的解释空间，但考虑到反向混淆状态的形成可能是权利人懈怠行使商标权的结果，因此须持审慎态度。

2. "引人误认为是他人商品"，是指商品或者服务来源的混淆可能性，而不是指商品或者服务本身的混淆可能性。来源意义上的混淆可能性是狭义上的混淆可能性。商品或者服务本身虽不混淆，但来源混淆的情况下，混淆惹起行为人因导致相关公众混淆而使公众与其发生交易从而利用原告信用的行为性质并未发生改变，仍须按《反不正当竞争法》第 6 条规定的混淆行为处置。

3. "与他人存在特定联系"，是广义上的混淆可能性。来源混淆可能性，原被告之间通常具有具体竞争关系。但在经营早已多角化的时代，同一企业或者关联企业经营复数事业已经非常普遍。在此情况下，即使原被告之间没有直接的具体竞争关系，被告使用相同或者近似标识亦可能使相关公众误认为原告已经开始多角化经营其他事业，或者误认为被告是原告的关联企业，并与之发生交易关系。在利用相关公众混淆误认从而不正当利用原告信用这一点上，广义混淆可能性与狭义混淆可能性并无实质不同，因而可以作出相同法律评价。

"与他人存在特定联系"或者说广义混淆可能性的对象，具体包括：母子公司关系、联营关系、集团公司或者集团公司的成员关系、与企业集团具有业务或者组织结构上的关系、系列公司或者系列公司成员、本店与分店、其他业务或者组织上的关系，特许经营关系、销售代理店关系、分门别户关系、投资关系、资金援助关系，经营商品化事业的集团成员关系、图书券加盟店关系等。

无论狭义混淆还是广义混淆，都存在攀附式混淆的情形。所谓攀附式混淆，是指行为人不使用自己拥有权益的商业标识（形式上合法，实质上是否合法在所不问），故意使用与知名商业标识相同或者近似的商业标识，而足以导致相关公众的混淆。行为人存在攀附式混淆使用行为的，不得以自己行为属于行使权利行为进行抗辩，理由有三点：一是行为人的行为严重违反诚信原则，法律不应当予以保护。二是如果放任其行为，将使相关公众处于混淆可能性状态，利益严重受损。三是放任其行为，相当于放任其搭知名商业标识使用者便车的行为，将严重挫伤知名商业标识使用者努力打造知名商业标识的积极性，进而阻碍产业的发展。

单纯的商品或者服务标识许可使用关系是否属于广义混淆可能性的对象？对此，日本东京高等裁判所1996年在被告将原告标识"泉岳寺"作为车站名称使用而被相关公众误认为经过了原告许可的"泉岳寺二审"一案中持肯定意见。❶ 不过有学者持反对意见，认为将单纯的许可使用关系扩大为广义混淆可能的对象，混淆的对象将无限制扩张，且在决定权利范围时，以权利存在作为前提取舍应该缔结的关系会使混淆可能性要件丧失存在的价值，因而许可使用关系不属于广义混同的对象。❷ 话虽如此，被告使用和原告相同或近似性的商品或者服务标识，如果真地产生了让相关公众误信双方之间存在许可使用关系的程度，并因此而与之发生交易，其利用公众混淆可能性搭取原告商品或者服务标识信用的行为性质依旧未能改变，因而不将许可使用关系纳入广义混淆可能的对象范围欠缺说服力。

虽说我国《商标法》第13条第3款对未注册驰名商标的注册和使用进行了保护，但因其保护范围仅限于类似商品或者服务范围，且《商标法》并未明确赋予未注册驰名商标权人差止请求权和损害赔偿请求权，未注册驰名商标权人不得不以《反不正当竞争法》第6条规定为请求权依据。由此可见，广义混淆可能性的概念和内容，对于原告而言，具有十分重要的价值。

商品或者服务来源混淆可能性的判断，除了需要考察原被告商品或者服务标识知名度、近似性之外，由于要解决的是交易过程中的具体混淆可能性，因此着重要考虑原被告商品或者服务标识的使用样态、营业种类（商品或者服务范围）、相关公众特点等因素，以相关公众为主体，从相关公众的日常注意力出发，进行整体、综合、隔离判断。

整体判断要求，在留意原被告所使用标识特征部分给相关公众留下印象、记忆或者联想的同时，也留意特征部分和其他各要素结合在一起给相关公众留下的印象、记忆或者联想，是否可能导致相关公众对被告商品或者服务来源发生混淆。

---

❶ 東京高判平8.7.24判時1597号129頁。
❷ 田村善之. 不正競争法概説［M］. 2版. 東京：有斐閣，2003：89-90.

综合判断要求，联系原被告标识在交易中具体使用的方式、样态，原被告标识的知名度、原被告标识所使用的商品或者服务的相同类似度、交易渠道的重合度、相关公众特点等与实际交易有关的各种因素，综合判断被告使用与原告相同或者近似标识，是否可能导致相关公众对被告商品或者服务来源发生混淆。

隔离判断要求，在与原告商标及商品隔离状态下，考察被告使用与其商品或者服务上的相同或者近似标识给人留下的印象、记忆或者联想，是否会导致相关公众将其商品误认为是原告提供的商品或者服务而购买或者接受。

（三）混淆可能性判断的前提：使用行为

被告虽使用了原告的知名标识，但并未作为自己的商品或者服务标识使用，客观上不存在导致相关公众混淆误认的可能性，其行为不构成混淆行为。相反，被告将原告知名标识作为其商品或者服务标识使用，则很可能导致相关公众对其商品或者服务来源发生混淆误认，其行为也很可能构成混淆行为。可见，被告是否将原告知名标识作为自己商品或者服务标识使用，已经消解于混淆可能性的判断，并非来源混淆行为法律构成中独立发挥作用的要件。

使用行为既包括将与他人商品或者服务标识相同或者近似的标识作为自己商品或者服务标识进行使用的行为，也包括将使用了相同或者近似标识的商品进行转让、交付，或者为转让或者交付而进行展示（包括广告），进口，出口，或者通过信息网络进行提供，或者提供服务，导致相关公众对其商品或者服务来源发生混淆可能的行为。《反不正当竞争法》第6条仅明确规定了商品或者服务标识的使用行为，但从解释论而言，应当将使用了相同或者近似标识的商品进行转让、交付，或者为转让或者交付而进行展示，出口，进口或者通过信息网络进行提供，提供服务的行为，都解释为使用行为，否则第6条的规定就丧失了意义。

转让、交付使用了他人商品或者服务标识的商品，有偿无偿在所不问。转让，即商品所有权的转移。交付，即商品占有状态的转移，也即商品现实支配状态的转移。除了具有对价的交易行为之外，样品的分发、仅有占有权转移的委托销售、向仓库业者的寄存、向运输业者的交付、提交博览会的展出等，都属于转让或者交付行为。

从举证责任分配角度而言，被告的行为只要形式上符合上述行为特征，就应当推定为对原告商品或者服务标识的使用行为。被告以非标识性使用原告商品或者服务标识进行抗辩的，应当承担举证责任。

将使用他人商品或者服务标识的商品出口是否属于使用行为？对此，在商标法领域中存在争议，有的判决认为将附着他人注册商标全部出口销售的行为不是商标使用行为，有的判决则持相反意见。反不正当竞争法领域，尚未见出现结论截然相反的案例，学界亦未见探讨。

日本不正当竞争防止法第2条第1款第1项和第2项明确将出口规定为被禁止的使用行为。我国《反不正当竞争法》第6条文言上并未明确，将使用他人商品或者服务标识的商品出口国外的行为，是否属于应当规制的使用行为。解释论上，如果侵权产品出口之前，被告在我国境内生产、加工、存储、运输、报关附着了原告商业标识的商品等行为，存在导致除终端消费者之外的中间层次交易者的混淆误认可能性，原告可以直接援引《反不正当竞争法》第6条针对被告的使用行为行使请求权，阻止被告产品出口销售。

第四节　适用除外

一、概　论

我国《反不正当竞争法》并未像我国《商标法》第59条那样规定适用除外，这是我国《反不正当竞争法》立法上的最大败笔之一。《反不正当竞争法》和《商标法》在规制混淆性使用他人商品或者服务标识方面虽存在不同，但也具有共同点，即都需要确定原告排他权益的范围，或者说能够行使请求权的范围。规定适用除外，是从反面确定原告排他权益范围的重要方式。《反不正当竞争法》虽在第6条规定了受规制的不正当竞争行为的要件，但并未规定这些行为的适用除外，存在不适当扩大原告排他权益范围的危险。

日本不正当竞争防止法第19条第1款规定，使用商品或者营业普通名称的行为，没有不正当目的使用自己姓名的行为，在他人商业标识知名前没有不正当目的使用商业标识的行为，尽管形式上符合第2条第1款第1项的混淆行为要件，但行为人无须承担差止、损害赔偿或者刑事责任。这就是适用除外，但使用自己姓名者或者先使用者负有附加防止混淆可能性标识的义务。我国

《反不正当竞争法》欠缺这种明确规定，需要通过解释论方式解决。

二、使用普通名称或者惯用标识的行为

（一）使用普通名称或者惯用标识行为适用除外的理由

使用商品或者服务普通名称或者惯用标识行为之所以不构成不正当竞争行为，一是因为普通名称或者惯用标识本身并无固有识别力，无法区分商品或者服务来源，任何人使用都不会产生商品或者服务来源混淆的可能性，这是事实层面的判断。二是如果让特定私人独占商品或者服务普通名称或者惯用标识将损害公平竞争，影响正当交易秩序，这是价值层面的判断。比如，铁板烧，如果只能由一个餐厅独占使用，其他任何提供铁板烧服务的餐厅不能再使用，意味着其他提供铁板烧的餐厅只能复杂曲折地将其提供的"铁板烧"服务，称之为"先将铁板烧热，旋即在上面放置鲜肉和蔬菜，盖一会儿就食用"的服务，显然极不简洁经济，相关公众也不容易记住，不但会造成餐厅业者之间竞争上的不公平，而且也会使相关公众感到困惑不解。

（二）要件

1. 商品或者服务的普通名称或者惯用标识

（1）普通名称或者惯用标识的含义及其判断。商品或者服务的普通名称，是指商品或者服务种类物的名称。比如，烟、酒、盒饭、面条、酱油、醋、收录机、汽车、清洁剂、汤料、保险、信托、法律服务等。包括附加了说明商品性状、原材料或者使用场所等文字的名称。比如，干啤、蜂蜜柠檬、奶油面包、厕所清洁剂等。地名加上业种，比如深圳酒家，也属于普通名称。

商品或者服务的惯用标识，是指虽非商品或者服务的普通名称，但在交易圈中，作为商品或者服务标识惯常使用的标识。比如，作为便当标识使用的"幕の内"、作为酒标识使用的"正宗"、作为澡堂子标识使用的"温泉マーク"、作为理发店标识使用的"涡卷看板"等。

商品或者服务普通名称转用为其他商品或者服务标识，不再是被转用的其他商品或者服务的普通名称，可以独占使用。比如，苹果手机、小肥羊餐饮等。但要注意的是，转用可能使相关公众对商品或者服务原材料、品质等产生混淆误认的不得转用。比如，威士忌米酒。

新种商品或者服务名称,尽管刚出来时,相关公众并不熟悉,比如,黑醋、白醋、宅急便、信托、互联网等,但考虑到公平竞争秩序和相关公众利益的需要,仍不能让特定私人独占,应作为商品或者服务普通名称处理。

全国地域范围内商品或者服务名称的俗称,比如单车,不能被特定私人独占,应作为该类商品普通名称处理。在特定地域内被相关公众作为商品或者服务一般名称认识和使用的标识,比如在某些地区作为辣椒一般名称使用的"子弹头",为了确保交易秩序和相关公众的利益,至少在该特定地域范围之内应当作为普通名称处理,知名标识主体在该特定地域范围内的请求权应当受到限制。再比如,在日本商标权侵害司法实践中,在爱知县和静冈县等近郊县内,制造业者和相关公众作为墙土和屋顶瓦葺土一般名称使用的"ドロコン"(泥婚),就被名古屋地方裁判所认定为日本商标法第26条第1款规定的普通名称。❶

以外文表示的商品或者服务标识是否属于普通名称,和所使用的外文种类有关。英语基本在我国得到普及,以英文表示的商品或者服务标识是否属于普通名称,一般应当按照和采用中国语表示的商品或者服务标识是否属于普通名称相同的规则判断。比如 car、bike、coffee、sugar、clothes、automobile、water、wine、insurance、transport、hotel 等,均为相应指代商品或者服务的普通名称。采用英语之外的其他外国语表示的商品或者服务名称是否属于普通名称,则需要根据相关公众的认知进行具体判断。比如日语"ころず"(黑酢)在我国是否属于普通名称,就需如此判断。

(2) 普通名称或者惯用标识的判断主体。商品或者服务标识是否属于商品或者服务普通名称或者惯用标识,判断主体为相关公众。国家标准或者行业规则等对商品或者服务名称有统一规定的,一般可以认定为普通名称。但如果国家标准或者行业规则统一规定的名称与相关公众的认知不一致,则应当以相关公众的认知为准。

(3) 经过使用获得识别力的商品或者服务普通名称或者惯用标识。在我国,如果商品或者服务普通名称或者惯用标识通过长期使用获得了识别力,指代了商品或者服务来源,比如广州酒家,则获得了所谓第二含义,使用者可以针对使用同一标识的行为人行使请求权,以防止相关公众混淆商品或者服务来

---

❶ 名古屋地判平 2.11.30 判夕765 号 232 页。

源。不过这种标识的排他效力非常弱。比如"小罐茶"知名标识使用者，就不能针对销售使用小罐子、小盒子包装的茶叶的行为人行使请求权。但在美国、日本，商品或者服务的普通名称，无论如何使用，也被认为无法获得识别力而被独占。

（4）商品或者服务标识的普通名称化。由于使用者懈怠行使权利或者没有强化其标识商品或者服务来源意义上的不当使用，本来非商品或者服务普通名称的标识，可能被相关公众作为商品或者服务普通名称认知和使用，这就是商品或者服务标识的普通名称化。比如，在日本，トイレットクレンザー（厕所清洁剂）、プレイガイド（游戏指南）就是经典例子。❶

2. 采用常用的方法进行使用

采用常用的方法进行使用，是指普通名称或者惯用标识的使用样态，在字体、图形、记号、装饰或者这些要素的组合等方面，采用交易上常用的使用方法进行使用。是否采用常用方法使用，需要根据商品交易或者服务提供过程中的实际情况进行判断。采用吸引相关公众注意力的奇特书体或者设计使用普通名称或者惯用标识，比如，以绘画方式书写普通名称或者惯用标识，不能认定为采用常用的方法进行使用。

在具体案件中比较被告使用的普通名称或者惯用标识和原告使用的普通名称或者惯用标识的近似性，需要区分以下3种情况，判断原告的请求是否应当得到支持。一是原告仅采用常用的方法使用普通名称或者惯用标识，比如"广州面包"，而被告采用特殊方式使用普通名称或者惯用标识，甚至附着某种附加语使用普通名称，比如"广州奶油面包"，由于原被告使用的标识不近似，应当适用除外规定，原告请求权不应当被支持。此种情况下，被告使用普通名称的方式有意在回避可能与原告造成的混淆，不但不应当被规制，反而应当被提倡。二是原告采用特殊方式，甚至附着了附加语使用普通名称或者惯用标识，比如"广州奶油面包"，被告采用常用方法、附着相同附加语的方式使用普通名称，比如"广州奶油面包"，由于双方使用的标识完全相同，混淆可能性难以避免，不应当适用除外规定，原告的请求应当被支持。三是原告采用特殊方式，甚至附着了附加语使用普通名称或者惯用标识，比如"广州奶油

---

❶ 大阪弁護士会友新会. 最新不正競争関係判例と実務［M］. 3 版. 東京：民事法研究会，2016：20.

面包",被告采用不同于原告的特殊方式,甚至附着了不同附加语使用普通名称或者惯用标识,比如"广州蜂蜜面包",或者采用常用方法使用普通名称或者惯用名称,比如"广州面包",原告的请求同样不应当被支持。

3. 使用等行为

使用等行为,除了在商品或者服务所用物品或者场所、交易文书、商品包装、广告或者其他商业活动中等附着或者使用普通名称或者惯用标识外,还包括将附着普通标识或者惯用标识的物品进行转让、交付、为了转让或者交付而展示、进口、出口、通过互联网提供等行为。

4. 例外

某些葡萄酒或者香槟酒等原产地名称虽是商品普通名称,但基于《巴黎公约》的特别保护要求,不作为商品普通名称处理。

三、没有不正当目的使用自己姓名的行为

(一)趣旨

没有不正当目的使用自己姓名,尽管与他人在先使用的知名商品或者服务标识相同或者近似可能导致相关公众混淆误认,知名商品或者服务标识使用者亦不得针对使用自己姓名的行为人行使请求权。在商业活动中使用自己姓名是人格权行使中的重要一环,如被剥夺和禁止,于自然人过分不公。当然,为了保护知名商品或者服务标识使用者的利益和相关公众不被混淆的利益,自然人使用自己姓名时不得有不正当目的,而且需附加防止混淆的区别性标识。

(二)要件

1. 属于对自己姓名的使用

姓名包括姓、名、姓和名的组合,从一出生就记载于户籍簿或者身份证上,难以自由变更。姓名包括艺名、雅号、别名等能够与特定自然人形成稳定对应关系的名称。

姓名只限于自然人的姓名,不包括法人名称。相比姓名,法人名称虽需要经过登记,但根据自己意愿变更的自由度大。如法人名称适用除外规定,使用与他人知名商品或者服务标识相同或者近似的标识作为法人名称成立企业并使用的事例,将鱼贯而出,可能会导致相关公众对商品或者服务来源发生混淆误

认。而如果将使用与他人知名商品或者服务标识相同或者近似的标识作为法人名称成立企业并加以使用的行为认定为不正当目的,则法人使用自己名称的行为又不能适用除外,从而造成矛盾。

不过要指出的是,"自己的姓名"虽不包括法人名称,但当自然人姓名用于法人名称中的商号时,仍然应当认为属于自然人姓名使用的一种方式。此种使用方式是否适用除外规定,则要视使用者是否具有不正当目的而定。

姓名属于私权利保护范围,因此除了自然人自己可以正当使用其姓名外,经过自然人许可者,亦可无不正当目的使用。在日本非常有名的"花柳流名取事件"中,有名的舞蹈流派花柳流针对从其分立出去创立"芳名会"的新派弟子使用"花柳幾英"从事营业活动的行为行使请求权。但大阪地方裁判所和高等裁判所均以被申请人系从花柳流独立出来之弟子,该弟子户籍上的姓氏为"花柳",其经过许可的艺名"幾英"又从属于"花柳流"这一流派,属于对其姓氏"花柳"的使用,并无不正当目的,从而驳回了申请人的请求。❶

2. 没有不正当目的

不正当目的,包括获得不当利益目的和加害他人目的。是否具有不正当目的属于主观要件判断,需要结合对自己姓名的客观使用样态在具体个案中认定。被告开业时刻意强调和原告之间某种不存在的关系,进行引起相关公众混淆的广告宣传,在近邻地方使用和他人标识相同或者近似的自己姓名经营相同业务,不附加区别性标识使用自己姓名等,表明被告存在故意利用原告声誉的主观意思表示,可以认定其存在不正当目的。比如,某著名影视明星在先开设"木星红酒屋"后,某姓名为"木星"的自然人 A 在该酒吧隔壁街道开设名为"木星红酒屋"的酒吧,虽属对自己姓名的使用,但几乎无法排除利用该著名影视明星名气的不正当目的。

3. 附加防止混淆可能性标识

自然人虽可正当使用与知名商品或者服务标识相同或者近似的姓名,但在双方营业圈重合的情况下,相关公众对商品或者服务来源产生混淆误认的可能性始终存在。基于保护知名标识使用者私益和相关公众不被混淆的公益的目的,姓名使用者负有应知名标识使用者请求,采取适当方式附加防止混淆可能性标识的义务。

---

❶ 大阪高決昭和 56.6.26 無体集 13 卷 1 号 503 頁「花柳流名取事件(控訴審)」。

所谓"适当方式",是指能够达到区别原被告双方商品或者服务来源,防止相关公众产生混淆误认可能性的方式。比如,在产品或者产品包装、服务提供场所、提供服务所用物品上,以显著文字标注,"某某产品、某某产品或者服务与原告产品或者服务无关""某某产品或者服务在某某地方未销售或者提供",或通过广告澄清双方关系等。

知名标识使用者请求附加区别性标识的对象,限于无正当目的使用自己姓名者,对于商品流通环节中的行为人(销售者、运输者、展览者、出口者等),知名商品标识使用者不得请求其附加区别性标识。一是从事商品制造的行为人,在制造商品时附加区别性标识即可达到区别效果。二是让制造者之外的流通业者附加区别性标识将过于繁杂和严苛,不利于商品自由流通。

(三) 承继可否

受让姓名使用者营业的行为人,是否可以继续进行"没有不正目的使用自己姓名"的抗辩?一种观点将此种情形类推为承继先使用者营业的行为人可以继续进行在先使用抗辩的情形。❶

另一种观点认为,上述两种抗辩的基础并不相同。在先使用抗辩的情形,承继其营业的后续行为之所以能够继续援引在先使用抗辩,是因为尽管营业主体发生了变更,但承载了一定信用的营业本身并未发生改变,因此是基于营业承继本身的抗辩。在使用自己姓名的情形,营业主体发生变更后,抗辩的基础——对自己姓名的使用已经不存在,因而欠缺类推的基础。除了由个人企业直接转变而来的法人依然可以使用自己姓名进行抗辩之外,其他承继情形,不应允许援引"没有不正当目的使用自己姓名"的抗辩。❷

然而,如不允许其他承继姓名使用者营业的行为人援引"没有不正当目的使用自己姓名"的抗辩,将造成姓名使用者营业无法通过合并、兼并等方式进行市场流转的结果,严重限制姓名使用者的营业自由,显然并不妥当。此种情形,可视为姓名权人许可受让其营业者继续使用其姓名进行营业的行为,受让者援引"没有不正当目的使用自己姓名"的抗辩本质上可视为姓名权人自己援引"没有不正当目的使用自己姓名"进行的抗辩。

---

❶ 小野昌延. 新注解 不正競争防止法(新版下卷)[M]. 東京:青林書院,2007:1188.
❷ 田村善之. 不正競争法概説[M]. 2版. 東京:有斐閣,2003:110.

四、先使用行为

（一）趣旨

知名商品或者服务标识知名之前，他人使用与知名商品或者服务标识相同或者近似标识，如无不正当目的可以继续使用，不受《反不正当竞争法》第6条的规制。目的在于确保先使用者的既得利益，不遭受不可预测的不利益，同时调和知名标识使用者与先使用者的利益关系。当然，让先使用者继续使用其商品或者服务标识也有利于相关公众的利益，该趣旨与《商标法》第59条规定的在先使用抗辩趣旨相同。

（二）要件

1. 在他人商品或者服务标识获得知名度之前使用

他人商品或者服务获得的知名度并不要求在全国地域范围内知名，在特定地域范围内知名即可。所谓特定地域范围知名，是指他人商品或者服务标识在被告营业地域范围内知名。可见，在先使用抗辩要解决的问题是，在某地域内拥有知名商品或者服务标识的原告在该地域内其商品或者服务标识知名之前，已经在该地域内使用相同或者近似标识的使用者是否可以继续使用相同或者近似标识。对此，我国理论和实务界观念上较为模糊，甚至存在许多误解。

根据原被告商品或者服务标识获得知名度的情况，被告是否可以援引在先使用抗辩，原告是否可以进入被告营业圈，可以分为如下几种情形。

一是原告商品或者服务标识在被告营业地域范围内，在被告开始使用相同或者近似标识之前已经成为知名标识，被告不得援引在先使用抗辩，且其使用行为可能构成来源混淆可能性的行为。比如，在原告使用"广州市金星红酒屋"专门经营红酒吧知名后，被告再在广州使用"广州市金星红酒吧"开设酒吧并提供服务，被告不得援引在先使用抗辩。在此情况下，使用相同或者近似标识的被告，事实上无法进入原告的营业地域范围，除非被告和原告签订不行使差止请求权的契约。

二是原告商品或者服务标识在被告营业地域范围内，在被告开始使用相同或者近似标识之前未成为知名标识。比如，1952年左右被告开始在大阪市内善意使用"不动尊少林寺拳法"标识从事拳法指南事业时，原告用于从事拳法指南事业的标识"少林寺拳法"虽已经在日本香川县多度津市知名，但在大阪市内并不知名，因此原告的差止请求被大阪高等裁判所驳回。[1] 此种情况下，原告虽可进入被告所在营业地域开展营业，但前提是被告的相同或者近似标识尚未知名。且此种情况下，被告可以援引在先使用抗辩，原告不得针对被告行使请求权。

三是在被告营业圈内，被告使用的商品或者服务标识已经知名，使用相同或者近似标识的原告，不管其标识在其他营业地域内是否知名，因在被告营业圈内存在导致相关公众混淆的可能性，原告事实上无法进入被告的营业地域，除非原告和被告签订不行使差止请求权的契约。

由此可见，防止在先使用抗辩成立的最好对策，是针对需要使用的商品或者服务标识申请商标注册，事先获得全国地域范围内的排他权。申请商号登记虽然也是个办法，但商号登记仅可以排除登记机关所在地范围内的重复商号登记和使用，而且不正当竞争目的的推定效力也仅及于登记机关所在地域范围内，因此不可过度期待。

2. 作为自己商品或者服务标识使用

这个要件需要说明两点：一是如先使用者未将知名标识作为商品或者服务标识，而是作为描述性、指示性等标识使用，其行为不侵害知名标识使用者利益，亦不存在混淆误认可能性，无须援引在先使用抗辩。是否将知名标识作为商品或者服务标识使用，先使用者负担举证责任。二是先使用者或者经过其许可者将与知名标识相同或者近似的商品或者服务标识附着于商品或者服务场所、提供服务所用物品等之后，制造者、加工者、拣选者、运输者、仓储者等中间交易者的行为，亦应当以契约为基础，解释为先使用者自己的使用行为，可以享有在先使用抗辩。

3. 持续使用

没有不可抗力事由或者其他正当事由，先使用者在他人商品或者服务标识知名之前停止使用，在他人商品或者服务标识知名之后重新开始使用的，无保障先使用者继续使用的必要性，先使用者不得援引在先使用抗辩。不可抗力，包括自然灾害（地震、海啸、龙卷风等）、社会事件（战争、叛乱、公共卫生实践等）、重大身体疾病。其他正当事由，比如节假日、休假、亲戚朋友红白

---

[1] 大阪高判昭 59.3.23 无体集 16 卷 1 号 164 页。

喜事等导致的短暂停止使用。这些事由虽导致先使用者短暂停止使用，但在相关公众看来，先使用者的标识依旧指代先使用者商品或者服务来源，继续使用具有切实利害关系，因此有确保其继续使用的必要。

在他人商品或者服务标识知名后，先使用者变更商品或者服务标识，如变更后的商品或者服务标识，与知名商品或服务标识不相同或者近似，是其商业自由行动的结果，无须援引在先使用抗辩。但如是沿着与知名商品或者服务标识相同或者近似的方向变更，说明先使用者有造成混淆误认以攫取知名标识商誉的不正当目的，不得援引在先使用抗辩。比如，先使用者将其标识"东莞珠江电缆公司"变更为与知名标识近似的"新珠江电缆公司"，即属如此。

4. 没有不正当目的

不正当目的，包括获取不当利益目的和损害他人利益目的。因交易或者诉讼等关系，先使用者知道他人将在自己营业圈使用相同或者近似标识，自己使用该相同或者近似标识又无正当理由，说明先使用者存在阻止他人进入其营业圈扩大营业的不正当目的。话虽如此，让先使用者事先预料他人将在其营业地域使用相同或者近似标识扩大营业，实在强人所难。此外，也难免存在先使用者基于正当理由使用相关商品或者服务标识的情形。如此，就不能简单地仅以先使用者主观上知道他人知名商品或服务标识并先行加以使用的事实，就直接得出先使用者具有不正当目的的结论。

但如知名商品或者服务标识为臆造标识，且先使用者无使用该臆造标识的权益基础，或者先使用者在他人标识知名后，沿着与知名标识相同或者近似的方向变更并使用其标识，先使用者不正当目的应当得到肯定。

不正当目的，不限于先使用者开始使用时，也是先使用者继续使用的要求。他人标识知名后，先使用者停止使用后的再行使用或者变更使用，是否准许，应当根据有无不正当目的进行柔软解释。

5. 附加区别性标识

在相同营业地域范围内，相同或者近似的商品或者服务标识并存，虽然先使用者可以援引在先使用抗辩，但并存的局面难免存在导致相关公众混淆误认的可能性，为了防止该种混淆可能性的发生，先使用者和自己姓名使用者一样，负有应知名标识使用者请求附加区别性标识的义务。

先使用者应当如何附加区别性标识，附加的区别性应当达到何种效果，与上述没有不正当目的使用自己姓名的内容相同。

知名标识使用者请求附加区别性标识的对象，和无不正当目的使用自己姓名中的情形一样，限于先使用者或者其业务承继者，对于商品流通环节中的行为人（销售者、运输者、展览者、进口者、出口者等），知名商品标识使用者不得请求其附加区别性标识。一是从事商品制造的行为人，在制造商品时附加区别性标识即可达到区别效果。二是让制造者之外的流通业者附加区别性标识将过于繁杂和严苛，不利于商品自由流通。

（三）先使用的承继

从先使用者处承继业务者继续使用与知名标识相同或者近似标识的行为，可以适用除外规定，知名商品或服务标识使用者不得针对承继者行使请求权。承继者能够继续使用相同或者近似标识有利于营业转让，也可以确保先使用标识继续发挥来源识别作用，对保护相关公众利益也有裨益。

（四）先使用的范围

知名标识与注册商标不同，仅在知名度所及地域营业范围内，对相同或者近似标识使用者享有有限的排他效力。因此在知名标识知名度所不及的地域范围内，先使用者没有不正当目的可以进行先使用，包括将与知名标识相同或者近似的标识，附着在商品或者提供服务所用物品或者场所上、商品包装、交易文书、广告宣传或者其他商业活动中，也可在该地域范围内，将附着了相同或者近似标识的商品进行转让、为了转让而进行交付或者展示、出口、进口、通过互联网进行提供等。而以公示为基础的注册商标，在指定商品或者服务上，排他效力及于全国地域范围，因此按照《商标法》第59条规定，先使用者虽拥有抗辩权，但其地域范围只限于其已有使用范围，制造、销售、交付、展示、提供服务等地域范围受到严格限制。否则，先使用者将逐步蚕食注册商标权的排他范围，萎缩甚至灭杀商标注册制度的激励功能。

话虽如此，由于互联网、电视广告等对知名度的巨大影响，如果知名标识变成了驰名标识，则先使用者的营业地域将受到驰名标识知名度所及地域范围的极大挤压。

他人商品或者服务标识知名后，先使用者变更其标识，如上所述，如果变更后的标识与知名标识不同或者近似，则是其自由，无须援引在先使用抗辩。但如变更结果与知名标识相同或者更为近似，说明其主观上有不正当目的，不得援引在先使用抗辩。

先使用者变更商品或者服务范围，如果变更后的商品或者服务范围与知名标识使用的范围完全不同，为知名标识排他效力所不及，亦不会导致相关公众混淆误认，是其商业行动自由范围。但在知名标识不变的情况下，先使用者将商品或者服务范围变更为与知名标识使用商品或者服务范围相同或者更为接近的范围，亦说明其具有引起相关公众混淆误认，以达到搭取知名标识使用者便车的不正当目的，非属除外范围内的行为。

第五节　商品来源混淆行为的规制

一、民事规制

（一）混淆行为的证明及证明责任的减轻

1. 混淆行为的证明

诉讼中，知名商品或者服务标识使用者即原告主张对方当事人使用与其知名标识相同或者近似标识存在导致相关公众混淆可能性，进而主张差止和损害赔偿的，负证明责任。

原告标识知名度的证明，参见本章第二节一（八）。标识近似，原告可以从原被告标识的发音、外形、含义、具体使用方式等方面证明。混淆可能性，原告可以从原被告标识使用的商品或者服务、使用地域、相关公众认知、使用方式、使用途径等方面证明。

2. 证明责任的减轻

为了减轻原告的证明责任、加快审判效率，我国反不正当竞争法有必要借鉴日本不正当竞争防止法的如下制度。

（1）具体行为样态的明示义务。日本不正当竞争防止法第6条规定，被告否认原告主张的特定不正当竞争行为的，不能仅仅消极否认，而应当进行积极否认，明确说明其行为的具体样态，但有正当理由，比如其商品或者方法构成商业秘密的除外。

（2）文书提出命令和秘密保持命令。日本不正当竞争防止法第7条规定，对于证明困难的混淆行为和损害额，原被告均可以请求对方提出所持有的能够证明混淆行为和损害额的所有文书，但对方有正当理由的除外。正当理由，主要是指对方当事人持有的文书包含商业秘密。为了判断对方持有的文书是否包含商业秘密，可以采用不公开审查文书的方式。即使存在正当理由，在听取对方当事人意见后，裁判所也可以根据自己的判断，在当事人之间公开此类文书。为了保护当事人开示文书中的商业秘密，日本不正当竞争防止法第10条规定，裁判所可以应请求发布秘密保持令，行为人违反秘密保持命令的，构成刑事犯罪，且该犯罪属于行为犯。

对方当事人拒绝提出文书的，只要请求赔偿额不是荒诞滑稽，应当推定当事人主张的真实性。

（3）损害计算鉴定制度。日本不正当竞争防止法第8条规定，与损害计算有关的必要事项，应活用具有经理、会计知识的计算鉴定人制度。当事人必须按照裁判所命令，向被选定的计算鉴定人说明与损害计算有关的必要事项。❶

（4）相当损害额的认定。日本不正当竞争防止法第9条规定，在认定已经发生损害的损害额时，由于认定该事实的性质极其困难时，裁判所可以根据当事人的口头辩论和证据调查结果认定相当的损害额。在此情况下，考虑被告的资金、设备、人员数、广告特点、销售区域等因素，推定其平均的商品销售量，计算出相当的对价额，进而推定相当的损害额，就十分重要。

（二）差止请求

1. 概说

差止请求是日本法上的概念，在不正当竞争防止法领域，是指因不正当竞争行为营业上的利益遭受侵害，或者遭受侵害危险者，可以请求侵害其营业上的利益者或者侵害之虞者差止或预防侵害，同时废弃侵权产品、侵权工具，以及采取其他停止或者预防侵害行为的必要措施。差止请求权的行使，无须具备不正当竞争的主观要件，不以对方当事人的故意和过失为必要条件，且不受3年普通诉讼时效（民法典第188条、第196条）和权利失效20年时效（民法

---

❶ 关于具体样态明示义务、文书提出命令、计算鉴定人制度的详细内容，参见李扬. 商标法基本原理[M]. 北京：法律出版社，2018：276-289.

典第 188 条）的限制，此点与对过去侵害行为的损害赔偿请求权不同。

2. 主体适格

（1）请求主体适格。《反不正当竞争法》第 17 条第 1 款规定，经营者违反本法规定，给他人造成损害的，应当依法承担民事责任。同条第 2 款规定，经营者的合法权益受到不正当竞争行为损害的，可以向人民法院提起诉讼。日本不正当竞争防止法第 3 条第 1 款规定，因不正当竞争营业上的利益受侵害者，或者受侵害之虞者可以请求侵害其营业上的利益者或者侵害之虞者，差止或者预防侵害。具体到混淆行为，享有请求权者为营业上的利益受到侵害或者侵害之虞的知名商品或者服务标识使用者，消费者和消费者团体并不享有请求权。

由于成为混淆对象的他人可能并不限于一人，因此能够就某个相同或者近似标识的使用请求差止的人并不限于一人。企业集团中的核心企业和作为企业集团的任何成员、特许经营中的本店和加盟店，也能够成为差止请求的主体。不同之处仅在于，核心企业或者本店，在知名标识知名度所及的所有地域内均可行使差止请求权，而成员企业或者加盟店，仅能在各自的营业地域范围内行使差止请求。❶

营业的承继者以及由个人企业成长而来的法人企业，由于承继者或者个人成长而来的企业从一开始就相当于知名商品或者服务标识所标注的商品或者服务提供者，理所当然可以成为请求权人。❷

知名商品或者服务标识的独占实施人，在知名标识知名度所及地域范围内拥有排他利益，可以成为独立的请求权人。在知名标识知名度所及地域内，知名商品或者服务标识排他许可实施人和知名标识许可使用者共同拥有排他利益，因此可以和知名标识许可使用者一起行使请求权，在许可使用者不行使请求权的情况下，可以单独行使请求权。在知名标识知名度所及地域范围内，知名商品或者服务标识普通许可实施人没有排他性利益，除非经过知名标识许可使用者同意，否则不能行使差止请求权。

（2）被请求主体适格。自己使用与知名商品或者服务标识相同或者近似标识者，属于适格的被请求主体，无疑义。使用了与知名标识相同或者近似标

---

❶ 田村善之. 不正競争法概説 [M]. 2 版. 東京：有斐閣，2003：193 - 195；大阪弁護士会友新会. 最新不正競争関係判例と実務 [M]. 3 版. 東京：民事法研究会，2016：90 - 91.

❷ 小野昌延. 新注解　不正競争防止法（新版下巻）[M]. 東京：青林書院，2007：858.

识的商品销售者、运输者、仓储者等中间层次交易者,亦属于适格的被请求主体,这样可以确保差止的实效性。为相同或者近似标识使用者提供场所、器械、工具、技术或者其他服务的人,本身虽未使用相同或者近似标识,但如主观上具有故意或者重大过失,与相同或者近似标识使用者构成共同来源混淆行为,亦属于适格的被请求主体。

被请求权人虽为公司,但在其法定代表人实质支配该公司的情况下,该法定代表人个人为被请求人。❶ 相同或者近似标识使用者为公司职员时,因为公司为权利义务归属主体,公司为被请求人。

3. 差止请求的具体内容

(1) 请求停止正在进行中的侵害行为,即不作为请求。包括在知名标识知名度所及的被请求主体营业地域范围内停止使用相同或者近似标识,以及制造、销售、运输、展示、出口、进口、互联网提供使用相同或者近似标识的产品,以及为了这些目的进行的广告等。

请求停止正在进行中的侵害行为,包括在知名标识知名度所及地域范围内请求撤销商号登记(《反不正当竞争法》第18条第2款,"经营者登记的企业名称违反本法第六条规定的,应当及时办理名称变更登记;名称变更前,由原企业登记机关以统一社会信用代码代替其名称。"),且被请求人不得以拥有商号登记进行抗辩。

(2) 请求采取必要措施预防将来的侵害行为,即预防请求。比如,有证据证明半成品将使用与知名标识相同或者近似的标识,知名标识使用者亦可请求制造者停止继续制造,即为预防请求。

(3) 请求废弃和销毁侵权产品和供侵权使用的工具,即作为请求。为了彻底结束侵害状态,并预防将来可能发生的侵害,知名标识使用者一般可以请求行为人废弃和销毁使用与知名标识相同或者近似标识的商品或者供服务用的产品。不如此,行为人可能随时再将侵权产品投放流通领域,或者利用供侵权使用的设备生产侵权产品。如此,被请求主体亦不得将侵权产品捐赠慈善机构或者作为慰问品发放给单位职员。废弃和销毁请求侵权产品和供侵权使用的工具典型事例如,撤销户外广告牌、将包装纸销毁、将面包作为垃圾丢弃等。

我国《反不正当竞争法》并未明确规定差止判决在诉讼程序法上的间接

---

❶ 東京高判平14.2.28判不競874の692頁「デール・カーネギー二審」。

强制担保措施。日本民事执行法第 22 条规定，请求差止的判决生效后，债务人不停止差止判决中的行为的，原告可以债权人名义请求执行裁判所命令债务人向债权人支付一定的强制金，此即为担保差止判决得以执行的间接强制。具体金额由裁判所根据制止侵害的需要自由裁量，一般而言，使用相同或者近似标识的规模越大，强制金额亦越大。间接强制的具体实例，比如，在不履行差止判决期间，札幌地方裁判所命令债务人支付给债权人每日 1 万日元的强制金。❶

4. 过剩差止

超越来源混淆行为的范围，请求相同或者近似标识使用者差止为过剩差止。司法实践中，很多判决并未限定相同或者近似标识禁止使用的地域范围，有的判决甚至未限定相同或者近似标识禁止使用的商品或者服务范围，仅作了概括性的禁止使用决定。这样一来，在知名标识知名度所不及的地域或者商品/服务范围，他人也无法使用相同或者近似标识，此种做法相当于赋予知名商品或者服务标识注册商标权的排他效力，显然不符合反不正当竞争法保护商品或者服务标识的基本法理，也将严重阻碍市场竞争。比如，原告经营的天山烤全羊店在喀什市有名，但在国内其他地方并不为人所知，在此情况下，禁止被告在喀什市开设名为"天山烤全羊店"完全合理。但如不限定被告禁止使用的地域范围和商品/服务范围，意味着被告不仅在喀什市以外的任何地方不能开设"天山烤全羊店"，也意味着被告在喀什市不能开设名为"天山烤面包店""天山旅游宾馆""天山矿泉水"的事业，这对被告和其他任何第三人而言，显然属于过剩差止。

过剩差止的另一种情形是，虽然明确了差止的地域范围和商品/服务范围，但超越了差止的必要性边界，过度制约对手的事业活动。常见的事例是，判决废弃或者销毁尚未附着与知名标识相同或者近似的标识且用途并不明确的成品或者半成品，判决废弃或者销毁与知名标识相同或者近似的标识完全可以与商品或者服务分离使用的物品。我国 2019 年《商标法》第 63 条新增加的第 5 款规定，"假冒注册商标的商品不得在仅去除假冒注册商标后进入商业渠道"，这种规定显然排除了使用与注册商标相同的标识可以与商品或者服务完全分离的商品或者服务再进入流通渠道的可能性，虽严格保护了注册商标权人利益，

---

❶ 札幌地决昭 48.12.21 参照判夕 308 号 229 页「東鮨事件」。

但明显属于不合理的过剩差止，不利于市场竞争。反不正当竞争法司法领域应当避免这种过犹不及的做法。

如何根据具体案情，确定差止的地域范围、商品/服务范围、差止的边界，是必须认真对待的问题。

5. 抽象差止

针对与知名标识相同或者近似的特定标识的使用行为的差止判决作出乃至生效后，被告为了逃避判决的效力，变更其使用的相同或者近似标识，何种程度的变更，该差止判决可以一并处理呢？换句话说，原告在起诉状中，能否提出如下差止请求："禁止被告使用与特定标识近似的标识？"这就是抽象差止需要解决的问题。

允许原告的抽象差止请求虽可防止被告逃脱本案判决的效力，事先解决针对意图再次侵权的被告主张的差止问题，❶但将产生如下问题。一是将何为近似标识的实体判断交给执行机关，违反了裁判程序与执行程序分离以图迅速实现判决执行的民事执行制度的基本趣旨。二是允许原告的抽象差止请求，由于被告的具体行为尚不明确，欠缺特定的差止行为对象，无法保障被告的防御权。三是允许原告的抽象差止请求，在判决执行阶段，会导致大量的执行异议案件，极大降低执行效率。基于这三点，原告要对被告新使用的标识行使差止请求，应当向法院提出新的差止请求诉讼。此种做法，在前后两个或者数个案件中，法院对近似性标识的判断相同的情况下，虽然重复了诉讼，不够经济，但亦可作为判定被告反复、恶意侵权的一个证据，在判定损害赔偿数额，尤其是在侵害商业秘密案件中适用惩罚性赔偿时，可以着重考量。

（三）损害赔偿请求

1. 概说

因为商品或者服务来源混淆行为营业上的利益遭受损害者，可以请求故意或者过失实施混淆行为者赔偿因其混淆行为而遭受的损害。因《反不正当竞争法》第17条未作出特别规定，不正当竞争行为人负赔偿责任的主观要件服从《民法典》第1165条的一般规定，不正当竞争行为人仅承担过错损害赔偿责任。我国《商标法》采取注册取得排他权的公示原则，以此为前提，推定

---

❶ 田村善之. 不正競争法概説［M］. 2版. 東京：有斐閣，2003：144-150.

在与注册商标指定使用商品或者服务相同或者类似商品或者服务上，使用与注册商标相同或者近似标识者具备主观过错。《反不正当竞争法》对知名商品或者服务标识的保护，虽不以注册公示为要件，但以知名为前提，在知名度所及地域范围内，使用与知名标识相同或者近似标识的行为，虽不至于都出于故意，但至少应当推定为存在过错。相同或者近似标识使用者否认存在过错的，须负反证责任。

对相同或者近似标识的混淆性使用行为，任何人在知名标识知名度所及地域内都可进行，知名标识使用者无法构筑物理上的防御措施，因此混淆行为发生后的损害赔偿对知名标识使用者具有重要作用。同时，混淆使用行为发生后，作为被侵害对象的知名标识本身不会发生物理损害，具体损害额的计算非常困难，因此《反不正当竞争法》第17条第3款、第4款不得不设置计算损害赔偿数额的特别方法。

2. 逸失利益额的赔偿（权利人因侵权遭受的实际损失）

所谓逸失利益额，即知名标识使用者现在的财产状态与假定没有不正当竞争行为时应该获得的利益的差额。损害赔偿目的在于救济权利人因侵害行为遭受的损害，以逸失利益额作为权利人的损害额，可以恢复没有不正当竞争行为时权利人的财产状态。难题在于，由于侵害者的营业努力、替代品的存在、被侵害者经营管理不善等各种因素的存在，逸失利益额与不正当竞争行为之间事实因果关系的证明极为困难。

《反不正当竞争法》第17条第3款规定，"因不正当竞争行为受到损害的经营者的赔偿数额，按照其因被侵权所受到的实际损失确定"，从解决逸失利益额与不正当竞争行为因果关系的角度看，可以说毫无意义。按照2007年《最高人民法院关于审理不正当竞争民事案件应用法律若干问题的解释》第17条规定，转致适用的2002年《最高人民法院关于审理商标民事纠纷案件适用法律若干问题的解释》第15条的规定，即权利人"因被侵权所受到的损失，可以根据权利人因侵权所造成商品销售减少量或者侵权商品销售量与该注册商标商品的单位利润乘积计算"，也仅勾列出了逸失利益计算的粗糙方法。下面结合日本不正当竞争防止法第5条第1款的如下规定，详细解释逸失利益额的计算方法，同时说明逸失利益额与不正当竞争行为之间的因果关系。

因不正当竞争行为营业上的利益遭受侵害者，在请求故意或者过失侵害其营业上的利益者赔偿其因该侵害行为遭受的损失时，在该侵害行为人转让了侵

害产品时,已经转让的侵害产品的数量,乘以被侵害人没有该侵害行为时能够销售的商品单位数量获得的利润所得的金额,在不超过与该被侵害人从事该商品销售及其他行为能力相适应的数额范围内,可以作为被侵害人遭受的损失金额。但是,在转让数量的全部或一部分是被侵害人没有能力销售的情况下,应扣除与该情况对应的数量的金额。(日本不正当竞争防止法第5条第1款)

(1)按照逸失利益额赔偿,以侵害者已经销售侵害商品和被侵害者已经销售被侵害商品为前提。侵害者虽生产了侵害产品,但存于仓库时即被发现,因侵害品尚未投放市场,被侵害者的商品销售不会受到任何影响,侵害者废弃该等侵害品即足以保护被侵害者营业上的利益。被侵害者的产品如未销售,也不可能存在因侵害行为导致销售量减少的情况出现。侵害者销售侵害商品的数量,有赖于文书提出命令加以确定。

(2)被侵害者在没有侵害行为时能够销售的商品。所谓"被侵害者在没有侵害行为时能够销售的商品",是指对相关公众而言,功能、用途等和侵害者的侵害商品具有替代可能性的、被侵害者准备销售的商品。功能、用途等和侵害者的侵害商品种类完全相同的被侵害者商品,即相关公众不购买侵害者的侵害商品即选择购买被侵害者的商品,比如,面包和面包、啤酒和啤酒,属于"被侵害者在没有侵害行为时能够销售的商品",不在话下。对相关公众而言,和被侵害者的侵害商品种类虽不完全相同,但功能、用途等具有替代可能性的被侵害者商品,比如面条(侵害者)和大米(被侵害者)、矿泉水(侵害者)和碳酸饮料(被侵害者),面条、矿泉水也属于"被侵害者在没有侵害行为能够销售的商品"。但对相关公众而言,功能、用途、性质等方面和侵害者的侵害品不同的被侵害者商品,比如,啤酒和矿泉水,啤酒就不属于"被侵害者在没有侵害行为时能够销售的商品",因为很难想象侵害者的相关公众不买啤酒,会转而购买被侵害者使用相同或者近似标识的矿泉水当啤酒喝。在此情况下,逸失利益额赔偿方式无法适用,只能适用侵害所得、许可使用费等其他确定赔偿的方式。

(3)被侵害人没有该侵害行为时能够销售的商品单位数量获得的利润。被侵害人没有该侵害行为时能够销售的商品单位数量获得的利润,理论和实务界存在毛利润、净利润和边际利润标准之争。毛利润是销售收入扣除主营业务的直接成本后的利润。其中的直接成本不包括企业的管理费用、财务费用、销售费用、税收等费用,也就是商品销售收入减去商品原进价后的余额。净利润是销售收入扣除生产成本后，进一步扣除人事费用、广告宣传费用、运输费、保管费、厂房租赁费、税收等营业费用后的余额。边际利润，是指增加单位产量所增加的利润，也就是没有侵害发生时，增加的替代商品单位销售金额，扣除为了增加该替代商品而付出的单位成本后的余额。❶ 简而言之，边际利润是边际收入和边际成本的差额。

以毛利润作为被侵害者逸失利益的计算基础，会导致过度损害赔偿问题，对侵害者过于严苛和不公，被侵害者有获取不当得利之嫌。以净利润作为被侵害者逸失利益的计算基础，则会导致损害赔偿不足的问题。边际利润则居于毛利润和净利润之间，以边际利润作为逸失利益的计算基础，已成为日本学界诸通说，对司法实务也产生了实质性影响。❷

（4）与该被侵害人从事该商品销售及其他行为的能力相适应的数额范围，是指与被侵害者生产销售体制能力相适用的数额范围，该能力所能达到的销售额范围由被侵害者负举证责任。根据自有厂房或者委托制造单位厂房规模大小、销售系统和渠道等因素，如果无法实现与其主张相适应的销售数额，则推定数额在其生产销售能力可能达到的范围内，应当减少。比如，被侵害者主张，按照其生产销售规模，没有侵害发生，其每月可以销售1000件被侵害商品。侵害者则可以抗辩，按照被侵害者的生产规模和销售能力，每月最多销售500件被侵害商品。为此，侵害行为人请求被侵害人提出相关生产、销售、人力、财物等文书非常重要。

（5）转让数量的全部或一部分是被侵害人没有能力销售的情况。出现这种情况，应当从被侵害者主张的销售数额中扣除与该情况相适应的数额。是否存在这种应当扣除的情况，由侵害者负担举证责任。侵害者可以从自己的努力、自己独特的销售渠道、双方产品价格差异、竞争商品的存在、被侵害者的生产规模等方面，证明即使没有侵权发生，被侵害者的销售额也不可能达到其主张的范围。比如，被侵害者主张，侵害者每月销售500件侵害商品都应当作为计算其损失的基数，侵害者则可以抗辩，每月销售的500件中至少有400件是自己独特的销售渠道和巨大广告投入的结果。

---

❶ 田村善之. 不正競争法概説 [M]. 2版. 東京：有斐閣，2003：161.
❷ 田村善之. 不正競争法概説 [M]. 2版. 東京：有斐閣，2003：161；茶園成樹. 競争防止法 [M]. 東京：有斐閣，2015：146；金井重彦，小倉秀夫. 不正競争防止法コンメンタール（改正版）[M]. 東京：レクシスネクシスジャパン，2004：315.

3. 侵害者利益额的推定（损害额的推定）

（1）概说。《反不正当竞争法》第 17 条第 3 款规定，因不正当竞争行为受到损害的经营者的赔偿数额，按照其因被侵权所受到的实际损失确定；实际损失难以计算的，按照侵权人因侵权所获得的利益确定。也就是将侵害者因为侵害所获得的利益推定为被侵害者的损害额。其中，侵害者因为侵害所获得的利益，可以根据侵权商品销售量与该商品单位利润乘积计算；该商品单位利润无法查明的，按照被侵害商品的单位利润计算。由被侵害者负举证责任；侵害者主张被侵害者的实际损失少于侵害所获得的利益的，由侵害者负举证责任。侵害者无法提供反证推翻被侵害者主张的数额的，即将该数额推定为被侵害者应获得的赔偿数额。

（2）是否以发生损害结果为前提。侵害者利益额推定的适用，以被侵害者因侵害行为发生实际损害为必要，仅在侵害者利益额可以被视为被侵害者逸失利益的情况下才能适用。❶ 被侵害者是否因侵害行为发生了损害，被侵害者负担举证责任。

一般而言，被侵害者的商品未上市销售的，因不存在侵害商品销售导致被侵害商品销售下降的结果，因而不存在应当推定的损害。侵害者与被侵害者的商品或者服务虽相同或者类似但营业地域不重合，或者营业地域重合但商品或者服务种类不相同也不类似，并不存在侵害行为，无所谓造成损害，当然不能将侵害者利益额推定为被侵害者的损失。

（3）应当被推定为被侵害者损害赔偿的侵害者利益。该利益也存在毛利润、净利润、边际利润之分歧，但边际利润说至少在日本已经成为通说。

（4）因为侵害行为获得的利益（贡献度）。侵害者获得的利益，很难说全部归功于不正当竞争行为，将该利益全部推定为被侵害者的损失，将导致超过被侵害者实际损失的损害额推定问题。如此，应当将与不正当竞争行为在侵害者获利中的贡献度相适应的数额推定为被侵害者的损害额，方为合理。具体考量因素包括侵害者的营业努力、侵害品的品牌吸引力、竞争商品的存在及其他因素。

侵害商品中仅一部分构成侵害时，除了考虑上述因素外，还须考虑该部分

---

❶ 経済産業省知的財産政策室. 逐条解説不正競争防止法（改正版）[M]. 東京：有斐閣，2012：119.

在整个侵害商品中的贡献率。是否侵害部分只构成侵害商品的一部分，由侵害人负担举证责任，在整个侵害所得中贡献率的大小，则由被侵害人负举证责任。

侵害者利益额无法计算的，有行业平均利润率的，可以按照行业平均利润率计算其利益额。

4. 相当于许可使用费的数额

《反不正当竞争法》第17条虽未规定被侵害者可以请求相当于许可使用费数额的损害赔偿，但转致适用的2002年《最高人民法院关于审理商标民事纠纷案件适用法律若干问题的解释》第16条对此作出了规定。

（1）根据。《反不正当竞争法》赋予知名标识使用者在相同地域、相同或者类似商品或者服务范围内，排除他人使用相同或近似标识的行为，目的在于确保知名标识使用者在该地域和该业务范围内获得排他满足市场需要的机会，至于自己排他使用还是许可他人使用，则是其自由选择。未经知名标识使用者许可使用，满足了市场对相关商品或者服务的需要，使知名商标使用者丧失了通过市场交易获得利益还流的机会，因此将篡夺知名标识使用者市场交易机会而丧失的价值推定为损害赔偿额，就有了法理上的依据。

（2）计算方式。将相当于许可使用费的数额推定为被侵害者的损害赔偿额，虽然使损害额的计算简便化了，但也说明许可使用费只能作为推定的参考，不能作为许可使用费的绝对推定标准。假定的许可使用费数额，一般是以许可使用契约签订当初许可者的商品或者服务标识市场状态为依据确定。而市场是变化的，在侵害行为发生时，尤其是诉讼提起时，许可者的标识有可能变成了驰名标识，此种情况下强行以假定的许可使用费契约签订当时确定的费用为依据计算损害赔偿额，对被侵害人显然有失公允。历史上可比较的许可使用费亦存在此种缺陷。除此之外，历史上可比较的许可使用费还存在另一个问题，即不排除双方当事人签订许可使用契约时处于"蜜月期"，因此许可使用费极有可能存在畸高畸低的情况。

将相当于许可使用费的数额推定为损害赔偿额时，许可使用合同的种类、时间、范围，侵害行为的性质、期间、后果，行业特点等也有重要影响。独占或者排他的许可使用合同，其使用费显然高于一般许可使用合同。侵害时间长、严重损及商誉、热点行业等因素得到确认时，应当将高于许可使用费的数额推定为损害赔偿额。

在无合理许可使用费可以参照的情况下，有行业平均利润率的，可以该利润率为参考确定相当于许可使用费的损害赔偿额。

（3）和逸失利益额赔偿的关系。鉴于相当于许可使用费数额的复杂性，如被侵害者举证证明其逸失利益额超过相当于许可使用费的数额，仍可请求损害赔偿。

（4）损害结果。请求相当于许可使用费的损害赔偿时，被侵害者无须主张和证明其销售额正在减少。既然发生了侵害行为，就说明应当归属于被侵害者的市场利用机会被侵害者剥夺，接下来的问题就应该是考虑该市场利用机会究竟有多大财产价值，而不是被侵害者是否应当对损害结果承担举证责任的问题。将商标法中连续3年不使用、不发生损害结果，因此侵害人无须赔偿注册商标权人损失，照搬适用于《反不正当竞争法》第6条，并不妥当。

5. 法定赔偿

《反不正当竞争法》第17条第4款规定，权利人因被侵权所遭受的实际损失、侵权人因侵权所获得的利益难以确定的，由人民法院根据侵权行为的情节判决给予权利人500万元以下的赔偿。

法定赔偿带有鲜明的中国特色，目的在于减轻被侵害者举证负担，限制法官自由裁量权。但因被侵害者主观上怠于举证和客观上举证困难等因素影响，法定赔偿在司法实践中已成被侵害者首选主张的赔偿方式。

（1）法定赔偿和逸失利益额赔偿、侵害者利益额的推定、相当于许可使用费的数额的关系。主张法定赔偿仍须以侵害行为发生并造成损害结果为要件，因此被侵害者在这两个方面负有举证责任。当然，因《反不正当竞争法》规定法定赔偿的趣旨之一就是减轻因难以举证的被侵害者的举证负担，因此不能要求被侵害者证明到遭受了多少确切损害的地步。在此前提下，被侵害者首选法定赔偿的，即使法定赔偿数额确定后，其有证据证明，按照逸失利益额赔偿、侵害者利益额的推定、相当于许可使用费的数额超过法定赔偿数额的，应当视为被侵害者放弃了该超过部分的赔偿要求，不得再另案主张。被侵害者主张法定赔偿，法官亦不得行使自由裁量权，在法定赔偿最高限额500万之外酌定赔偿数额。

（2）法定赔偿的考量因素。法定赔偿数额应当考虑侵害情节确定，具体包括侵害时间、侵害地域、侵害后果、侵害者主观过错程度、被侵害者业种、被侵害者标识知名度等。

(四) 不当得利返还请求

《民法典》第122条规定了不当得利之债（因他人没有法律根据，取得不当利益，受损失的人有权请求其返还不当利益），《民法典》第1165条规定，侵害者因过错侵害他人民事权益造成损害的，应当承担侵权责任。如此，讨论不当得利返还请求具有实际意义。

侵害者给被侵害者造成损害虽无故意或者过失，且不以给付行为为基础，但从一开始就横夺了本属于他人排他利益范围内的利益，没有法律上的根据，并且导致他人的排他利益受损，获益和受损之间也存在因果关系，完全符合不当得利的要件，被侵害者可以主张不当得利返还。

话虽如此，由于因果关系的限制，被侵害者不能请求侵害者返还因来源混淆行为获得的全部利益，而只能请求返还基于知名标识本身的贡献获得的利益，基于侵害者的资本、劳动力、知识产权以及其他营业努力获得的利益应当扣除。日本学者田村善之教授总结日本支持不当得利返还的判例发现，这些判例大致以许可使用费为返还请求额。❶

(五) 信用恢复措施请求权

1. 概述

《反不正当竞争法》第17条虽未规定被侵害者的信用恢复措施请求权，但因来源混淆行为信用遭受损害者，在差止和金钱赔偿并不充分的情况下，可以《民法典》第179条为依据，请求侵害者赔礼道歉、消除影响。

比如，来源混淆行为导致劣质侵害商品在市场上流通，被侵害者营业上的信用受到相关公众的负面评价因而遭受难以证明的损害，仅限于差止和金钱赔偿不足以救济被侵害者，此时被侵害者行使信用恢复措施请求权就有必要。

2. 要件

(1) 故意或者过失。信用恢复措施，是与损害赔偿一起或者代替损害赔偿采取的救济措施，因此与基于来源混淆行为的损害赔偿一样，需要以侵害者主观故意或者过失为要件。

---

❶ 田村善之. 知的財産権と損害賠償（新版）[M]. 東京：弘文堂，2004：267–268.

（2）不正当竞争行为，在知名标识场合，即混淆性使用相同或者近似标识的行为。

（3）被侵害者营业上的信用受到侵害。营业上的信用，是关于被侵害者经营活动的综合社会评价。营业上的信用受到侵害，主要表现为被侵害者经营活动的负面评价。相关公众甚至社会一般公众认为，被侵害者商品或者服务属于劣质商品或者服务是最典型的负面评价。

（4）必要性。**被侵害者行使信用恢复措施请求权时，应以恢复其受到侵害的营业上之信用为必要，也就是采取的信用恢复措施应当与营业上的信用受到侵害的程度相适应。**

在侵害者采取澄清事实的订正广告足以恢复被侵害者营业上的社会评价和信用时，被侵害者再请求侵害者以广告形式公开道歉就超过了必要限度，不应当被支持。在采取公开或者不公开方式道歉安慰了被侵害者情感，却恢复不了被侵害者的社会评价和信用时，被侵害者请求侵害者采取澄清事实的订正广告就不能说超过了必要限度。侵害者的劣质商品刚纳入订货者的仓库，尚未上市销售，不存在产生现实商品来源混淆的可能，被侵害者请求侵害者发出订正广告，显然超过必要限度。尤其要强调的是，赔礼道歉作为慰藉情感的措施，不管是私下的还是公开的，和恢复受到侵害的营业上的信用并无必然关系，超过必要限度一般不应当被支持。

关于订正广告的范围，以被侵害者营业上的信用受到毁损的地域范围和误解的人群范围为限。仅在广州市内信用受损，却请求在《人民日报》或者《法制日报》等全国性报纸、杂志或者互联网上刊登订正广告，甚至赔礼道歉，超过恢复信用之必要限度。误解的人群仅及于批发商，却要求给每个零售商发澄清广告，甚至在公开媒介上刊发订正广告，亦超过恢复信用的必要限度。在确定误解的人群范围和刊发订正广告的方式时，需要考量信用受损的地域和人群特点。比如，被告仅在近畿大学附近以13000日元一个的价格销售指示热电温度计，10天后被发现。考虑到大学的特殊性，原告信用受损害的人群范围很快就会扩散至大学教授、学生及其关系人，因此地域范围也不能简单理解为限于近畿大学。在此情况，原告请求被告在朝日新闻、每日新闻、读卖新闻的大阪地方版以及日刊工业新闻刊载订正广告，就具有合理性。❶

---

❶ 大阪高判昭37.10.31下民13卷10号2188页「パイロメーター事件」。

（六）其他损害

律师费、调查取证费、鉴定费等，被侵害人亦可请求赔偿，但应当与逸失利益额、侵害所得额、相当于许可使用费的数额、法定赔偿额单列。

二、行政规制

根据《反不正当竞争法》第 18 条，经营者违反该法第 6 条规定实施混淆行为的，由监督检查部门责令停止违法行为，没收违法商品。违法经营额 5 万元以上的，可以并处违法经营额 5 倍以下的罚款；没有违法经营额或者违法经营额不足 5 万元的，可以并处 25 万元以下的罚款。情节严重的，吊销营业执照。

按照 2008 年原国家工商行政管理总局发布的《工商行政管理机关行政处罚案件违法所得认定办法》的规定，违法生产商品的违法所得按违法生产商品的全部销售收入扣除生产商品的原材料购进价款计算（第 3 条）；违法销售商品的违法所得按违法销售商品的销售收入扣除所售商品的购进价款计算（第 4 条）；违法提供服务的违法所得按违法提供服务的全部收入扣除该项服务中所使用商品的购进价款计算（第 5 条）；违法承揽的案件，承揽人提供材料的，按照本办法第 3 条计算违法所得。定做人提供材料的，违法所得按本办法第 5 条计算。

情节严重，应当根据侵害时间、侵害后果、侵害行为人是否重复侵害、被侵害人的营业地域范围等因素进行综合判断。

《反不正当竞争法》和《中华人民共和国刑法》（以下简称《刑法》）虽未规定混淆行为的刑事责任，但违法经营额 5 倍的罚款，相当程度上起到了刑事罚金的作用。然而，1 到 5 倍的幅度变化，究竟以什么作为判断标准并不明确，难以排除执法机关以个人好恶为标准，在 1~5 倍的范围内任意执法以及权钱交易的现象。

三、刑事规制

我国《反不正当竞争法》和《刑法》都未规定来源混淆行为的刑事责任，除了《反不正当竞争法》第 6 条保护的并非绝对权，尚不具备利用刑事手段保护的法益之外，另一个重要的原因是，来源混淆行为需要承担非法经营额 5

倍的沉重罚款，相当程度上发挥了刑事罚金的作用。

推行知识产权强保护政策的日本，其不正当竞争防止法第 21 条第 2 款第 1 项规定，具有不正当目的从事第 2 条第 1 款第 1 项规定的来源混淆行为的，个人处 5 年以下有期徒刑或者 500 万日元以下罚金，且可两罚并用。法人犯该罪者，法人处 3 亿日元以下罚金，直接责任人处 500 万日元以下罚金。

第二章
冒用驰名标识行为

第一节 概 论

以 2001 年修订的《商标法》第 13 条第 1 款（就相同或者类似商品申请注册的商标是复制、摹仿或者翻译他人未在中国注册的驰名商标，容易导致混淆的，不予注册并禁止使用）和 2017 年、2019 年分别修订的《反不正当竞争法》第 6 条（经营者不得实施下列混淆行为，引人误认为是他人商品或者与他人存在特定联系）为依据，将以具体竞争关系为前提的商品来源混淆关系（狭义混淆）扩张解释为不以具体竞争关系为前提的法律或者经济关系混淆（广义混淆），一定程度上弥补了《商标法》和《反不正当竞争法》保护驰名标识存在的不足，但仍然无法规制并不产生混淆可能性却可能降低驰名标识品牌价值的弱化或者丑化使用行为。

也有学者指出，这种突破狭义竞争关系限制，将广义混淆作为基础，扩张驰名标识保护范围的解释手法已经超越了解释论的界限，欠缺说服力。[1]

基于上述实务和理论上存在的问题，将不以混淆为要件但损害驰名标识使用者营业上利益的弱化或者丑化使用驰名标识的行为，作为应当排除的不正当竞争行为，以保护驰名标识的品牌价值，具有必要性。要指出的是，因不以相关公众混淆为要件，驰名标识的保护主要是私人利益的保护。

2001 年、2013 年、2019 年《商标法》第 13 条第 1 款虽禁止在类似范围

---

[1] 江口顺一. 现行不正競争防止法的基本问题 [J]. 日本工业所有权法学会年报，1985（8）：133-134.

内抢注和使用他人未注册驰名标识，但 2001 年《商标法》第 52 条和第 56 条、2013 年和 2019 年《商标法》第 57 条、第 63 条并未赋予未注册驰名标识使用者差止请求权和损害赔偿请求权，未注册驰名标识使用者只能到《反不正当竞争法》中寻找行使请求权的依据。遗憾的是，尽管《反不正当竞争法》经过了 2017 年和 2019 年两次修订，对未注册驰名标识的保护仍然沿袭了《商标法》第 13 条第 1 款的思路，以冒用行为导致混淆可能性（包括狭义和广义混淆）为前提。这样一来，在不存在混淆可能性但营业上的利益又受损的情况下，就解释论而言，驰名标识使用者只能以《民法典》第 3 条、第 179 条、第 1164 条、第 1165 条为依据行使请求权。

第二节 冒用驰名标识行为的构成要件

驰名标识的保护超越了具体竞争关系的限制，如果仅仅因为其驰名，就绝对禁止他人使用相同或者近似标识，将赋予驰名标识超过物权的绝对排他效力，弱化商标注册制度的机能，过度妨碍他人选择和使用商品或者服务标识的行动自由，因此必须通过以下要件划定其排他效力的范围，确保他人的行动自由。

一、他人商品标识驰名

由于独立于以具体竞争关系为前提的冒用知名标识的来源混淆行为，[1] 冒用驰名标识行为中被冒用的标识知名度要求比来源混淆行为中被冒用的商业标识知名度高。这种高度主要表现在如下几个方面。

（一）地域范围

日本不正当竞争防止法立法担当者——日本经济产业省认为，日本不正当竞争防止法第 2 条第 1 款第 1 项周知标识[2]的保护，以不正当使用相同或者近

---

[1] 在永大産業案［東京地判昭 40.12.21 不競集（古関）826 頁］中，日本東京地方裁判所认为，"不正当竞争防止法规制的营业上的设施或者活动的混淆行为要件之一是，以混淆的对象即营业存在竞争关系为前提"。

[2] 周知标识相当于我国所说的知名标识。

似标识产生混淆可能性为前提,该项所说的"周知",并不要求标识在全国范围为相关公众认知,在某一地域范围内广为人知即可。但第 2 条第 1 款第 2 项规定的著名标识❶的保护与第 1 项不同,不以混淆为保护要件,保护范围及于完全没有混淆可能性的领域,因此其知名度起码应当达到这样的程度,即在通常的经济活动中,付出相当注意力即能够回避该著名标识的使用,具体而言,在全国地域范围内为一般公众所认知是可以想见的情形。此外,日本经济产业省认为,商品形态作为商品标识使用,一般难以超越同种商品领域成为著名标识。❷ 日本大阪地方裁判所在 1999 年的 "正露丸糖衣 A 案" ❸ 和 "アリナビック案" ❹ 中也坚持全国地域范围说。前一案件中原告使用的标识 "セイロガン糖衣 A" 与后一案件中原告使用的标识 "アリナミンA25",均被大阪地方裁判所根据使用时间、销售额、市场占有率、广告投入等因素,认定为全国驰名标识。东京地方裁判所在一些案件中也持这种观点。❺ 日本学说界也有诸多学者持此种全国地域范围驰名必要说。❻

不过也有反对意见。一种观点认为,在原被告营业地域不重合的情况下,不管原告的标识在自己的营业范围内多么知名,因被告的营业地域不与其重合,在被告的营业地域范围内,原告并不存在值得保护的利益,此时禁止被告使用相同或者近似标识的行为难谓存在合理性。反过来说,和知名标识一样,只有在被告的营业地域范围内原告的标识驰名,原告才存在受保护的法益,也才有在非相同类似商品或者服务范围内,禁止被告使用与原告驰名标识相同或者近似标识的必要。如此,驰名标识驰名的地域范围,并非是全国地域范围,而是被告营业的地域范围。❼ 另一种观点认为,在被告采用丑化方式使用驰名

---

❶ 著名标识相当于我国所说的驰名标识。
❷ 日本经济产业省知的财产政策室. 逐条解说不正競争防止法 [M]. 東京:商事法務,2016:71-72.
❸ 大阪地方裁判所平成 8 年(ワ)第 4074 号,判夕 1023 号 257 頁。
❹ 大阪地方裁判所平成 10 年(ワ)第 5743 号,判夕号 1044 号 246 頁。
❺ 東京地判平 13.4.24 判時 1755 号 43 頁「j - phone. co. jp」。東京地判平 10.2.20 判不競 1162 号ノ2ノ35 頁「TRUSSARDI JOHNS」。
❻ 山本庸幸. 要説不正競争防止法 [M]. 3 版. 東京:日本発明協会,2002:114 - 115;竹田稔. 知的財産権要論(不正競業編)[M]. 東京:日本発明協会,2002:90;小野昌延. 不正競争防止法概説 [M]. 東京:有斐閣,1994:153.
❼ 渋谷達紀. 著名表示冒用行為に対する不正競争防止法上の規制 [M] // 現代企業立法の軌跡と展望. 東京:商事法務,1995:798.

标识的情况下，即使标识并非全国驰名标识（比如仅在北海道地区），亦存在保护的价值。❶

在美国，虽存在各州商标反淡化法，但已经获得联邦注册的商标所有人，只能依据兰姆法第43条第3款的规定，主张驰名商标的反淡化保护。按照兰姆法第43条第3款，受该款保护的驰名商标，必须是全国性驰名商标而非地方性驰名商标。具体而言，作为商品或者服务标识使用的商标，只有在获得了美国一般消费者的认可后，才可以获得反淡化保护。在确定某一商标是否获得全美国一般消费者认可的时候，法院主要考虑如下四方面的要素：对该商标进行广告宣传的持续时间、程度和地域范围，以及一般公众知晓该商标的持续时间、程度和地域范围；使用该商标提供的商品或者服务，其销售的数量、份额和地域范围；该商标得到实际认可的程度；以及该商标是否获得联邦的主簿注册。

为了避免驰名标识物权化，保护范围扩及所有商品和服务范围，驰名标识满天飞，过度限制他人选择和使用商业标识自由的倾向，严格要求驰名标识的知名度有必要，但一方面，考虑到《反不正当竞争法》保护的是未注册驰名标识，排他效力仅及于其知名度所及地域范围，也就是被告的营业地域范围要求驰名标识的知名度及于全国地域范围，相当于要求被告的营业地域范围，必须及于全国地域范围，这显然强被告所难。另一方面，要求原告驰名标识知名度及于全国地域范围，将导致在某一或某几个地域范围内，为所有一般公众所熟知的标识无法作为驰名标识受到保护，并导致原告面对被告将该驰名标识用于非相同类似商品或者服务且不导致任何混淆误认的行为束手无策的局面。综合而言，从被告营业地域范围把握驰名标识的知名度，较为合理。美国州一级商标反淡化法禁止对本州的驰名商标进行淡化保护，显然对仅在本州驰名的商标进行了淡化保护，实质也是从被告营业地域范围把握驰名标识的知名度。

（二）人群范围（判断主体）

在被告使用相同或者近似标识的地域范围内，只有一般公众知晓原告标识，才属于驰名标识，还是只要相关公众知晓原告标识，就属于驰名标识？

在日本，倾向性的意见认为，原告标识在被告使用相同或者近似标识的地

---

❶ 田村善之. 不正競争法概説 [M]. 2版. 東京：有斐閣，2003：243.

域范围内，在被告的相关公众，即中间层次交易者和最终消费者中间驰名，即满足驰名的人群范围要件，无须在该地域范围内全体一般公众中驰名。❶该种意见的理由是，尽管只在一定的顾客层（相关公众）驰名，但在该顾客层中他人使用驰名标识给驰名标识主体造成的不利益，和他人在全体顾客层（一般公众）中使用驰名标识给驰名标识主体造成的不利益，是一样的。❷

但也有少部分学者认为，驰名标识应当在全体顾客层被知晓。持该观点的主要理由是，只要求在一定顾客层驰名，比如，只在企业会计负责人中间驰名的单据系统，制造者销售偶尔使用相同标识的办公室家具，仅交付给会计部，却不得不使用其他标识，将过度加重制造者回避使用相同或者近似标识的义务。❸

驰名标识反不正当竞争法保护的趣旨，一方面是为了保护驰名标识的顾客吸引力，而非防止相关公众混淆，另一方面是为了确保他人选择和使用商业标识的自由。驰名标识的知名度仅及于被告营业地域范围内的相关公众，说明在不为相关公众知悉的其他商品或者服务范围内，该标识并未累积应受法律保护的信用和利益，没有理由排除他人使用，享受跨类保护。相反，如驰名标识的知名度不仅及于被告营业地域范围内的相关公众，而且及于相关公众以外的其他一般公众，说明该标识在其他一般公众中也具有吸引力，原告如果利用这种顾客吸引力从事跨类商品或者服务经营，很容易获得商业上的成功。对于原告经过营业努力打造的这种顾客吸引力，不能任由被告搭便车，以免构成原告从事跨类商品或者服务经营的障碍，减损原告打造驰名标识的激励。由此可见，要求驰名标识在被告营业地域范围内为一般公知所知悉，较为合理。

（三）商品或者服务范围

在相同或者类似商品或者服务范围内，冒用驰名标识的行为，适用《反

---

❶ 東京地判平 10.2.27 判不競 1162 号ノ2ノ12 頁「MOSCHINA CAMERIO ITALY」。東京地判平 12.12.21 判不競 874 号ノ677 頁「虎屋黒川」。田村善之. 改正不正競争防止法の論点（1）[J]. JCAジャーナル，1995（452）：5－6. 松村信夫. 不正競業訴訟の法理と実務 [M]. 3 版. 東京：民事法研究会，2001：166－167.

❷ 松村信夫. 不正競業訴訟の法理と実務 [M]. 3 版. 東京：民事法研究会，2001：166－167.

❸ 玉井克哉. フリー・ライドとダイリューション [J]. ジュリ1993（1018）：42－45. 对于增加被告回避使用相同类似标识的担忧，田村善之教授认为，可以通过严格把握后面要讲的营业上的利益受侵害这个要件加以缓和。田村善之. 不正競争法概説 [M]. 2 版. 東京：有斐閣，2003：245.

不正当竞争法》第 6 条进行规制即可，无须考虑适用冒用驰名标识行为相关规则加以解决，因而原告标识在与被告相同或者类似商品或者服务范围内的知名度，不属于冒用驰名标识行为规制要考虑的问题。冒用驰名标识行为规制，要解决的是被告在不相同也不类似的商品或者服务范围内，使用与原告标识相同或者近似标识是否占有了原告标识顾客吸引力的问题。被告占有原告标识的顾客吸引力的前提要件是，原告标识在现实或者潜在被告实际提供或者拟提供的商品或者服务相关公众当中存在顾客吸引力。如此就不难得出如下结论：原告商品或者服务标识的驰名，要求的是在被告相同或者近似标识使用的商品或者服务范围内的驰名，[1] 而非原告实际或者拟提供的商品或者服务范围内的驰名，尽管后者驰名往往是前者驰名的基础和前提。这也是为什么要求驰名标识的判断主体应当为被告营业地域范围内的一般公众而非相关公众的原因。同时也可以得出这样一个结论：原告是否在被告营业地域、营业范围实际从事营业活动，并不影响驰名标识的认定。

二、标识近似性

冒用驰名标识行为的成立，被告使用的标识应当与原告的驰名标识相同或者近似。标识近似性的判断方法，与来源混淆行为中标识近似性的判断方法相同。

强调冒用驰名标识行为构成中标识相同或者类似性要件，目的在于期待该要件充分发挥限定驰名标识可以独占使用范围的作用。如果驰名标识使用者遭受的不利益仅限于改变驰名标识与其使用主体之间的唯一联系，即（弱化），为了不过度妨碍他人选择和使用商业标识的自由，原告标识属于描述性标识的，不应当作为驰名标识予以保护。由此在解释论上，原被告标识共同部分仅限于没有识别力的商品或者服务的普通名称、产地、销售地、提供场所、品质、质量、原材料、效能、用途、数量、形状、样态、价格、生产方法、使用方法、提供方法或者使用时间的，应当否定原被告标识的近似性。[2]

---

[1] 小野昌延，松村信夫. 新注解不正競争防止法概説 [M]. 東京：青林書院，2011：211.
[2] 田村善之. 不正競争法概説 [M]. 2 版. 東京：有斐閣，2003：247.

三、给驰名标识使用者营业上的利益造成损害可能性

（一）概说

由于妨碍了他人选择和使用商业标识的自由，因此，在不相同也不类似的商品或者服务上禁止使用和驰名标识相同或者近似的标识。即冒用驰名标识行为的成立，以被告使用行为客观上给驰名标识使用者营业上的利益造成损害可能性为要件。是否给驰名标识使用者营业上的利益造成损害，应当在允许他人使用与驰名标识相同或者近似的标识给驰名标识使用者营业上的利益造成损害情况，和禁止他人使用与驰名标识相同或者近似的标识给他人选择和使用商业标识的自由造成的限制程度之间，进行比较衡量确定。

作为一般原则，可能给驰名标识使用者营业上的利益造成损害的行为，包括弱化使用和丑化使用两种方式。所谓"弱化使用"，是指将与驰名标识相同或者近似的标识用于不同商品或者服务，改变了驰名标识和其主体之间的唯一联系，从而削弱了驰名标识指示和区别商品或者服务来源的能力。所谓"丑化使用"，是指将与驰名标识相同或者近似的标识用于让人对驰名标识形象产生负面评价或者联想的商品或者服务。

（二）弱化使用

弱化使用是否造成了驰名标识使用者营业上利益的损害，取决于驰名标识本身的显著性、驰名标识使用者自己使用驰名标识的状况、市场上其他经营者使用相同或者近似标识的状况、驰名标识使用的商品或者服务与他人使用的商品或者服务之间的关系等。 驰名标识本身并非造语标识，而是由描述性标识经过长期使用转化而来，他人使用描述性标识就不能当然得出此种使用构成弱化使用。弱化使用是否侵害了驰名标识使用者营业上的利益，还需要结合其他因素进行判断。驰名标识使用者将驰名标识用于诸多不同商品或者服务上，市场上其他不同商品或者服务的经营者都使用与驰名标识相同或者近似的标识，说明驰名标识并未与主张权益的原告建立唯一联系，被告在不同种类商品或者服务上使用与驰名标识相同或者近似标识，本身不能当然被认为是对驰名标识进行弱化使用的行为。驰名标识使用的商品或者服务与他人使用的商品或者服务属于完全没有任何关系的领域，比如儿童游乐园和风俗业、餐饮业和杀虫剂、

餐饮业和化妆品、面包和大型机械、矿泉水和电梯等，他人的使用也不能被认为属于损害了原告营业上利益的弱化使用。总的来说，这些情况下，主张利益可能受到损害的原告，不能抽象地主张其驰名标识被弱化，而必须提供具体证据证明利益可能受到损害。

（三）丑化使用

丑化使用是否损害了驰名标识使用者营业上的利益，原告除了必须证明被告使用的标识与其实际使用的驰名标识相同或者近似之外，还必须证明驰名标识与原告之间建立了唯一的联系，被告使用的标识容易让一般公众对驰名标识及原告的业务产生联想，并因此使其品牌形象、商业信用等受到毁损。将驰名标识用于开设风俗店、提供成人用品、提供暴力产品或者服务、提供毒品或者严重违反安全卫生环保法律法规的营业，一般可认为驰名标识被进行了丑化使用，原告营业上的利益受到了损害。

四、作为自己商品标识使用

（一）作为自己商品标识使用的功能

在冒用驰名标识行为的法律构成中，被告将驰名标志作为自己商品或者服务标识使用，发挥着划定驰名标识保护范围以及行为人选择和使用商业标识自由的作用。

（二）作为自己商品标识使用的判断

被告是否将与驰名标识相同或者近似的标识作为自己商品标识使用，由原告负举证责任。但为了减轻原告的举证负担，一般而言，原告证明如下事实即可：被告将与驰名标识相同或者近似的标识用于商品、商品包装或者容器以及商品交易文书上，或者用于广告宣传、展览以及其他商业活动中，就应当推定被告将该标识用于识别商品来源，即作为自己商品标识使用。被告否认的，应当反证如下事实：自己虽然使用了与驰名标识相同或者近似的标识，但并未发挥识别商品来源的作用，并非标识意义上的使用。

一般来说，如果被告能够证明，其仅将与驰名标识相同或者近似的标识作为描述性标识或者指示性标识使用，则完成了反证责任，可以得出其并非将与驰名标识相同或者近似的标识作为自己商品标识使用的结论。

描述性使用，即将标识作为直接描述商品或者服务的普通名称、产地、销售地、提供场所、品质、质量、原材料、效能、用途、数量、形状、样态、价格、生产方法、使用方法、提供方法或者使用时间的标识使用。作为描述性标识使用的事例，如，原告的驰名标识为"百元店"，被告在其商品上标示商品价格100元，目的在于告诉消费者商品价格是100元，即为典型的直接描述商品价格的描述性使用。

作品标题，一般用于描述作品内容，无法发挥识别创作者、出版者、发行者等来源的作用，非标识意义上的使用。❶ 商品摆放设计，反映的一般是营业方法或者诀窍，也难以发挥识别商品或者服务来源的作用，并非标识意义上的使用。❷

指示性使用，即将商品标识作为指示商品标识主体进行的使用。作为指示性标识使用的事例，如，本店销售"可口可乐"，虽使用了"可口可乐"，但意在告诉消费者本店有可口可乐产品出售。

稍有争议的指示性使用事例，比如以LV包作为背景为自己开发的楼盘做广告，该种行为虽然利用了LV包的驰名度为自己的楼盘进行广告，但本质上并未超出指示性使用的界限，仍不属于作为自己商品标识的使用。更有争议的事例是，无名香水"SWEETLOVER No. 120 No. 136"，以和迪奥、香奈儿5号、ミッコ等世界名牌香水属于"香りのタイプ"（即同一个香型）进行广告销售的行为，也并非将这些驰名标识作为自己商品标识使用的行为，和LV包的情形一样，虽然利用了迪奥等香水的声誉，但本质上仍然属于通过对比方法，指示性使用驰名标识的行为，东京地方裁判所和东京高等裁判所都驳回了原告的请求。❸ 将被告的此种使用行为认定为指示性使用行为，有利于促进竞争，降低商品价格，增进消费者福利。至于被告的广告行为是否构成品质误导行为，则需要根据反不正当竞争法关于误导行为（虚假宣传行为）的构成要件进行分析。❹

---

❶ 知的財産高等裁判所平成17年10月27日「平成17年（ネ）第10013号マクロス事件」。
❷ 大阪地方裁判所平成22年12月16日平成21年（ワ）第6755号「商品陳列デザイン事件」。
❸ 東京地判昭55.1.28 無体集12巻き1号1頁「香りのタイプ事件」。東京高判昭56.2.25 無体集13巻1号134頁「香りのタイプ事件二審」
❹ 田村善之. 不正競争法概説 [M]. 2版. 東京：有斐閣, 2003：254.

第三节 适用除外

冒用他人驰名标识行为和来源混淆行为一样，同样存在如下适用除外：采用普通方式使用商品或者服务普通名称或者惯用标识的行为、没有不正当目的使用自己姓名的行为、先使用行为、指示性使用行为等。详细论述参见第二编第一章。

美国兰姆法第43条第3款规定了如下不适用淡化的情形：为了新闻报道、批评、评论和比较性广告的使用。

第四节 对冒用他人驰名标识行为的规制

和来源混淆行为一样，冒用他人驰名标识行为存在民事规制和行政规制。不同的是，对冒用他人驰名标识行为进行民事规制时，损害赔偿的计算需要考虑标识的驰名度。此外，在日本，按照其不正当竞争防止法第21条第2款第2项、第22条第1款第3项规定，对出于利用他人著名商品等标识所属的信用或者名声获取不当利益目的，或者损害该信用或者名声目的从事冒用他人驰名标识行为者，处5年以下徒刑或者500万日元以下罚金，可两罚并用。法人犯此罪者，法人处3亿日元以下罚金，直接责任人处500万日元罚金。

第三章
侵害商业秘密行为

第一节 概 论

一、规制侵害商业秘密行为的立法目的

1993年《反不正当竞争法》第10条、2017年和2019年《反不正当竞争法》第9条均规定禁止侵害他人商业秘密的行为。

在市场竞争中,经营者所利用的成果,从模仿的难易程度角度,可以分为三大类。第一类是尽管产品流通于市场,但无法知悉其配方等内容,只要采取保密措施就无法被模仿的成果,比如可口可乐的配方。第二类是一旦公开模仿极为容易,但发现未经许可的模仿行为非常困难,在采取以公示制度为前提的专利法等进行保护之前,只适合采取保密措施进行保护的成果,比如新款手机的外观、最新时装设计、机械设备的功能性结构。第三类是由于缺少技术方案,性质上完全不适合采取以公示制度为前提的专利法等进行保护,只能进行秘密管理的成果,比如顾客名单、营销策略、接待顾客手册、合同价格。在这三种情况下,将相关成果作为秘密进行自我保护,就成了激励成果开发的关键。然而,由于商业间谍的存在,经营者想要完全通过自力救济方式保守其商业秘密是非常困难的。为了激励通过秘密方式管理的技术信息和经营信息的开发,通过法律禁止突破秘密管理机制获取、使用、披露技术信息和经营信息的行为,从法律上支援能够作为秘密进行管理的三类成果的开发激励,是非常必要的。

即使《反不正当竞争法》中未创设专门条款支援开发商业秘密成果的激励，对于侵害商业秘密行为，也并非不存在规制的法律依据。《中华人民共和国公司法》（以下简称《公司法》）第 148 条规定，未经股东会或者股东大会同意，公司董事和高级管理人员不得利用职务便利为自己或者他人谋取属于公司的商业机会，自营或者为他人经营与所任职公司同类的业务，不得擅自披露公司秘密。《中华人民共和国劳动合同法》（以下简称《劳动合同法》）第 23 条规定，用人单位与劳动者可以在劳动合同中约定保守用人单位的商业秘密和与知识产权相关的保密事项。对负有保密义务的劳动者，用人单位可以在劳动合同或者保密协议中与劳动者约定竞业限制条款，并约定在解除或者终止劳动合同后，在竞业限制期限内按月给予劳动者经济补偿。劳动者违反竞业限制约定的，应当按照约定向用人单位支付违约金。《民法典》第 501 条规定，当事人在订立合同过程中知悉的商业秘密或者其他应当保密的信息，无论合同是否成立，不得泄露或者不正当地使用；泄露或者不正当地使用该商业秘密或者信息，造成对方损失的，应当承担赔偿责任。此外，《民法典》第 3 条、第 123 条和第 1165 条亦可成为保护商业秘密的依据。

然而，《公司法》第 148 条的规定限于董事、高级管理人员在职期间的义务，《劳动合同法》第 23 条的规定限于劳动者和单位存在契约关系期间的义务，《民法典》第 501 条规定限于先合同义务，在董事、高级管理人员退职后，或者基本契约关系解除后，企业难以保护自己的商业秘密。再者，即使在法定义务或者契约义务期间，也难以控制契约关系之外的第三人侵害商业秘密的行为。《民法典》第 123 条虽然规定了商业秘密属于知识产权，但属于宣示性规定，并未规定保护商业秘密的具体措施，在司法实践中基本没有意义。基于这些理由，我国《反不正当竞争法》明确将不正当获得、使用、披露商业秘密等行为规定为不正当竞争行为，并规定了具体规制措施，从而克服了现有法律制度的缺陷，为商业秘密保护提供了明确的请求权基础。

要指出的是，信息的秘密管理虽然避免了信息公开的危险，但无法达到专利一样的排他效力。在专利制度下，形成技术方案的信息即使公开，他人也不得以生产经营为目的实施。也就是说，在专利制度下，信息权利人虽然付出了信息公开的代价，却换取了在一定期限内排他使用该信息的权利。而在商业秘密保护制度中，虽然信息的秘密管理在一定程度上和一定时间内使其权利人可以独占利用该信息，却无法阻止他人通过独立的劳动和投资获得和使用同样的信息，也无法阻止他人在市场上合法获得含有商业秘密的产品后，通过反向工程破解秘密并加以使用的行为。可见，在保护技术信息方面，专利制度和秘密管理制度各有优缺点。为了最大限度地利用专利制度和秘密管理制度的优点，并且克服各自的缺点，经营者通常可以采取的做法是将最核心最有价值的信息通过商业秘密进行保护，而将非核心信息通过专利进行保护。

二、《民法典》第 123 条是否改变了商业秘密的法律属性

商业秘密成为《民法典》第 123 条知识产权保护客体后，一种观点认为，商业秘密自此获得完整财产权之排他属性，摇身一变为和专利权、商标权、著作权等平起平坐之典型知识产权，可以对抗一切未经许可获取、使用、披露商业秘密之行为。此观点可谓之同等论。同等论虽强调了商业秘密保护于技术创新、产业发展之意义，但实难苟同。

一是同等论恐与立法者意志初衷背道而驰。商业秘密虽以非公知性、秘密管理性、有用性为要件换得立法保护，但虑及信息自由流通于科技进步、产业发展、消费者福利之特有价值，鼓励以秘密方式管理和利用信息终非立法者所愿。立法者虽因该等秘密信息客观之存在及特性对之加以保护，但又规定独立研发或反向工程、因交易而善意取得等适用除外以及多主体均可合法保有商业秘密等特殊制度设计，弱化了该等信息保护之排他性，以在信息之秘密管理和自由流通间求得平衡。同等论抬升了商业信息秘密管理之地位，忽视了信息自由流通之价值。自 1993 年以来一直通过《反不正当竞争法》保护商业秘密之立法者，尽管在《民法典》知识产权条款中列举了商业秘密，但尚不至于因强化商业秘密保护之需要而不顾信息自由流通之价值，断然打破此种平衡。

二是同等论恐使未经登记和公示的商业秘密专利化，进而使通过反向工程或者独立研发获取商业秘密的行为、基于交易而善意获取商业秘密的行为，都变成侵害商业秘密行为。无须登记和公示即可获得专利保护效果，将极大削弱专利制度激励申请专利、鼓励信息公开的机能。

三是同等论即使理论上成立，实践中恐亦无市场。至少难以相信，侦查、检察、司法人员会仅因某种盲目的民法典情结，而不顾 1993 年以来，商业秘密在我国仅被作为一种非绝对权意义上的知识产权（他人获取、使用或者披露商业秘密，只要未突破权利人采取的秘密管理体制，则不在商业秘密排他性所及范围。日本立法上始终称营业秘密保有者而非权利人，概因如此）进行

保护的传统,将通过反向工程、独立研发、独立收集整理或者加工获取商业秘密,以及通过交易而善意获取商业秘密之行为,认定为侵害商业秘密之非法甚至犯罪行为。

概而言之,商业秘密虽因《民法典》穿上知识产权新装,但并未因此铸就专利权等绝对权意义上的知识产权(他人未经许可实施了知识产权排他性控制范围内的行为,无法定事由,即为侵权)同样之内核,入典除宣示立法者强化保护商业秘密之意愿外,于增加裁判规范和行为规范储量而言,实无任何价值。商业秘密之保护水准,终得以《反不正当竞争法》为尺度。

第二节 商业秘密的构成要件和保护范围

一、构成要件

《反不正当竞争法》第9条第4款规定,"本法所称的商业秘密,是指不为公众所知悉、具有商业价值并经权利人采取相应保密措施的技术信息、经营信息等商业信息。"据此,经营者作为秘密管理的信息,不一定能够成为受《反不正当竞争法》保护的商业秘密,除非同时满足非公知性、价值性、秘密管理性三个要件。下面分别论述。

(一)非公知性

1. 非公知性的趣旨

所谓非公知性,即受商业秘密保护的信息应当是不为公众所知悉的信息。公众,是指和商业秘密权利人具有具体竞争关系的不特定经营者,末端消费者并非此处的公众。换句话说,不为公众所知悉中的公众,是和商业秘密权利人经营同种业务的、具有具体竞争关系的其他经营者。2020年发布的《最高人民法院关于审理侵犯商业秘密民事案件适用法律若干问题的规定》(以下简称《若干问题的规定》)第3条规定,权利人请求保护的信息在被诉侵权行为发生时不为所属领域的相关人员普遍知悉和容易获得的,人民法院应当认定为《反不正当竞争法》第9条第4款所称的不为公众所知悉。

之所以要求商业秘密具备非公知性,主要基于三个方面的原因。一是某信息如果是公众所知悉的信息，其权利人难以获得市场竞争优势，因而不存在应该受保护的财产性价值。二是一旦将公众普遍知悉的信息作为商业秘密保护，将过分妨害公众利用信息的自由。比如，将公众知悉的信息作为商业秘密保护，受保护商业秘密协议约束的劳动者将难以转职，择业自由不可避免地会受到严重妨碍。三是将公众知悉的信息作为商业秘密保护，既可能强化不正当竞争，又可能过度阻碍正当竞争。

2. 非公知性的判断要素

非公知性要解决的，仅是商业秘密权利人在具体竞争关系中是否拥有竞争优势的问题，而非技术的先进性和新颖性等其他任何问题。技术信息和经营信息是否具备非公知性，应当考虑如下因素综合判断。

（1）信息是否容易获得。需投入一定资金、劳力、时间方可获得的商业信息，一般具备非公知性。

（2）竞争区域。A地或者A国营业圈公知的信息，B地或者B国营业圈并不为公众普遍知悉，该信息在B地或B国不丧失非公知性。

（3）竞争业种。A领域公知的信息，B领域不为公知普遍知悉，该信息在B领域不丧失非公知性。

（4）秘密管理体制。需突破秘密管理体制方可获得的信息，说明从公开渠道不易获得，一般不丧失非公知性。

（5）信息是否公开。信息虽然公开，如记载于图书馆仅存一本或者几本出版物中的技术信息，在不为公众普遍知悉的相关营业圈中，并非必然容易获得，并不必然丧失非公知性。"普遍"意味着相关营业圈中的公众基本知悉。"公开"的信息，由于各种原因，并不一定为相关营业中的公众普遍知悉，并不必然丧失非公知性。

（6）信息是否具有专利新颖性。满足专利新颖性的技术方案，亦满足商业秘密非公知性要求，而满足商业秘密非公知性要件的技术方案，不一定满足专利新颖性要求。

（7）包含商业秘密的商品是否销售。对市场中流通的产品，任何竞争者通过观察或者简单反向工程解析即可获得的信息，相当于通过该产品销售公开了包含于其中的商业秘密，该信息应当作为丧失了非公知性的信息处理。与此不同，虽通过反向工程获得了信息，但需要采用特殊的技术，耗费相当的时间，且并非任何人容易获得该信息的情况下，不能因为产品销售就认为包含于

其中的信息丧失了非公知性。❶

3. 丧失非公知性的情形

《若干问题的规定》第4条规定，具有下列情形之一的，人民法院可以认定有关信息为公众所知悉：

（1）该信息在所属领域属于一般常识或者行业惯例的；

（2）该信息仅涉及产品的尺寸、结构、材料、部件的简单组合等内容，所属领域的相关人员通过观察上市产品即可直接获得的；

（3）该信息已经在公开出版物或者其他媒体上公开披露的；

（4）该信息已通过公开的报告会、展览等方式公开的；

（5）所属领域的相关人员从其他公开渠道可以获得该信息的。

《若干问题的规定》第4条第1款第3项延续了2006年《最高人民法院关于审理不正当竞争民事案件应用法律若干问题的解释》第9条第2款第3项的规定。然而，如上所述，公开不等于公知，某信息虽在公开出版物或者其他媒体上公开披露，却并不一定容易获得，尤其是在公开出版物发行量少，其他媒体受众少的情况下，在不付出必要金钱和时间的情况下，更是如此。再者非公知性要解决的仅是商业秘密权利人在具体竞争关系中是否拥有竞争优势的问题，而非技术的先进性和新颖性等其他任何问题，在公开出版物或者其他媒体上公开披露的信息，就申请专利而言，该信息虽丧失新颖性，于商业秘密而言，却不一定丧失非公知性。以申请专利的发明创造的新颖性思考方式处理受商业秘密保护信息的非公知性判断问题，是非常不可取的。

4. 客户名单的"非公知性"

这是司法实践中争议最大的是问题。法院常以涉案客户名单可以从电话号码簿、中国工业产品信息库等公开渠道中查询到为由，认定其属于公知信息。这种分析思路显然过于粗糙。虽说经过登记成立的企业是一种客观存在，通过工商查询、报刊网络查询、数据库查询一般都可以查到这些企业的名称、电话号码、法定代表人、经营范围等信息。然而即使如此，这些也需要耗费时间、精力、甚至金钱去一一查询才能获得。不付出任何努力而突破他人采取了秘密防御体制保守的通过努力获得的这些信息，这些信息对于权利人而言，仍不能说已经丧失了非公知性而不能成为商业秘密。

---

❶ 日本经济产业省知的财产政策室. 逐条解说不正竞争防止法［M］. 东京：有斐阁，2012：155.

单纯的客户名称、地址、联系方式等表层信息,哪怕只是一个或者几个特定客户的名称、地址和联系方式,只要相关营业圈并不普遍知悉,且从公开渠道不容易获得,亦不能说丧失非公知性而不能成为商业秘密。汇集了大量客户的客户名称、地址和联系方式,比如包含500个客户的美容客户名单,不丧失公知性则不在话下。

除了名称、地址和联系方式以外的客户的深度信息,比如特定交易习惯、意向、内容,包括对产品规格、数量、质量、大小、体积、价格、颜色、售前售后服务等方面的要求,显然并非相关营业圈中普遍知悉的,也不是从公开渠道容易获得的,一般不丧失非公知性。

5. 证明责任

虽说非公知性是商业秘密及其受保护的构成要件,原告负有举证责任,但因非公知性属于消极事实,消极事实需通过另一肯定事实证明,就经济和时间而言,商业秘密权利人无法完成证明责任。要求权利人证明非公知性,相当于要求其在侵害行为发生时点,至少提供证据证明该信息在所有网站、自媒体、报纸、杂志、书籍等媒介上不容易获得,也未通过展会、会议、口头等方式公开并达到在相关营业圈普遍知悉的状态,此种证明责任除非神助,否则无人能完成。

证明责任包括提出主张、对所提主张举证证明、证明不能承担不利后果等三部分责任。对消极事实而言,原告提出需证明之主张,即应认为完成证明责任,自此证明责任转移至被告。被告不能通过肯定事实证明该消极事实不成立的,即应推定原告主张之消极事实成立。

以客户名单为例,原告提出其客户有特殊的产品或者服务、价格、颜色、尺寸、结构、外观、售前售后服务等方面的要求,或者提出其包含大量客户的客户名称、地址、联系电话并非相关营业圈中普遍知悉,且不容易从公开渠道获得,并提出以往的交易文书作为证据,即应当认为原告完成了非公知性的证明责任。被告否认的,则应当举出反证,证明原告主张的"客户特殊要求"或者单纯客户名称、地址、联系电话,已是相关营业圈中公知的"秘密",丧失了非公知性。被告无法完成反证的,即应当推定原告主张的信息具备非公知性。

实践中,司法机关和行政执法机关,在大量案件中要求原告证明自己的"秘密点",实质就是要求原告证明其信息具有"非公知性",这是原告无法完成的证明责任。这种举证责任的分配导致了两个恶果。一是实践中大量本该受保护的信息，因原告无法完成举证责任而得不到保护。二是商业秘密的非公知性，取决于鉴定机构的鉴定，而鉴定机构在进行鉴定时，基本上都是按照专利技术新颖性鉴定的套路寻找对比文件，这极大提高了商业秘密非公知性的要求。实践中非常滑稽的是，被告离职后几个月就生产出了和原告相竞争的产品，而鉴定机构鉴定出原告主张商业秘密的信息是否具有"秘密点"却耗费了半年甚至更长的时间，鉴定机构得出的结论却是原告主张的商业秘密通过公开渠道很容易获得，丧失了非公知性！理顺商业秘密非公知性的证明责任分配，减少对鉴定机构的依赖，是有关商业秘密立法、司法、行政活动中亟待解决的问题。

（二）价值性

1. 趣旨

所谓价值性，是指受商业秘密保护的信息应该是生产方法、销售方法或者其他对商业秘密权利人生产经营活动有用的技术上或者经营上的信息，有利于经营者的生产、销售、服务提供、研究开发、费用节约、效率改善等现在或者将来的经营活动，能够为权利人带来现实的或者潜在的经济价值，使其权利人获得时间、市场、成本等竞争方面的优势。现实的或者潜在的经济价值，既可以表现为积极的获利，也可以表现为消极的节省成本、避免损失。

2. 价值性的具体判断

在判断商业秘密保护的信息是否具有价值时，应当把握以下几点。

（1）信息是否具有价值，虽应当从该信息权利人主观的角度进行判断，更应当从行为人的角度进行判断。在行为人试图突破某信息权利人的秘密管理机制以获得、使用或者披露该信息的情况下，不能轻易否定该信息的价值性。判断信息是否有价值和价值的程度本身带有一定主观色彩，因而不能过分挑剔。

（2）信息是否具有价值和该信息的法律或者道德状态无关，但违法或者违背公共利益或者社会善良风俗的信息不能作为具有价值的商业秘密进行保护，即使这些信息对权利人而言具有价值。比如，偷漏税信息、商业贿赂信息、违法获取的招投标信息、制造各类毒品的方法和获得手段等，对信息保有者而言，不能说没有价值，但因这些信息损害了公共利益，违背社会善良风俗，严重妨碍言论自由，属于反社会信息，非法律应当保护的正当生产经营活动所应当利用的信息，不能作为商业秘密保护。

（3）某信息是否具有价值和该信息本身的状态无关。信息有积极信息和消极信息之分。积极信息是指在生产经营活动中可以直接被实施、具备可再现性的信息。消极信息是在生产经营活动中不能直接被实施、不具备可再现性的信息。不管是积极信息还是消极信息，只要能够使其权利人获得某种竞争上的优势，或者行为人试图突破权利人采取的秘密管理机制以获得、使用或者披露该信息，该信息就具有价值。比如，实验过程中失败的数据、有关医药产品副作用的信息等，可以使其获得者避免重复相同的错误，节省研发的时间，避免人财物的浪费，在竞争中获得有利地位，因此属于具有价值的信息。

（4）价值性和实用性

1993年《反不正当竞争法》第10条第3款除了要求受保护的商业秘密具备非公知性、价值性、保密性之外，还必须"具有实用性"。实用性是指商业秘密必须是具体的和明确的，可以转化为据以实施的方案或形式，而不仅仅是构想、原理和抽象的概念。此种要求显然不适当提高了商业秘密保护的门槛。构想、原理或者抽象的概念，以及消极信息，无法转化为据以实施的方案或者形式，不具备可再现性，但其权利人仍然可以据此获得某种竞争上的优势，并且成为商业间谍窃取的对象，完全可以成为商业秘密保护的对象。要求商业秘密具备实用性，某种程度相当于将商业秘密保护的信息提高到了专利保护对象要求的高度，并不可取。为此，2017年《反不正当竞争法》修订时，"实用性"要件被立法者删除。

(三) 秘密管理性

1. 秘密管理性的趣旨

商业秘密保护，目的在于从法律上支援将经营活动中的信息作为秘密保有和利用并因此而获得竞争上相对优势的行动，从而促进技术成果和经营成果开发。

未作为秘密进行管理的信息，或迟或早会被公知，并因此丧失竞争上的优势。信息在不采取保密措施进行管理的情况下，本身可以自由流通，并在流通过程中混入其他信息，从而导致信息源不明的问题。具有此种性质的信息要获得法律保护，需要在应该获得保护的信息和不应当获得保护的信息之间进行明确区分，否则信息权利人以外的人，搞不清楚哪些是可以利用的信息，哪些是不可以利用的信息，利用信息的自由将受到极大妨碍。正因为如此，《反不正当竞争法》才要求受商业秘密保护的信息应当具备秘密管理性，以促进欲获得商业秘密保护的主体将相关信息作为秘密进行管理的努力，并且明确欲获得法律保护的信息和其他信息之间的区别。

也可以从商业秘密保护的信息和专利保护的信息进行区分的角度，说明为什么商业秘密保护的信息需要具备秘密管理性。专利信息由于经过了申请、登记和公告，具有公示效果，因而容易和其他信息区别开来。没有经过申请、登记和公告的信息缺少公示效果，本身处于自由流通的状态，和其他各种信息混杂在一起，既不利于保护，徒增保护成本，也不利于信息的自由利用。为了区别受保护的信息和不受保护的其他信息，增进权利人将信息作为秘密管理的自我意识和相应努力，立法规定受商业秘密保护的信息具备秘密管理性是必要的。

要言之，如果说非公知性解决的是商业秘密和竞争区域内公知信息的区别点，秘密管理性解决的则是商业秘密在竞争区域内的可识别性和排他性问题，与专利信息通过公示解决可识别性和排他性的路径不同。

2. 秘密管理性的具体要求

（1）秘密管理的客观性。秘密管理性，不能仅仅是商业秘密权利人将信息作为秘密进行管理的单方面主观意思表示，而且必须是从第三人角度看，该信息被作为秘密进行管理已经通过管理行动在客观上体现出来，具有客观性。

具体而言，一方面，秘密管理性聚焦于秘密权利人是否真正将某信息作为秘密信息进行保护的主观意识问题。采取保密措施控制某个信息，说明该信息对于权利人而言具有经济价值，说明权利人具有将该信息进行秘密管理的主观意愿，因而有耗费法律成本保护该信息，以激励该信息生产的必要性。权利人不采取任何措施进行控制的信息，说明该信息对其并不存在财产价值，权利人并不具有将该信息作为秘密进行管理的主观意愿，因而没有耗费成本保护该信息，以激励该信息开发的必要性。

另一方面，秘密管理性强调，秘密权利人是否通过行动让他人认识到其保有的某个信息属于秘密管理信息，从而不得采取不正当手段获取、披露或者使用。虽然某个信息权利人具有强烈的商业秘密主观意识，但如果该主观意识没有通过具体的管理行动体现出来，以至于根本不能使他人认识到其保有的信息为秘密管理的信息，仍然难以认定为具有秘密管理性的信息。要言之，秘密管理性是足以让相对人认识到的权利人主观秘密意识和客观秘密管理行动的统一。

在谱尼测试科技（北京）有限公司与栾某某侵犯商业秘密纠纷案中，❶ 虽然原告主张《委托检测协议书》《ROHS 测试报价》《ROHS 测试申请表》《ROHS 检测流程》属于其商业秘密，但原告自己已经在互联网上公开这些信息，任何人想获得就可以获得这些信息，说明原告主观上并未将这些信息作为秘密进行管理，客观上也没有采取管理行动，因此并未获法官支持。

（2）认识可能性和接触限制。认识可能性，是指商业秘密权利人采取的管理措施，应当让可能接触该信息的人客观上认识到该信息属于权利人的商业秘密。比如，将信息保管于特定场所并派专人看护，口头对打印或者维修店人员提出保密要求，即可让试图接触该信息的人，明确认识到保管于特定场所并派专人看守的信息，或者提出保密要求的信息，属于权利人不愿公开和公知的信息，满足认识可能性要件。仅要求员工负担一般保密义务，但并未清楚告知员工究竟哪些具体信息才属于员工应当保密的信息，不能说满足认识可能性的要件。实践中常见员工入职时，用人单位在劳动手册上使用"本单位的所有经营信息属于商业秘密""本单位的一切商业秘密，员工承担保密义务"之类的语言，和员工签订一揽子保密义务，或者说概括性保密义务。此种概括性保密要求，并未让员工明确认识到用人单位哪些信息才属于应保密的信息，使员工无所适从，应当认为不满足认识可能性。

接触限制，是指采取具体措施，对信息的接触、使用、披露等进行限制。尽管采取了某种措施，使可能接触到具体信息的人客观上认识到该具体信息属于商业秘密，但未进一步采取限制接触该信息的措施，意味着该信息可以被自由接触，仍不满足秘密管理性要件。比如，仅在会议上口头提醒员工，本单位所有客户名单属于本单位商业，所有员工不得泄露，但并未进一步限定接触客户名单的人员范围，员工可随意复印整个客户名单，可随意将客户名单带离单位，对这些行为单位也没有设置任何惩戒措施，该客户名单因不满足接触限制要件，因此不能受到保护。

自愿公开的操作规范、组织结构、制度汇编、招股说明书等信息，原告显然未采取任何接触限制措施，也无法使接触者认识到该等信息属于秘密信息，

---

❶ 北京市第一中级人民法院民事判决书（2007）一中民终字第 10253 号。

同时未能满足认识可能性和接触限制要件。

话虽如此，认识可能性和接触限制并非像日本某些裁判例所认为的那样，是彼此截然独立的两个构成要件。❶ 接触限制，可以认为是保证认识可能性的一个手段。在采取严格措施限制接触信息的情况下，可以得出接触该信息者应该认识到该信息属于商业秘密的结论。但反过来，在接触信息者能够认识到该信息属于秘密的情况下，却不能以未采取严格的限制接触措施而否定该信息的秘密管理性，除非发生上述假定客户名单的情况。

（3）秘密管理的相对性。秘密管理性，是与信息的性质、接触可能性的人的范围、侵害样态等密切联系在一起的相对概念。比如，对于破窗而入的商业间谍，将记载了信息的书类放置于办公室抽屉里；对于翻墙而入的商业间谍，将正在组装过程中的新风能发动机放置于车间；对于非经许可使用他人个人电脑接触电脑中的商业秘密者，应该说办公室或者车间上锁，未经同意不得使用，即满足了秘密管理性要件。但同样假定的情形，对于内部可以自由阅览或者在车间自由穿行的员工而言，仅将包含了秘密的信息放置于办公室抽屉而没有上锁或者标注"机密"字样，或者对正在组装过程中的新风能发动机车间未禁止自由出入，就不能说满足了秘密管理性要件。

（4）秘密管理的适当性。在采取保密协议或者其他形式的保密要求对商业秘密进行管理的情况下，因为涉及劳动者或者其他相对人的职业选择自由、营业自由，因此秘密管理措施应当适当、合理。实践中常见保密协议要求员工或者相对人在协议到期后，负担无期限限制的保密义务。鉴于商业秘密的保护依赖保密措施，且排他效力非常微弱，因此即使要求合同相对人负担无限期的保密义务，也不能说这样的保密措施绝对不合理。但因客观情势变化，通过保密协议保护的信息已经公知，或者已经使权利人完全丧失了竞争上的优势而变得毫无疑义，或者严重侵害相对人的择业自由和营业自由，甚至使相对人陷于生存危机或者破产倒闭边沿，就不能说这样的无固定期限限制的保密协议或者保密要求适当、合理。从民法角度看，这样的协议应当被作为违反《民法典》第6条规定的公平原则的协议处理（民事主体从事民事活动，应当遵循公平原则，合理确定各方的权利和义务）。从反不正当竞争法角度而言，保密协议或者其他保密要求的相对人使用或者披露相关信息的，不得作为违反第9条第1

---

❶ 東京地判平 19.5.31 酒類顧客データ事件。

款第3项规定的不正当行为处理。

（5）秘密管理性的具体判断要素。原告采取的措施是否满足秘密管理性，可以综合考虑以下因素进行判断：一是信息属于技术信息还是经营信息。二是信息权利人的规模。三是保存记载了信息的文书、数据等媒介上是否加注了秘密标识。四是是否有限制接触该信息的物理措施。五是是否有限制接触该信息的非物理措施（就业规则限制、专门契约限制）。六是关于信息的秘密性，是否通过朝会或者专门研修对员工进行指导和要求。七是其他因素。

（6）关于秘密管理性日本法上的相关案例

第一，肯定秘密管理性的案例。在セラミックコンデンサー（陶瓷电容器）一案中，陶瓷电容器叠层机和印刷机设计图的电子数据，保存于和外部不连接的主机里，该主机的升级由指定责任人负责设计了特别的接触ID和密码，进行了相应的接触限制。尽管负责设计的员工在从事设计业务，接触主机中的设计图数据在终端计算机中进行作业时，无须使用ID和密码，但大阪地方裁判所认为，用于原告设计业务的设计图数据，负责设计的员工必须进行日常接触，不能加以限制，同时考虑到原告企业的规模，因此肯定了该设计图数据的秘密管理性。❶

在バリ取りロボット设计图案中，名古屋地方裁判所认为，原告各零部件的价格列表，因为加了密码，且限定了可以阅览的员工人数，符合秘密管理性要件。同时认为，原告将机器人设计图保管于设计室内的储藏柜里，规定设计部以外的员工将其拿出设计室外，须在管理台账上进行登记，计算机辅助设计（CAD）数据全部保存于服务器中，只限技术部员工接触，将设计原图交付给外包方或者供应商时，需要相互交换保密备忘录，因此也符合秘密管理性要件。❷

在墓碑销售顾客名单案中，原告将暂定顾客名单（含电话号码）、顾客信息放置于电话预约员专用的上了锁的储物柜里保管，将预约墓地使用契约书和来山者名簿放于营业课长的办公桌屉子里保管，将加工图放于办公室书架的文件夹里保管，将墓碑价格表放于办公室的办公桌里保管，并且指导、教育新采用的员工，原告保管的营业资料，严禁用于营业活动以外的活动。基于这些事

---

❶ 大阪地判平13年（ワ）第10308号セラミックコンデンサー事件，判时2030号107页。
❷ 名古屋地方裁判所平成17年（ワ）第3846号バリ取りロボット事件。

实，东京地方裁判所认为，针对原告的暂定顾客名单（含电话号码）、顾客信息、预约墓地使用契约书和来山者名簿，原告采取的软硬件管理措施，已经足以让员工认识到这些信息属于秘密信息，满足秘密管理要件。仅记载墓碑外观的加工图和价格表，属于随时要向顾客公开出示的信息，虽分别放置于办公室书架的文件夹里和办公桌里，但因为没有和顾客签订保密协议，因此不满足秘密管理性要件。❶

第二，否定秘密管理性的案例。在用于水闸开关装置的减速机一案中，在估价和交货时，原告将用于水闸开关装置的减速机整体装配图以及相关规格图都交给了客户，且未与顾客签订保密协议，被大阪地方裁判所认定丧失了秘密管理性。❷

在防止水闸冻结装置施工案中，虽然按照原告的商业秘密管理规程，出于关系公司业务的必要，允许被告利用商业秘密时，应当和原告签订书面保密协议，且采取适当措施防止商业秘密泄露。然直到本案诉讼发生，原告虽然向被告披露了涉案信息，但既未在确定具体信息的基础上和被告签订书面保护协议，也未口头告知被告涉案信息的具体内容。从客观上看，原告并未采取让被告认识涉案信息为采取秘密管理措施的商业秘密，东京地方裁判所因此否定了原告主张的秘密管理性。❸

在ノックスエンタテインメント案中，原告的顾客名单，虽然名义上采取了严禁从其代表人等管理钥匙职员的办公室书架上的文件盒里拿走、加盖"社外秘"的标识收藏在办公桌里等管理措施，但实际上，顾客名单和在册的兼职员工名单电子数据，保存在原告所有员工都可以阅览的所有电脑中，这些电脑没有设定密码即可使用，名单数据打印出来后发给全体员工，员工可放于自己的办公桌子里，或者放入办公包里随身携带，事后也未回收管理，管理完全流于形式，东京地方裁判所据此认定涉案信息未满足秘密管理性要件。❹

在供应商情报案中，原告主张商业秘密的信息，即使是兼职员工，也可以在连接服务器的终端计算机浏览包含了供货商情报的记录、CD 等文件。且和员工之间签订的保密协议中，应该保密的信息太过抽象，是否包括供货商情报

---

❶ 東京地方裁判所平成 10 年（ワ）第 18253 号墓石販売顧客名簿不正持出事件。
❷ 大阪地判平 17 年（ワ）第 2682 号水門開閉装置减速機事件，判時 1999 号 129 頁。
❸ 東京地判 H24.4.26 裁判所 HP「水門凍結防止装置施行事件」。
❹ 東京地判平成 15 年（ワ）第 10721 号ノックスエンタテインメント事件。判時 1862 号 168 頁。

并不明确。加上供货商情报中的大多数内容从互联网上可以获得，非公知性难以证明，东京地方裁判所据此认为，涉案供货商情报不属于员工容易认识到的不许向外泄露的情报，未满足秘密管理性。❶

（7）最高人民法院关于秘密管理性的立场。《若干问题的规定》第5条第2款规定，人民法院应当根据商业秘密及其载体的性质、商业秘密的商业价值、保密措施的可识别程度、保密措施与商业秘密的对应程度以及权利人的保密意愿等因素，认定权利人是否采取了相应保密措施。

为了减轻商业秘密权利人的证明负担，《若干问题的规定》第6条列举了可以认定为采取了保密措施的以下情形：签订保密协议或者在合同中约定保密义务的；通过章程、培训、规章制度、书面告知等方式，对能够接触、获取商业秘密的员工、前员工、供应商、客户、来访者等提出保密要求的；对涉密的厂房、车间等生产经营场所限制来访者或者进行区分管理的；以标识、分类、隔离、加密、封存、限制能够接触或者获取的人员范围等方式，对商业秘密及其载体进行区分和管理的；对能够接触、获取商业秘密的计算机设备、电子设备、网络设备、存储设备、软件等，采取禁止或者限制使用、访问、存储、复制等措施的；要求离职员工登记、返还、清除、销毁其接触或者获取的商业秘密及其载体，继续承担保密义务的；采取其他合理保密措施的。

最高人民法院司法解释对秘密管理性的列举规定，结合了信息的不同特质，抓住了认识可能性和接触限制两大焦点，充分体现了秘密管理措施的客观性、相对性、认识可能性、适当性等特征。

《若干问题的规定》第6条列举的保密措施，可分为硬件措施和软件措施。硬件措施是物理上的措施，软件措施是制度上的措施。将商业秘密装入保险柜、将商业秘密装入档案袋并加注秘密标识和签章、将商业秘密放入抽屉里并上锁、关闭厂房大门等，是典型的硬件措施。建立保密制度、签订书面保密协议、提出口头保密要求、控制接触商业秘密的人员范围、控制复印包含商业秘密文书的数量、严禁将包含商业秘密的文书等带离办公室、只能在办公室电脑上使用商业秘密、任何时候接触电脑中的商业秘密都需要密码且向专责人员报告、使用包含商业秘密的文书后归还或者销毁等，是典型的制度上的措施，亦称软件措施。

---

❶ 東京地判平成20年（ワ）第853号仕入先情報事件。判時2040号126頁。

(四) 保密义务、保密要求

《反不正当竞争法》第 9 条第 1 款第 3 项、第 4 项分别规定,"违反保密义务或者违反权利人有关保守商业秘密的要求,披露、使用或者允许他人使用其所掌握的商业秘密","教唆、引诱、帮助他人违反保密义务或者违反权利人有关保守商业秘密的要求,获取、披露、使用或者允许他人使用权利人的商业秘密",构成侵犯商业秘密权利人商业秘密的行为。保密义务包括法定的保密义务和约定的保密义务。

1. 法定的保密义务

法定的保密义务是根据法律规定而非当事人约定直接产生的保密义务。《民法典》第 501 条、第 509 条第 2 款、第 785 条规定的保密义务即是法定的保密义务。第 501 条以先合同义务的方式规定了当事人双方的法定的保密义务。具体内容是,当事人在订立合同过程中知悉的商业秘密或者其他应当保密的信息,无论合同是否成立,不得泄露或者不正当地使用;泄露、不正当地使用该商业秘密或者信息,造成对方损失的,应当承担赔偿责任。第 509 条第 2 款以合同附随义务的方式规定了当事人双方的法定的保密义务。具体内容是,当事人应当遵循诚信原则,根据合同的性质、目的和交易习惯履行通知、协助、保密等义务。专利代理人,因申请专利的发明创造新颖性要求,不管是否与被代理人签订保密协议,均应承担付随于代理合同的法定保密义务。第 785 条规定了承揽人保密义务,即承揽人应当按照定作人的要求保守秘密,未经定作人许可,不得留存复制品或者技术资料。承揽人保密义务显然来自《民法典》给定作人单方保密要求所做的背书,而非来自定作人和承揽人意思表示一致的保密协议。这说明,不管承揽人是否作出承诺,其均应当按照定作人单方面的保密要求,承担保密义务。

重大缺憾是,《中华人民共和国民事诉讼法》(以下简称《民事诉讼法》)第 68 条虽规定涉及商业秘密的证据一般不得在法庭上出示,需要在法庭出示的,也不得在公开开庭时出示,但并未对接触商业秘密的诉讼参与人的法定保密义务作出明确规定,即不管是否与商业秘密权利人签订有保密协议,均应当承担保密义务。这难以防止二次泄密现象的发生。

2. 约定的保密义务

约定的保密义务是根据当事人约定而非法律规定直接产生的保密义务。员工根据与用人单位或者交易相对人根据与商业秘密权利人签订的保密协议而承担的保密义务，是最典型的约定的保密义务。《民法典》第868至869条、第871规定的转让人、许可人或者受让人、被许可人应承担的保密义务，均为约定的保密义务。承揽人如对定作人提出的保密要求明确作出承诺，则双方之间成立书面或者口头的保密协议关系，承揽人的保密义务由法定的保密义务变为约定的保密义务。

3. 保密义务的形式

法定的保密义务，形式上是书面还是口头，无关紧要。约定的保密义务或者有关保守商业秘密的要求，形式上均可书面或口头。但前者是双方意思表示一致的结果，后者仅是商业秘密权利人单方的意思表示，后者之相对人之所以产生保密义务，是法律直接给单方保密要求作出背书的结果。

4. 保密义务的认识可能性

不管是法定的保密义务，还是约定的保密义务，都要求商业秘密权利人采取某种方式，使相对人认识到相关商业信息是商业秘密。未通过任何方式使相对人认识到相关商业信息是商业秘密，相对人不存在任何可预见性，不可能产生法定或者约定的保密义务，更不应当产生默示的保密义务。

即使商业秘密权利人通过书面或者口头方式，使相对人认识到相关商业信息是商业秘密，由于不像专利发明创造那样，经过以国家信用为背书的公示程序，相对人缺少可预见性，为使相对人免受行动自由陷入秘密之苦，其保密义务除了来自明示的约定，或者法律规定的先合同义务、合同付随义务或者保有者单方面的保密要求之外，其他任何情况，均不得使其负担任何保密义务，尤其是所谓的默示保密义务。

在合同明示约定或者法律直接规定之外，认为相对人存在默示保密义务的观点，极有可能造就一个神秘而人人自危的商业社会，真正将商业秘密宠坏到和专利技术具有同等排他性的地步，急剧减杀专利制度的激励机能。这是万万不可的。

二、商业秘密保护的信息种类和范围

按照《反不正当竞争法》第9条第4款的规定，商业秘密的保护范围包括技术信息和经营信息等商业信息。

（一）技术信息

技术信息是以物理、化学、生物或者其他方式表现的技术设计、技术诀窍、技术配方、工艺流程和相关数据等信息。《若干问题的规定》第1条第1款规定，与技术有关的结构、原料、组分、配方、材料、样品、样式、植物新品种繁殖材料、工艺、方法或其步骤、算法、数据、计算机程序及其有关文档等信息，人民法院可以认定构成《反不正当竞争法》第9条第4款所称的技术信息。

（二）经营信息

经营信息是企业在经营管理过程中形成的管理诀窍、货源情报、产销策略、客户名单以及招投标中的标底以及标书内容等信息。《若干问题的规定》第1条第2款规定，"与经营活动有关的创意、管理、销售、财务、计划、样本、招投标材料、客户信息、数据等信息，人民法院可以认定构成反不正当竞争法第九条第四款所称的经营信息。"第1条第3款规定，"前款所称的客户信息，包括客户的名称、地址、联系方式以及交易习惯、意向、内容等信息。"

（三）教学方法、训练方法

有争议的是，教学方法、训练方法等，是否属于商业秘密保护的范围？在北京市西城区东方金子塔儿童潜能培训学校诉金玉等不正当竞争纠纷案中，[1]被告在教学过程中使用了原告的"东方金子塔心算教学法"，原告认为这个教学法属于自己的商业秘密，被告的行为侵害了其商业秘密。但法院认为，教学方法是在公开教学过程中加以运用的，教学材料是原告公开向学生发散的，二者客观上均不具有保密性，不符合商业秘密构成要件，被告行为不构成对原告商业秘密的侵害。在北京智慧之源教育网络科技有限责任公司（以下简称"智慧之源公司"）与刘某某侵犯商业秘密纠纷案中，[2]智慧之源公司主张课件光盘所载明的教学方法属于其商业秘密，但一审和二审法院都认为，智慧之源公司主张构成商业秘密的课件光盘的内容主要是对英语语法、词汇、阅读、写

---

[1] 北京市第二中级人民法院民事判决书（2004）二中民初字第10117号。
[2] 北京市第一中级人民法院民事判决书（2006）一中民终字第12314号。

作、听说等方面的规律、原理及学习方法的总结和归纳，这些规律、原理及学习方法为英语教学中所通常使用，并为一些英语书籍介绍，已经为人熟知。智慧之源公司仅仅对这些规律、原理及方法进行了简单的组合，且已经在课堂上演示了英语课件的内容并发行配套的教师用书和学生用书，使课件的内容流传范围较广，为公众所知悉，因此不具有秘密性，不构成受《反不正当竞争法》保护的商业秘密。

上述第一个案件中，法院采取的论证手法是：原告主动公开了教学方法，教学方法客观上不具有保密性。上述第二个案件中，法院采取的论证手法是：教学方法属于公知信息，且原告主动公开了教学方法，未采取保密措施。确实，从理论上否定教学方法、训练方法等属于经营信息，很难令人信服。教学方法、训练方法，至少在面对学生或者学员公开之前，如满足非公知性和秘密管理性要件，将其认定为商业秘密并不存在理论上的障碍。不如此思考，很多努力开发新教学方法和培训方法的私人教学和培训机构，在面对商业间谍行为或者员工向竞争对手披露新教学方法或者培训方法的行为，将束手无策。

然而，一旦教学方法、培训方法面向学生或者学员公开，则应当将教学方法或者培训方法视为丧失秘密管理性的信息处理。理由是，教学方法、训练方法的目的在于传授知识、教人技能，从保障他人行动自由，维护公共利益的角度看，不适宜让其开发者通过商业秘密方式加以独占。在教学、训练过程中，要求每个参与到教学、训练过程中的对象都签订保密协议，虽然不是不可能，但老师在教学、学生在学习的过程中，无法避免相互交流、讨论和学习。放学后，学生向家长报告学习情况，家长询问学生教学情况，触及教学方法，是常有的事。如允许教学或者培训方法开发者通过协议要求学生保密，将教学、学习、训练方法继续作为商业秘密加以保护，老师、学生、家长将随时处于泄密境地，老师的教学、学生的学习、家长的辅导等必将遭受巨大妨碍。可见，即使教学方法、学习方法、训练方法等构成经营信息，并经原告采取秘密管理措施加以保护，但一旦面向学生或者学员公开，从保护社会公共利益和维护他人行动自由的角度看，只能以其采取的保密措施不具有适当性为由，将其作为丧失秘密管理性的信息处理，不宜再将其作为商业秘密保护。上述两个案件中，法院从非公知性、秘密管理性否定教学方法、训练方法的商业秘密属性，是值得肯定的。

《民法典》第143条第3项规定，民事法律行为不得违背公序良俗，第

153 条第 2 款进一步规定，违背公序良俗的民事法律行为无效。单方面要求学生或者培训对象对教学方法、训练方法等承担保密义务的，教学机构、培训机构等与学生、培训对象签订的保密协议，应当作为违反公序良俗的无效民事法律行为处理。

事实上，已经形成具有独创性表达的教学方法、培训方法等未向学生、培训对象等公开之前，可以同时受到商业秘密和著作权保护，在向学生、培训对象等公开之后，依旧可以受到著作权保护，足以给新的教学方法的研发者提供激励，也无须再通过商业秘密方式进行保护。再者，教学方法、培训方法好，可以吸引更多学生或者学员来学习，在竞争中立于不败之地，市场已经很大程度上解决了新教学方法、培训方法开发的激励问题。

（四）其他商业信息

涉及经营者隐私方面的信息，比如离婚大战、婚外情、精神疾病、特殊性取向等，涉及经营者管理方面的信息（比如员工工资、奖金、福利等方面的信息），本身虽非技术信息和经营信息，但对经营者的并购、重组、对外投资等生产经营活动可能产生重大影响，尤其影响上市公司的股价，有时甚至影响经营者的生死存亡，在经营者采取了保密措施的情况下，也不能排除于商业秘密保护的商业信息之外。2019 年《反不正当竞争法》第 9 条将商业秘密的保护范围扩大到技术信息和经营信息以外的其他所有商业信息，有一定现实意义。

话虽如此，如何处理将商业秘密保护范围扩大至技术信息和经营信息以外的其他所有商业信息之后，和言论自由之间的矛盾，是一个值得思考的问题。美国统一商业秘密法第 1 条规定，"商业秘密是指信息，包括配方、式样、汇编、程序、设置、方法、技术和工艺。"美国反不正当竞争法重述第 39 条规定，"商业秘密是可用于商业或其他产业活动的信息，而且具有足够的价值性和秘密性，产生实际的或者潜在的高于其他人的经济优势。"美国反不正当竞争法重述对此有如下评论："商业秘密可以包括配方、式样、数据汇编、计算机程序、设置、方法、技术、工艺，或其他形式或者载体的有经济价值的信息。一件商业秘密可以与技术主题有关，诸如产品的构成或者设计、一种制造方法或者执行某项特定操作或者提供某项特定服务所必需的技巧。一件商业秘密也可以与商业活动的其他方面有关，诸如定价和上市的技巧或者客户的身份和要求。"日本不正当竞争防止法第 6 条规定，"本法所称商业秘密，是指作为秘密进行管理的生产方法、销售方法或者其他对事业活动有用的技术上或者营业上有用的信息,且未公知者。"由此可见,美国和日本并未将商业秘密保护范围扩及技术信息和经营信息以外的其他商业信息。我国《反不正当竞争法》将商业秘密保护范围扩及一般的商业信息,将严重损害市场自由,存在需要商榷的空间。

第三节 侵害商业秘密行为的类型及其适用除外

一、概　论

并非所有利用商业秘密的行为都构成不正当竞争行为。从反不正当竞争法保障以秘密方式管理的成果开发的激励这样的趣旨出发,只要禁止突破秘密管理体制获取商业秘密的行为,以及禁止使用、披露突破秘密管理体制获取的商业秘密的行为就可以实现该趣旨,因而对于付出独立劳动和投资合法获得相同商业秘密的行为,没有必要进行规制。此外,**为了不妨碍信息自由流通,第三人利用、披露突破秘密管理体制获取的商业秘密的行为,也只有在具备某种主观过错时才给予禁止**。

2019年《反不正当竞争法》第9条第1至3款规定的侵害商业秘密行为,可以分为五种类型,即来源非法的侵害行为(第1款第1、2项),来源合法的侵害行为(第1款第3项),教唆、引诱或者帮助侵害行为(第1款第4项),视为侵害行为的行为(第2款),第三人的侵害行为(第3款)。但严格来说,教唆、引诱或者帮助侵害行为,非经营者的个人侵害行为,仅是行为主体发生了变化,侵害商业秘密的行为样态并未发生变化,并非独立的侵害商业秘密类型。侵害商业秘密的行为主体,无须特别限制。既可以是具有法人资格的经营者,也可以是没有法人资格的其他主体,还可以是个人。既可以是单个主体实施侵害行为,也可以是多主体共同实施侵害行为。为此,《反不正当竞争法》第9条并无必要在第1款第1~3项以及第3款的基础上,再从主体资格或者数量的角度规定侵害商业秘密行为的类型。

鉴于上述立法上的缺陷,本节除了考虑我国《反不正当竞争法》第9条第1至3款的规定之外,进一步结合日本不正当竞争防止法第2条第1款第4

至 10 项的规定，将侵害商业秘密的行为分为不正当取得型（来源不正当的侵害行为）、违反信义则型（来源合法的侵害行为）、转得型的侵害行为（转得时恶意型、转得时善意型）和侵害商业秘密商品的转让等四大类。下面具体探讨。

二、侵害商业秘密行为的类型

（一）不正当取得型

不正当取得型，又称"来源不正当的侵害行为"，是指以不正当手段获取他人商业秘密为基础的一系列侵害行为。典型事例是，员工 A 将 B 公司的商业秘密盗出，用于自己新成立的 C 公司，或者直接转让或者许可给 D 公司使用，或者披露给 A 公司以外的任何人。具体包括如下几种形态。

通过不正当手段获取他人商业秘密的行为。包括以盗窃、贿赂、欺诈、胁迫、电子侵入或者其他不正当手段获取权利人的商业秘密。盗窃、贿赂、欺诈、胁迫或者其他不正当手段的行为人主观上都出于故意，是典型的故意侵害行为。要注意的是，这些行为概念都是反不正当竞争法上的概念，需要按照《反不正当竞争法》第 9 条的规范趣旨进行解释，无须从刑法角度进行解释和把握。

获取商业秘密，是指通过记载商业秘密的有形媒介，将商业秘密据为己有的行为（比如盗窃存储有商业秘密的 USB），或者对以数字化方式存在的商业秘密进行复制的行为，或者直接将商业秘密记入头脑的行为（比如通过记忆力将某个分子式记在心中），以及并不伴随记载商业秘密有形媒介的移动而将商业秘密当作自己所有的商业秘密使用或者处分的行为（比如直接使用客户名单的行为）。通过反向工程获取并使用商业秘密的行为，非不正当获取商业秘密的行为。

盗窃，即秘密窃取，包括窃取他人记载商业秘密的文书、设计图、顾客名单、USB、硬盘等有形媒介，未经许可直接对他人记载有商业秘密的文书等媒介进行复印、翻录、翻拍、拍照、通过数字化手段复制，采用高科技手段对他人包含有商业秘密的谈话进行窃听或者录音，对商业秘密进行一次性整体记忆或者片段分割记忆并加以记录等。

贿赂，即给予知悉商业秘密的人金钱或者其他财产性或者非财产性利益，获取商业秘密的行为。财产性利益，是指金钱和其他有形或者无形的财产利益，比如房屋、汽车、名烟、名酒、名表、名包、名香水、股票、专利等知识产权、豪华旅游等。非财产性利益，是指美色、高档美容服务、各种奖励或者荣誉等。

欺诈，即故意捏造虚假信息或者掩盖事实真相，欺骗知悉商业秘密者，使其陷入错误认识，并因此将记载有商业秘密的媒介交给行为人，或者将商业秘密泄露给行为人，或者使行为人以复印、数字化方式复制、翻录、录音、拍照等其他方式获取商业秘密。

胁迫，即以掌握商业秘密的人或其亲朋好友的生命安全、财产安全、隐私等相威胁，使其产生恐惧心理，并因此作出将记载有商业秘密的媒介交给行为人，或者将商业秘密泄露给行为人，或者使行为人以复印、数字化方式复制、翻录、录音、拍照等其他方式获取商业秘密的行为。

电子侵入，这是2019年《反不正当竞争法》修订时，为了回应互联网普及导致越来越多的商业秘密以电子数据方式储存于计算机系统中，非法获取商业秘密手段花样翻新，新增加的一种非法获取他人商业秘密的行为样态。所谓电子侵入，是指通过黑客手段非法进入他人计算机系统（包括数字化办公系统、服务器、邮箱、云盘、应用账户等）、在他人计算机系统中植入电脑病毒等方式，获取他人商业秘密的行为。

电子侵入方式，具有强烈技术色彩，以公开方式进行，并不使用威胁知悉商业秘密者生命、财产安全手段，也不采用典型欺诈手段，这大概是立法者将其与盗窃、胁迫、欺诈等并列，作为一种独立的非法获取他人商业秘密手段的原因。话虽如此，从反不正当竞争法保护商业秘密的趣旨来说，只要行为人突破了商业秘密权利人采取的秘密管理体制，获取其商业秘密，不管采取何种手段，都在规制行为之列，因此刻意细分和区分这些手段，并无实际操作意义。

其他不正当手段，即除盗窃、贿赂、欺诈、胁迫、电子侵入以外的试图突破商业秘密权利人秘密管理体制而获取其商业秘密，和这些列举手段具有同等违法性的手段。比如，收买邮递人员抄写竞争对手来件地址和电话，从而获取竞争对手客户名单；医生离开用人单位时，发表公开声明，说"本人自某年某月某日调入某某单位工作，新的工作单位拥有国内最先进的医疗设备"以获取原单位客户，采取诉讼方式逼迫对方将包含商业秘密的资料作为证据提交从而获悉对方商业秘密等。

披露、使用或者允许他人使用通过上述非法手段获取的他人商业秘密的行为。披露，是指将商业秘密置于第三人能够知道的状态，包括置于一般公众可以知悉或者获取的状态和置于并不使商业秘密丧失非公知性但特定第三人可以知悉或者获取的状态。前者，比如将包含商业秘密的电子资料粘贴于公开的互联网空间，以文章形式在报纸杂志上发表，以口头方式告知碰到的任何人，将记载商业秘密的有形媒介或者体现商业秘密的有体物品交给第三人，并告知该第三人其中包含的商业秘密。后者，如将商业秘密卖给商业秘密权利人的特定竞争对手。

使用，是指将不正当获取的他人商业秘密用于自己的营业活动，包括直接使用和改进后使用。如他人商业秘密是技术信息，使用是指将该技术信息用于产品的生产、制造、组装、加工、修理，或者在产品生产、制造、组装、加工、修理等过程中，或者非产品生产等过程中，直接使用该方法。如他人商业秘密是经营信息，使用是指在经营管理过程中，利用该经营信息，包括根据商业秘密调整、优化、改进有关生产经营活动。

允许他人使用，是指允许第三人以上述方式使用自己不正当获取的他人商业秘密。在允许他人使用过程中，行为人自己是否承担保密义务，并不影响此种侵害行为的成立。

(二) 违反信义则型

1. 概论

违反信义则型，即来源合法的侵害行为，是指行为人虽然合法知悉或者获取他人商业秘密，但出于图利加害目的，披露、使用或者允许他人使用商业秘密的行为。不正当披露、使用商业秘密权利人披露的商业秘密的行为，与前述通过不正当手段获取、使用或者披露商业秘密的行为不同，行为人获悉或者获取商业秘密行为本身合法，仅披露或者使用行为不合法。而在前者场合，行为人获悉或者获取商业秘密行为本身不合法。

对此种违反诚信原则的侵害行为，我国《反不正当竞争法》第9条第1款第3项和日本不正当竞争防止法第2条第1款第7项的规定有所不同。按照我国《反不正当竞争法》第9条第1款第3项，该行为是指，行为人违反保密义务或者违反权利人有关保守商业秘密的要求，披露、使用或者允许他人使用其所掌握的商业秘密的行为。按照日本不正当竞争防止法第2条第1款第7项，该行为是指，在保有商业秘密的事业者向其披露商业秘密的场合，出于获得不当利益目的，或者给权利人造成损害目的，使用或者披露该商业秘密的行为。典型事例如，因为雇佣关系和参与研发工作，员工 A 知悉了 B 公司的商业秘密，A 转职自己成立的 C 公司后，在 C 公司使用该商业秘密，直接与 B 公司进行竞争。

2. 保密义务或者保密要求

保密义务包括法定的保密义务和约定的保密义务。法定的保密义务是根据法律规定而非当事人约定直接产生的保密义务。《民法典》第 501 条、第 509 条第 2 款、第 785 条规定的保密义务即是法定的保密义务。

约定的保密义务是根据当事人约定而非法律规定直接产生的保密义务。员工根据与用人单位或者交易相对人根据与商业秘密权利人签订的保密协议而承担的保密义务，是最典型的约定的保密义务。理解约定的保密义务，要注意两点：一是员工转职后，披露、使用长期积累的一般工作经验和知识体系，因一般工作经验和知识并非原单位商业秘密，不属于保密义务范围，因此并非违反"保密义务"的行为。比如某著名心脑血管医生转职某医院，将其几十年治疗心脑血管疾病的经验和方法传授给新单位医生，并在工作中加以使用，不能说其违反保密义务侵害了原单位的商业秘密。二是某些客户名单虽属于原单位，且属于员工保密义务范围，但员工转职后，某些客户基于特殊的人身信任关系，而主动随该员工流动到新单位，成为新单位的客户时，也不能认为违反了保密义务。

不管是法定的保密义务，还是约定的保密义务，都要求商业秘密权利人采取某种方式，使相对人认识到相关商业信息是商业秘密。未通过任何方式使相对人认识到相关商业信息是商业秘密，相对人不存在任何可预见性，不可能产生法定或者约定的保密义务，更不应当产生默示保密义务。

日本有学者认为，在没有订立契约或者契约没有明确约定保密义务和不得使用、披露商业秘密的情况下，商业秘密保有者无须证明和相对方存在默示契约，相对方出于图利加害目的使用获悉商业秘密的行为，亦应该受到禁止，这是日本不正当竞争防止法第 2 条第 1 款第 7 项的根本意义。❶ 换句话说，按照日本不正当竞争防止法第 2 条第 1 款第 7 项，尽管契约并未课以使用或者披露

---

❶ 鎌田薰. 財産的情報の保護と差止請求権 [J]. Law and Technology, 1990, 11 (5)：42.

限制,但违反契约目的而使用或者披露的情况下,也被认为是违反了诚信原则,属于差止的对象行为。❶《若干问题的规定》第10条第2款规定,"当事人未在合同中约定保密义务,但根据诚信原则以及合同的性质、目的、缔约过程、交易习惯等,被诉侵权人知道或者应当知道其获取的信息属于权利人的商业秘密的,人民法院应当认定被诉侵权人对其获取的商业秘密承担保密义务。"与日本不正当竞争防止法第2条第1款第7项规定可谓异曲同工。

然而,在商业秘密权利人既未和相对方签订明示保密契约,或者虽签订契约但保密对象不明,甚至未建立基本信任关系的情况下,主动向相对方披露商业秘密,既不能一般性地推定相对方负有默示保密义务,也不能推定相对方出于图利加害目的使用获悉的商业秘密构成侵害商业秘密的行为。显然,在这些情形下,商业秘密权利人对其商业秘密未采取足以让相对方认识到其主动披露的信息属于保密信息的秘密管理措施。将这些情形下相对方的行为解释为违反默示保密义务要求,甚至连默示保密义务的要求都不需要,直接认定为侵害商业秘密行为,将使相对方负担不可预见的保密义务,极大妨碍相对方的行动自由。

3. 商业秘密权利人披露的商业秘密

按照《反不正当竞争法》第9条第1款第3项和《民法典》第501条的规定,披露、使用商业秘密权利人披露的商业秘密的行为,属于规制的对象。

何谓商业秘密权利人"披露的商业秘密"?由于业务需要,商业秘密权利人将其已有的商业秘密口头告知员工或者相对人、赋予员工或者相对人接触权限、进行职务或者业务上的使用,该商业秘密属于商业秘密权利人披露给员工或者相对人的商业秘密,没有任何疑义。有观点认为,员工在履行职务过程中开发的商业秘密,即使企业进行了秘密管理,也不属于企业披露给员工的商业秘密,员工的披露、使用行为不属于需要规制的不正当行为。但实际情况是,企业和员工之间通过契约限制员工利用这些秘密信息的情形非常多见。在此情况下,只要契约不违反《民法典》关于合同无效的强制性规定,该契约就有效,企业可以追究员工的违约责任。因此,企业以契约为基础,将员工履职过程中开发的技术信息和经营信息作为秘密管理的情况下,企业将这些信息披露给员工或者其他第三人,完全满足商业秘密权利人"披露的商业秘密"要件。

---

❶ 日本経済産業省知的財産政策室. 逐条解説不正競争防止法 [M]. 東京:商事法務, 2016:86.

契约没有限制员工利用的信息，员工则可以自由利用。❶

日本还有一种观点认为，员工在履职过程中发开的技术信息和经营信息归属，应当参照专利法关于职务发明、著作权法关于职务作品权利的归属原则进行判断，按照专利法、著作权法，商业秘密归属企业的，出于不正当目的利用这些秘密的行为，才属于日本不正当竞争防止法第2条第1款第7项规制的不正当行为。❷

上述观点难以成立。不同国家知识产权法处理成果归属的规则并不相同。比如，职务发明创造，按照我国《中华人民共和国专利法》（以下简称《专利法》）第6条规定，职务发明创造申请专利的权利属于单位，专利申请被批准后，专利权归单位享有；而一般性利用单位物质技术条件完成的发明创造，单位和发明人可以约定专利申请权和专利权归属。而按照日本特许法第35条的规定，职务发明创造，申请专利的权利原则上属于发明人，单位只享有法定普通实施权，契约无特别规定时，申请专利的权利不得转移给单位。按照我国《著作权法》第18条规定，一般职务作品著作权归作者（员工），单位只优先享有两年业务范围内的优先使用权。主要利用法人或者其他组织的物质技术条件创作，并由法人或者其他组织承担责任的工程设计图、产品设计图、地图、计算机软件等职务作品，作者（员工）只享有署名权，其他权利由单位享有。按照日本著作权法第15条第1款规定，职务作品在单位以自己名义发表，且契约无特别规定时，单位是作者，原始取得著作权。计算机程序职务作品，不管以谁的名义发表，且无契约特别规定时，单位是作者。由于专利法和著作权法在权益的归属规则方面这些差别的存在，很多情况下具有发明和作品双重性格的商业秘密，比如研发人员完成技术发明后，又撰写了包含技术内容的文章，在此情况下，究竟是应根据专利法进行判断，还是应根据著作权法进行判断？商业秘密究竟应该归单位还是员工？这些都将成为难以回答的难题。此外，按照归属说，员工转职时，哪些信息是可以自由利用的，哪些信息是不可以自由利用的，界限也不清晰，这些也将成为人员自由流动的极大障碍。与此不同，将《反不正当竞争法》第9条第1款第3项的商业秘密，限定为商业秘密权利人向员工披露的以契约为基础且进行了秘密管理的信息，或者是基于缔

---

❶ 田村義之. 不正競争法概説 [M]. 2版. 東京：有斐閣, 2003：342-345.
❷ 小泉直樹. 知的財産と法人の権利 [J]. 民商法雜誌, 1993, 4 (5)：512-513.

约诚信义务而向相对方披露的商业秘密，不管员工是在职还是转职，其可以自由利用和不可以自由利用的信息，很容易进行区分。

4. 图利加害目的

图利加害目的是日本不正当竞争防止法第 2 条第 1 款第 7 项的要求，我国《反不正当竞争法》第 9 条第 1 款第 3 项并无该要求。图利目的，不仅包括从事具有竞争关系的事业目的，而且包括违反公序良俗或者诚信原则以获取不当利益的目的。不仅包括自己获得不当利益的目的，也包括让他人获取不当利益的目的。加害目的，是指给商业秘密权利人造成财产损害、信用损失或者其他有形无形的损害目的，且损害已经实际发生。

日本不正当竞争防止法第 2 条第 1 款第 7 项规定本项行为的构成需要图利加害目的，决定着行为人的行为是应当进行不正当竞争法上的评价，还是合同法上评价。 比如，在"日経ビジネス"案中，承包了保存于磁带中的杂志购买者名单打印输出业务的被告，虽然依约负有采取万全措施将名单保密的义务，但因疏忽了必要的注意义务，导致磁带内的名单向外部泄露，虽有过错，但因欠缺图利加害目的，仅负不履行债务的责任，而不构成第 2 条第 1 款第 7 项规定的不正当竞争行为。❶

员工退职或者转职后使用或者披露原单位的商业秘密，在原单位未与其签订竞业禁止协议和保密协议的情况下，亦可从员工欠缺图利加害目的角度解释其行为的合法性。❷ 任原告分店店长且未与原告签订竞业禁止协议的被告在原告单位任职期间，秘密设立了自己的公司，退职后虽劝诱原告的一部分客户与自己进行交易，但谁是原告客户全凭其记忆，因此不能认定为使用了原告的顾客信息，尽管这些信息是原告向被告披露的信息，但不能说被告已经到了具有图利加害目的的程度。❸

我国《反不正当竞争法》第 9 条第 1 款第 3 项，对违反保密义务或者权利人其他保密要求披露、使用商业秘密的行为构成未设定图利加害目的的门槛，将造成部分无图利加害目的泄露或者使用权利人商业秘密的行为，都被评价为第 9 条第 1 款第 3 项的行为，而非单纯的违约行为。

---

❶ 東京地判昭 48.2.19 判時 713 号 83 頁「日経ビジネス事件」。
❷ 仙台地判平 7.12.22 判時 1589 号 103 頁「コメット事件」。
❸ 大阪地判平 9.8.28 判不競 1250／204／29 頁「中小工務店顧客目録事件」。

(三) 转得型的侵害行为

1. 恶意转得、使用或者披露他人不正当获取的商业秘密的行为

恶意转得、使用或者披露他人不正当获取的商业秘密的行为，是指知道或者因重大过失不知道商业秘密存在不正当获取的事实，仍然获取、使用或者披露该商业秘密的行为。典型事例如，A公司员工B盗取A公司商业秘密，员工B的转职单位C公司知道B盗窃A公司商业秘密的事实，仍获取、使用或者披露该商业秘密。我国除了《反不正当竞争法》第9条第3款规定了此类不正当行为之外，《最高人民法院关于审理技术合同纠纷案件适用法律若干问题的解释》第12条第2款对此也作出了如下规定：当事人双方恶意串通或者一方知道或者应当知道另一方侵权仍与其订立或者履行合同的，属于共同侵权，人民法院应当判令侵权人承担连带赔偿责任和保密义务，因此取得技术秘密的当事人不得继续使用该技术秘密。

"他人不正当获取商业秘密的行为"，是指自己获取之前任何时点存在的他人不正当获取商业秘密的行为，并不限于自己获取之前，直接的前手不正当获取商业秘密的行为。比如A-B-C-D-E，E从D手里获取商业秘密时，不知道D不当获取A的商业秘密的事实，但知道B或者C不正当获取A的商业秘密的事实，亦属于恶意转得。

为了确保信息的自由流通，缩短被规制的行为链条，此种行为的构成，中日立法上都以行为人主观上具有恶意、重过失者为限，不同的仅是立法语言。所谓恶意，是指事实上知道他人通过不正当手段获取他人商业秘密的事实。所谓重过失，是指能够视为恶意的显著违反注意义务而不知道通过不正当手段获取他人商业秘密的事实，也就是应当知道但因违反注意义务而不知道。比如，不进行任何调查即从身份不明的经纪人那里获取重大技术秘密，或者虽然进行了某种调查，却没有判断出非常容易就能判断出存在他人不正当获取商业秘密的事实，就属于重过失的情形。实践中，行为人否恶意或者重过失，也常通过外在的间接事实加以证明。比如，从不正当获取商业秘密的原公司A退职后，在自己成立的具有竞业关系的B公司里进行使用的事实，即可证明B公司具有主观上的恶意。

在セラミックコンデンサー（陶瓷电容器层压机）案中，从原告公司不正当获取商业秘密的前员工委托被告公司代表人出资后，被告公司立即开始以

往从未从事过的陶瓷电容器层压机制造，由此可以推断出，该投资是专门针对陶瓷电容器层压机制造销售的。根据这些事实关系，可以认定被告公司主观上知道该前员工从原公司不正当获取商业秘密的事实，恶意要件成立。❶

2. 善意获取他人不正当获取的商业秘密后，恶意重过失使用或者披露该商业秘密的行为

是指善意获取他人不正当获取的商业秘密之后，知道或者因重大过失不知道商业秘密存在不正当获取的事实，使用或者披露该商业秘密的行为。典型事例如，A公司的前员工B盗取原公司的商业秘密后，B转职后的单位C公司善意无重过失获取该商业秘密，其后A公司反复向C公司发送警告函，告知C公司该商业秘密系其前员工B盗窃所得并要求C公司停止使用，C公司置之不理，仍使用或者披露该商业秘密。再比如，A公司的前员工B盗取原公司的商业秘密后，B转职后的单位C公司善意无过失获取该商业秘密后，媒体铺天盖地报道B系专业商业间谍且从A公司盗窃商业秘密，C公司知道其获取的商业秘密系B公司盗窃的事实后，仍然使用或者披露该商业秘密的行为。

为了保护善意第三人以及确保交易安全，日本不正当竞争防止法第19条第1款第6项规定，在通过交易获得的契约约定的原权利范围内，善意的取得者即使事后知道或者因为重大过失不知道该商业秘密存在不正当获取的事实，亦可以继续使用或者披露该商业秘密。但交易只限于买卖或者实施许可，直接采用其他企业的前员工，不属于除外规定中的交易。

3. 恶意重大过失转得、使用、披露他人不正当披露的商业秘密的行为

我国《反不正当竞争法》第9条第3款对此种行为的规定是，"第三人明知或者应知商业秘密权利人的员工、前员工或者其他单位、个人实施本条第一款所列违法行为，仍获取、披露、使用或者允许他人使用该商业秘密的，视为侵犯商业秘密。"日本不正当竞争防止法第2条第1款第8项对此行为的规定是，"知道或者因重大过失不知道不正当披露商业秘密的行为（包括以图利加害目的披露商业秘密的行为，以及违反保守商业秘密的法律上的义务披露商业秘密的行为），或者该商业秘密存在不正当披露的事实，而获取、使用或者披露该商业秘密的行为。"典型事例是，员工A退职时，违反与原B公司之间的保密义务约定，向转职单位C公司披露原单位B公司的商业秘密，C公司知道

---

❶ 大阪地判平13年（ワ）第10308号セラミックコンデンサー事件，判时2030号107页。

A系违反与B公司之间的保密义务披露该商业秘密,但仍然获取、使用或者披露该商业秘密。

日本不正当竞争防止法第2条第1款第8项之所以在"存在不正当披露的事实"之外,还规定"不正当披露商业秘密的行为",是为了强调本项规制的行为,除了直接从前手不正当披露者不当获取商业秘密的行为之外,还包括经过多手不正当披露者后再获取该商业秘密的行为。比如,A公司员工B违反与A公司的保密协议,将A公司商业秘密披露给知道员工B系违反与A公司保密协议的商业间谍C,C获取后再卖给与A具有竞业关系,且知道C系从违反与A公司之间保密协议的员工B处获取的D公司,D公司的获取、使用或者披露行为,仍属应当被规制的恶意重过失转得、使用、披露他人不正当披露的商业秘密的行为。特别要指出的是,在这个链条中,尽管存在善意无重过失使用或者披露者,但并不影响善意无重过失者之后恶意重过失获得、使用或者披露不正当行为的成立。

保守商业秘密的法律上的义务,在日本是指日本商法第254条之3规定的公司董事等高级管理人员因对公司的忠实义务而负担的保密义务以及契约上的义务,在我国是指从《公司法》第147条规定的忠实义务、第148条规定的竞业禁止义务导出的公司董事、监事和高级管理人员对公司负担的保密义务以及契约上的义务,以及合同法规定的相应的保密义务。

恶意、重过失的认定,与上述来源不正当的侵害第二种情形中的恶意、重过失判断基准相同。

4. 善意获取他人不正当披露的商业秘密后,恶意重过失使用或者披露该商业秘密的行为❶

是指善意获取他人不正当披露的商业秘密后,知道或者因重大过失不知道不正当披露该商业秘密的行为,或者该商业秘密存在不正当披露的事实,而使用或者披露该商业秘密的行为。典型事例如,A公司善意获取从B公司转职而来的现员工C提供的技术信息,事后通过B公司的警告函得知该技术信息系C违反保密协议不正当披露给自己的商业秘密,但仍然使用或者披露该技术信息的行为。

同样,为了维持正常的交易秩序,确保信息的正常流通,日本不正当竞争

---

❶ 日本不正当竞争防止法第2条第1款第9项,我国《反不正当竞争法》第9条对此没有规定

防止法第19条第1款第6项规定,善意无重过失者通过交易获取的商业秘密,可以在交易的原权利范围内继续使用该商业秘密。比如,善意无重过失者与不正当披露者签订了2年的许可使用合同,在该2年期限内,尽管善意无重过失者因商业秘密权利人发送警告函而变成恶意重过失者,但仍可使用该商业秘密。

(四)将侵害技术秘密的产品进行转让等行为

这是日本2015年修改不正当竞争防止法时,在第2条第1款第10项新增加的不正当竞争行为类型,我国反不正当竞争法对此没有规定。具体是指,转让、交付,或者为了转让或交付而展示,出口、进口、通过电气通信线路提供使用侵害他人技术秘密生产的产品的行为。新增此种不正当竞争行为,可以将侵害商业秘密的产品清理出流通领域,提高技术秘密的保护效率。使用侵害技术秘密生产的产品,比如,使用属于技术秘密的药品配方生产的药物、使用属于技术秘密的车辆组装技术制造的车辆等。所谓通过电气通信线路提供,即通过互联网或者局域网等具有交互性的网络或者线路提供侵权产品的行为。

但是,受让使用侵害他人技术秘密生产的产品时,对于该产品系使用侵害他人技术秘密生产的产品善意无重过失者,转让、交付,或者为了转让或交付展示,出口、进口、通过电气通信线路提供使用侵害他人技术秘密生产的产品的行为除外。此种除外规定,可以确保商品自由流通和维护交易安全。

从上述适用除外规定可以看出,日本不正当竞争防止法第2条第1款第10项规制的转让等行为,要求行为人主观上存在恶意或者重过失,即在行为人转让、交付,或者为了转让或者交付展示,出口、进口、通过电气通信线路提供侵害商业秘密的产品时,知道或者因重过失不知道该产品系侵害商业秘密的产品。

我国反不正当竞争法没有规定此种不正当竞争行为,差止的内容是否包括请求停止转让、交付或者为了转让或交付展示、出口、进口、通过电气通信线路提供使用侵害他人技术秘密生产的产品的行为,法条上处于不明确状态,为了增加法律规范的可预见性,对此有必要通过立法加以修正。

三、适用除外

（一）善意无重过失者的使用、披露行为

按照日本不正当竞争防止法第 2 条第 1 款第 4 至 10 项规定，即使获取商业秘密时主观上善意无重过失，但获取后主观上转变为恶意重过失时，使用、披露该商业秘密的构成不正当行为，服从于商业秘密保有者的差止请求。但实践中因商业秘密保有者经常发送侵害警告函，因此获取时主观上善意无重过失者非常容易变成恶意重过失者。技术信息和经营信息无物理焦点限制，也无专利和注册商标一样的公示程序，在辗转流通过程中，哪些信息属于受保护的商业秘密并不容易判断，通过平等交易方式获取且支付了对价的交易者大量存在，如获取后因为商业秘密保有者发送警告函等方式变为恶意重过失者而一律不得使用或者披露，必将破坏交易安全和秩序。为此，日本不正当竞争防止法第 19 条第 1 款第 6 项规定，通过交易获取商业秘密，在获取该商业秘密时，不知道存在不正当披露该商业秘密行为，或者该商业秘密系存在不正当获取或者披露行为的事实，而且不知道无重大过失者，可以在获取的原权利范围内继续使用、披露该商业秘密，包括转让、交付或者为了转让或交付展示，出口、进口、通过电气通信线路提供使用该商业秘密生产的产品。

上述的交易，只限于有偿的交易，包括买卖、许可。采用其他企业的员工而签订的雇佣契约，一般难以解读为必然获取商业秘密的交易契约。即使可以解读为获取商业秘密的交易契约，因难以排除雇主获取商业秘密时点的恶意重过失，也不属于可以适用除外规定的情形。

和相对方完成交易行为者如系商业秘密权利人的员工、法定代表人，该交易行为是否有效，善意第三人是否获得抗辩权，则需按照《民法典》关于滥用代理权、表见代理等相关规定进行处理。

日本不正当竞争防止法第 19 条第 1 款第 6 项规定的善意无重过失者披露例外，限于向不导致商业秘密非公知性丧失的特定第三人的披露行为。比如，允许善意无重过使者向不特定第三人披露善意获取的商业秘密，在善意无重过失者采取在互联网上公开等方式将善意无重过失获取的商业秘密向一般公众公开的情况下，将导致任何人都可以利用的结果，对商业秘密权利人将造成秘密公开这一难以挽回的损害。

我国反不正当竞争法没有从正面明确规定侵害商业秘密行为的适用除外。但是，根据《反不正当竞争法》第9条第3款的规定，似乎可以推导出善意获得商业秘密的第三人利用该商业秘密的行为，即第三人不知道或者不应当知道商业秘密权利人的员工、前员工或者其他单位、个人实施本条第一款所列违法行为，获取、披露、使用或者允许他人使用该商业秘密的，不视为侵犯商业秘密。不过这终归是解释论上的结论，善意无重过失获取商业秘密并加以利用或者有限披露的行为，是否不构成不正当行为，尚需立法解决。

虽然我国《反不正当竞争法》第9条第3款未就善意获取商业秘密者的利用和披露行为作出明确除外规定，但2004年12月16日发布、2005年1月1日开始实施的《最高人民法院关于审理技术合同纠纷案件适用法律若干问题的解释》第12条第1款和第13条第1款以司法解释形式部分弥补了该不足。按照该解释第12条第1款，侵害他人技术秘密的技术合同被确认无效后，除法律、行政法规另有规定的以外，善意取得该技术秘密的一方当事人可以在其取得时的范围内继续使用该技术秘密，但应当向权利人支付合理的使用费并承担保密义务。第13条第1款进一步规定，继续使用技术秘密但又拒不支付使用费的，人民法院可以根据权利人的请求判令使用人停止使用，即行为人应负差止责任。与日本不正当竞争防止法19条第1款第6项规定不同的是，按照该解释第12条第1款规定，善意取得者只能自己使用，且需承担保密义务，不得许可任何特定第三人使用。这种做法虽保护了商业秘密权利人利益，但可能造成过度限制善意第三人合同自由的结果。

（二）消灭时效

关于时效，我国民法采取诉讼时效制度，实行胜诉权消灭主义，日本民法采取消灭时效制度，实行权利消灭主义。消灭时效，即权利不行使的事实状态达到一定期限，实体权利消灭。

为了保护因长期持续利用商业秘密而形成的事实状态和交易安全，日本不正当竞争防止法第15条规定，商业秘密保有者从知道不正当使用商业秘密的事实和不正当使用者开始经过3年不行使差止请求权，或者从不正当使用行为开始经过20年不行使差止请求权，则差止请求权消灭。同时，按照日本不正当竞争防止法第4条但书的规定，差止请求权消灭后继续使用该商业秘密行为而发生的损害，损害赔偿请求权也相应消灭。20年是权利除斥期间，侵害行为开始后，不管商业秘密保有者从何时开始知道侵害行为和侵害行为人，只要时间经过了 20 年，其差止请求权就消灭。

根据日本不正当竞争防止法第 4 条但书的规定，对 20 年之前因不正当使用行为产生的损害赔偿请求权，并不一定消灭。从不正当使用行为开始到第 20 年期间的损害赔偿请求权是否消灭，需适用日本民法典第 724 条关于侵权损害赔偿请求权消灭时效的如下规定："因侵权行为而产生的损害赔偿请求权，自受害人或其法定代理人知悉损害及加害人时起，3 年间不行使时，因时效而消灭。自侵权行为时起，经过 20 年，亦同。"按照日本经济产业省的解读，日本不正当竞争防止法第 15 条的规定仅适用于持续侵害行为，[1] 如此，在侵害行为持续进行每日都产生新的损害的情况下，损害赔偿请求权的消灭时效也需要更新计算。[2]

必须指出的是，日本不正当竞争防止法第 15 条关于持续不正当使用商业秘密行为差止请求权 3 年消灭时效的规定，并无实际意义。就持续侵害行为而言，已经发生的侵害行为，已经成为过去时，无法也无必要行使差止请求权。正在发生以及未来可能发生的侵害，由于侵害每时每刻都在进行，消灭时效也每时每刻在重新计算，3 年消灭时效无实际意义。一句话，除了 20 年的除斥期间，持续侵害行为，差止请求权不适用消灭时效。

但是，无论如何，按照日本不正当竞争防止法第 19 条第 1 款第 7 项规定，不正当使用行为的消灭时效和除斥期间经过后，转让因使用商业秘密而生产的产品等行为，不受不正当竞争防止法规制。

（三）独立研发或者反向工程

独立研发，是指通过独立研究开发或者调查活动获得有关技术信息或者经营信息。反向工程，按照《若干问题的规定》第 14 条第 2 款规定，是指通过技术手段对从公开渠道取得的产品进行拆卸、测绘、分析等而获得该产品的有关技术信息。

反不正当竞争法控制的只是突破秘密管理机制获得、使用或者披露他人商业秘密的行为，恶意重过失转得、使用或者披露的行为，以及事后恶意重过失

---

[1] 日本経済産業省知的財産政策室. 逐条解説不正競争防止法 [M]. 東京：商事法務，2016：174-175.

[2] 簾田. 営業秘密の保護と民法 [J]. ジュリ，1990（962）：36.

者的使用、披露行为，对于通过独立劳动和投资或者反向工程所获得的技术信息或者经营信息，即使和商业秘密权利人的技术秘密相同，也没有必要进行控制，从而激励专利申请，鼓励信息公开，减杀通过秘密方式保护技术信息的激励，促进竞争，增加消费者福利。

反向工程的前提条件是，从事反向工程的人应当是从公开的合法渠道获得包含他人商业秘密的产品。公开的合法渠道强调的是，获得包含他人商业秘密产品渠道的公开性和合法性，获得者是否拥有该产品的所有权在所不问。商业秘密权利人将包含商业秘密的产品赠与他人，他人是否可以通过反向工程获取、使用、披露该产品中的商业秘密，需视是否存在明示的保密协议、其他形式的保密要求而定。不是通过公开渠道合法获得包含商业秘密的产品，而是以盗窃等非法甚至犯罪手段获取该产品，然后通过所谓反向工程获取该产品中的商业秘密的，因难以区分行为人通过非法甚至犯罪手段意图获取的究竟是产品本身，还是产品中包含的商业秘密，因而不得以反向工程为由对抗商业秘密权利人的差止和损害赔偿请求。

公开展览但未正式进入流通渠道的产品，比如，经过楼堂馆所同意，置于其大堂的新款手机，除了用肉眼观察可以直接获得的技术信息之外，他人未经同意通过拆卸、测绘、分析等获取该产品中包含的技术秘密的，不能以反向工程进行抗辩。一者产品未正式进入流通领域，商业秘密权利人尚未因为产品中包含的商业秘密获得竞争优势，利益尚未以任何形式得到还流，如允许行为人进行反向工程抗辩，商业秘密权利人开发新成果的激励将因此受挫。二者除了从表面进行观察外，行为人对该产品既不拥有所有权和其他任何形式的支配权益，也未合法获取该产品，对该产品进行反向工程没有任何合法理由，如允许通过反向工程获取此种产品中包含的商业秘密，无异于鼓励以不正当手段获取、使用或者披露他人的商业秘密。

四、侵害行为的证明

（一）我国的做法

1. 2019 年之前的举证责任分配规则

2019 年《反不正当竞争法》修订之前，不管是《反不正当竞争法》，还是《民事诉讼法》，都没有规定侵害商业秘密行为特殊的举证责任分配规则，一直实行《民事诉讼法》规定的一般证明规则，即"谁主张，谁举证"规则。对此，2006年《最高人民法院关于审理不正当竞争民事案件应用法律若干问题的解释》第14条作出了明确规定。按照该条规定，当事人指称他人侵犯其商业秘密的，应当对其拥有的商业秘密符合法定条件、对方当事人的信息与其商业秘密相同或者实质相同以及对方当事人采取不正当手段的事实负举证责任。然而，由于商业秘密的使用在企业内部秘密进行，原告往往难以证明其商业秘密的非公知性、被告使用的信息与其商业秘密是否具有实质同一性，按照2019年《反不正当竞争法》修订之前的举证责任分配规则，原告显然负担了过重的举证责任。

为了减轻原告的证明责任，在2019年《反不正当竞争法》修改之前，行政执法机关作出过有益的探索。早在1995年，原国家工商行政管理局发布的《关于禁止侵犯商业秘密行为的若干规定》就规定了一条侵害商业秘密行为的特殊证明规则，即业界通常所说的"实质性相似加接触规则"。按照该规定第5条第3款，权利人能够证明被申请人所使用的信息与自己的商业秘密具有一致性或者相同性，同时能证明被申请人有获取其商业秘密的条件，而被申请人不能提供或者拒不提供其所使用的信息是合法获得或者使用的证据的，工商行政管理机关可以根据有关证据，认定被申请人有侵权行为。虽然该原则部分减轻了原告的证明责任，但原告依然需要负担被告使用信息与其主张商业秘密保护的信息实质性相似的证明责任，证明负担依旧很重。且因原国家工商行政管理局发布的《关于禁止侵犯商业秘密行为的若干规定》性质上属于部门规章，效力层次低，又不存在授权立法的情况，尽管有些法院判决事实上采纳了这种做法，但并未被最高人民法院的司法解释采纳。这可能反映出司法者有意通过加重商业秘密权利人的举证责任，从而激励其更多利用专利制度保护其技术信息，促进技术信息公开化的目的。

2. 2019年《反不正当竞争法》修订之后的举证责任分配规则

为了强化商业秘密保护，减轻商业秘密权利人的证明责任，2019年《反不正当竞争法》修订时，增加了第32条，确立了如下举证责任分配规则。

（1）被告积极否认义务的创设。2019年《反不正当竞争法》第32条第1款规定，"在侵犯商业秘密的民事审判程序中，商业秘密权利人提供初步证据，证明其已经对所主张的商业秘密采取保密措施，且合理表明商业秘密被侵犯，涉嫌侵权人应当证明权利人所主张的商业秘密不属于本法规定的商业秘密。"据此，原告承担如下举证义务后，举证责任即转移至被告：一是对其主张的商业秘密采取了保密措施，二是合理表明商业秘密被侵犯，即被告采取不正当手段获取、使用或者披露了其商业秘密。被告否认的，应当证明原告所主张的商业秘密不属于本法规定的商业秘密。**由于"商业秘密不属于本法规定的商业秘密"属于消极事实，被告不能进行单纯的否认，必须通过肯定事实加以证明，因而负担了积极否定的义务。**具体而言，被告需要证明原告主张的商业秘密没有采取保密措施，或者丧失非公知性，或者没有商业价值，或者不属于技术信息或者经营信息等商业信息。换句话说，被告不能消极否认原告的指控，而必须积极否认原告的指控，证明原告主张的商业秘密不属于《反不正当竞争法》保护的商业秘密。

（2）实质性相似＋积极否认规则。《反不正当竞争法》第32条第2款规定："商业秘密权利人提供初步证据合理表明商业秘密被侵犯，且提供下列证据之一的，涉嫌侵权人应当证明其不存在侵犯商业秘密的行为：（一）有证据表明涉嫌侵权人有渠道或者机会获取商业秘密，且其使用的信息与该商业秘密实质上相同；（二）有证明表明商业秘密已经被涉嫌侵权人披露、使用或者有被披露、使用的风险；（三）或者有其他证据表明商业秘密被涉嫌侵权人侵犯的。"按照第32条第2款第1项，原告举证证明被告有接触或者获取其商业秘密的可能性，且被告使用的信息与该商业秘密实质上相同，则举证责任发生转移，被告应当从独立研发、反向工程、获得许可、自己使用的信息与原告主张商业秘密保护的信息不同、原告主张保护的商业秘密不是商业秘密等方面，"证明其不存在侵犯商业秘密的行为"，否则推定侵害行为成立。

按照第32条第2款第2项和第3项，原告不必证明被告使用的信息与其商业秘密实质上相同，只要提供证据证明其商业秘密被被告披露、使用或者有披露、使用的风险，或者有其他证据证明被告侵犯其商业秘密的，举证责任发生转移，被告同样需要从独立研发等角度，证明其不存在侵害商业秘密的行为。**由此可见，《反不正当竞争法》第32条第2款，与第1款一样，为被告创设了积极否认义务。差别在于，按照第1款，被告积极否认的是，原告主张商业秘密保护的信息不属于商业秘密，是从商业秘密本体方面为被告设定的积极否认义务。按照第2款，被告积极否认的是，原告指控的侵害行为不存在，是从行为方面为被告设定的积极否认义务。**

3. 2019年《反不正当竞争法》第32条的评价

给被告创设积极否认义务，这是2019年《反不正当竞争法》修订的亮点和精髓之一，该举证责任规则的创设部分减轻了原告的举证责任，回应了权利人的呼声。然而，《反不正当竞争法》第 32 条关于举证责任分配的变革，并没有彻底解决原告举证责任过重的问题。突出表现在第 32 条第 2 款第 1 项的规定。按照该款项规定，原告仍需负担证明被告使用的信息与其商业秘密具有实质同一性的义务，证明负担依然沉重，而这恰恰是以往实践中商业秘密权利人最头疼的问题，也是商业秘密未能得到有力保护的重要原因之一。此外，第 32 条第 1 款和第 2 款的规定，也存在重复规定逻辑不清的问题。因为按照第 2 款规定，被告否定原告侵害行为指控，完全可以从积极否认原告主张的商业秘密不属于应该受《反不正当竞争法》保护的商业秘密角度入手，第 1 款完全可以被第 2 款所涵盖，无需单独规定。

被告是否侵害原告商业秘密的核心问题有两个：一是被告是否不正当获取了原告的商业秘密，二是被告是否使用了原告的商业秘密，或者说被告使用的信息是否与原告的商业秘密实质性相同。为此，日本 2015 年修改其不正当竞争防止法时，作出了很好的示范。日本的经验非常值得我国借鉴。

4. 其他需要说明的问题

（1）实质相同的判断。《若干问题的规定》第 13 条规定："被诉侵权信息与商业秘密不存在实质性区别的，人民法院可以认定被诉侵权信息与商业秘密构成反不正当竞争法第三十二条第二款所称的实质上相同。人民法院认定是否构成前款所称的实质上相同，可以考虑下列因素：（一）被诉侵权信息与商业秘密的异同程度；（二）所属领域的相关人员在被诉侵权行为发生时是否容易想到被诉侵权信息与商业秘密的区别；（三）被诉侵权信息与商业秘密的用途、使用方式、目的、效果等是否具有实质性差异；（四）公有领域中与商业秘密相关信息的情况；（五）需要考虑的其他因素。"

（2）商业秘密被披露、使用的危险。危险是被侵害的可能性而非现实性，如正当或者不正当获取商业秘密者为实施侵犯商业秘密而成立公司、招聘人员、租赁场地、添置设备等经营准备行为，都存在造成商业秘密被使用、披露的风险。甚至商业秘密被不正当获取，处于被告掌控之中，也可能存在造成商业秘密被使用、披露的风险。

（二）日本的做法

司法实务中，被告是否实际使用了采用不正当手段获取的商业秘密，被告使用的信息是否与原告主张商业秘密的信息具备实质同一性，常成为争议的焦点。对此，在户名名单类案件中，日本有的法院认为，如果被告实际交易或者拟进行交易的客户，与原告作为秘密进行管理的客户以"不自然的程度重合"，在无其他特别情形时，则推定被告使用了原告商业秘密。比如，在顾客只将住所、电话号码告知原告的情况下，原告接到被告以电话方式推销的顾客的抱怨，被告被法院认为使用了原告的顾客名单。❶ 相反，重复程度并非不自然的情况下，则难以推定被告使用了原告的顾客信息。比如，被告仅向 579 个顾问单位中的 10 个发送了公司简介，就不能认为使用了该顾问单位名单。❷ 关于技术秘密，日本有的法院认为，从技术研发到产品交付，如被告在短时间内不可能开发完成，则可推定被告使用了原告的技术秘密。比如，从原告离职的被告中止任职原告期间，受原告指示制造原告客户订购的坦克后 1 到 2 个月内，就向原告的相同客户交付了同规格的坦克，考虑到在如此短的时间内，开发能够制造出相同品质坦克的技术非常困难，法院推定被告使用了原告的技术秘密。❸ 但在原被告的机械构造中最重要部分存在显著不同的情况下，不能认为被告使用了原告主张商业秘密的机械制作图。❹

1. 不正当获取技术秘密者使用该技术秘密的推定制度

鉴于使用他人商业秘密行为常发生在侵害行为人工厂、研究所等内部领域，受害者收集证据极为困难，且从经验法则上看，不正当获取他人技术秘密者，通常会使用该商业秘密，为了减轻商业秘密保有者的证明责任，解决实务中商业秘密保有者的种种困境，2015 年日本修订其不正当竞争防止法时，**增加第 5 条之 2，增设了不正当获取技术秘密者使用该技术秘密的推定制度**。按照该条规定，受害者如果证明了如下三个事项：

（1）涉案信息属于自己的技术信息或者 2018 年不正当竞争防止法施行令规定的信息评价或者分析方法；

（2）被告存在不正当竞争防止法第 2 条第 1 款第 4 项（通过盗窃、欺诈、胁迫等不正当手段获取商业秘密）、第 5 项（知道或者因重大过失不知道存在通过不正当手段获取他人商业秘密的事实，而获取他人商业秘密）、第 8 项

---

❶ 東京地判平 11.7.23 判時 1694 号 138 頁「美術工芸品」。
❷ 大阪地判平 11.9.14 判不競 1250の186の22 頁「顧客先名簿」。
❸ 大阪地判平 10.12.22 知裁集 30 巻 4 号 1000 頁「フッ素樹脂シート熔接技術」。
❹ 东京地判平 8.1.31 判不競 1250の204の3 頁「90 度フレアー鋼管接続工法」。

（知道或者因重大过失不知道存在不正当披露他人商业秘密的事实，而获取他人商业秘密）规定的不正当获取他人技术秘密的行为；

被告使用原告商业秘密的事实得到推定时，如被告不能反证获悉商业秘密的正当途径，则亦可推定被告采取了不正当手段获取原告商业秘密。但基于雇佣合同、许可使用合同或者缔约谈判等关系，行为人正当获取原告作为秘密管理的信息的情况下，就不能简单将其利用推定为不正当获取行为。比如，原告主张被告将原告作为秘密管理的客户住所信息录拿出办公室不正当复印，构成不正当获取行为，但基于不能排除任职于原告的被告，为了更好地完成原告业务而精选该住所信息录加以利用的情形，法院并未支持原告的主张。❶ 在正当接触了商业秘密的员工离职后，原告未再要求被告承担保密义务，被告因此而使用任职原告期间接触的商业秘密的，亦不能认为被告不正当获取、使用了原告商业秘密。❷ 当然，如果原告能够提供直接目击被告盗窃其商业秘密的证人，或者记录被告不正当获取其商业秘密的录音录像资料、电子邮件或者微信记录等电子证据，则较为容易直接证明为不正当获取行为。

（3）被告生产了可以利用受害者技术秘密生产的产品，且该产品与可以利用受害者技术秘密生产的产品的机能、品质、耗费的成本等方面相同或者实质相同。 如此要求，是为了避免将与不正当获取的技术秘密无关的产品全部推定为利用不正当获取的技术秘密生产的产品，导致不当推定。比如，原告的技术秘密是家用车组装技术，被告生产了可以利用该组装技术生产的家用车，即符合该要件。

则推定侵害行为人不正当使用受害者技术秘密的行为成立，无须再进行所谓同一性比对或者鉴定。

被告否认上述推定的，必须积极证明虽然获取了他人技术秘密但并未使用的事实，或者明确说明其产品的生产方法，以推翻该种推定。❸

2. 具体样态明示义务

日本不正当竞争防止法第 6 条规定，在因不正当竞争行为导致的营业上的利益损害诉讼中，被告否定原告主张的侵权产品或者方法的，必须明示自己行

---

❶ 仙台地判平 7.12.22 判时 1589 号 103 页「コメット」。
❷ 北京市第二中级人民法院（2007）二中民终字第 17951 号民事判决书。
❸ 日本经济产业省知的财产政策室. 逐条解说不正競争防止法［M］. 东京：商事法务，2016：148-151.

为的具体样态，但有正当理由的除外。也就是说，被告不能只对原告主张的侵权产品或者方法进行消极否认，而必须进行积极否认。消极否认，仅对原告主张的侵权事实简单予以否认。积极否认，不同于以承认原告指控事实为前提而仅对该事实的法律含义或者后果进行不同解读的抗辩，是指提出另一个事实以推翻原告主张的侵权事实。比如，原告主张被告侵害其生产药品的方法商业秘密 A+B+C+D，被告答辩说自己从未有机会接触原告该方法商业秘密的条件，也没有使用该方法商业秘密，是为消极否认。但如果被告详细说明，自己使用的生产相同药品的方法是 E+F+G+H，与原告主张商业秘密的生产方法根本不同，也就是日本法上规定的具体样态明示义务所要求的积极否认义务。正当理由，主要是指被告产品或者方法包含了其商业秘密。

我国《反不正当竞争法》虽未明确规定被告的具体样态明示义务，但如上所述，按照2019年修订时新增加的第32条第2款规定，商业秘密权利人提供初步证据合理表明商业秘密被侵犯，且提供该款规定证据的，"涉嫌侵权人应当证明其不存在侵犯商业秘密的行为"。涉嫌侵权人要证明其不存在侵犯商业秘密的行为，除了可以进行消极否认外，还可以详细说明其所使用的技术信息和经营信息不同于原告商业秘密，从正面进行积极否认。由此可见，2019年修订的《反不正当竞争法》第32条第2款以非常隐约的方式规定了被告对自己行为样态进行具体明示的义务。

（3）文书提出命令。日本不正当竞争防止法第7条和其特许法、商标法、著作权法等一样，也规定了文书提出命令制度，以减轻双方当事人的举证负担。拒绝按照裁判所的命令，不提出用以证明侵权行为和因侵权行为造成的损害额的，裁判所可以认定对方当事人的主张真实。文书灭失的，后果相同。❶

我国《反不正当竞争法》虽未规定文书提出命令制度，但《若干问题的规定》第24条弥补了该缺陷。该条规定："权利人已经提供侵权人因侵权所获得的利益的初步证据，但与侵犯商业秘密行为相关的账簿、资料由侵权人掌握的，人民法院可以根据权利人的申请，责令侵权人提供该账簿、资料。侵权人无正当理由拒不提供或者不如实提供的，人民法院可以根据权利人的主张和提供的证据认定侵权人因侵权所获得的利益。"该规定的缺陷是，只能原告请

---

❶ 对该制度的详细论述，可参见李扬. 商标法基本原理 [M]. 北京：法律出版社，2018：276-289.

求被告提出有关文书,且只能用于证明侵权人因侵权所获利益,这极大限制了该制度的作用空间。

第四节 对侵害商业秘密行为的规制

一、民事规制

(一) 差止请求

1. 概述

对侵害商业秘密行为,营业上的利益受侵害者,可以对侵害行为人提出差止请求(《反不正当竞争法》第17条第1款、《民法典》第179条),包括不作为请求和作为请求。

不作为请求是指请求侵害行为人停止正在进行中的侵害行为和侵害危险行为。正在进行中的侵害行为,主要是指使用、披露行为。披露行为,是指向特定人或者不特定人披露的行为,这种差止行为限于商业秘密尚未向不特定人披露的情况,已经向特定人披露的商业秘密,除了请求废弃记载有商业秘密的相关载体等之外,再请求差止披露已经没有实际意义。侵害危险行为是指现实尚未发生但将来可能发生的获取、使用、披露行为。

作为请求是指请求侵害行为人废弃侵权产品、销毁侵权工具、返还记载商业秘密的媒介。侵权产品,包括记载商业秘密的媒介和使用商业秘密生产的产品。记载商业秘密的媒介,是指行为人自己所有的复制了权利人商业秘密的书类、磁带、软盘、硬盘、USB等媒介。这些媒介如不废弃,仅让侵害行为人消除记载于其中的商业秘密,司法机关将难以确认行为人是否真地消除了记载于其中的商业秘密,因此请求废弃不存在差止过剩的问题。使用商业秘密制造的产品,即侵权产品。侵权产品如不废弃,侵害商业秘密的状态将持续存在,且有再次进入流通领域的危险,请求侵害行为人废弃也不存在差止过剩问题。侵权工具,即用于实施侵害行为的机械设备、厂房等。侵权工具,是否销毁,需视其是否是专用侵权工具而定。如是专用侵权工具,不销毁仍存在被用于侵害行为的可能性,因此需销毁。如非专用侵权工具,因该工具有其他合法的商业用途，请求销毁存在差止过剩之嫌疑，一般不应当被支持。所有权原本属于权利人但被行为人非法获取的记载了权利人商业秘密的书类、磁带、软硬盘、USB 等媒介，商业秘密权利人可以基于所有权请求行为人返还，自无疑问。

2. 差止时间

《若干问题的规定》第 17 条规定："人民法院对于侵犯商业秘密行为判决停止侵害的民事责任时，停止侵害的时间一般应当持续到该商业秘密已为公众所知悉时为止。依照前款规定判决停止侵害的时间明显不合理的，人民法院可以在依法保护权利人的商业秘密竞争优势的情况下，判决侵权人在一定期限或者范围内停止使用该商业秘密。"据此，在一般情况下，行为人停止侵害的时间应持续到该商业秘密已经为公众所知悉时为止。但是，如果商业秘密本身的获得难度很小，本领域的相关人员在一定的时间内即可通过自己的努力获取，或者此项商业秘密仅在一定的范围内具有竞争优势，超出这个范围对原告不会构成任何威胁时，只要确保原告的竞争优势即可，因而如果判决行为人停止侵害的时间明显不合理的，可以依法在保护权利人该项商业秘密竞争优势的情况下，判决行为人在一定期限或者范围内停止使用该项商业秘密即可，无须判决被告无限期停止获取、使用或者披露权利人作为秘密管理的信息。

在美国，如被告行为导致商业秘密丧失秘密性时，法院可以通过评估采用反向工程或者进行独立研发获得相关商业秘密所需要的时间，或者有关商业秘密进入公有领域所需的时间，确定被告的差止时间。这就是所谓扣除"领先时间"的禁令。这种禁令方式反映了在了美国统一商业秘密法第 2 条（当商业秘密不再存在时，经申请法院应当终止禁令。但为了消除因侵占而产生的商业优势，禁令可以延续一个额外的合理时间。）和反不正当竞争法重述第 44 条（在商业秘密的诉讼中，禁令救济的期间应当以下列时间为限：保护原告不再因为被告的窃取而受伤害，剥夺被告因为窃取而获得的任何经济利益。）规定中。❶

3. 营业本身的差止

使用不正当获取的商业秘密从事营业，权利人是否可以对行为人的营业本身请求差止？一般情况下，严格区分使用不正当获取的商业秘密行为和通常的营业行为并不容易，因此几乎难以从通常的营业行为中分离出不正当使用商业秘密的行为进行差止。有些商业秘密，尤其是客户名单等经营信息，一旦获知

---

❶ 李明德. 美国知识产权法 [M]. 2 版. 北京：法律出版社，2014：222-223.

就难以从记忆中消失，只要行为人继续从事营业活动，就难免利用这些信息。但如就此得出商业秘密权利人可以针对行为人的整个营业活动提出差止请求的一般结论，则会导致差止过剩，过度保护商业秘密权利人利益，严重阻碍竞争等问题，因此并不妥当。比如，尽管可以请求行为人不得与不正当获取的高档美容客户名单中的客户发生交易关系，但如就此禁止行为人再从事美容行业，或者禁止行为人与主动上门寻求美容服务的原客户名单中的客户发生交易关系，显然超过了禁止不正当获取、使用客户名单行为的必要限度，某种程度上相当于赋予了商业秘密权利人一定地域范围内对美容业务的独占经营地位，不利于市场竞争和消费者利益。说到底，行为人从事竞争性行业本身并不违反反不正当竞争法的规定，因而原则上不得请求差止。

但在日本司法实践中，也存在例外情况。在大阪地方裁判所1996年4月16日判决的"男性用かつら"（男性用假发）一案中，从从事男性用假发销售的原告退职出来的心斋桥店店长、大阪店店长等被告，非法复制了原告顾客名录中的400个左右客户，在离原告心斋桥店步行20分钟左右的地方开设了同样销售男性用假发的店面。大阪地方裁判所除了判决被告废弃顾客名单之外，还判决被告不得请求与判决书附件中列明的顾客会面、打电话或者发送邮件给这些顾客，不得与这些顾客签订男性用假发承包或买卖契约，以及不得从事签约方的劝诱或理发等与该合同相关联的营业行为。大阪地方裁判所所持理由是，判决附录中所列顾客名录中的客户，只要没有特别的反证，就可以推定是被告使用属于原告商业秘密的客户名录进行劝诱获得的客户，针对这些客户进行营业的行为，可以说是利用劝诱带来的必然结果的行为，作为和劝诱行为结合在一起的营业行为，就是使用商业秘密的行为。[1]

然而，因本案中的被告并无竞业规避义务，其从事男性假发销售业务本身并不违法，且存在原告客户名单中的某些客户未经被告劝诱主动上门购买或者通过电话购买的情况，禁止被告与这些客户发生交易关系，应当说过了头。

（二）损害赔偿请求

1. 概述

经营者的合法权益受到不正当竞争行为损害的，可以请求故意或者过失侵

---

[1] 大阪地判平8.4.16 知裁集28卷2号300页「男性用かつら事件」。

害者损害赔偿（《反不正当竞争法》第17条第2款）。关于损害赔偿请求，我国《反不正当竞争法》设计了逸失利益推定（第17条第3款）、侵害者利益额推定（第17条第3款）、惩罚性赔偿（第17条第3款）、法定赔偿（第17条第4款）等特别措施。遗憾的是，没有像日本不正当竞争防止法那样，明文规定文书提出命令、计算鉴定人、行为样态具体明示义务、合理对价额的赔偿、合理损害额算定等特别措施。不过，文书提出命令、具体样态明示义务可以通过解释民事诉讼法和最高人民法院关于民事诉讼证据规制等相关司法解释进行弥补，其他制度则需通过立法进行增补。

2. 损害额的计算

（1）逸失利益的赔偿。逸失利益是假定没有侵害行为时商业秘密权利人应该获得的利益，其计算以商业秘密权利人实际生产销售利用了商业秘密生产的产品为前提，因此其主要运用于技术秘密被实际不正当利用的损害赔偿案件。同时，因商业秘密排他性完全不同于专利，在侵害专利的场合中侵害品与专利品之间具有补充关系，而在商业秘密场合，因合法利用相同技术信息生产销售的产品与利用技术秘密生产销售且具有补充关系的产品可能大量存在，因此在推定没有侵害行为时商业秘密权利人可以销售的产品数量时，应当更为慎重，注意其中的因果关系变化。

（2）侵害者利益额的推定。行为人不正当利用商业秘密获得的利润，可以推定为商业秘密权利人遭受的损害额。产业间谍或者员工向特定第三人披露商业秘密获得的报酬，亦可作为侵权获利，推定为商业秘密权利人的损害额。但要注意几个问题：一是产业间谍等所获报酬可能不足以弥补商业秘密权利人的损害额。在此情况下，商业秘密权利人能够证明其因侵害行为遭受的损害额大于该报酬，可再提出损害赔偿请求。二是在特定第三人善意获取并使用商业秘密的情况下，因特定善意第三人不负责任，商业秘密权利人除了向披露者请求损害赔偿外，别无他法。此时，仅将披露者从善意第三人所获报酬推定为商业秘密权利人损失，极有可能不足以填补商业秘密权利人损失，应当允许商业秘密权利人再行向非法披露者请求损害赔偿。此种情况下，因披露者自己并未利用商业秘密生产销售侵权产品，逸失利益额赔偿方法无法适用，因而不得不考虑商业秘密的商业价值，确定商业秘密权利人损失。商业秘密的商业价值，按照《若干问题的规定》第19条第2款规定，应当考虑研究开发成本、实施该项商业秘密的收益、可得利益、可保持竞争优势的时间等因素确定。三是在恶意重过失转得者利用转得的商业秘密时，除了可以将非法披露者获得的报酬推定为商业秘密权利人损失之外，亦可将恶意重过失转得者利用转得商业秘密获得的利润，推定为商业秘密权利人损失。不过为了避免出现商业秘密权利人获得双重赔偿的问题，可以考虑从利用行为人的获利中，扣除已经支付给非法披露者的报酬。

（3）向不特定人披露商业秘密时商业秘密权利人损失的计算。行为人出于报复等非获利目的向不特定人披露商业秘密权利人的商业秘密的，因其未实际获利，亦未实际利用商业秘密，上述逸失利益赔偿方法和侵害者获利方法都难以适用。此时商业秘密权利人的损失额，亦只能根据商业秘密本身的商业价值进行计算。商业秘密的商业价值，和假定的许可使用费并不完全等同。许可使用费是特定时空、特定交易条件下确定的商业秘密的商业价值，并不是在任何情况下都能完全反映商业秘密的商业价值。在有证据证明商业秘密的商业价值大于假定的许可使用费时，则应当按照《若干问题的规定》的要求，充分考虑商业秘密权利人保持竞争优势的时间，将该商业价值推定为商业秘密权利人因商业秘密被向不特定人披露的损失。

商业秘密被向不特定人披露后，恶意重过失转得者使用该商业秘密的，其所获利润可以推定为商业秘密权利人的损失。同样，为了避免出现商业秘密保有者获得双重赔偿的问题，可以考虑从恶意重过失者的获利中，扣除已经支付给非法披露者的费用。

3. 惩罚性赔偿

2019年《反不正当竞争法》修订时，在第17条第3款增加了侵害商业秘密的惩罚性赔偿制度，以加大商业秘密保护力度。具体内容是，经营者恶意实施侵犯商业秘密行为，情节严重的，可以按照权利人损失或者侵权者获利数额的一倍以上五倍以下确定赔偿数额。

（1）概述。惩罚性赔偿兼具补偿权利人和惩罚侵害行为人的双重作用。美国采用惩罚性赔偿的一个重要制度前提是，美国所有知识产权立法中，不存在与我国行政处罚相当的行政罚款等行政责任，适用惩罚性赔偿不会导致侵害行为人因为同一侵害行为而受到多重金钱处罚的问题。日本知识产权立法中，之所以一直未采纳惩罚性赔偿制度，除了理论上认为赔偿应以填补权利人损失为目标之外，和其侵害知识产权犯罪是行为犯而不是结果犯有关。由此可见，一个国家采纳还是不采纳惩罚性赔偿制度，都有其特定背景。在我国，同一个侵害知识产权行为，民事、行政、刑事金钱责任可能同时并举，且行政、刑事金钱责任往往先行，这样一来，适用惩罚性赔偿，尽管可能导致侵害行为人受到过重金钱处罚，却不能因此使权利人从中受益，难以实现惩罚性赔偿的制度目的。考虑到我国存在行政罚款这种特殊金钱责任形式，加之知识产权尤其是专利商标总体质量不高，民事案件中适用惩罚性赔偿时，总体上需持慎重态度。

（2）适用惩罚性赔偿的要件。主观方面，侵害行为人实施侵害商业秘密的行为具有主观恶意。学理上讲，主观恶意，可责难性应当比主观故意的可责难性程度更高，但实践操作中往往难以区分，因此亦无区分之必要。存在如下情形之一的，可认定被告存在主观恶意：第一，被告或者其控股股东、法定代表人等在生效判决作出后，重复或变相重复实施相同侵害商业秘密行为的。第二，被告或者其控股股东、法定代表人等经权利人多次警告或受到行政机关处罚后，仍继续实施相同侵害商业秘密行为的。第三，原告与被告之间存在劳动、劳务关系，或者具有代理、许可、经销、合作等关系，或者进行过磋商，被告接触过原告商业秘密，明知原告商业秘密存在，仍然实施侵害商业秘密行为的。第四，被告存在掩盖被诉行为、伪造或毁灭侵害商业秘密证据等行为。第五，被告拒不履行行为保全裁定，仍然继续实施侵害商业秘密行为的。第六，其他情形。

客观方面，行为人实施侵害商业秘密行为情节严重。理论和司法实务中，一般认为，具有下列情形之一的，可以认定为侵犯商业秘密的情节严重：第一，完全以侵害商业秘密为业。第二，被诉行为持续时间长，被诉侵权产品销售地域范围广。第三，被诉行为导致商业秘密为公众所知悉。第四，侵权获利数额巨大。第五，被告多次侵犯他人商业秘密或侵犯他人多项商业秘密。第六，侵害行为给商业秘密权利人造成严重经济损失，或者造成商业秘密权利人破产、倒闭的。第七，给商业秘密权利人造成严重商誉损害的。第八，其他情形。

但是，被诉行为同时违反了食品、药品、医疗、卫生、环境保护等法律法规，可能危害人身安全、破坏环境资源或者严重损害公共利益，属于行政违法上的情节严重情形，应当承担较重的行政违法责任，将其作为民事违法中的情节严重情形，并因此对行为人适用惩罚性赔偿，缺乏足够说服力。同时，考虑到商业秘密权利人怠于行使权利的情况，为了保护被告的信赖利益，被诉行为持续时间长，被诉侵权产品销售地域广，也只能作为判断情节严重的一个非独立参考因素，还需结合是否给商业秘密权利人造成严重经济损失等其他因素判断侵害行为是否情节严重。

（3）惩罚性赔偿和行政罚款、刑事罚金的关系。适用惩罚性赔偿，除了充分填补权利人损失之外，还有惩罚行为人的功能。惩罚性赔偿的惩罚功能，主要通过剥夺行为人可资再行实施侵权的金钱和其他资源条件得以实现。在行为人已经被处以行政罚款或者刑事罚金后，至少在一部分案件中，行为人再无能力实施侵害行为，行为人已经受到惩罚。此时虽理论上不能否认再在民事案件中适用惩罚性赔偿的可能性，但至少应当酌情减少惩罚性赔偿的适用倍数，甚至考虑不再适用惩罚性赔偿制度。

（4）惩罚性赔偿的基数。惩罚性赔偿基数，限于商业秘密权利人的逸失利益。侵害人因侵害所获利润或者许可使用费，均是推定商业秘密权利人逸失利益的方法。逸失利益侵权所得许可使用费均可作为惩罚性赔偿的基数。许可使用费倍数的确定，一般未考虑行为人主观上是否恶意，客观上侵权情节是否严重，仍在商业秘密权利人逸失利益损失范围内，可以作为惩罚性赔偿的基数。**但法定赔偿数额，不能作为惩罚性赔偿的基数。法定赔偿数额的确定，本身就考虑了行为人是否存在主观恶意和客观侵权情节是否严重，具有一定惩罚性质，作为惩罚性赔偿的基数存在双重惩罚之嫌疑。此外，法定赔偿有上限限制，将其作为惩罚性赔偿的基数，可能突破该上限限制，从而使法定赔偿制度虚拟化。**司法实践中出现的突破法定赔偿上限限制的裁量性赔偿标准，数额的确定也考虑了行为人的主观恶意和侵权情节，本身也具有一定惩罚性质，作为惩罚性赔偿的基数也存在双重惩罚之嫌疑，亦不适合作为惩罚性赔偿的基数。此外，惩罚性赔偿的基数可以是整数，也可以不是整数，则无争议。

（三）被许可人诉讼地位

在商业秘密进行了许可使用的情况下，被许可人是否拥有诉讼主体资格，《反不正当竞争法》没有作出规定，因而也常常引发争论。《若干问题的规定》第26条对此作出了明确规定。按照该条规定，对于侵犯商业秘密行为，商业秘密独占使用许可合同的被许可人提起诉讼的，人民法院应当依法受理。排他使用许可合同的被许可人和权利人共同提起诉讼，或者在权利人不起诉的情况下，自行提起诉讼，人民法院应当依法受理。普通使用许可合同的被许可人和权利人共同提起诉讼，或者经权利人书面授权，单独提起诉讼的，人民法院应当依法受理。这种解释与最高人民法院关于专利权被许可人、商标权被许可人、著作权被许可人是否可以自己的名称起诉侵害行为的解释一脉相承。

理论上,独占被许可人,在合同期限内拥有完整排他地位,当然享有实现排他权的诉权。排他被许可人,和许可人一起共同拥有排他地位,因而共同拥有实现排他权的诉权,在许可人不起诉时,可以单独行使诉权实现排他权。普通被许可人因不享有排他权,原则上不享有诉权,除非经过许可人书面授权。

(四)诉讼程序中商业秘密的保护

1. 日本的做法

诉讼活动中,原被告提出的证据包含当事人商业秘密的情况极为常见。为了回避诉讼程序进行过程中当事人的商业秘密被非法披露、使用,日本不正当竞争防止法规定了如下保护制度。

(1)秘密保持命令(日本不正当竞争防止法第10条、第21条第2款第6项)。按照该制度,在侵害商业秘密纠纷案件诉讼中,当事人、诉讼代理人和助理不得将获知的商业秘密用于本诉讼以外的目的,也不得向任何第三人披露,违反者构成违反秘密保持命令罪,处5年以下有期徒刑或者500万日元以下罚金,可两罚并用。

(2)诉讼记录阅览、抄写、复制等限制制度(日本不正当竞争防止法第12条、日本民事诉讼法第92条第1款第2项)。按照该制度,根据当事人申请,裁判所可以决定只限当事人可以阅览、抄写或者复制包含商业秘密的诉讼记录。

(3)不公开询问当事人等制度(日本不正当竞争防止法第13条)。按照该制度,为了防止当事人的商业秘密在允许第三人旁听的诉讼过程中泄露,在满足①在公开的法庭,如果当事人陈述某事项会对基于商业秘密的事业活动产生明显障碍,当事人不能对该事项进行充分陈述,②欠缺该事项的陈述,仅依赖其他证据,不能对以该事项为基础的不正当竞争是否产生了营业上的利益受损害作出公正裁判两个要件时,经过全体裁判官的一致同意,可以对当事人进行非公开的询问。一旦裁判所作出不公开询问的决定,当事人不得申请复议。由于当事人没有申请复议的权利,因此裁判所在作出该决定之前,应当事先听取当事人的意见。实务中,当事人通常会提出记载了不公开询问必要性的书面申请书,促使裁判所作出不公开询问的决定。

2. 我国的做法

为了防止诉讼过程中的二次泄密现象,《若干问题的规定》第 21 条规定了与日本法上秘密保持命令制度效果大体一致的制度。该条规定:"对于涉及当事人或者案外人的商业秘密的证据、材料,当事人或者案外人书面申请人民法院采取保密措施的,人民法院应当在保全、证据交换、质证、委托鉴定、询问、庭审等诉讼活动中采取必要的保密措施。违反前款所称的保密措施的要求,擅自披露商业秘密或者在诉讼活动之外使用或者允许他人使用在诉讼中接触、获取的商业秘密的,应当依法承担民事责任。构成民事诉讼法第一百一十一条规定情形的,人民法院可以依法采取强制措施。构成犯罪的,依法追究刑事责任。"

与日本做法不同的是,按照日本法,当事人违反法院发布的秘密保持命令,构成独立的违反秘密保持命令罪。而按照《若干问题的规定》,当事人违反保密措施要求的,民事上构成侵害商业秘密行为,刑事上构成侵犯商业秘密犯罪,而非独立的区别于侵害商业秘密犯罪的犯罪。

二、行政规制

按照《反不正当竞争法》第 21 条的规定:"经营者以及其他自然人、法人和非法人组织违反本法第九条规定侵犯商业秘密的,由监督检查部门责令停止违法行为,没收违法所得,处十万元以上一百万元以下的罚款;情节严重的,处五十万元以上五百万元以下的罚款。"

按照《反不正当竞争法》第 13 条的规定,监督检查部门调查涉嫌不正当竞争行为,可以采取下列措施:进入涉嫌不正当竞争行为的经营场所进行检查;询问被调查的经营者、利害关系人及其他有关单位、个人,要求其说明有关情况或者提供与被调查行为有关的其他资料;查询、复制与涉嫌不正当竞争行为有关的协议、账簿、单据、文件、记录、业务函电和其他资料;查封、扣押与涉嫌不正当竞争行为有关的财物;查询涉嫌不正当竞争行为的经营者的银行账户。

三、刑事规制

(一) 日本不正当竞争防止法的规定

日本不正当竞争防止法构筑了一个保护商业秘密的严密刑事规制体系,且

2015 年修订时，将侵害商业秘密犯罪由亲告罪改为非亲告罪。该法第 21 条第 1 款第 1 项规定，符合下列情形之一者，处十年以下有期徒刑或者 2000 万日元以下罚金，或者两罚并处。

1. 不正当获取商业秘密罪

是指以获取不正当利益为目的，或以损害商业秘密持有者为目的，采取欺诈、暴力、胁迫手段，或者采取侵害管理行为，获取商业秘密的行为。该罪成立需同时具备三个要件。

（1）不当图利或者加害目的。民事上的不正当获取商业秘密行为，并无目的要件限制。为了明确限制刑事处罚范围，该罪构成上要求行为人有图利加害目的。

不当图利目的，是指违反公序良俗或者信义则，为自己或者第三人谋取不当利益的目的。行为人、第三人与商业秘密保有者之间是否存在竞争关系在所不问，第三者也可以包括外国政府。利益，是经济利益还是非经济利益也在所不问。将商业秘密出售获利，是典型的不当图利目的。为了利用外国政府目的向其关系人披露商业秘密，也是典型不当图利目的。

加害目的，是指损害商业秘密保有者财产、毁损商业秘密保有者的信用，或者给商业秘密保有者造成其他有形无形的不当损害目的。损害是否已经实际发生，不影响该目的成立。不当获取记载商业秘密的图纸后加以销毁，使商业秘密保有者无法利用商业秘密，是典型的加害目的。但为了公共利益目的告发不对外公开的不正当信息，因该等信息不属于商业秘密保护范围，因此非加害目的。为了维护劳动者的正当权益，在劳动者组合中共享信息，也非加害目的。未经商业秘密保有者许可，将记载商业秘密的书面文件等带回家，如果仅是为了完成商业秘密保有者分配的工作而在家里加班，亦非加害目的。

（2）采取欺诈、暴力或者胁迫手段，或者采取侵害商业秘密保有者管理的手段。欺诈、暴力或者胁迫，分别是日本刑法规定的欺诈罪、强盗罪、恐吓罪的实行行为。采取甜言蜜语或者利诱获取商业秘密的行为人，不成立本项规定的犯罪，但成立下列第 4 项、第 5 项犯罪的共犯。采取甜言蜜语或利诱等手段不正当获取商业秘密后不正当使用或者披露的，则可以成立下述第 7 项规定的正犯而受处罚。

侵害管理行为，是指盗窃财物、侵入设施、不正当访问（ACCESS）或者侵害商业秘密保有者采取的其他管理商业秘密措施的行为。盗窃财物，相当于刑法上盗窃罪的实行行为。财物，和刑法规定的财物含义相同。但此处的盗窃财物，仅限于成为获取商业秘密手段的情况。盗窃记载商业秘密的文件或者硬盘，是典型为了获取商业秘密而盗窃财物的行为。

侵入设施，相当于日本刑法规定的侵入建筑物等罪的实行行为。设施，是指行为发生时点管理商业秘密的设施。商业秘密保有者委托外部管理的保存了商业秘密的主机服务器，由于是基于商业秘密保有者管理商业秘密的意思用于管理商业秘密的设施，因此也属于此处规定的设施。翻墙进入正在装配过程中的风能发动机车间拍照、录像，是典型的侵入设施行为。

不正当访问行为，按照日本关于禁止不正当访问行为的法律第 2 条第 4 款的定义，是指对连接到网络（电信线路）的计算机，通过网络输入能够规避由他人的识别符号或访问控制功能产生的限制特定利用的信息或指令，规避根据访问控制功能限制对该计算机的利用，使之成为能实行被限制利用状态的行为。账号和密码是基本的控制访问计算机存储的商业秘密的措施，破解账号和密码访问存储于计算机内存中的商业秘密的行为，是典型的不正当访问行为。

其他侵害商业秘密保有者管理的行为，是指上述三种行为以外的行为。比如，窃听商业秘密保有者不对外公开的有关商业秘密的谈话或者会议等。

（3）获取了商业秘密。获取商业秘密，是指自己或者第三人知悉了商业秘密，或者是侵占了商业秘密的记录媒介。以口头方式告知第三人且第三人通过记忆已经可以再现商业秘密，或者仅仅通过记忆在头脑中记住了记载于文书资料中的商业秘密，亦属于获取了商业秘密。非法进入正在安装当中的风能发动机厂房对风能发动机的外观和其他技术参数进行拍照，是常见的获取行为。将记录了商业秘密的书面文件、USB、计算机内存条，或者体现了商业秘密的手机、工艺品等盗取回家，藏于自家保险柜或储藏室，是常见的获取了商业秘密的记录媒介的样态。

获取了商业秘密，强调获取的实际结果。虽出于不当图利或加害目的，采取了欺诈、暴力、胁迫手段，或者采取了侵害管理行为，但实际未获得商业秘密的，不成立本项规定的不正当获取商业秘密的既遂犯罪。

日本 2009 年修订不正当竞争防止法之前，获取商业秘密行为本身，仅仅是使用、披露商业秘密准备阶段的行为，并非刑法处罚的独立对象，仅以通过商业秘密记录媒介等从事的行为为惩罚对象，但 2009 年修订时删除了该限制。

2. 不正当使用、披露商业秘密罪

是指以日本不正当竞争防止法第 21 条第 1 款第 1 项规定的手段不正当获取商业秘密后,以获取不正当利益为目的,或者以损害商业秘密保有者为目的,不正当使用或者披露该商业秘密的行为。这种被处罚的行为,是上述获取行为的后续行为。构成此种犯罪行为需具备如下要件。

(1) 使用或者披露的商业秘密,限于采取欺诈、暴力、胁迫手段,或者采取侵害管理行为获取的商业秘密。采取这些手段获取商业秘密时,无须有图利加害目的。获取时无图利加害目的,但出于图利加害目的使用、披露不正当获取的商业秘密,属于违法性非常高的应受责难的法益侵害行为。

(2) 使用或者披露。使用是指按照商业秘密本来的使用目的,将该商业秘密用于生产经营活动。比如,为了制造产品,直接使用商业秘密保有者关于制造该产品方法的技术秘密。为了销售商品,直接参考商业秘密保有者关于该产品市场销售情况调查报告的经营秘密。使用或者披露限于自己的使用或者披露,恶意转得者的使用或者披露行为不包括在内。

披露,是指将商业秘密置于第三者知悉的状态,包括并不使商业秘密丧失非公知性但使特定第三人知悉的状态。具体方式包括口头告知、通过微信或者电子邮件等将记录商业秘密的电子数据发送给第三人、在网页上刊载商业秘密、在报纸杂志上刊发包含商业秘密的文字或者图表、将体现商业秘密的有体物转移给他人并告知其包含于其中的商业秘密。

(3) 不当图利或者加害目的。将不当获取的商业秘密用于自己的生产经营活动获取竞争优势,是典型的不当图利目的。将不当获取的商业秘密在互联网上向不特定人公开,是典型的加害目的。

3. 侵占商业秘密罪

是指从商业秘密保有者处获悉商业秘密者,以获取不正当利益为目的,或者以损害商业秘密保有者为目的,违背关于商业秘密的管理任务,以下列方法之一获取商业秘密。

(1) 侵占商业秘密的记录媒介或者体现商业秘密的物品。记录商业秘密的媒介,包括文书、图画、USB 等各种有形介质。体现商业秘密的物品,包括成品或者未成品的机械、设备、零部件、生产线、动植物品种等各种物品。所谓侵占,是指将商业秘密的记录媒介或者体现商业秘密的物品,当做自己所有的媒介或者物品一样利用、处分的行为。

经过有权限的上司的许可，复制商业秘密或者将记载商业秘密的资料带到公司外部的行为，虽然将来可能用于竞业活动但并不借助有形介质而仅通过大脑记忆商业秘密的行为，料想将来用于竞业活动，项目完成后违反数据删除义务忘记了删除商业秘密，一直将商业秘密保管于自己电脑中，在商业秘密保有者询问后才删除数据的行为，非侵占商业秘密行为。

（2）对商业秘密记录媒介等当中的记载或者记录，或者体现商业秘密的物品，制作复制件。复制，包括印刷、复印、拍照、录音、录像、数字化复制、制作产品、通过头脑进行记忆等各种再现商业秘密的方式。比如对 USB 或者计算机内存中的数字化商业秘密，通过 USB 制作数字化复制件，重新制作一份尚未上市但含有商业秘密的手机外壳等，就是典型的此类行为。

（3）对商业秘密记录媒介等当中的记载或者记录，应该删除的没有删除，或者假装进行了删除。比如，按照管理任务，使用包含客户名单的电子数据后，必须删除电脑中的使用记录，却没有删除或者假装删除，以达到获取目的。

侵占商业秘密罪惩罚的是，从商业秘密保有者处获悉商业秘密者出于图利加害目的，违背与商业秘密管理相关的任务，将商业秘密置于商业秘密保有者管理支配之外的行为，主要是日常接触商业秘密的员工的行为。该罪是2009年日本修订不正当竞争防止法时新增加的罪名。考虑到退职者的择业自由和交易单位的营业自由，仅将采取特定方法获取商业秘密的行为规定为处罚对象。构成本项规定犯罪，还需要具备如下方法要件。

第一，从商业秘密保有者处获得商业秘密。是指采取不正当获取手段以外的方式从商业秘密保有者那里合法获得商业秘密。具体而言，因商业秘密保有者口头或书面告知、业务谈判或者工作交涉、给予访问商业秘密的权限、职务上使用商业秘密、被许可使用商业秘密、受托开发包含商业秘密的产品或者技术等，都是行为人获取商业秘密的合法途径。

第二，违背与商业秘密管理相关的任务。是指违背与商业秘密保有者之间签订的委任契约或者雇佣契约约定的保密义务。只要存在保密义务，不管是在职者、退职者还是交易对方，均可成为本罪的犯罪主体。

第三，获取商业秘密。所谓获取，是指违背管理商业秘密的任务，将商业秘密置于商业秘密保有者的管理支配之外。获取的具体方式，限定为上述第3项列举的三种方式。

本罪的既遂以行为人主观上认识到有形载体中包含了商业秘密保有者的商业秘密为要件。行为人误以为有形载体中记载有商业秘密，但实际上没有，或者含有的并非商业秘密，属于对象不能犯，应以本罪的未遂形态处罚。除此特别情形外，日本不正当竞争防止法未规定本罪的未遂形态，因而以是否出现本罪构成要件中的结果为分界线，行为人要么构成既遂犯，要么不构成犯罪。

4. 侵占商业秘密后的使用、披露罪

是指从商业秘密保有者处获悉商业秘密者，违反关于商业秘密的管理任务，采取第3点列举的3种方法获取商业秘密后，以获取不正当利益为目的，或者以损害商业秘密保有者为目的，又违反关于商业秘密的管理任务，使用或者披露者。本罪的惩罚对象行为是，正当获取商业秘密者在获取商业秘密后，出于图利加害目的，不正当使用或者披露商业秘密的行为。合法获悉商业秘密的员工或被许可使用者等，以第3点列举的3种方法非法获取商业秘密后，又不正当使用或者披露的行为，已经现实地损害商业秘密的财产价值和公正的竞争秩序，因此与非法获取商业秘密一样，成为刑事处罚的独立对象行为。构成本罪，需要具备如下要件。

（1）采取上述第3点列举的3种方法获取商业秘密。获取时无需图利加害目的。

（2）违背关于该商业秘密的管理任务，使用或者披露该商业秘密。合法获取商业秘密后，为了保有者正当的业务需要而使用或者披露商业秘密的，不属于本罪处罚的对象行为。

（3）图利加害目的。

5. 职员或者从业人员不正当使用、披露商业秘密罪

是指从商业秘密保有者处获悉商业秘密的职员或者从业人员，以获取不正当利益为目的，或者以损害商业秘密保有者为目的，违反关于商业秘密的管理任务，使用或者披露商业秘密者（第4项规定的行为人除外）。此罪的惩罚对象是正当取得商业秘密者以图利加害目的，不正当地使用或者披露商业秘密的行为。但不包括上述第4项规定的犯罪。本罪相当于日本刑法规定的背信罪。本罪的犯罪主体，限于公司在职的职员或者从业人员。职员，是指公司董事长或总经理、董事、经理人或者公司执行人、高级管理人员、监事，或者同等管理人员或者从业人员。同等管理人员，是指企业顾问等拥有经营者业务执行权限的人。从业人员，是指与用人单位存在劳动契约关系的劳动者，包括按照劳

动者派遣法派送的劳动者。用人单位的业务承包人及其从业人员，不一定负有保密义务，也不受用人单位的支配和监督，属于外部人员，与劳动者和派遣劳动者相比，违法性低，不是本犯罪主体中的从业人员。

公司在职董事长或总经理、董事、经理人或者公司执行人、高级管理人员、监事，或者同等管理人员，或者存在雇佣契约关系的从业人员，基于委任契约或者雇佣契约，对公司负有忠实义务，不得以获取不正当利益为目的，或者以损害商业秘密保有者为目的，违反忠实义务，使用或者披露公司的商业秘密，违反者构成本项规定的侵害商业秘密犯罪。

本罪与上述第4项规定犯罪的不同之处有三个方面：一是犯罪主体存在差异。犯本罪者，限于在职的公司董事长、总经理、董事、监事和其他高级管理人员、从业人员，已经转职或者离职的人员，非本罪犯罪主体。而犯上述第四项规定罪者，主要是公司内部的一般职员，或者与公司存在平等交易关系的其他单位或者个人。一般职员，如果与原公司存在保密义务关系，依旧可能犯第4项规定的犯罪。二是关于商业秘密的管理任务来源不同。犯本罪者，行为人关于商业秘密的管理任务，是公司法等规定的法定义务。而犯上述第4项罪者，行为人关于商业秘密的管理任务，来自合同约定的义务。三是犯本罪者，是否以第4项规定的特定方法侵占商业秘密无关紧要，只要因工作关系客观上负担有保密义务，就不得不当使用、披露公司的商业秘密。而犯第4项规定罪者，不当使用、披露的商业秘密，须是以第4项规定的特定方法侵占的商业秘密。

6. 原职员或者从业人员不正当使用、披露商业秘密罪

是指从商业秘密保有者处获悉商业秘密的原职员或者从业人员，以获取不正当利益为目的，或者以损害商业秘密保有者为目的，在任职期间，违反关于商业秘密的管理任务，从事商业秘密的不正当披露申请，或者就商业秘密的不正当使用或者披露接受他人请托等准备行为，在退职后使用或者披露该商业秘密者（第4项的行为人除外）。本罪的处罚对象行为是用人单位的原董事等或者从业人员在职期间的特定准备行为和离职后的不正当使用或者披露行为。构成要件如下。

（1）犯罪主体。限于用人单位已经离职的原职员或者从业人员。职员是指用人单位的原董事长或总经理、董事、经理人或者公司执行人、高级管理人员、监事，或者等同管理人员，或者从业人员。从业人员，是指与用人单位存

在劳动契约关系的劳动者，包括按照劳动者派遣法派送的劳动者。

（2）在职中实施侵害商业秘密的准备行为。这个要件要求，准备行为系在职中实施。离职后实施请托行为的，不构成本罪，但可能成立其他项规定的犯罪。准备行为包括两种：一种是违反关于商业秘密的管理任务，向用人单位提出商业秘密的不正当披露申请。既可以申请用人单位将商业秘密披露给自己，也可以申请用人单位将商业秘密披露给他人。一般而言，向用人单位申请不正当披露商业秘密的行为人，并不拥有接触该商业秘密的权限。仅仅申请转职，不能认为是提出了披露商业秘密的申请。另一种是违反关于商业秘密的管理任务，就商业秘密的不正当使用或者披露接受他人请托。请托，是指没有权利接触商业秘密的第三人，向合法获悉商业秘密的职员或者从业人员，提出使用或者披露商业秘密的要求。仅有请托，职员或者从业人员没有答应请托的，也非本项所指的准备行为。接受请托，可以是明示的，也可以是默示的。

（3）离职后使用或者披露。本罪的成立，还需要有行为人离职后实施使用或者披露商业秘密的行为。职员或者从业人员离职后未实施使用或者披露行为，而仅有在职中的准备行为，不成立本罪。

（4）图利加害目的。本罪中的图利加害目的涉及准备阶段的行为和使用、披露阶段的行为。

7. 二次不正当使用、披露商业秘密罪

是指以获取不正当利益为目的，或者以损害商业秘密保有者为目的，获取因实施第 2 项或者第 4 项至第 6 项的犯罪，或者日本不正当竞争防止法第 21 条的犯罪（限于实施第 2 项或者第 4 至第 6 项犯罪而披露的商业秘密）而披露的商业秘密，并进行利用或者披露者。本罪的处罚对象是，没有接触商业秘密正当权限的人，因商业秘密被不正当披露而获取该商业秘密且不正当使用或者披露该商业秘密的行为，要言之，即二次不正当获取商业秘密者的不正当使用或者披露行为。此罪是日本 2005 年修订不正当竞争防止法时，考虑到除了可以将教唆他人不正当披露商业秘密者作为第 21 条第 1 款第 1 至第 6 项规定犯罪的共犯追究其刑事责任外，很多情况下无法将二次获得者作为不正当披露者的共犯追究刑事责任而新增加的犯罪。构成此罪，需要如下要件。

（1）图利加害目的。本罪的成立，要求行为人从获取被不正当披露的商业秘密时点开始到后续的使用或者披露，都认识到其行为的违法性。不正当获取及以后的使用、披露中的任何一个时点，只要行为人的行为不满足图利加害目的要件，就不成立本犯罪。日本不正当竞争防止法如此规定，目的在于维护正常的交易安全和秩序。

（2）不正当使用或者披露的商业秘密，属于以日本不正当竞争防止法第21条第1款第2项、第4至第6项、第3款第2项规定犯罪行为而披露的商业秘密。第1项和第3项规定的犯罪，不以披露为要件，因此非本罪成立的前提犯罪。

8. 三次以上使用、披露商业秘密罪

是指以获取不正当利益为目的，或者以损害商业秘密保有者为目的，明知商业秘密存在日本不正当竞争防止法第21条第1款第2项或者第4项至第7项犯罪，或者日本不正当竞争防止法第21条第3款第2项的犯罪（限于实施日本不正当竞争防止法第21条第1款第2项或者第4项至第6项犯罪而披露的商业秘密）而披露的事实，获取、使用或者披露该商业秘密者。本罪处罚的对象行为，是二次不正当获取商业秘密者又不正当披露商业秘密后，他人出于图利加害目的，获取、使用或者披露该商业秘密的行为，也就是三次或三次以上不当获取商业秘密者的不当使用或者披露行为。这是2015年日本修订不正当竞争防止法时，考虑到三次以上的不正当获取商业秘密者，只要没有被评价为第一次和二次不正当获取商业秘密者的共犯，就无法成为刑事处罚的对象而新增加的犯罪形态。考虑到交易安全，日本2015年新增该犯罪形态时，也设定了严格的构成要件。

（1）图利加害目的。和上述第7项规定一样，本罪的成立，也要求行为人从获取被不正当披露的商业秘密时点开始到后续的使用或者披露，都认识到其行为的违法性。不正当获取及以后的使用、披露中的任何一个时点，只要行为人的行为不满足图利加害目的要件，就不成立本犯罪。如此规定，目的也在于维护正常的交易安全和秩序。

（2）行为人主观上知道商业秘密系日本不正当竞争防止法第21条第1款第2项或者第4项至第7项规定犯罪，或者日本不正当竞争防止法第21条第3款第2项规定犯罪（限于实施日本不正当竞争防止法第21条第1款第2项或者第4项至第6项犯罪而披露的商业秘密）而不正当披露的商业秘密。在辗转流通过程中，尽管存在善意获取者，但只要获取者在获取该商业秘密时，知道其中某个流通环节存在不正当披露的情况，却仍然使用或者披露的，就是该罪的处罚对象。比如，商业秘密经过 A－B－C－D－E－F－……的流通环节，A

到 B 的披露系不正当披露，E 到 F 的披露系善意披露，即使是如此，F 因为 E 的披露而获取该商业秘密时，如果知道 A 到 B 的披露行为系不正当披露行为，但仍然使用或者披露该商业秘密的，构成本罪处罚的对象行为。

9. 转让等侵害商业秘密产品罪

是指以获取不正当利益为目的，或者以损害商业秘密保有者为目的，自己或者他人转让、交付、为了转让或者交付而展示，进口、出口或者通过电气通信线路提供因日本不正当竞争防止法第 21 条第 1 款第 2 项或者第 4 项至第 8 项或者日本不正当竞争防止法第 21 条第 3 款第 3 项规定犯罪行为（限于使用技术秘密的行为，以下简称"违法使用行为"）而生产的产品者，但不知道该产品系违法使用行为生产的产品，而受让、转让、交付、为了转让或者交付而展示，出口、进口或者通过电气通信线路提供的除外。本罪是 2015 年日本修订不正当竞争防止法时，为了回应侵害商业秘密产品转让、进出口等新的情况而新增加的犯罪形态。构成本罪需要如下要件。

（1）自己或者他人实施了违法使用行为。是指自己或者他人实施了日本不正当竞争防止法第 21 条第 1 款第 2 项或者第 4 项至第 8 项或者第 21 条第 3 款第 3 项规定犯罪行为中的使用技术秘密行为。实施了使用技术秘密的行为人自己转让侵害商业秘密产品的行为，虽未实施使用技术秘密的行为但受让侵害商业秘密产品后再转让该商业秘密产品的行为，属于本项规定犯罪惩罚的行为。

（2）违法使用行为生产的产品。是指使用技术秘密生产的产品。

（3）转让、交付、为了转让或者交付而展示，进口、出口或者通过电气通信线路提供违法使用行为生产的产品。

（4）不知道该产品系违法使用行为生产的产品，而受让、转让、交付、为了转让或者交付而展示，出口、进口或者通过电气通信线路提供的除外。除外规定是为了确保交易安全。

10. 海外使用重罚规定

2015 年日本修订不正当竞争防止法时，增加了第 21 条第 3 款以重罚海外使用行为。具体内容是，具有下列情形之一的，处 10 年以下有期徒刑或者 3000 万日元以下罚金，或者两罚并处。

（1）以在日本国外使用为目的，实施不正当竞争防止法第 21 条第 1 款第 1 项或者第 3 项规定的犯罪行为人。本项规定意在重罚以在日本国外使用为目的，实施第 21 条第 1 款第 1 项规定的不正当获取行为或者第 3 项规定的侵占行为的行为人。所谓在日本国外使用的目的，不仅包括确定在日本国外使用的目的，而且包括除了在日本国内使用的目的外，还意识到有在日本国外使用可能性这种间接认识目的。更为重要的是，只要在不正当获取或者侵占商业秘密时具有在日本国外使用的目的，即使实际上未在日本国外使用，也可以成立本犯罪。

（2）知道相对方以在日本国外使用为目的，实施符合第 21 条第 1 款第 2 项或者第 4 项至第 8 项规定犯罪中不正当披露商业秘密行为的行为人。该项规定意在重罚知道相对方以在日本国外使用商业秘密为目的，仍然实施符合第 21 条第 1 款第 2 项或者第 4 项至第 8 项规定犯罪中不正当披露商业秘密行为的行为人。知道相对方以在日本国外使用商业秘密为目的，不仅包括确定知道相对方有在日本国外使用商业秘密的目的，也包括间接认识到相对方有在日本国外使用商业秘密的目的。同样，只要行为人在向相对方披露商业秘密时，知道相对方以在日本国外使用为目的即可，相对方事实上是否在日本国外使用并不影响本罪成立。披露行为则包括第 21 条第 1 款第 2 项、第 4 项至第 8 项规定犯罪中所有的披露行为。

（3）针对在日本国内从事事业活动的商业秘密保有者的商业秘密，在日本国外实施了第 21 条第 1 款第 2 项或者第 4 项至第 8 项犯罪中使用行为的行为人。该项重罚的是，对在日本国内从事事业活动的商业秘密保有者的商业秘密，在日本国外实施了第 21 条第 1 款第 2 项或者第 4 项至第 8 项犯罪中使用行为的行为人。简单地说，该项重罚的是，不正当使用商业秘密的国外犯。

11. 侵害商业秘密犯罪的未遂处罚

日本不正当竞争防止法第 21 条第 4 款规定，除第 21 条第 1 款第 3 项规定的侵占商业秘密罪和第 3 款第 1 项规定的侵占罪之外，其他所有侵害商业秘密的犯罪，即使未遂，也同样处罚。这是 2015 年日本修订不正当竞争防止法时，为了应对信息通信技术高度发达、侵害商业秘密的手法不断翻新、一旦通过不正当手段获取商业秘密就可以通过互联网迅速扩散、没有发生构成要件中的结果就不能处罚行为人等情势变化，充分保护商业秘密保有者新增加的规定。按照这个规定，除了侵占商业秘密罪以外，即使未发生犯罪构成要件中的结果，依旧作为侵害商业秘密罪的未遂犯追究刑事责任。之所以将侵占商业秘密罪排除在未遂犯处罚之列，是为了避免对从业人员日常的活动产生不必要的萎缩效果。对于侵占商业秘密罪而言,以是否出现侵害要件中的结果为分界线,行为人要么构成既遂犯,要么不构成犯罪。

以不当获取商业秘密罪为例,行为人以获取不正当利益为目的,或以损害商业秘密持有者为目的,采取欺诈、暴力、胁迫手段,或者采取侵害管理行为,如果实际上获取了商业秘密,则以不当获取商业秘密罪既遂犯处罚,如果实际上未获取商业秘密,则以不当获取商业秘密罪未遂犯处罚。可见,不管既遂未遂,行为人只要实施了符合构成要件的行为,都会受到刑事处罚。

(二) 我国的规定

1. 侵害商业秘密罪

(1) 概述。为了强化商业秘密保护,《中华人民共和国刑法修正案(十一)》[以下简称《刑法修正案》(十一)]对于侵害商业秘密的犯罪,作出了与反不正当竞争法民事侵害行为相对应的规定。但与日本法相比,罪名极为单一,规定也较为概括和抽象。

按照《刑法》第219条规定,"有下列侵犯商业秘密行为之一,情节严重的,处三年以下有期徒刑,并处或者单处罚金;情节特别严重的,处三年以上十年以下有期徒刑,并处罚金:

(一) 以盗窃、贿赂、欺诈、胁迫、电子侵入或者其他不正当手段获取权利人的商业秘密的;

(二) 披露、使用或者允许他人使用以前项手段获取的权利人的商业秘密的;

(三) 违反保密义务或者违反权利人有关保守商业秘密的要求,披露、使用或者允许他人使用其所掌握的商业秘密的。

明知前款所列行为,获取、披露、使用或者允许他人使用该商业秘密的,以侵犯商业秘密论。

本条所称权利人,是指商业秘密的所有人和经商业秘密所有人许可的商业秘密使用人。"

按照2007年发布的《最高人民法院、最高人民检察院关于办理侵犯知识产权刑事案件具体应用法律若干问题的解释(二)》第4条规定,对于侵犯知识产权犯罪的,人民法院应当综合考虑犯罪的违法所得、非法经营数额、给权利人造成的损失、社会危害性等情节,依法判处罚金。罚金数额一般在违法所得的一倍以上五倍以下，或者按照非法经营数额的50%以上一倍以下确定。

（2）构成要件。根据上述规定，构成侵害商业秘密罪，需要以下构成要件。

第一，犯罪主体和主观方面。犯罪主体为一般主体，主观方面为故意。

第二，犯罪客体。犯罪客体为商业秘密，包括技术秘密和经营秘密。

第三，犯罪客观方面。一是行为人实施了《反不正当竞争法》第9条规定的侵害商业秘密行为，包括非法获取、披露、使用或者允许他人使用非法获取的商业秘密的行为。二是情节严重。所谓情节严重，一般是指给商业秘密权利人造成了重大损失。所谓重大损失，按照2004年发布的《最高人民法院、最高人民检察院关于办理侵犯知识产权刑事案件具体应用法律若干问题的解释》第7条规定，实施《刑法》第219条规定的行为之一，给商业秘密的权利人造成损失数额在50万元以上的，属于"给商业秘密的权利人造成重大损失"，应当以侵犯商业秘密罪判处3年以下有期徒刑或者拘役，并处或者单处罚金。给商业秘密的权利人造成损失数额在250万元以上的，属于《刑法》第219条规定的"造成特别严重后果"，应当以侵犯商业秘密罪判处3年以上7年以下有期徒刑，并处罚金。

2020年8月发布的《最高人民法院、最高人民检察院关于办理侵犯知识产权刑事案件具体应用法律若干问题的解释（三）》（以下简称《若干问题的解释（三）》）第4条对《刑法》第219条"给商业秘密的权利人造成重大损失"重新作出了如下解释：给商业秘密的权利人造成损失数额或者因侵犯商业秘密违法所得数额在30万元以上的；直接导致商业秘密的权利人因重大经营困难而破产、倒闭的；造成商业秘密的权利人其他重大损失的；给商业秘密的权利人造成损失数额或者因侵犯商业秘密违法所得数额在250万元以上的，应当认定为《刑法》第219条规定的"造成特别严重后果"。由此可见，给权利造成重大损失，不仅仅是指经济损失，还包括破产、倒闭、商誉严重受损等其他情形。

《若干问题的解释（三）》第5条进一步规定，"实施刑法第二百一十九条规定的行为造成的损失数额或者违法所得数额，可以按照下列方式认定：（一）以不正当手段获取权利人的商业秘密，尚未披露、使用或者允许他人使用的，损失数额可以根据该项商业秘密的合理许可使用费确定；（二）以不正当手段获取权利人的商业秘密后，披露、使用或者允许他人使用的，损失数额可以根据权利人因被侵权造成销售利润的损失确定,但该损失数额低于商业秘密合理许可使用费的,根据合理许可使用费确定;(三)违反约定、权利人有关保守商业秘密的要求,披露、使用或者允许他人使用其所掌握的商业秘密的,损失数额可以根据权利人因被侵权造成销售利润的损失确定;(四)明知商业秘密是不正当手段获取或者是违反约定、权利人有关保守商业秘密的要求披露、使用、允许使用,仍获取、使用或者披露的,损失数额可以根据权利人因被侵权造成销售利润的损失确定;(五)因侵犯商业秘密行为导致商业秘密已为公众所知悉或者灭失的,损失数额可以根据该项商业秘密的商业价值确定。商业秘密的商业价值,可以根据该项商业秘密的研究开发成本、实施该项商业秘密的收益综合确定;(六)因披露或者允许他人使用商业秘密而获得的财物或者其他财产性利益,应当认定为违法所得。"

前款第2项、第3项、第4项规定的权利人因被侵权造成销售利润的损失,可以根据权利人因被侵权造成销售量减少的总数乘以权利人每件产品的合理利润确定;销售量减少的总数无法确定的,可以根据侵权产品销售量乘以权利人每件产品的合理利润确定;权利人因被侵权造成销售量减少的总数和每件产品的合理利润均无法确定的,可以根据侵权产品销售量乘以每件侵权产品的合理利润确定。商业秘密系用于服务等其他经营活动的,损失数额可以根据权利人因被侵权而减少的合理利润确定。商业秘密的权利人为减轻对商业运营、商业计划的损失或者重新恢复计算机信息系统安全、其他系统安全而支出的补救费用,应当计入给商业秘密的权利人造成的损失。

按照《刑法》第219条和《若干问题的解释(三)》,显而易见可以得出两点结论:一是给商业秘密权利人造成30万元以上损失,是侵害商业秘密罪的成立要件,或者说入罪的门槛要件。二是仅以不正当手段获取商业秘密保有者的商业秘密,但并未披露、使用或者允许他人使用的行为,不但给权利人造成了损失,而且该损失可以根据该项商业秘密的合理许可使用费确定。

然而,侵害知识产权不同于侵害物权,侵害知识产权仅指未经许可实施知识产权排他范围内的利用行为,知识产权的客体不会因侵害行为遭受毁损或者破坏,因而知识产权人因为侵害行为遭受的损失,仅指没有侵害行为发生时,知识产权人自己利用或者许可他人利用其知识产权能够获得的利益,即逸失利益。所谓侵权所得、合理许可使用费,不过是推定权利人逸失利益损失的工具。

仅以不正当手段获取权利人的商业秘密，并未披露、使用或者允许他人使用，是否给权利人造成了逸失利益损失呢？以不正当手段获取权利人的商业秘密，但并未披露、使用或者允许他人使用的行为样态，可以分为两种具体情形：第一种情形是，行为人虽未披露、使用或者允许他人使用以不正当手段获取的商业秘密，但在非法获取他人商业秘密的同时，还获取了记载他人商业秘密的唯一载体。第二种情形是，行为人虽获得了他人商业秘密，但并未获取记载他人商业秘密的唯一载体，且未披露、使用或者允许他人使用以复制等不正当手段获取的他人商业秘密。在第一种情形下，（1）如果商业秘密及其载体客观上可以还原，商业秘密权利人还原商业秘密及其载体，需要投入人力、物力、财力，并因此而遭受损失。但该损失并非商业秘密权利人的逸失利益损失，因为在此情况下，商业秘密权利人并未丧失自己利用或者许可他人利用其商业秘密并因此获利的商业机会。商业秘密权利人因为还原商业秘密及其载体遭受的损失，能否计入商业秘密权利人的"损失"范围，取决于"损失"仅限于逸失利益损失（直接损失）还是包括其他非逸失利益损失（间接损失）。尽管从《若干问题的解释（三）》第5条第3款"商业秘密的权利人为减轻对商业运营、商业计划的损失或者重新恢复计算机信息系统安全、其他系统安全而支出的补救费用，应当计入给商业秘密的权利人造成的损失"的规定看，非逸失利益损失也被认为属于商业秘密权利人的"损失"，但《刑法》对应受刑事处罚行为应当坚持谦抑原则，其他非逸失利益损失不记入侵害商业秘密犯罪行为定性考量因素，仅允许商业秘密权利人主张民事赔偿更为妥当。（2）如果商业秘密及其载体客观上已经无法还原，则商业秘密权利人不但丧失了商业秘密唯一载体和商业秘密，而且丧失了自己利用或者许可他人利用商业秘密并因此获利的商业机会，商业秘密权利人存在逸失利益损失。在第二种情形下，和第一种情形一样，商业秘密权利人未丧失自己利用或者许可他人利用其商业秘密并因此获利的商业机会，也不存在逸失利益损失。

《若干问题的解释（三）》未区分上述行为具体样态，而是概括性地认为以不正当手段获取权利人的商业秘密，但并未披露、使用或者允许他人使用的行为，不仅给权利人造成了逸失利益损失，而且认为逸失利益损失可以根据该项商业秘密的合理许可使用费确定，逻辑上并不周延。

那么，是否由于商业秘密权利人不存在逸失利益损失，就认为以不正当手段获取权利人的商业秘密，但并未披露、使用或者允许他人使用的行为，就仅仅构成以不正当手段获取他人商业秘密的不正当行为，抑或是违反治安管理条例的行为，不存在刑法上的可处罚性了呢？非也。突破商业秘密权利人采取的秘密防御体制，以盗窃、贿赂、欺诈、胁迫、电子侵入等不正当手段，非法获取商业秘密的行为，严重损害了正常的竞争秩序和社会经济管理秩序，具有可受刑事处罚的社会危害性，不应当置于刑法之外。《若干问题的解释（三）》，想必是充分考虑了单纯以不正当手段获取他人商业秘密行为的社会危害性，不想让该种行为游离于刑法之外，才采取曲径通幽的方法，概括性解释此种行为样态下，商业秘密权利人所遭受的"损失"——虽然商业秘密权利人可能并不存在逸失利益损失。

为什么商业秘密的刑法保护会出现上述行为样态下，如此计算商业秘密保有者"损失"的司法解释呢？应该是《刑法》第219条将侵害商业秘密犯罪作为情节犯，而不是行为犯，而且未像日本不正当竞争防止法那样，严格区分侵害商业秘密犯罪的具体形态，在《刑法》未进行修订的情况下，司法解释无法突破《刑法》保护商业秘密逻辑限制所导致的结果。要彻底解决非法获取商业秘密而未使用、披露行为的刑事处罚性问题，根本性的方法恐怕还是将侵害所有类型的知识产权犯罪从结果犯调整为行为犯，给权利人造成的损失仅作为量刑考虑因素，而不再作为犯罪行为定性因素。当然，这是立法论上的问题。或许，《若干问题的解释（三）》中涉及商业秘密刑事保护的相关条款，不过是一个为了回应现实需要，强化商业秘密刑事保护的过渡性方案。

2. 商业间谍罪

《刑法修正案（十一）》为了强化保护商业秘密，新增了商业间谍罪，作为《刑法》第219条之一。具体内容是："为境外的机构、组织、人员窃取、刺探、收买、非法提供商业秘密的，处五年以下有期徒刑，并处或者单处罚金；情节严重的，处五年以上有期徒刑，并处罚金。"该罪犯罪主体为一般主体，主观方面为故意，客观方面存在为境外的机构、组织、人员窃取、刺探、收买、非法提供商业秘密的行为，犯罪对象为我国境内商业秘密权利人拥有的商业秘密。由此可见，该罪成立无需客观上情节严重，属于典型的行为犯，情节严重仅是处5年以上有期徒刑和并处罚金的考量因素。此种立法模式，反映了我国立法者严厉打击商业间谍，保有我国境内商业秘密权利人的商业秘密的立场。

3. 单位犯罪

《刑法》区分了个人侵犯商业秘密的犯罪和单位侵犯商业秘密的犯罪。

《刑法》第 220 条规定："单位犯本节第二百一十三条至第二百一十九条之一规定之罪的，对单位判处罚金，并对其直接负责的主管人员和其他直接责任人员，依照本节各该条的规定处罚。"也就是说，单位犯侵害商业秘密罪的，按照侵害商业秘密罪判处罚金，对直接负责的主管人员和其他直接责任人员，按照个人侵害商业秘密罪进行处罚。

按照 2004 年《最高人民法院、最高人民检察院关于办理侵犯知识产权刑事案件具体应用法律若干问题的解释》第 15 条的规定，单位实施商业秘密犯罪的，按照该解释规定的相应个人犯罪的定罪量刑标准的 3 倍定罪量刑。

4. 共同犯罪

按照 2004 年《最高人民法院、最高人民检察院关于办理侵犯知识产权刑事案件具体应用法律若干问题的解释》第 16 条的规定，明知他人实施侵犯知识产权犯罪，而为其提供贷款、资金、账号、发票、证明、许可证件，或者提供生产、经营场所或者运输、储存、代理进出口等便利条件、帮助的，以侵犯知识产权犯罪的共犯论处。

第五节　竞业禁止与商业秘密的保护

一、竞业禁止的含义和种类

追求个人自由的现代社会，人员的流动性大大增强。由于商业秘密往往与个人的学识、经验掺杂在一起，有时候难以进行明确区分，流入新单位的人员为了生存的需要，往往不可避免地使用原商业秘密权利人的商业秘密，以发挥自己职业上的优势。在这种情况下，竞业禁止就成了减少和堵塞侵害商业秘密行为的有效手段。

所谓竞业禁止，是指负有特定义务的工作人员在任职期间或者离职后一定期限内，不得自营或者为他人经营与其所任职单位相同或者类似的业务，即具有具体竞争关系的业务。竞业禁止分为如下两大类。

（一）法定的竞业禁止

即法律直接规定的竞业禁止，其特征在于受竞业禁止约束的人员以及法律责任都由法律直接规定。法定的竞业禁止，目的在于确保公司高级管理人员和合伙企业的合伙人对公司或者合伙企业的忠诚义务。法定的竞业禁止主要规定在《公司法》、《中华人民共和国合伙企业法》（以下简称《合伙企业法》）、《刑法》中。

《公司法》第148条第1款第4项、第5项规定了董事、高级管理人员的如下竞业禁止义务：不得违反公司章程的规定或者未经股东会、股东大会同意，与本公司订立合同或者进行交易；不得未经股东会或者股东大会同意，利用职务便利为自己或者他人谋取属于公司的商业机会，自营或者为他人经营与所任职公司同类的业务；董事、高级管理人员违反竞业禁止义务的，所得的收入应当归公司所有。

《合伙企业法》第32条规定："合伙人不得自营或者同他人合作经营与本合伙企业相竞争的业务。除合伙协议另有约定或者经全体合伙人一致同意外，合伙人不得同本合伙企业进行交易。合伙人不得从事损害本合伙企业利益的活动。"第99条规定："合伙人违反本法规定或者合伙协议的约定，从事与本合伙企业相竞争的业务或者与本合伙企业进行交易的，该收益归合伙企业所有；给合伙企业或者其他合伙人造成损失的，依法承担赔偿责任。"

《刑法》第165条规定了非法经营同类营业罪，即，国有公司、企业的董事、经理利用职务便利，自己经营或者为他人经营与其所任职公司、企业同类的营业，获取非法利益，数额巨大的，处3年以下有期徒刑或者拘役，并处或者单处罚金；数额特别巨大的，处3年以上7年以下有期徒刑，并处罚金。

（二）约定的竞业禁止

即通过合同约定的竞业禁止。约定的竞业禁止主要体现在《劳动合同法》中。《劳动合同法》第23条规定："用人单位与劳动者可以在劳动合同中约定保守用人单位的商业秘密和与知识产权相关的保密事项。对负有保密义务的劳动者，用人单位可以在劳动合同或者保密协议中与劳动者约定竞业限制条款，并约定在解除或者终止劳动合同后，在竞业限制期限内按月给予劳动者经济补偿。劳动者违反竞业限制约定的，应当按照约定向用人单位支付违约金。"《劳动合同法》第24条规定："竞业限制的人员限于用人单位的高级管理人员、高级技术人员和其他负有保密义务的人员。竞业限制的范围、地域、期限由用人单位与劳动者约定，竞业限制的约定不得违反法律、法规的规定。在解除或者终止劳动合同后，前款规定的人员到与本单位生产或者经营同类产品、从事同类业务的有竞争关系的其他用人单位，或者自己开业生产或者经营同类产品、从事同类业务的竞业限制期限，不得超过2年。"

关于用人单位向劳动者补偿的标准，《劳动合同法》第23条规定，由用人单位和劳动者通过合同约定。合同没有约定的，如何处理，《劳动合同法》并没有明确规定。一种观点认为，应当参照《劳动合同法》第47条规定处理。❶ 此种观点欠妥。《劳动合同法》第47条规定的补偿标准仅适用于第46条规定的如下特定情形：劳动者依照本法第38条规定解除劳动合同的；用人单位依照该法第36条规定向劳动者提出解除劳动合同并与劳动者协商一致解除劳动合同的；用人单位依照该法第40条规定解除劳动合同的；用人单位依照该法第41条第1款规定解除劳动合同的；除用人单位维持或者提高劳动合同约定条件续订劳动合同，劳动者不同意续订的情形外，依照该法第44条第1项规定终止固定期限劳动合同的；依照该法第44条第4项、第5项规定终止劳动合同的；法律、行政法规规定的其他情形。用人单位为了保护商业秘密和劳动者签订的竞业禁止协议，不属于第46条规定的任何情形，协议未约定补偿标准的，显然不适用第47条规定。

为了保护用人单位商业秘密的竞业禁止协议，在协议期间剥夺了劳动者的劳动权利和择业自由，竞业禁止协议没有明确约定补偿金标准的，按照劳动者在原单位的工资收入，乘以竞业限制的时间进行补偿较为合理。

《劳动合同法》第90条规定，劳动者违法解除劳动合同，或者违反劳动合同中约定的保密义务或者竞业限制，给用人单位造成损失的，应当承担赔偿责任。

二、竞业禁止与商业秘密保护的关系

法定的竞业禁止虽然具有保护商业秘密的作用，但更多的是确保公司或者企业的董事等高级管理人员、合伙人对公司或者合伙企业的忠实义务。在法定

---

❶ 《劳动合同法》第47条规定，经济补偿按劳动者在本单位工作的年限，每满1年支付1个月工资的标准向劳动者支付。6个月以上不满1年的，按1年计算；不满6个月的，向劳动者支付半个月工资的经济补偿。劳动者月工资高于用人单位所在直辖市、设区的市级人民政府公布的本地区上年度职工月平均工资3倍的，向其支付经济补偿的标准按职工月平均工资3倍的数额支付，向其支付经济补偿的年限最高不超过12年。该条所称月工资是指劳动者在劳动合同解除或者终止前12个月的平均工资。

的竞业禁止中，公司董事等其他高级管理人员、合伙人的忠实义务发生在任职期间，因此其择业自由并不因竞业禁止而发生影响，也不存在经济补偿问题。法定的竞业禁止可以确保董事等高级管理人员或者合伙人在任职期间不非法使用单位的商业秘密，但无法禁止董事等高级管理人员或者合伙人离职后非法使用或者披露单位的商业秘密，除非用人单位和他们约定离职后的竞业禁止。同时，法定的竞业禁止无法禁止可以接触到单位商业秘密的普通职工以及单位以外的人员非法获取、使用或者披露单位商业秘密的行为。可见，法定的竞业禁止对商业秘密的保护发挥的作用比较有限。

约定的竞业禁止发生在解除或者终止劳动合同关系之后，极大地限制了劳动者的择业自由，并因此发生约定或者法定的补偿问题。约定的竞业禁止通常以劳动者和用人单位在劳动关系存续期间签订保密协议为前提，禁止的又是劳动合同关系解除或者终止后的竞业行为，因此可以发挥法定的竞业禁止发挥不了的作用。但是，由于合同相对性的先天性缺陷，其无法禁止第三人不正当获取、使用或者披露商业秘密的行为。

在理解商业秘密保护与竞业禁止协议的关系时，要注意把握以下五点。

（1）竞业禁止协议是否可以替代商业秘密权利人的保密措施？从《劳动合同法》第23条、第24条的规定看，用人单位和劳动者签订竞业禁止协议的前提是劳动者负有保密义务，和并不负担任何保密义务的劳动者签订的竞业禁止协议无效。据此，用人单位和负担有保密义务的劳动者签订竞业禁止协议时，需事先或者同时和劳动者签订保密协议或者约定保密条款。虽和劳动者签订了竞业禁止协议，但未事先或者同时和劳动者签订保密协议或者约定保密条款，不但该竞业限制协议无效，而且劳动者无须承担保密义务。由此可见，用人单位和劳动者签订的竞业禁止协议，不能视为用人单位针对劳动者和竞业单位采取的独立保密措施，更不能取代保密措施，仅是防止商业秘密可能被非法使用的一个手段。

（2）禁业禁止条款无效是否导致保密协议无效？实践中经常发生的纠纷是，劳动者在离开用人单位后，常以用人单位与其约定的竞业禁止条款违法来否定自己应该承担的与用人单位约定的保密义务，从而为其侵害商业秘密行为进行抗辩。这种抗辩并不成立。在北京盛杰佳鑫科技有限公司等与北京盛泰达科技有限公司侵犯商业秘密纠纷一案中，虽然被告北京盛泰达科技有限公司与孙某、李某签订的《离职保密协议》未约定二人承担竞业禁止义务的补偿而

无效，但该条款无效，并不影响该协议第二条约定的保密义务条款的效力，二人仍需承担保密义务。❶

（3）法定竞业禁止的对象——董事等高级管理人员离开用人单位后，在和用人单位签订的竞业禁止协议中没有约定相应补偿时，该协议是否有效？2008年1月1日《劳动合同法》生效之前，有些法院认为，对于公司董事等高级管理人员而言，约定并支付补偿费并不是构成竞业禁止条款有效的必要条件。比如，在北京中科大洋科技发展股份有限公司（以下简称"大洋公司"）诉陈某某不正当竞争纠纷案中，❷ 由于任原告董事、副总经理的被告陈某某跳槽至与原告具有竞业关系的被告索贝公司工作，原告认为被告陈某某不履行和原告约定的竞业禁止协议，跳槽至被告索贝公司，构成不正当竞争。被告陈某某则认为竞业禁止协议中没有约定相应补偿，因此竞业禁止条款无效，而原告则认为支付给被告陈某某的工资、奖金等待遇中已经包含了竞业禁止经济补偿。但法院并未支持被告的主张，理由有三。

第一，用人单位与劳动者之所以设立竞业禁止协议，是为了平衡劳动者和用人单位之间的权利和义务关系。一方面，劳动者的择业自由等权利属于基本人权，受我国《宪法》保护，通常应受到雇佣单位的尊重而不得侵犯；另一方面，由于用人单位通常会形成对本单位具有巨大利益的商业秘密等知识产权，而劳动者在工作期间势必或可能知悉并利用这些信息，从而形成与公司的有力竞争，有违诚实信用和公平竞争的精神，如果对用人单位的经济利益不予以保护，将严重损害公司的利益，进而破坏整个社会经济秩序。由于商业秘密的复杂性和无形性，在用人单位与劳动者之间细化商业秘密的具体内容和范围更为复杂。为此，法律允许企业与劳动者订立竞业禁止协议，用双方共同的意思表示平衡双方之间的利益关系。一般而言，并非公司所有的劳动者都应当受到竞业禁止合同的限制，企业与劳动者设立竞业禁止合同应以是否掌握公司商业秘密为标尺，不掌握商业秘密的职员不应受到公司竞业禁止限制。同时，由于劳动者是靠劳动在社会上生存和发展，对劳动者选择劳动单位的自由进行限制，用人单位应以竞业禁止补偿费等方式支付相应的对价，保证劳动者不因履行约定的竞业禁止义务而影响生活质量。此外，竞业禁止合同一经签订，劳动

---

❶ 北京市第二中级人民法院（2009）二中民终字第07575号民事判决书。
❷ 北京市海淀区人民法院（2005）海民初字第5106号民事判决书。

者若对竞业禁止存有异议，可以通过法律途径要求撤销合同或给付竞业禁止补偿费，择业者仅以竞业禁止合同无效作为事后择业进行不正当竞争的抗辩理由，并不能排除其主观上的不良动机。

第二，陈某某作为大洋公司的股东、董事和副总经理多次以股东身份（发起人）、董事身份与公司订立了竞业禁止合同或作出保证，反映出双方基于长期合作所形成的利益依存关系及信赖程度。作为发起人陈某某所参与制定的公司章程中明确董事离任后2年内仍负有竞业禁止的义务，在2000年其已任职高层时又与公司订立保证书承诺离职后2年内竞业禁止。按公司章程及一般法理，常务副总经理属公司高级管理人员，其地位仅次于公司法定代表人；陈某某具有公司管理者和雇佣者的双重身份，并以特殊身份享有公司的配股利益。陈某某所掌握的信息、收入水平与其他职员不同，与企业的谈判地位也不等同，故这些约定对于陈某某而言，考虑其所居职务、在企业工作时间、对企业的了解程度等，应非被迫签署而系自愿接受的结果，该项保证制度的实施亦有其参与，说明了可保护利益的存在。在陈某某到索贝公司任职直至大洋公司提起诉讼之前，陈某某没有向大洋公司提出要求撤销合同、确认合同无效或支付竞业禁止补偿费等要求，不应认为大洋公司是将公司意志强加于陈某某个人，陈某某应是自觉自愿地同意接受竞业禁止限制的。

第三，我国《合同法》并未将竞业禁止条款没有约定合理经济补偿金的情形明确规定为无效。考察有关需要约定合理的经济补偿规定的本意，对劳动者劳动权受到限制的补偿，应从该条款是否违反公共政策、公序良俗或有违宪法上的生存权、劳动权之保障来判断协议的效力，以被竞业者的生活水平不因被竞业而受到影响为标准，而不应单纯以约定经济补偿与否作为合同是否有效的要件。换言之，如果仅仅约定了竞业禁止条款，但没有约定补偿费，是可以通过依法律法规的相关规定确定，或者当事人事后达成一致确定的。没有约定补偿费，并不导致竞业禁止条款的必然无效。本案中，大洋公司与陈某某没有约定竞业禁止的补偿费问题，也没有采取直接支付补偿费的形式，但是，补偿费的支付形式是可以灵活进行的。本案中，陈某某在大洋公司的工资、奖金等收入较高，而且是以出国留学的名义离开大洋公司的，且其一直以个人身份持有大洋公司2.44%的股份，应系职位利益，因而并不会产生所谓影响生活质量、损害生存权、劳动权的问题。考虑陈某某的高薪、持有股份的情况以及出国留学的情况，应认为大洋公司竞业禁止补偿金的支付形式是具有一定特殊性的，陈某某的相关利益已经通过高薪、持有股份等形式的对价获得弥补，且以陈某某的学历和工作资历，在其他非竞争行业找到合适的工作并非难事。

简而言之，本案中的法院认为，公司董事等高级管理人员与公司签订的离职后的竞业限制协议虽未明确约定补偿，但因其在公司享受较高的工资等待遇，该较高待遇应当认为包含了离职后的竞业限制经济补偿。对此，本书作者难以赞成。

本书作者认为，按照《劳动合同法》第23条规定，给予受竞业限制的劳动者经济补偿，是用人单位法定的强制性义务，不得约定取消（除非劳动者主动放弃），用人单位可以和劳动者约定的仅是经济补偿的标准。按照《劳动合同法》第26条第1款第2项规定，用人单位免除自己的法定责任、排除劳动者权利的劳动合同全部无效或者部分无效。在竞业限制协议中免除自己法定的经济补偿义务，剥夺劳动者因竞业限制受经济补偿的权利，该协议应当无效。之所以如此解释，与《劳动合同法》规定竞业限制经济补偿条款的立法目的有关。《劳动合同法》之所以规定对劳动者进行竞业禁止必须给予相应经济补偿，主要是考虑出于保护他人商业秘密的需要，竞业禁止限制了劳动者的劳动自由，只要这种权利受到限制，任何人都有权利要求用人单位给予经济补偿，不管其经济、社会地位的高低。认为只有没有能力、学识、经济地位差、再就业困难的人才有权利要求经济补偿的观点，明显违背了法律面前人人平等的宪法原则，实践操作也存在困难：究竟符合什么条件的人才有权利要求补偿？标准不明，可能造成司法不统一，并导致企业滥用劳动合同法有关补偿条款的现象，最终导致用人单位在约定竞业禁止协议时，事实上不给予劳动者补偿的结果。

事实上，《劳动合同法》生效后，司法机关的态度已经发生了变化，认为竞业禁止协议没有约定相应经济补偿的，不管受竞业限制的劳动者身份和地位如何，该条款无效。比如，在北京盛杰佳鑫科技有限公司等与北京盛泰达科技有限公司侵犯商业秘密纠纷一案中，终审法院就持这种观点。[1] 事实上，即使在《劳动合同法》生效之前，也有法院认为竞业禁止协议中没有约定相应补偿金，该条款无效，比如，在北京百川华邮文化发展有限公司诉和汇世纪

---

[1] 北京市第二中级人民法院（2009）二中民终字第07575号民事判决书。

(北京)科技发展有限公司等不正当竞争纠纷案中,一审法院就持这种观点。❶

(4)劳动仲裁是否是提起不正当竞争民事纠纷案件的前置程序?在罗森伯格亚太电子有限公司(以下简称"罗森伯格公司")诉李某等侵犯商业秘密纠纷、不正当竞争纠纷案中,❷被告李某等共同辩称,四被告与罗森伯格公司的纠纷基于与其签订的劳动合同中关于竞业禁止条款的约定,应属于劳动争议范畴。但一审法院认为,竞业禁止是指对与特定营业行为具有竞争关系的特定行为予以禁止的制度。它可以作为保护商业秘密的一种法律手段,但法律关系与保护商业秘密并不相同。虽然李某等与罗森伯格公司签订的劳动合同中有关于竞业禁止的条款,但该条款性质属于限定上述人员在一定时期内从事某一职业,当李某等违反该条款约定,并同时侵犯罗森伯格公司的商业秘密时,存在法律关系竞合,罗森伯格公司有权选择其中一种法律关系来主张权利。显然,在此案件中,法院认为被告在违反竞业禁止协议时如果同时侵害了原告的商业秘密,则案件性质上属于侵害商业秘密的不正当竞争民事案件,法院可以直接受理,无须事先经过劳动仲裁程序。

在上述大洋公司诉陈某某不正当竞争纠纷案中,❸一审法院同样认为,依据我国《劳动合同法》的有关规定及实践操作,由仲裁机关受理的劳动争议案件具有特定的受案范围,并非所有的竞业禁止纠纷都必须经过劳动争议仲裁程序。一般而言,竞业禁止关系的形成依据是劳动者与用人单位之间设立了竞业禁止合同,一方违反合同约定,另一方可以提起合同之诉。但竞业禁止的目的是保护公司的知识产权等财产权利,竞业禁止违约行为不仅违反了合同约定,而且由于其侵害了用人单位的财产权益,所以又同时产生侵权责任,故合同之诉不是当事人的唯一选择。本案中原告以竞业禁止为由起诉被告陈某某和索贝公司不正当竞争,明确主张陈某某违反竞业禁止约定成为侵犯原告权利的手段,索贝公司由于共同侵权而成为不正当竞争者,原告选择的不正当竞争之诉于法不悖,该争议已转化为普通的民商事纠纷,因此劳动争议仲裁并非提起不正当竞争案件的前置程序。

要指出的是,如果劳动者仅仅违背劳动合同中的竞业禁止条款,而没有披露、使用用人单位的商业秘密,也不存在其他侵害用人单位权益的行为,则按

---

❶ 北京市海淀区人民法院(2007)海民初字第11365号民事判决书。
❷ 北京市第一中级人民法院(2006)一中民初字第1500号民事判决书。
❸ 北京市海淀区人民法院(2005)海民初字第5106号民事判决书。

照《中华人民共和国劳动争议调解仲裁法》（以下简称《劳动争议仲裁调解法》）第2条第2项的规定，"因订立、履行、变更、解除和终止劳动合同发生的争议"，属于劳动争议，适用该法，则应该先交由劳动仲裁机关裁决，对裁决不服的，才能依照《劳动争议调解仲裁法》第47条、第48条规定向法院起诉。这种观点已经在司法实践中得到了应用。在北京水晶石数字科技有限公司（以下简称"水晶石公司"）诉北京贺氏空间数字科技有限公司（以下简称"贺彩"）不正当竞争纠纷案中，❶ 被告贺某与水晶石公司之间的劳动合同尚在履行期间，即接受案外人聘请完成中信"迪拜ITC"项目三维动画宣传片的制作，这种私自承揽与水晶石公司经营范围相同业务的行为违反了竞业禁止约定的义务。但由于原告水晶石公司明确不主张被告侵害商业秘密，因此法院认为贺某的行为不属于《反不正当竞争法》的调整范围，对水晶石公司主张由此给其所造成的损失，应按照国家有关劳动争议处理的规定另行解决。

（5）劳动者承担违约责任或者侵权责任后，是否应该继续履行竞业禁止约定的义务？从《劳动合同法》第90条"劳动者违反本法规定解除劳动合同，或者违反劳动合同中约定的保密义务或者竞业限制，给用人单位造成损失的，应当承担赔偿责任"的规定来看，劳动者在承担赔偿责任后，是否应该继续履行竞业禁止义务，并不明确。但某些法院坚持应该继续履行竞业限制协议约定义务的观点。在耐克体育（中国）有限公司诉赵某某竞业限制纠纷案中，❷ 因耐克体育（中国）有限公司与赵某某签订的竞业限制协议约定，劳动者承担违约责任或者侵权责任后，须继续履行竞业禁止约定的义务，法院认为该约定系双方当事人的真实意思表示，未违反我国法律规定，合法有效，双方均应按照约定履行自己的合同义务，因此判决赵某某继续履行涉案竞业限制协议约定的竞业限制义务。

上述案件属于原被告对于延长竞业禁止期限有明确约定的情况，原被告未明确约定可以延长竞业禁止期限的情况应当如何处理呢？《合同法》第107条规定，当事人一方不履行合同义务或者履行合同义务不符合约定的，应当承担继续履行、采取补救措施或者赔偿损失等违约责任。据此条文，被告在承担了赔偿责任后，原告可以要求其继续承担竞业禁止的义务。

---

❶ 北京市朝阳区人民法院（2005）朝民初字第5541号民事判决书。
❷ 北京市第二中级人民法院（2008）二中民初字第11834号民事判决书。

但司法实践中，有些司法机关并不持此种观点。比如，在上述大洋公司诉陈某某不正当竞争纠纷案中，[1] 原告要求被告在承担赔偿责任时，继续履行竞业禁止义务，终止陈某某与索贝公司的劳动合同关系。对此法院认为，由于原被告双方约定竞业禁止义务期间为2年，说明有关重要利益的价值期间仅为2年甚至更短。该期间一旦中断，顺延没有意义，且会造成对劳动者自由择业的不适当限制。现2年的期限已过，通过竞业禁止限制被告，从而维护原告正当经营利益的意义已经丧失。据此法院并未支持大洋公司要求陈某某继续履行竞业禁止义务、终止陈某某与大洋公司的劳动关系的诉讼请求。

上述案件法院的结论虽然正确，但说理值得商榷。由于被告熟悉甚至精通原被告的业务，被告继续履行竞业禁止义务对于原告来说不能说没有意义。关键问题在于，按照《劳动合同法》的规定，支付相应补偿是用人单位的法定义务，原告要求被告延长竞业禁止的期限时，同样必须与被告重新约定相应补偿，在没有与被告约定相应补偿时，该种要求违背《劳动合同法》的强制性规定，不能被支持。

---

[1] 北京市海淀区人民法院（2005）海民初字第5106号民事判决书。

第四章
商品形态酷似性模仿行为

第一节 规制商品形态酷似性模仿行为的趣旨

商品形态作为商标申请了注册，或者在实际商业使用过程中发展成为知名商业标志，发挥了识别商品或者服务来源的作用时，可以利用商标法或者《反不正当竞争法》第6条的规定进行保护。当商品形态申请了专利或者满足了著作权法规定的作品要件，可以分别利用专利法或者著作权法进行保护。

但是，商品形态并未作为商业标识使用，或者不满足可专利性要件或者作品构成要件，不能成为特别知识产权法的保护客体时，商品形态的先行开发者，面对搭便车的模仿行为，在这些特别知识产权法上将找不到行使差止请求权和损害赔偿请求权的依据。

即使商品形态满足特别知识产权法保护客体要件，在开发者未提出授权申请，或者虽提出授权申请但授权程序需要耗费许多时日，或者虽获得授权但权利保护期届满的情况下，面对模仿行为，应当如何维护自己的利益也是一个问题。

无论如何，随着复制技术的发达，商品寿命周期的缩短，模仿变得极为容易。模仿者可以大大降低商品化的成本和风险，任由他人模仿商品形态，服装、玩具、点心等随季节、趣味变化而改变的商品的开发者的市场先行利益将因此严重受损，付出的劳力和投资难以回收，与模仿者相比处于显著不公平竞争地位，开发个性化商品以及开拓市场的激励也将因此被严重减杀。

从法适用的角度而言，商品形态开发者可以《民法典》第3条、第1165

条,《反不正当竞争法》第2条第1款和第2款为依据，请求对其市场先行利益进行保护。但因这些规定过于抽象和原则，受保护的利益范围不清晰，侵害行为成立要件不明确，容易滋生裁判不统一的问题。为此，从立法上进行统一应对，规制对他人商品形态进行酷似性模仿的行为，以保护新商品形态开发者的市场先行利益，以此确保其开发新商品形态的激励，非常具有必要。

基于保护商品形态开发者的市场先行利益，日本于1993年就在不正当竞争防止法第2条第1款第3项中导入了商品形态酷似性模仿行为规制制度。按照该项规定，模仿他人商品形态（确保商品机能不可欠缺的形态除外）并进行转让、租赁，或者为了转让或者租赁而展示、出口或者进口的行为，构成不正当竞争行为。日本学者通常将该项规制的行为，称为"商品形态的酷似性模仿行为"（デッド.コピー）。

第二节 酷似性模仿他人商品形态行为的构成要件

一、他人商品形态

（一）商品形态的含义

所谓商品形态，按照日本不正当竞争防止法第2条第4款的规定，是指需要者按照通常的使用方法使用该商品时，知觉能够认识的商品本身外部或者内部的形状以及与形状结合在一起的图案、色彩、光泽以及质感。知觉，是指视觉和触觉。由于第2条第4款的规范目的在于保护商品形态开发者的市场先行利益，商品形态本身是否具有创造性或者独创性无关紧要，商品形态的保护也无需登记和公示。所谓质感，是指不同于商品原材料本身性质的印象和触感。

（1）酷似性模仿的必须是他人商品本身的形态，而不是包含在商品中的设计思想。商品形态首先以商品的具体存在为前提。对体现在商品中的设计思想进行模仿，属于专利法规制的范畴，不是酷似性模仿需要规制的行为。

（2）所谓商品，是指用来进行独立交易的劳动产品，但并不限于有体物，有些无体物，比如计算机图形用户界面，计算机字体等，也属于商品。但数据库或者计算机程序等无体物，或者液体、气体、粉末状物质等，虽属于商品，但本身不存在内部或者外部形态，对其进行复制，不构成商品形态的酷似性模仿行为，需要通过专利法或者商标法等其他法律规范进行规制。

（3）服务的形态非商品形态，新开发的服务形态，比如宅急便，他人即使从事一摸一样的服务，也不构成商品形态的酷似性模仿。

（4）商品形态并不完全等同于专利法所称的商品外观设计。专利法保护的商品外观设计是指对商品的形状、图案、色彩或者它们之间的结合进行的富有美感、适于实用的新设计，形状、图案、色彩可以单独受到专利法保护。商品形态的范围要比外观设计宽，包括商品形状、与商品形状结合在一起的图案、色彩、光泽与质感，但图案、色彩或者质感不能单独受到不正当竞争防止法保护。

（二）受保护的商品形态

具体来说，可以受到日本不正当竞争防止法第 2 条第 4 款保护的商品形态包括：

（1）商品的立体形态和平面形态。立体形态，是商品的三维空间形态，如茶杯的形态。平面形态是指商品的二维空间形态。比如，具有木纹图案的化妆纸的形态。❶

（2）从外部可以识别的商品外部形态和肉眼可见的内部形态。从外部可以识别的形态，既包括可以用视觉或者触觉直接感知的商品形态，如玩具的形态，也包括虽然肉眼难以识别但借助放大镜等机械设备可以识别的商品形态，比如钻石的形态、集成电路布图设计的形态。虽属于商品的内部形态，但用肉眼可以直接感知者，如席梦思床的弹簧形状、冰箱的内部形状，亦属受保护的商品形态。但需要拆解商品才能感知的商品内部形态，无法刺激需要者的购买欲望，如烤箱里层肉眼看不见的隔热层形态、用肉眼看不见的药丸内部结构，不属于受保护的商品形态。❷ 此外，因商品形态实质同一性，需要结合商品整体形态进行判断，因此商品外部形态不具备实质同一性的情况下，商品内部形态亦不受保护。

（3）商品整体的形态和商品某部分的形态。商品整体的形态，是商品整

---

❶ 東京高判平 3.12.17 知財集 23 巻 3 号 808 頁「木目化粧紙事件」。
❷ 大阪地判平 8.11.28 知財集 28 巻 4 号 720 頁「ドレンホース事件」。

体不可分割的形态，如咖啡杯的整体形态。商品某部分的形态，是组成商品整体的某个部分的形态，如咖啡杯的盖子或者把手的形态。一般来说，组成商品整体的部分本身不是商品，因此该部分的形态不是商品整体的形态，不能受保护，如和衣服成为一体的口袋的形态。但是，如果商品某部分的形态，像外观设计一样发挥着表现整个商品形态中的重要作用，亦可将该部分评价为该整体商品的形态。❶

(4) 商品成品的形态和零部件的形态。商品成品的形态，是商品完成品的形态，如空调的外观形态。商品零部件的形态，是组成商品完成品的某个独立部分的形态，如空调遥控器的形态。商品零部件，本身如果能够独立进行销售，其形态亦受保护。❷ 但如果和商品不可分割结合在一起而且肉眼无法直接感知，则不受保护。

(5) 商品自身的形态和商品包装、容器的形态。商品自身的形态，即商品本身的形态，比如蛋糕的心形形态。商品包装、容器的形态，是指为了保护或者美化商品采用的包装、容器的形态，比如装心形蛋糕的心形塑料盒的形态。商品包装、容器本身是能够独立生产销售的商品时，属于独立受保护的商品形态。和商品本身结合在一起，不容易与商品本身分离的商品容器和包装形态，则包含于商品形态中受保护。❸ 但是，销售商品时即时制作的用于包裹或者盛放商品的包装、容器，如售卖烤鸡腿时，即时制作的用于盛放鸡腿的五角形牛皮纸袋，因不是单独售卖的商品，所以不属于受保护的商品形态。

(6) 单一商品形态和同种成套商品销售时的组合形态。单一商品形态，是指单个商品具有的形态。同种成套商品销售时的组合形态，如包装盒里成套小熊的摆放形态，日本大阪地方裁判所在小熊成套品案件中，认为成套的小熊摆放于包装箱或者箩筐里进行展示和售卖，先行者付出了创意和劳力，也属于应受保护的商品形态。❹ 这种观点实际上是将成套售卖的商品作为一个整体对待，其具备的形态可以认为是该整体自身的形态，大阪地方裁判所认为应受保护的观点，有一定道理。

---

❶ 松村信夫. 不正競業訴訟の法理と実務：最新の判例と学説に基づく実務解説 [M]. 4 版. 東京：民事法研究会，2004：310.
❷ 東京地判平 11.2.25 判夕997 号 266 頁「遊戯銃事件」.
❸ 大阪地決平 8.3.29 知裁集 28 巻 1 号 140 頁「ホーキンスサングル事件」.
❹ 大阪地判平 10.9.10 知財集 30 巻 3 号 501 頁「オタルセット事件」.

（7）动产商品的形态和不动产商品的形态。动产商品的形态，是可移动商品的形态，如牙刷的形态，是独立交易的对象，属于应当受保护的商品形态。不动产商品的形态，是不可移动商品的形态，如体育馆的形态，虽然不能移动，但一样可以成为独立交易对象，亦属于受保护的商品形态。

二、酷似性模仿行为

（一）酷似性模仿行为的含义

酷似性模仿，根据日本不正当竞争防止法第2条第5款的规定，是指依据他人商品形态，制作出与之实质相同形态的商品的行为。

（二）酷似性模仿行为的构成要件

1. 依据性要件

酷似性模仿行为的成立，要求模仿者接触过他人的商品形态，并以此为参考，制作出和原告商品具备实质同一性的商品形态。未接触过他人商品形态，制作出与之实质相同形态的商品，或者虽接触过他人商品形态，但制作出的商品形态与之不同，则不在酷似性模仿行为的射程之内。

诉讼实务中，被告是否接触过原告的商品，是否依据原告商品形态制作出具有实质同一性形态的商品，原告往往难以直接证明。为此，在日本司法实践中，通常采取如下举证责任分配方式证明依据性要件成立与否，即只要被告不能举证证明其商品形态属于自己独立开发的，或者存在其他合法来源，则推定被告具有实质同一性形态的商品是依据原告商品形态制作出来的，酷似性模仿行为成立。❶

2. 实质同一性要件

实质同一性，是指被告的商品形态与原告的商品形态相比完全相同或者实质相同。完全相同，是指原被告的商品形态相比较，形状、大小、图案、色彩、质感，或者图案、色彩、质感与形状的结合一模一样。实质相同，是指原被告的商品形态相比较，形状、图案、色彩、质感，或者图案、色彩、质感与

---

❶ 東京地判平13.9.20 判不競1162の221頁「携帯電話機用アンテナ」，大阪地判平10.8.27 判不競2924の743頁「仏壇Ⅰ」。

形状的结合虽有些许差别,但该差别部分无需付出任何创意即可制作。如,原告的玉石吊坠圆形中刻有一条头朝右的飞龙,被告的玉石吊坠中也刻有一条飞龙,仅有的差别仅是龙头朝左,两者形态实质相同。

(1)实质同一性要求原被告商品属于同种商品,即机能和效用完全相同的商品。比如,面包和面包、手机和手机。机能和效用完全不同的商品,原被告相互模仿对方的商品形态,彼此并未侵占对方的市场先行利益,相互都不成立酷似性模仿行为。如,按照真实冲锋枪制作儿童玩具枪(真实冲锋枪发挥了来源识别作用,虽属于商标法或者反不正当竞争法其他条款规制的行为,但不成立商品形态酷似性模仿行为)、按照轮船外形制作船型蛋糕,都不成立酷似性模仿行为。

虽不是完全的同种商品,但在机能和效用方面相同或者类似的商品,亦应作为相同商品处理,原被告相互模仿对方的商品形态,将侵占对方的市场先行利益,成立酷似性模仿行为。典型的事例如,模仿他人手帕的形态,制作完全相同形态的围巾,因手帕和围巾在机能和效用方面类似,构成酷似性模仿行为。

(2)商品形态实质同一性的判断主体。外观设计专利考虑的是具备新颖性、创造性、实用性的外观设计是否能够刺激需要者购买产品的欲望,因此在判断原被告的产品外观设计是否相同或者近似时,以需要者作为判断主体。规制商品形态酷似性模仿行为保护的是新商品形态开发者的市场先行利益,其保护的商品形态无需外观设计专利所应当具备的新颖性、创造性,只要不属于确保商品机能不可欠缺的形态,和现有商品形态具备最低限度的区别,即使属于现有商品形态的拼凑,也可能具有市场先行利益,不允许酷似性模仿,以增进新商品形态开发的激励。**以此为出发点,酷似性模仿中原被告商品形态是否具有实质同一性,就应当以商品形态的开发者(当业者)而不是以需要者作为判断主体。以商品形态开发者的眼光判断,被告商品形态和原告商品形态相比,如果无须付出任何实质性创意和投资即可以生产出来,并且整体上相似,即使在最终消费者看来有所不同,也应当作为具备实质同一性的商品形态处理。**如,仅仅将女性紧身毛衣去掉两个长袖,其他各个部分完全相同,则仍然属于具备实质同一性的商品形态。

(3)商品形态实质同一性的比对方法。酷似性模仿行为的构成不以混淆误认为要件,对该行为的规制也非保护商品形态的来源识别机能,而是商品形态开发者的市场先行利益。因此在判断原被告商品是否具备实质同一性时,无需像判断商标是否相同或者近似那样进行异时异地的隔离观察，相反，可以进行同时同地的对比观察和整体观察，以找出原被告商品形态在形状、图案、色彩、质感及其结合等方面的相同和不同之处，然后再就商品形态整体是否实质相同作出综合判断。

（4）判断商品形态实质同一性的具体操作手法。判断模仿品和被模仿品之间是否具有实质同一性，通常采取以下三个步骤：首先，抽取模仿品和被模仿品之间的共同点，其次，抽取模仿品和被模仿品之间的特征部分，最后，对比模仿品和被模仿品之间的共同点和特征部分。经过对比，发现模仿品和被模仿品之间的共同点和特征部分都属于确保商品机能不可欠缺的形态，则虽存在实质同一性，但被告不存在应该受规制的酷似性模仿行为。发现模仿品和被模仿品之间的共同点属于确保商品机能不可欠缺的形态，而特征部分相同，应当认定实质同一性成立。发现模仿品和被模仿品之间的共同点和特征部分都不属于确保商品机能不可欠缺的形态，也应当认定实质同一性要件成立。

（三）需要说明的其他问题

（1）酷似性模仿行为的成立是否需要主观过错？既然禁止将酷似性模仿品转让、租赁、为了转让或者租赁进行展示、出口、进口，目的在于保护商品形态开发者的市场先行利益，只要行为人因为这些行为节省了劳力和投资，竞争上处于有利地位，剥夺了商品开发者的市场先行利益，不管酷似性模仿者主观状态如何，其所从事的转让、租赁模仿品等行为都须加以禁止。

（2）酷似性模仿行为的成立是否需要原被告商品营业地域重合？商品形态开发者市场先行利益的保护，不以相关公众对商品来源产生混淆误认为要件，保护思路类似于著作权的保护思路，因此即使在原告尚未营业的地域，原告也可以通过订立许可契约收取使用费的方式，确保自己的市场先行利益不受损害。如自由放任他人在原告尚未营业的地域内销售模仿其商品形态的商品，对于因资本等关系尚未有能力在全国售卖商品的开发者而言，相当于断绝了通过许可使用扩大市场的途径，其开发新形态商品的激励将因此而受挫，所以酷似性模仿行为的成立无须原被告商品营业地域重合。日本不正当竞争防止法第2条第1款第3项的规定也采取了酷似性模仿行为的成立，并不要求原被告存在直接竞争关系。

三、将酷似性模仿品进行转让等行为

日本不正当竞争防止法第 2 条第 1 款第 3 项并不禁止模仿他人商品形态行为本身，仅禁止将模仿品进行转让、租赁、为了转让或者租赁而进行的展示、出口、进口的行为。据此，单纯制造酷似性模仿品行为、仅转移模仿品的现实支配状态（占有状态）即交付的行为，或者为了交付模仿品而对模仿品进行展示的行为都不在禁止之列。

单纯制造酷似性模仿品的行为，因尚未与需要者发生实际交易，未剥夺商品形态开发者的市场先行利益，无须加以规制。由此在企业内部出于试验研究目的而酷似性模仿他人商品形态的行为，不在禁止之列，否则将过度限制模仿自由。

单纯转移模仿品的现实支配状态（占有状态）的交付或者为了交付而展示酷似性模仿品，比如单纯的仓储、运输行为，因并未剥夺商品形态开发者与需要发生交易而可获得的先行利益（私人利益），也不侵害公共利益，无须加以规制。与此不同，商品来源混淆行为规制的目的，在于防止相关公众对商品或者服务来源产生混淆误认的可能性，保护的是公共利益，即使是私人之间发生了侵权产品占有状态转移的交付（运输、仓储等）或者为了交付而进行展示，也存在导致相关公众混淆误认的可能性，需要加以禁止。

第三节　适用除外

一、确保商品机能不可欠缺的形态

（一）何谓确保商品机能不可欠缺的形态

所谓确保商品机能不可欠缺的形态，是指不采用该形态，商品本身无法成立的形态。包括商品成立本身不可欠缺的形态，比如篮球的圆形；商品发挥技术机能不可欠缺的形态，比如家用轿车为了减少空气阻力而采用的流线型外观设计；为了符合法律或者事实标准而不得不采取的商品形态，比如三角扁形插头的形态。

是否属于确保商品机能不可欠缺的形态，由主张模仿自由的当事人负担举证责任。

（二）适用除外理由

确保商品机能不可欠缺的商品形态，如果允许特定主体独占，不允许他人自由模仿，那么他人将无法生产销售特定形态的商品，无法进入相关商品市场参与公平竞争，容易导致独占而不利于增加消费者福利，所以不能给予保护。

二、酷似性模仿自首次销售之日起经过3年的商品形态

（一）除外理由

按照日本不正当竞争防止法第19条第1款第5项第1小项的规定，自商品首次在日本国内销售之日起经过3年之后，可以自由转让、租赁、为了转让或者租赁进行展示、出口、进口酷似性模仿商品形态的商品。主要理由有五点。

一是禁止酷似性模仿保护的基本上是生命周期很短的商品，被禁止模仿的商品形态的价值本身会丧失，长时间地禁止对商品形态进行酷似性模仿丧失实际意义。比如季节性服饰，就是如此。

二是给予商品形态过长时间保护，会阻碍专利法功能的发挥，减弱甚至灭杀发明者申请外观设计专利的原动力。

三是保护期间过长会造成新商品形态开发者垄断的局面，不利于自由竞争。

四是给予生命周期较短的新商品开发者3年的保护时间，足以保证其收回投资并获利。

五是参照欧洲委员会1993年采用的欧盟理事会关于共同体外观设计理事会规则的结果。该规则提出，为了保护生命周期短的设计，可以赋予禁止模仿的非注册制外观设计权，保护期自外观设计公开时起3年。❶ 为了与国际制度

---

❶ 2001年12月12日，欧共体理事会正式通过《欧共体外观设计法》。《欧共体外观设计法》将共同体外观设计保护分为两种制度。一是非注册制共同体外观设计制度，该种外观设计自在欧盟公开之日起，无需提交任何申请文件或者费用，即自动享有3年保护期。非注册制共同体外观设计制度于2002年3月6日生效。二是注册制共同体外观设计制度。此外观设计必须向欧共体内部市场协调局或者成员国的工业产权局提出注册申请，经欧共体内部市场协调局形式审查合格后，方可获准注册。注册制外观设计保护期自申请日起5年，期满后可续展4次，每次5年，最长保护期为25年。每项注册制外观设计的费用为每5年保护期350欧元。非注册制外观设计在公开后12个月内可申请变更为注册制外观设计。注册制共同体外观设计制度于2003年4月1日生效。

协调，日本1993年大修不正当竞争防止法纳入商品形态酷似性模仿禁止制度时，规定商品形态只享有3年保护期。

(二) 具体要件

(1) 首次销售之日发生在日本国内。是指相关商品首次在日本国内面向日本国内的需要者销售，而不是指首先在日本国内签订销售合同。首次销售之日发生在日本国内，其后是否持续在日本国内销售在所不问。首次销售之日发生在日本国外，且一直在日本国外销售的，从条文上看模仿者不能主张适用除外。

首次销售之日，是指从外部看，回收投入市场的资金和劳力活动已经非常明确的时点，原则上是开始有偿转让商品之日，但并不限于通过一般市场交易从事销售活动之日，正式发货之前发送样品之日，❶ 从外在角度看已经使商品处于销售可能状态的商品展览日，亦属于商品首次销售日。❷

(2) 销售。是指以营业为目的，获得对价，向第三人提供商品。仅在日本国内和相对方订立买卖契约，而没有实际向日本国内需要者售卖商品的，不能认为是销售。

(3) 从首次销售之日起经过3年。即先行者的商品形态的保护期限仅有3年，自其商品首次在日本国内销售之日起计算。但是，在首次销售之日起的3年内，如果商品形态发生了一定改变，则变更前的商品形态的保护时间不应当从形态变更后的商品的首次销售之日起计算，也就是说，商品形态变更前后的保护时间应该分别计算。是否经过3年，由主张自由模仿者的被告负担举证责任。

三、善意无重过失者转让模仿品等行为

按照日本不正当竞争防止法第19条第1款第5项第2小项的规定，受让商品时不知道该商品属于酷似性模仿他人商品形态的商品，而且不知道没有重大过失，转让、租赁，为了转让或者租赁而展示、出口或者进口该模仿品的行为，不构成不正当竞争行为。商品形态的保护不存在登记公示制度，禁止善意

---

❶ 日本経済産業省知的財産政策室. 逐条解説不正競争防止法 [M]. 東京：商事法務，2016：206；神戸地決平6.12.8知裁集26卷3号1323頁「ハートカップS事件」。
❷ 知財高判平28.11.30判時2338号96頁「スティック加湿器事件」。

第三人的销售等行为将严重损害交易安全，故此日本不正当竞争防止法规定了该小项适用除外。

行为人主观是否善意且无重大过失，以行为人受让商品时作为判断时间点，且由其承担举证责任。行为人是否善意无重过失，以其是否尽到了交易上通常应该尽到的注意义务为判断标准，可以结合被模仿品的广告宣传程度、向大众媒体的渗透度、销售量、被模仿品销售者的知名度、模仿品受让者是否是专门业者、模仿品受让者是否进行过适当调查、模仿品和被模仿品相同还是实质相同等因素进行综合判断。

受让模仿品时善意无重过失，其后恶意销售该模仿品，销售者依旧享受除外规定。但是，知道属于非法模仿品之后再行进货销售的，构成应受规制的销售酷似性模仿品行为。

第四节　对酷似性模仿他人商品形态的规制

一、民事规制

（一）差止请求和请求权人

根据日本不正当竞争防止法第 3 条和第 4 条的规定，由于商品形态被酷似性模仿、利益可能受到损害的人，可以对模仿者行使差止请求权、损害赔偿请求权以及信用恢复措施权。对于以销售为目的的模仿品制造行为可以作为销售的准备行为，作为预防的对象行使差止请求权。

关于请求人的资格问题，日本裁判例曾长期坚持只限于从事商品形态开发以及为了商品化而将商品置于市场的先行开发者本人，销售者甚至独占销售者都无权行使差止请求权和损害赔偿请求权。但是自 2004 年以后，大阪地方裁判所和日本最高裁判所开创了肯定独占销售者具有请求人资格的判例，学说上亦多支持。[1]

---

[1] 青木博通. デザインとブランドの保護 [R]. 札幌：北海道大学大学院法学研究科，2006：114.

(二) 损害赔偿请求

参见本编第一章相关章节。

二、刑事规制

日本不正当竞争防止法第 21 条第 2 款第 3 项规定，以获取不当利益为目的，实施第 2 条第 1 款第 3 项规定的不正当竞争行为，单处或者并处 5 年以下有期徒刑或者 500 万日元以下的罚金。

第五章
不正当取得、保有或者使用域名的行为

第一节 规制不正当取得、保有或者使用域名行为的立法目的

一、域名的含义、结构、作用和注册

（一）域名的含义和结构

IP 地址是计算机在互联网中的唯一地址，由一长串数字组成，但因不能直观显示地址组织的名称和性质，尤其不便记忆，于是人们又设计出另一套字符型、容易记忆、能够表明地址组织名称和性质的 ID 地址方案，即地域地址，且和 IP 地址形成一一对应关系。由此可见，所谓域名，即互联网中与分配用于定位和识别各个电子计算机的编号、符号、字符组合，即 IP 地址对应的字符、编号、符号或其他符号或它们的组合。通俗地讲，域名就是人们容易记住的计算机在互联网空间中的门牌号码。

基于效率化管理的需要，域名呈现出有序的层级结构，被分成顶级域名、二级域名、三级域名等。顶级域名又有国家顶级域名和国际顶级域名之分。国家顶级域名是目前世界上 200 多个国家和地区按照 ISO 3166 国家代码进行分配的顶级域名。比如，我国的国家顶级域名为".cn"，英国的国家顶级域名为".uk"，澳大利亚的国家顶级域名为".au"等。这些顶级域名由各国或地区政府指定的机构负责注册。国际顶级域名，又称"通用顶级域名"，是指没

有国界之分，用以表示域名注册人的类别和功能的顶级域名，主要有代表工商业组织的".com"、代表非营利性组织的".org"、代表网络服务提供者的".net"等。另外还有3个专用顶级域名，它们是".mil"".edu"".gov"，分别为军事机构、教育机构和政府机构所专用，任何其他机构都无权在这三个顶级域名下注册自己的域名。

二级域名也有国家顶级域名下的二级域名和国际顶级域名下的二级域名之分。国际顶级域名之下的二级域名是指由域名使用者自己设计的、能够体现使用者的特殊性，并据以同其他人的域名相互区别的字符串，也就是域名注册人选择使用的网上名称，例如"263.net"。上网的商业组织常使用自己的商标或商号作为自己的网上名称。国家顶级域名之下的二级域名是指类似于国际顶级域名的表示注册人类别和性质的标志。例如，"com.cn"中的".com"表示商业性组织，".edu.cn"中的".edu"表示教育科研机构。根据各个国家或地区互联网发展的需求，各个国家或地区还可以设计层次更多的域名系统，分别代表不同的地域或行业。

我国在国际互联网络信息中心（InterNIT）正式注册并运行的国家顶级域名是".cn"。在国家顶级域名之下，我国目前的Internet网络域名系统采用层次结构设置各级域名。二级域名又分行政区域名和类别域名两大类。行政区域名有34个，对应于我国各省、自治区和直辖市，即：".bj"——北京、".tj"——天津、".he"——河北、".sx"——山西、".nm"——内蒙古、".ln"——辽宁、".jl"——吉林、".hl"——黑龙江、".sh"——上海、".js"——江苏、".zj"——浙江、".ah"——安徽、".fj"——福建、".jx"——江西、".sd"——山东、".ha"——河南、".hb"——湖北、".hn"——湖南、".gd——广东、".gx"——广西、".hi"——海南、".cq"——重庆、".sc"——四川、".gz"——贵州、".yn"——云南、".xz"——西藏、".sn"——陕西、".gs"——甘肃、".qh"——青海、".nx"——宁夏、".xj"——新疆、".hk"——香港、".mo"——澳门、".tw"——台湾。类别域名有6个，即，代表科研机构的".ac"，代表工、商、金融企业的".com"，代表教育机构的".edu"，代表政府部门的".gov"，代表互联网络、接入网络的信息中心和运行中心的".net"，代表各种非盈利性组织的".org"。

由于我国顶级域名".cn"之下的二级域名存在限定，因此表示特定域名注册人网上名称的部分只会在三级或三级以下的域名中出现。例如，北京大学的域名是".pku.edu.cn"，其中".cn"是国家顶级域名，".edu"是指教育科研机构的二级域名，".pku"是三级域名。可见，一般只有三级域名才能指示域名注册者的身份。

（二）域名的作用

虽然域名是为了方便人们记忆互联网中的计算机地址而设计出来的，但在互联网已被广泛应用且商业化的时代，域名早已获得超出了定位和识别互联网中计算机地址的作用，具备了商业识别功能。随着电子商务广泛发展和网上商业活动的不断丰富，人们上网已经不再仅仅是为了寻找和定位一台台计算机，而是为了搜寻能够为其提供各种有用商品或者服务信息的网络服务提供者。域名诞生后，至少发挥了如下几个方面的作用。

（1）地址指示作用。域名最基本的功能在于定位和识别其使用者在互联网空间中具有唯一性的地址。网络空间是一个虚拟的、概念性的、无边无际的空间，它完全依靠计算机信息处理设备、光纤、微波卫星等通信通道相互联通构筑而成。在这个虚拟的、无时无刻"不在自己之外"的世界里，人们要想互相联系，就必须在茫茫的计算机海洋中，找到自己所需要的计算机地址。与计算机 IP 地址具有唯一对应关系的域名，就是指引人们迅速、准确找到这个计算机地址的指南针。

（2）身份标识作用。身份标识作用，是指域名从技术上看虽然只是网络空间主机的地址编码的外部代码，但实际上可以起到识别特定人在网络空间身份的作用。通过域名，人们随时可以与远在天涯的人谈天说地、学术研讨、生意往来，进行任何非接触性的活动。域名的身份标识作用与传统意义上的姓名或名称的身份标识作用存在很大不同，即域名为人们提供了隐私空间。

（3）商品或者服务来源的识别作用。随着电子商务的飞速发展，域名更为重要的是发挥了识别商品或者服务来源的作用，成为信用的化身，也因此具有了值得保护的营业上的利益价值。

（三）域名的注册

按照我国原信息产业部 2004 年发布的《中国互联网络域名管理办法（2004）》第 24 条的规定，域名注册服务遵守"先申请先注册"原则，但域名注册管理机构和注册服务机构不得为申请人预留或者变相预留域名。按照《中国互联网络域名管理办法（2004）》第 27 条的规定："任何组织和个人注册和使用域名，不得含有下列内容：（一）反对宪法所确定的基本原则的；（二）危害国家安全，泄露国家秘密，颠覆国家政权，破坏国家统一的；（三）损害国家荣誉和利益的；（四）煽动民族仇恨、民族歧视，破坏民族团结的；（五）破坏国家宗教政策，宣扬邪教和封建迷信的；（六）散布谣言，扰乱社会秩序，破坏社会稳定的；（七）散布淫秽、色情、赌博、暴力、凶杀、恐怖或者教唆犯罪的；（八）侮辱或者诽谤他人，侵害他人合法权益的；（九）含有法律、行政法规禁止的其他内容的。"

除了上述公法意义上的限定之外，域名注册管理机构和注册服务机构并不对域名注册申请进行任何实质审查，完全采取先到先得原则。

二、规制不正当取得域名等行为的意义

如上所述，随着互联网、移动终端、电子商务的兴起和普及，域名和物理世界的其他商业标识一样，已经取得了识别商品或者服务来源的作用，具有重要的经济价值。

然而，由于域名注册完全采取先到先得原则，且域名注册服务机构不负责任何实质审查，实践中利用这一规则存在的漏洞，将他人商业标识注册为域名，不当谋取商业利益或者加害商业标识权益人利益的事件不断出现。对此如果放任不管，不但损害其他商业标识者的权益，而且将严重危害电子商务中的公平竞争秩序。

在 2017 年《反不正当竞争法》修订之前，我国司法者已经就上述行为的规制方法进行了一系列探索。

在 ausny.cn 不正当竞争案中，提供知识产权等服务的被告将原告指定使用商品为避孕套的注册商标"ausny"注册为域名"ausny.cn"，法院以原告的注册商标具备显著性，被告注册域名没有正当理由，存在恶意，占有了原告的商誉为由，认定被告的行为构成不正当竞争。[1]

在 PDA 商标侵权和不正当竞争案中，原告 1997 年取得 PDA 商标注册，指定使用商品为第 9 类电子计算机及其外部设备、中英文电脑记事本等。被告

---

[1] 广州市天河区人民法院（2006）天法知民初字第 77 号民事判决书。

1998年在中国互联网络信息中心（CNNIC）申请注册了域名"pda. com. cn"，并通过该网站介绍和销售"掌上电脑"。原告1999年4月以被告侵犯其商标权为由向北京市第一中级人民法院起诉。在一审诉讼过程中，原告又追加了被告行为构成不正当竞争的诉讼请求。法院判决被告行为既不构成商标侵权，也不构成不正当竞争。被告行为不构成商标侵权的理由是被告只是将PDA作为服务标志使用，而原告商标属于商品商标，原告没有证明自己的商标构成驰名商标。被告行为不构成不正当竞争的理由是，原告没有就PDA的使用情况举证，也没有对该商标的影响范围和知名范围提供证据。同时，在电脑行业中，PDA为轻巧的掌上计算机的代称，不特指原告单位以及产品，也就排除了公众见到被告的域名会误以为使用该域名的网站与原告存在特定关系的可能性，因而被告不可能利用原告的商标声誉牟取利益。❶

在TIDE申请侵权和不正当竞争案中，原告1976年在我国取得"TIDE"商标注册，指定使用商品为香皂、肥皂、洗涤剂及擦亮制剂。其后原告还申请了"TIDE/汰渍"组合商标注册。被告1993年开始在经营的电子产品上使用"TIDE"字样，1998年4月注册了"www. tide. com. cn"域名，在网络上介绍和销售相关电子信息产品。一审法院判决被告行为构成商标侵权和不正当竞争，理由是原告商标已经构成驰名商标，被告注册域名的行为将使原告驰名商标显著性降低，导致其淡化，被告不能证明其将"TIDE"注册为域名具有正当理由。❷但二审法院撤销了一审判决，认为被告既不构成商标侵权，也不构成不正当竞争。理由是被告在1993年就将"TIDE"作为其销售计算机的名称使用，1997年又将"TIDE"在美国作为其英文名称的组成部分使用，因而被告与"TIDE"一词有联系，其1998年注册并使用"tide. com. cn"具备正当理由。❸

在rouse商标侵权案中，1995年原告申请注册了域名"rousegroup. com"。2001年4月，从事软件开发业务的被告申请注册域名"rouse. com. cn"，该域名到案发时为止没有投入使用。法院判决被告侵害了原告商标权，理由是，被告注册的域名中的三级域名与原告洛兹商标的英文名称完全相同，又与该商标标识相近似，足以造成公众误认。被告注册域名后未实际使用域名，客观上已

---

❶ 北京市第一中级人民法院（1999）一中知初字第48号民事判决书。
❷ 北京市第一中级人民法院（2000）一中知初字第49号民事判决书。
❸ 北京市高级人民法院（2001）高知终字第27号民事判决书。

经阻止了原告用自己的商标名称注册域名。❶

鉴于司法实践中认识和裁判的不统一，2001年7月最高人民法院专门发布了《关于审理涉及计算机网络域名民事纠纷案件适用法律若干问题的解释》。该解释第4条第1款规定："人民法院审理域名纠纷案件，对符合以下各项条件的，应当认定被告注册、使用域名等行为构成侵权或者不正当竞争：（一）原告请求保护的民事权益合法有效；（二）被告域名或其主要部分构成对原告驰名商标的复制、模仿、翻译或音译；或者与原告的注册商标、域名等相同或近似，足以造成相关公众的误认；（三）被告对该域名或其主要部分不享有权益，也无注册、使用该域名的正当理由；（四）被告对该域名的注册、使用具有恶意。"

2002年10月发布的《最高人民法院关于审理商标民事纠纷案件适用法律若干问题的解释》第1条第3项规定，"将与他人注册商标相同或者相近似的文字注册为域名，并且通过该域名进行相关商品交易的电子商务，容易使相关公众产生误认的"，属于《商标法》第52条第（5）项规定的给他人注册商标专用权造成其他损害的行为。

2017年修订的《反不正当竞争法》第6条，则将擅自使用他人有一定影响的域名主体部分、引人误认为是他人商品或者与他人存在特定联系的行为，作为商品或者服务来源混淆行为进行规制。

总结上述司法解释和《反不正当竞争法》第6条的规定可以发现，立法者和司法者基本将注册、使用域名行为可能涉及的违法行为分为两类，一类是侵害注册商标权的行为，另一类是侵害未注册商标的不正当竞争行为。由于这两类行为的构成均以混淆误认为要件，实际上可以归为一类行为，即来源混淆行为，不同之处仅在于，第一类行为规制保护的客体是注册商标，请求权依据为《商标法》，第二类行为规制保护的未注册商标，请求权依据为《反不正当竞争法》。

然而，行为人仅将他人商业标识注册为域名，却没有进行任何形式的使用，或者虽有使用，但不是作为商品标识使用，商业标识权益人不管是在《商标法》还是《反不正当竞争法》抑或是上述司法解释中，都找不到行使请求权的依据。显然，在现有实体法中，围绕域名抢注行为问题的规制存在局

---

❶ 宁波市中级人民法院（2001）甬民初字第73号民事判决书。

限性。为此，日本 2001 年修改不正当竞争防止法时，将以取得不正当利益为目的或者损害他人为目的，取得或者保有使用与他人特定商业标识相同或者类似的域名权利或者使用该域名的行为，作为独立的一种不正当竞争行为进行规制（日本现行法第 2 条第 1 款第 19 项）。遗憾的是，我国虽然于 2017 年和 2019 年两次修订了不正当竞争行为，却并未吸纳国外有益的立法经验，弥补立法上的缺陷。

第二节 不正当取得、保有或者使用域名行为的构成要件

一、图利加害目的

图利目的，即图谋取得不正当利益的目的，是指采取违反公序良俗的样态，图谋取得不正当利益的目的。加害目的，即损害他人目的，是指给他人造成财产上的损害、信用的毁损等有形无形的损害。

为了简化手续，提高效率，确保申请者取得域名、从事各种活动的自由，域名注册实行先到先得且不进行实质审查的原则，由此也导致频繁发生滥用域名注册程序侵害他人商业标识等权益的事件。不正当取得、保有或者使用行为的构成，虽不以相关公众混淆误认可能性为要件，但要求行为人具有图利加害目的，以平衡域名注册制度和其他法律保护的法益之间的关系。

如何具体认定行为人是否具有图利加害目的？mp3 域名纠纷案中，被告使用营业标识"mp3.com"在网址 http：//www.mp3.com 中开设主页提供与 mp3 有关的服务。原告申请注册了"mp3.co.jp"的域名，并在网址 http：//www.mp3.co.jp 中开设主页提供相关服务。被告于 2001 年向日本知识产权仲裁中心提出申请，请求原告将其域名转移登记至被告名下，日本知识产权仲裁中心支持了被告请求。原告不服，提出被告差止请求权不存在的确认之诉。东京地方裁判所认为，本案中的原告在注册域名时，并没有不当高价转售其保有的域名的目的，也没有不当利用被告标识顾客吸引力开展事业活动取得不正当利益的目的，而且原告向被告提出过希望共同运营被告日本版主页的提案，被

告虽拒绝，但并未因为拒绝遭受不利益，因此原告并无图利加害目的。❶

在 maxell 域名纠纷案中，原告使用的マクセル、MAXELL、maxell 等标识知名或者驰名，被告使用与其近似的域名"maxellgrp.com"开设主页，并在主页上对其经营的饮食店进行广告宣传。大阪地方裁判所认为，被告使用与原告驰名商品标识近似的域名开设主页，对其经营的饮食店进行广告宣传的行为，可以推定其目的在于利用原告驰名商品标识已经取得的良好形象增进自己利益，不当取得目的成立。❷

在 CENTURY21 域名纠纷案中，原告使用 CENTURY21 的名称经营连锁店，曾是原告加盟店的被告在 2011 年 12 月 27 日与原告解除契约后，很快申请注册并于 2012 年 3 月 14 日开始通过域名 CENTURY21.CO.JP 经营事业，鉴于该事实，东京地方裁判所认为，被告具有免费搭取 CENTURY21 的顾客吸引力取得不当利益的目的，被告的行为构成不正当取得、保有或者使用域名的不正当竞争行为。❸

关于图利加害目的，也就是行为人的主观恶意，《最高人民法院关于审理涉及计算机网络域名民事纠纷案件适用法律若干问题的解释》第 5 条作了详细规定。按该条规定，被告的行为被证明具有下列情形之一的，应当认定其具有恶意：为商业目的将他人驰名商标注册为域名的；为商业目的注册、使用与原告的注册商标、域名等相同或近似的域名，故意造成与原告提供的产品、服务或者原告网站的混淆，误导网络用户访问其网站或其他在线站点的；曾要约高价出售、出租或者以其他方式转让该域名获取不正当利益的；注册域名后自己并不使用也未准备使用，而有意阻止权利人注册该域名的；具有其他恶意情形的。

但是，被告举证证明在纠纷发生前其所持有的域名已经取得一定的知名度，且能与原告的注册商标、域名等相区别，或者具有其他情形足以证明其不具有恶意的，可以不认定被告具有恶意。

由上可见，行为人不正当取得、保有或者使用域名是否具有图利加害目的，他人特定商品或者服务标识的知名度是一个重要的判断因素。

---

❶ 東京地判平 14.7.15 判時 1796 号 145 頁．判夕 1099 号 291 頁「mp3 ドメイン名事件」。
❷ 大阪地判平 16.7.15 裁判所 HP「マクセル事件」。
❸ 東京地判平 25.7.10 裁判所 HP「CENTURY21 事件」。

二、域名与他人的特定商品标识相同或者近似

行为人取得、保有或者使用的域名与他人的特定商品标识相同或者近似。他人的特定商品或者服务标识，理论上虽然包括作为商品或者服务标识使用的任何标识，比如姓名、商号、注册商标、商品包装装潢、商品特有名称、域名、主页名称、主页、电视栏目名称等，但因为商品包装、装潢本身难以作为域名进行登记，因此很难实践中会发生将他人商品包装、装潢抢注为域名而引发的不正当竞争纠纷。

由于规制不正当取得、保有或者使用域名行为，并不以防止商品或者服务来源混淆为目的，因此受保护的特定商品或者服务标识，无需知名或者驰名要件。话虽如此，如上所述，在判断行为人有无图利加害目的时，商品或服务标识的知名度是一个重要的考量因素。

相同或者近似，是指行为人取得、保有或者使用的域名中的特征部分，与他人的特定商品或者服务标识相同或者近似。比如，原告的注册商标为JASCO，被告的登记域名为"jasco.com.cn"，两者构成近似，因为被告域名中的特征部分JASCO与原告的注册商标JASCO相同。

三、取得、保有使用域名的权利或者使用域名

取得使用域名的权利，既包括向域名注册机关申请注册域名从而取得使用域名的权利，也包括通过受让方式取得使用域名的权利，或者通过使用许可取得使用域名的权利。取得与他人特定商品或者服务标识相同或者近似的域名，之所以不被允许，是因为域名具有唯一性，一旦在同一顶级域名下被注册，特定商品或者服务标识使用者在相同顶级域名下无法再取得注册，注册和使用域名从事电子商务的自由受到严重损害。

保有使用域名的权利，是指取得域名后，拥有使用域名的权利。取得与他人特定商品标识相同或者近似的域名后，自己不开设网站进行使用，也未准备使用，纯粹以妨碍他人使用为目的，或者直接向特定商品标识权益人要约高价赎回，而保有该域名的行为，主观恶意明显，必须加以规制。

使用域名，是指按照域名的本来目的，将其用于识别互联网中自己管理的服务器的行为。具体而言，是指利用该域名开设网站、开设网站后从事商业活动，以及在物理世界将域名用于广告宣传等商业活动的行为。

取得或者保有使用域名的权利、实际使用域名，是否引起相关公众对商品或者服务来源发生混淆误认可能性，并非不正当取得或者保有使用域名的权利、使用域名行为的成立要件。利用域名开设网站后从事商业活动的行为、在物理世界将域名用于广告宣传等商业活动的行为，导致相关公众对商品或服务来源发生混淆误认的可能性，应当以《商标法》第57条或者《反不正当竞争法》第6条为依据，分别按照侵害商标权或者来源混淆的不正当竞争行为处理。

第三节　对不正当取得、保有或者使用域名行为的规制

对于注册、使用域名的不正当竞争行为，按照《最高人民法院关于审理涉及计算机网络域名民事纠纷案件适用法律若干问题的解释》第8条的规定，人民法院可以判令被告停止侵权、注销域名，或者依照原告的请求判令由原告注册使用该域名；给权利人造成实际损害的，可以判令被告赔偿损失。

法院可以判令被告直接将域名转移至原告名下，由原告取得、保有和使用该域名，该司法解释显然适用了准无因管理理论，这有利于提高相关权益保护的效率性。但因《民法典》并未规定准无因管理制度，该司法解释突破《民法典》限制，创设准无因管理制度的做法是否合适，仍然需要进一步讨论。

在日本，对于不正当取得、保有或者使用域名的行为，按照不正当竞争防止法第3条、第4条、第5条规定，受害者可以行使差止请求权和损害赔偿请求权。差止的内容，包括请求停止使用域名或者请求撤销域名登记。是否可以请求直接将注册域名登记至自己名下，不正当竞争防止法、商标法和民法上并不明确。关于损害赔偿额，按照日本不正当竞争防止法第5条第3款第5项规定，受害者可以将许可使用费作为损害额请求赔偿。

由于不正当取得、保有或者使用域名的行为，不以相关公众混淆误认为前提，仅涉及双方当事人利益，委任给当事人之间的民事请求即可解决，因此日本不正当竞争防止法未将该行为作为刑事罚的对象行为。当然，出于不正当目

的，将与他人商品等标识相同或者近似的域名作为自己商品标识使用，导致与他人商品或者服务发生混淆可能的，则应当按照日本不正当竞争防止法第 21 条第 2 款第 1 项规定，追究行为人的混淆惹起行为罪，处 5 年以下有期徒刑或者 500 万日元以下罚金，或者两者并处。

第六章
误导行为

第一节 概 论

一、国际条约和国内法的相关规定

误导行为,是指对商品或者服务进行不真实的或者其他足以造成相关公众产生某种与客观事实不符的理解的行为。由于损害消费者和竞争者利益,破坏公平竞争秩序,《巴黎公约》《马德里协定》以及各国成文反不正当竞争法均禁止误导行为。

《巴黎公约》第10条规定,对标有虚伪的原产地或生产者标识的商品在进口时予以扣押。第10条之二第3款第3项规定,特别禁止"在经营商业中使用会使公众对商品的性质、制造方法、特点、用途或数量易于产生误解的表示或说法"的不正当竞争行为。《马德里协定》第3条之2规定,适用该协定的国家也承诺,在销售、陈列和推销商品时,禁止在招牌、广告、发票、葡萄酒单、商业信函或票据以及其他任何商业信息传递中使用具有广告性质并且可能使公众误认商品来源的任何标志。

我国《反不竞争竞争法》第8条规定:"经营者不得对其商品的性能、功能、质量、销售状况、用户评价、曾获荣誉等作虚假或者引人误解的商业宣传,欺骗、误导消费者。经营者不得通过组织虚假交易等方式,帮助其他经营者进行虚假或者引人误解的商业宣传。"

德国反不正当竞争法第5条、第5a条、第6条分别对误导行为作出了禁止规定。第 5 条禁止的是作为的误导行为,第 5a 条规定的是不作为的即隐瞒事实真相的误导行为,第 6 条禁止在比较广告中从事误导行为。日本不正当竞争防止法第 2 条第 1 款第 20 项规定禁止下列不正当竞争行为:在商品或者服务、商品或者服务的广告,或者用于交易的文书或者通信中,对商品的原产地、品质、内容、制造方法、用途、数量,或者服务的品质、内容、用途、数量,使用引人误认的标识,或者转让、交付、为了转让或者交付进行展示,出口、进口、通过电气通信线路提供使用了该标识的产品或者服务的行为。美国兰姆法第 43 条第 1 款第 2 项也规定禁止下列不正当竞争行为,在商业性广告或者促销中,就自己或者他人的商品、服务或者商业活动的性质、特征、质量或者地理来源,进行虚假陈述,违者应当承担民事责任。

与德国、日本反不正当竞争法相比,我国《反不正当竞争法》第 8 条仅规制虚假或者引人误解的商业宣传、欺骗或者误导消费者的行为,对于直接在商品或者服务上使用误导标识、使用了误导标识的商品或者服务的提供行为,未在规制之列,这种立法上的漏洞显然不适应实践需要。为此,不得不通过法律解释,从广义上将虽非专门的虚假或者引人误解的商业宣传,但具有误导效果的标识使用行为、提供使用具有误导效果标识的商品或者服务行为理解为误导行为。

二、保护法益

规制误导行为直接保护的是市场相对方,即终端消费者和中间层次交易者的利益。终端消费者,即产品或者服务的最终购买者。中间层次的交易者,即工商业客户,包括产品批发业者、产品加工业者、运输业者、拣选业者、包装者业等。误导行为,首先可能受害的就是终端消费者和中间层次的交易者。

规制误导行为间接保护的是竞争者。误导行为,可能会不正当剥夺竞争者的交易机会,使其处于不公平竞争地位,对该行为的禁止,可以保证竞争者获得正常的交易机会。

三、与其他法律的关系

(一)与《反不正当竞争法》其他条款的关系

《反不正当竞争法》第 6 条规定的商品或者服务来源混淆行为,第 10 条规定的不正当有奖销售行为，也属于对商品或者服务的误导行为。但因为第 6 条和第 10 条已经分别将来源混淆行为和不正当有奖销售行为从误导行为中分离出来单独进行了规制，发生来源混淆行为或者不正当有奖销售行为时，应分别适用第 6 条和第 10 条的规定。当然，如果原告选择第 8 条作为请求权基础，亦不能认为其选择错误，只是在此情况下，应按照第 8 条规定审查其主张请求权的法定要件。

（二）与消费者权益保护法关系

因误导行为而受害的终端消费者，在《反不正当竞争法》上没有请求权，只能以《中华人民共和国消费者权益保护法》（以下简称《消费者权益保护法》）第 8 条、第 20～21 条、23～26 条、第 45 条、第 48～49、第 52～55 条作为行使请求权的依据。

（三）与广告法的关系

广告法属于行政法，对广告行为进行规制。违反《中华人民共和国广告法》（以下简称《广告法》）第 4 条、第 8 条、第 11～12 条、第 28 条等规定，制作、发布虚假或者其他误导性广告，构成误导行为。合法权益受到损害的消费者，因在《反不正当竞争法》上没有请求权依据，仍需以《广告法》第 56 条、《消费者权益保护法》的相关规定作为请求权依据。

（四）与产品质量法的关系

误导行为导致购买相关产品或者服务的消费者人身、财产遭受损害的，《中华人民共和国产品质量法》（以下简称《产品质量法》）第 5 章明确规定产品生产者、销售者应当承担民事责任，已经吸收了误导行为对市场相对方造成的损害，《产品质量法》的规定应当优先适用。但对人身、财产未直接遭受损害仅营业上的利益间接遭受损害的竞争者而言，则只能以《反不正当竞争法》第 8 条作为请求权依据。

第二节　构成要件

一、商业行为

误导行为必须是一种商业行为。商业行为，按照德国反不正当竞争法第 2 条第 1 款第 1 项的规定，是指有利于自己或者他人的经营的、缔结交易之前、期间或者之后的、与促进商品或服务的销售、与商品或服务合同的签订、履行客观上相关联的人的行为。简单地说，就是与商品、服务有关的一切经营行为。

与商品、服务经营无关的误导行为，比如征婚启事中对男女双方样貌、家庭状况、性格、健康状况等的虚假宣传，虽会导致对方误解，但非《反不正当竞争法》第 8 条规制的误导行为。

二、在商品、商品广告或者交易文书等中使用误导标识

误导行为的法律构成，要求行为人在商品或者服务上、商品或者服务广告中、商品或者服务交易文书等中，使用误导消费者或者中间层次交易者即市场相对方的误导性标识或者信息。

（一）误导行为的具体样态

根据行为人使用标识或信息的具体状况，可以将误导行为的方式分为如下几类。

1. 使用虚假标识或者信息造成误导

是指使用与客观事实不符的标识或者信息，意图使交易相对方作出与客观事实相反理解的误导。比如，某些无良的房地产公司和房屋中介勾结，宣称其楼盘开盘日即基本售罄，只剩下十几套了，虽然可选余地不大，但马上就没了，劝购买者从速，以免错失购买好房的良机，而从政府住房保障和房屋管理部门"商品房项目查询"查询的信息显示，楼盘开盘日仅售 15 套房。这就是典型的在房地产销售广告中使用捏造的与客观事实不符的虚假信息，欺骗消费者的行为。

使用虚假标识或者信息的行为，属于欺诈行为。消费者可以《消费者权益保护法》第 55 条为请求权依据，请求 3 倍返还购买商品的价款或者接受服务的费用。

2. 使用真实标识或者信息造成误导

一般而言，使用真实反映商品或者服务的标识或者信息不会造成相对人误导。但在某些情况下，行为人刻意强调使用真实标识或者信息也可能造成相对人对商品或者服务产生错误认识。比如，某牛奶生产者在广告中反复强调其生产的牛奶不含三聚氰胺添加剂，虽然这是客观事实，但食品卫生法本身就禁止在牛奶中添加三聚氰胺，其他牛奶生产者生产的牛奶也都不含三聚氰胺添加剂。行为人的广告给人的印象是，只有其生产的牛奶不含三聚氰胺添加剂，造成了消费者的误解。

3. 使用歧义性标识或者信息造成误导

使用存在两种以上含义、意思模棱两可的标识或者信息，导致相对方从有利于自己的角度进行理解，事实却并非如此的情况下，构成应被禁止的误导行为。比如，某房地产公司在发给购房者的小册子中宣称，其开发的楼盘地理位置十分便利，距离最近地铁站步行只有 200 米。而事实是，从该楼盘步行到最近地铁站需要经过 4 个街区，5 个红绿灯，距离近 2 公里。诉讼中房地产公司辩解说，其广告小册子中所说的距离是直线距离，而不是曲线距离！显然，该事例中的房地产公司利用了"距离"的歧义性，让购买者误以为 200 米是从楼盘步行到最近地铁站的实际距离。《最高人民法院关于审理不正当竞争民事案件应用法律若干问题的解释》第 8 条第 1 款第 3 项明确规定，以歧义性语言或者其他引人误解的方式进行商品宣传的，属于《反不正当竞争法》规定的误导行为。

4. 使用隐瞒事实的标识或者信息造成误导

隐瞒与商品或者服务有关的信息影响市场相对方的决策，也属典型的误导行为。比如，已经开始预售房屋的房地产公司，在其营销册中，除了宣传其房屋品质好、地理位置优越等正面信息外，却不告知开发房屋所用土地尚未列入政府商品房开发规划项目的信息，从而导致购房者购房的行为。

5. 将科学上尚无定论的结论、观点当作定论事实宣传或者使用造成误导

科学上尚无定论的结论、观点，随着研究的深入，可能成为定论和事实，也可能被推翻而成为谬误和非事实。将科学上尚无定论的结论、观点当作定论

事实宣传或者使用，极容易导致市场相对方对商品或者服务发生误解而作出购买决定。比如，某些非药非酒公司，在其广告中宣称，"风湿骨病怎么办？每天早晚喝某某药酒。肾虚尿频怎么办？补肾强身喝某某药酒。脾胃虚寒怎么办？健脾养胃喝某某药酒。气虚血亏怎么办？补气补血喝药酒。"药酒在医学上是否有医学或者强身健体的强大功效，尚属未知数，将未知数当作事实进行宣传，极容易误导购买者作出购买决定。《最高人民法院关于审理不正当竞争民事案件应用法律若干问题的解释》第8条第1款第2项明确规定，将科学上未定论的观点、现象等当作定论的事实用于商品宣传的，属于《反不正当竞争法》规定的引人误解的虚假宣传行为。

6. 使用含义变化的标识或者信息造成误导

与商品或者服务有关的某些概念随着时间发生了变化，行为人如果使用该概念的原有含义指代新的含义，或者使用该概念的新含义指代原有含义，其使用方式就会误导交易相对人。比如，将现在仅指代一种甜食的"甘草糖果"指代一切甘草类型的甜食，将现在还指代人工合成玻璃的"艺术玻璃"仅用于指代原来意义上艺术形态的玻璃，就会误导交易相对人。

7. 提供商品或者服务是误导行为的最终目的

转让、交付、为了转让或者交付进行展示，出口、进口、通过电气通信线路提供使用了误导性标识或者信息的产品或者服务的行为。

(二) 误导行为的客体

《反不正当竞争法》第8条对误导行为的客体，采取了列举加概括的立法模式，因此并不限于商品的性质、功能、质量、销售状况、用户评价、曾获荣誉情况，还包括其他各方面的内容。

1. 与商品或者服务有关的误导

包括与商品原材料、原产地、品质、等级、内容、生产加工方法、用途、生产数量、销售数量、市场份额、价格、保质期限、用户评价等有关的误导，与服务的品质、内容、用途、数量、价格、市场份额、用户评价等有关的误导。

(1) 与商品原材料有关的误导。原材料可以反映产品的品质和作用，是消费者购买商品时考虑的一个重要因素。对产品原材料作出虚假的或者其他足以导致相对方误解的表示，影响消费者的购买决定的，构成误导行为。比如，在压缩地板上贴上"纯原木"文字,将掺杂了鸡肉和猪肉的串烧称为"羊肉串",将镀铜的茶碗贴上"24K 金碗"等。

（2）与商品原产地有关的误导。商品的原产地,包括农林水产物的自然生长地、栖息地,农林水产物的二次加工产品的加工地,以及工业产品的制造地。原产地可以是国家、地区、地方、地点。**原产地标识,是直接或者间接表明商品原产地的文字、图案、符号或者其他标识。**直接表明原产地的标识,比如,日本神户牛肉、新西兰羊肉、西藏牦牛肉、湛江生蚝、札幌啤酒。间接表明原产地的标识,比如用富士山表明苹果产自日本,用风车表明奶酪原产地为荷兰,用长白山小天池表明矿泉水来自吉林长白山小天池。

农林水产物的原产地,通常由自然条件决定,农林水产物二次加工品和一般工业产品,可以超越自然条件的限制,在不同地方生产加工,究竟哪个地方才是农林水产物二次加工品和一般工业产品的原产地,并不容易判断。比如,翡翠原石从泰国清迈进口,但翡翠配饰在云南大理加工而成,此时翡翠配饰的原产地是泰国清迈还是云南大理？再比如,浙江温州地毯厂从新疆克拉玛依购买羊毛,编织了羊毛地毯出售,该羊毛地毯的原产地是温州还是克拉玛依？

对此,日本东京高等裁判所在 1975 年的原石ベルギーダイヤ案中认为,像钻石这种需要通过加工才能真正获得商品价值的天然产品,其加工地一般可以认为是原产地。[1] 换句话说,**使商品内容产生实质性变化之地,一般可认为是该商品的原产地**。当然,可以独立销售的原材料,其原产地为该原材料自然出产地则无疑义。比如,在上述事例中,翡翠配饰的原产地为云南大理,翡翠原石的原产地为泰国清迈,羊毛地毯的原产地为浙江温州,羊毛的原产地为新疆克拉玛依。

在商品生产加工地有多个,且多个生产加工地又都决定了各自商品价值的情况下,则商品各自的生产加工地为其原产地。比如,同样从泰国清迈进口翡翠原石进行翡翠配饰加工的广州珠江翡翠有限公司,其加工的翡翠配饰原产地即为广州。

地理标志属于特殊的原产地标识,只能由集体组织申请集体商标注册,并由本地理区域内加入了集体组织的成员使用。非集体组织成员使用原产地标识构成的集体商标的,构成误导行为。

---

[1] 東京高判昭 53.5.23 刑月 10 巻 4・5 号 857 頁「原石ベルギーダイヤ事件」。

与原产地有关的误导，即对产品的原产地进行张冠李戴式的使用。比如，将产地为青岛崂山的啤酒标注为北海道札幌啤酒，将产地为广州的矿泉水标注为长白山小天池矿泉水，将产地为上海的香水宣称为巴黎香水，将河北廊坊生产的啤酒标注为德国慕尼黑黑啤等。

（3）与产品性质和功能有关的误导。产品的性质和功能，简称为"产品的性能"，是指产品在一定条件下，实现预定目的或者规定用途的能力。以汽车为例，其性能包括动力性、燃油经济性、制动性、操控稳定性、平顺性以及通过性、排污性、防噪声性等。与产品性能有关的误导，比如，宣称生产的四驱小轿车十分省油，跑200公里只消耗半公升92号汽油，而事实是跑200公里起码要消耗5公升92号汽油。再比如，空调生产商宣称其生产的空调制冷效果非常好，1分钟之内就可以将20平方米房间的温度降到25℃，而事实是将20平方米房间的温度降到25℃起码需要10分钟。

（4）与商品或者服务品质、等级有关的误导。商品品质是商品内在质量和外观形态的结合。服务品质就是顾客对服务的期望和顾客接触后感觉到的服务之间的差距。商品或者服务等级，是对同一品种的商品或者服务按其达到商品或者服务质量或者品质标准的程度所确定的等级。一般来说，工业品分三个等级，而食品特别是农副产品、土特产等多为四个等级，最多达到六七个等级，如茶叶、棉花、卷烟等。按照《工业产品质量分等导则》相关规定，商品质量水平划分为优等品、一等品、合格品、不合格品四个等级。

与商品或者服务品质、等级有关的误导，是指使用与商品品质、等级不相符的标识或者信息，让交易相对人产生商品品质好、等级高等错误印象。比如，在新推向市场的蜡烛包装上及相关广告中，宣称该蜡烛燃烧时的二氧化碳减少90%，熄灭时产生的难闻气味减少50%，而事实并非如此。❶ 在包装上标注或在广告中宣称提供的酒为"特供酒""内参酒"，因特供酒、内参酒的判断标准不明，基本都属于商品品质误导行为。违反《农业转基因生物安全管理条例》《转基因农产品安全管理临时措施》《转基因食品卫生管理办法》等行政规章规定，将转基因食品标注为非转基因食品、天然有机食品等，会使交易相对人产生该食品为非转基因食品、天然有机食品的误解，构成食品品质误导行为。与商品等级有关的误导，比如，违反法律法规规定，将合格牛奶标注

---

❶ 大阪地判平17.4.28 裁判所HP「蠟燭事件」。

为优等品，将三星酒店标注为五星酒店。此等行为，除了应当承担行政管理法上的责任，还应当按照《反不正当竞争法》的规定，承担误导行为的责任。

（5）与商品用途有关的误导。商品用途，即商品的使用价值。与商品用途有关的误导，即对商品用途做引人误解的描述或者使用使人误解的商品用途标识。比如，抽油烟机的排烟管，唯一用途是用于排除厨房油烟，行为人却还宣称其是具有百分百除污效果的排烟管，事实是不但不能除污，而且一使用就发生排烟管燃烧事故，就完全误导了消费者。

（6）与商品生产加工方法有关的误导。生产加工方法，又称生产工艺，是指生产工人利用生产工具和设备，对各种原料、材料、半成品进行加工或处理，最后使之成为成品的工作、方法和技术。生产工艺的好坏，决定商品质量、功能、性状等的高低。对商品生产加工方法进行误导，目的是让交易相对人对商品质量、功能、性状等产生误解，并作出购买决定。

与商品生产加工方法有关的误导，比如，将通过酵素发酵的面包，宣称为纯天然发酵面包，将勾兑的白酒宣称为纯天然酿造白酒。

（7）与商品生产数量、销售数量、市场份额有关的误导。商品生产数量、销售数量、所占市场份额，直接反映该商品的市场人气，间接反映该商品的品质、性能等状况。对商品生产数量、销售数量、市场份额进行与事实不符的宣传，或者在商品、商品包装上使用与事实不符的标识，会直接误导交易相对人，影响其购买决定。

与商品生产数量有关的误导，比如，宣称正在销售中的商品处于暂时断货状态，将其商品装扮成人气指数极高的紧俏商品误导消费者抢购，而事实是该商品货源充足。疫情期间，某些米业公司捏造并散布大米、大蒜即将断货的虚假消息，引起家庭主妇抢购，亦属于对商品生产数量的误导行为。为了诱惑顾客上门，宣称在特定时间内以特定优惠价格销售商品或者提供服务，但在该特定时间内，行为人并没有储存能够满足预期需要的商品数量，或者不能提供满足需求的服务，也是常见的与商品或者服务数量有关的误导行为。

与商品销售数量和市场份额有关的误导，比如，在凉茶广告中宣称或者在凉茶铁罐包装盒上使用"市场销量第一""全国销量遥遥领先"字样，使交易相对人产生该凉茶系高人气热卖品印象而争相购买，而事实并非如此。某些电影公司为了让观众产生其电影为卖座电影的印象而去观看，宣称其电影刚在院线上映一周就突破了多少亿票房，也是常见的对商品销售数量和市场份额进行误导的事例。

（8）与商品或者服务价格有关的误导。商品或者服务价格高低，相当程度上左右着交易相对人的购买决定。对商品或者服务价格进行误导，引诱交易相对人进行购买，是实践中最频繁发生的误导行为，具体方式和样态也五花八门。比如，宣称商品价格为换季价、庆典价、清仓价、出厂价、批发价、特供价、跳楼价、大放血价、白菜价等，而实际的销售价格并没有降低，甚至比平日的销售价格还高，构成对交易相对人的误导。

（9）与保质期限有关的误导。保质期，通常指预包装食品在标签指明的储存条件下，保持商品品质的期限。保质期与消费者的人身、财产安全密切相关。为了确保消费者的人身、财产安全，食品应当按照食品安全法、国家标准化法、食品安全国家标准预包装食品标签通则等规定，明确标注食品保质期，不标注食品保质期，或者在广告、交易文书、商品包装等上面延长食品的保质期，构成对交易相对人的误导。

（10）与用户评价有关的误导。用户评价是指用户购买商品或者服务，或对商品或者服务进行其他相关体验后，对该商品或者服务的品质等各方面内容作出的综合评判，通常用于商业反馈。在电子商务快速发展的今天，用户评价已经成为很多商城非常重要的一个展示内容和推销商品或者服务的手段。

与用户评价有关的误导，通常表现为收买现实世界或者网络虚拟世界的水军，对其商品或者服务进行与事实不符的好评或者刷量，或者通过用户来信或者用户送锦旗的方式，对其商品或者服务进行与事实不符的宣传。

2. 与商品或者服务提供者有关的误导

与商品或者服务提供者有关的误导，和对商品或者服务本身的误导不同，是对提供商品或者服务主体的误导。

（1）与商品或者服务提供者名称与性质的误导。商品或者服务提供者的名称与性质，可以反映出其经营的行业、规模、地域、承担法律责任的能力。违反公司法或者企业名称登记管理规定，造成交易相对人对其法律形式与性质误认的，构成误导行为。比如，将独资公司、有限责任公司、股份有限公司、合伙企业相互混用；营业地址在北京的银行取名为日本三菱银行，但在日本没有任何金融业务；名称中包含了地方名称如广东农商行，但在广东没有任何银行业务；在北京的湖北大厦，没有任何业务与湖北有关等。

（2）与商品或者服务提供者的历史与地位有关的误导。商品或者服务提供者的历史与地位,暗含了其提供商品或者服务的品质保障,宣传或者在商品或者服务上使用反映提供者历史与地位的标识必须真实、客观。就历史而言,要求商品或者服务提供者在其宣称的这段历史时期内,经营没有中断过,或者虽非因战争、国家或者社会变迁等特殊原因中断过,但经营一直持续存在。宣称其凉茶企业和品牌创立于1828年,但长久中断过,且主体反复变迁,则很难认为此种宣传或者使用方式不属于对主体的误导行为。宣称自己是中国最古老的酱香型白酒酿造企业,或者是中国最正宗的酱香型白酒酿造企业,要求该企业和其他酱香型白酒酿造企业相比必须是最早成立的,而且品质应当一直是最优的,否则就是误导交易相对人的行为。

就地位而言,如果在广告或者交易文书中宣称,或者在商品、商品包装等上面标注自己的企业是全国最大巧克力生产厂家、全国领先地位的制药企业、全国唯一的新媒体综合平台,应当存在可供核实的事实,而不应当是商品或者服务提供者一厢情愿的价值判断和呼吁,否则就构成误导行为。至于什么是最大的、领先地位、唯一的,有国家强制认定标准,需根据该标准进行认定。没有强制标准的,应当根据行业标准认定。没有行业标准的,则应当根据交易相对人的认识标准进行判断。比如,就"最大的",最起码应当是厂房面积最大、就业人数最多、生产销售的巧克力数量最多、营业收入最多、企业利润最多、纳税额最多等当中的任何一个方面,如果任何一个方面都不是,则属误导行为。

(3)与商品或者服务提供者的知识产权有关的误导。商品或者服务提供者享有知识产权的情况,既反映了提供者商品受知识产权保护的情况,也说明提供者相对于其他竞争者的产品或者服务质量优势,还揭示了提供者未来的发展前景。商品或者服务提供者对其享有知识产权的状况进行与事实不符的宣传或者表示,构成误导行为。

未对专利、商标申请量和授权量进行区分,笼统地宣称或者在产品上标注"拥有专利10000件""拥有商标5000件",或者"拥有知识产权10000件",会让市场相对方误以为商品或者服务提供者拥有已经批准的有效专利10000件、注册商标5000件、有效知识产权10000件,构成误导,因为正在申请过程中的发明创造、商标,可能不会获得批准成为授权专利或者注册商标。

仅仅在产品上标注"专利"二字,交易相对人一般会认为该产品属于专利产品,但事实是该专利属于国外专利,在国内并未获得专利,构成误导。

(4) 与商品或者服务提供者资质有关的误导。商品或者服务提供者不具有相关职业资质的，在广告、交易文书或者商品、商品包装上，不得使用明示或者暗示包含相关职业资质的标识。鉴定人、医生、药剂师、牙医、律师、审计师、会计师、律师、税务师、教师、教练、房地产策划讲师等，在我国都需要资格证和执业证，未依照相关法律规定取得资格证和执业证的，不得使用这些职业名称。称"专家""大师"的，应当在本领域内具有显著超过通常水平的专业知识、社会经验和技能，否则构成误导行为。

(5) 与商品或者服务提供者奖惩、诉讼有关的误导。是指对商品或者服务提供者受过的奖励、惩罚，或者卷入的法律诉讼进行与事实不符的宣传。就奖励而言，通常表现为捏造受奖励的次数，夸大受奖励的档次和等级。就所受惩罚和卷入的法律诉讼而言，通常表现为隐瞒这些事实。隐瞒商品或者服务提供者受奖惩、卷入的法律诉讼，足以导致交易相对人作出购买其提供的商品或者接受其提供的服务决定的，构成误导行为。

(三) 误导行为的实施方式

根据公开实施还是非公开实施，可以将误导行为分为以公开方式实施的误导行为和以非公开方式实施的误导行为。

1. 以公开方式实施的误导行为

是指针对不特定多数交易相对人实施的误导行为。这种误导行为，通常采用公开的广告宣传、在商品或者商品包装上贴附误导标识等方式具体实现。比如，在电视台、广播电台、互联网、户外广告牌、生产销售的产品包装上，宣称其矿泉水采用珠穆朗玛峰万年不化的积雪制作而成，而事实是，该矿泉水只不过是用自来水过滤瓶装而成。

通过广告将竞业者的商品或者服务与自己的商品或者服务进行不符合客观事实的比较，即非法比较广告，❶ 以及通过组织虚假交易等方式，帮助其他经营者实施误导行为，也是较为常见的以公开方式实施的误导行为。

2. 以非公开方式实施的误导行为

是指针对特定范围内的交易相对人实施的误导行为。这种误导行为，通常

---

❶ 为了进行客观、真实比较，通常会使用他人商标，这种使用行为通常构成指示性使用，不侵害他人注册商标权或者构成混淆行为。互联网中的竞价排名，通常属于合法的比较广告行为。

采用不公开的广告宣传、在交易文书上贴附误导标识等方式具体实现。在个人或者家庭信箱里塞广告传单的方式，在交易谈判中针对批发商、零售商、单个客户面对面进行口头宣讲的方式，给网络用户发送电子邮件的方式，都是典型的以非公开方式实施的误导行为。

三、误导可能性

《反不正当竞争法》第 8 条规定的误导行为的法律构成，还需要存在误导可能性的后果。行为人虽然对其提供的商品或者服务作出引入误解的行为，但客观上不存在误导交易相对人的可能性的，误导行为不成立。

1. 误导可能性的含义

误导可能性包括三个方面的含义：一是指交易相对人对商品或者服务产生与客观事实不相符合的理解，即误解。比如，将转基因玉米当作天然有机玉米，将添加了增筋剂的面粉当作没有添加增筋剂的面粉，将刷了一点羊油的猪肉串当作羊肉串等。二是指交易相对人对商品或者服务产生与客观事实不相符合的理解后，被吸引或者表示出愿意购买相关商品或者接受相关服务的兴趣，也就是购买商品或者接受服务的决定因误解而受到影响。三是指交易相对人被误导的仅是可能性，而非现实性。也就是说，只要交易相对人因为行为人的误导行为而被吸引或者表示出愿意购买相关商品或者接受相关服务的兴趣，就足以认定误导行为的成立，无须考虑其是否实际上购买了相关商品或者接受了相关服务。

只要求误导后果的可能性而非现实性，有利于有效制止误导行为的发生，减少交易成本，维护竞争秩序。

2. 误导可能性的判断主体

误导行为客观上是否存在误导可能性，并不取决于行为人的理解，而取决于误导行为指向的交易相对人的理解和判断。

交易相对人，包括终端消费者和中间层次的购买者，和相关公众的概念相当，并非指全体消费者和中间层次的购买者，仅指误导行为指向的相关交易领域中的消费者和中间层次的购买者，也就是和误导行为指向的商品或者服务可能发生交易关系的人。

交易相对人，并非无知的、草率马虎的普通交易相对人形象，而是拥有广泛信息的、具有通常注意力以及理智的普通交易相对人形象。❶ 当然，由于产品或者服务不同，交易相对人付出的注意力也会有所差别。比如，价格昂贵的房子、汽车、珠宝等珍稀物品，价格昂贵的美容服务，消费者在决定购买前，通常会收集、对比各种信息后才会作出购买决定。而价格低廉、使用寿命短的日常生活用品，消费者通常不会过多注意。对于价格昂贵的商品，如果行为人广告宣传或者商品标注清楚地表明了相关信息，即使草率马虎的消费者对广告宣传或者商品标注信息发生了误解，并作出了购买决定，误导行为也不成立。

由于假定了交易相对人具有一定的接受信息的能力、注意力以及理解力，因此某些过度的夸大宣传，比如，宣称自己卖的玫瑰花是"世界上最美丽的玫瑰花""只要买了我的玫瑰花，爱情马上就会来到你身边"，虽然为不真实的或者无法验证的宣传，但购买者显然不会因此相信行为人销售的玫瑰花有如此之功效，因此即使作出了购买决定，也非因误解而导致的结果。

3. 误导率

日本不正当竞争防止法第2条第1款第19项，德国反不正当竞争法第5条、第5a条、第6条，我国《反不正当竞争法》第8条，均未作出规定。德国联邦最高法院在1981年、1992年的相关案件中，将误导率确定为10%～15%。2004年一个有关误导广告的判决则认为，被告广告足以误导15%～20%的交易相对人，还不足以认定为应当禁止的误导行为。但是，这也并不意味着将误导比例提升至25%或者30%左右。❷

对于误导可能性的认定，注重误导率并没有实际意义。不管是以公开还是非公开方式实施误导行为，只要该行为指向的内容与可以验证的唯一的客观事实不相符，哪怕只存在误导一个交易相对人的可能性，或者实际上只有一个交易相对人发生了误解，误导行为也成立。比如，某餐厅门口招牌上宣称其卖的是江苏苏州阳澄湖大闸蟹，实际卖的却是湖北鄂州梁子湖的大闸蟹，尽管绝大部分食客心知肚明，几个食客却信以为真而点餐食用，该餐厅的行为仍然构成误导行为。

相反，只要该行为指向的内容与可以验证的唯一的客观事实相符，哪怕再多的交易相对人发生了误解，误导行为也不成立。比如，某餐厅宣称其卖的是

---

❶ EuGH GRUR Int 1998, 797 – Gut Springenheide.
❷ 范长军. 德国反不正当竞争法研究［M］. 北京：法律出版社，2010：265-266.

湖北鄂州梁子湖大闸蟹，事实上该餐厅卖的也是梁子湖大闸蟹，但食客却误以为其是阳澄湖大闸蟹并点菜食用，虽然食客发生了误解，但该餐厅的行为显然不构成误导行为。

此外，在行为指向的内容与可以验证的唯一的客观事实相符的情况下，虽有个别人或者少数几个人对广告或者标注内容发生了与事实不符的理解上的偏差，只要绝大多数交易相对人作出了与事实相符的理解，行为人的行为同样不构成误导行为。个别人或者少数几个人理解上的偏差，只能归咎于其认识水平不到位的结果。

4. 误导可能性的判断步骤和方法

行为人的行为内容是否存在误导交易相对人的可能性，通常可以按照以下三个步骤进行。首先，行为指向的交易相对人范围。其次，交易相对人对行为内容即广告或者标注的理解。最后，交易相对人对行为内容的理解与客观事实的一致性。

具体判断过程中，应当坚持以下方法。首先，应当按照交易相对人能够理解的广告或者标注内容的通常含义进行判断。比如，楼盘离最近地铁站只有200米，购房者通常的理解应该是，不管是直线还是曲线距离，都只有200米。如果曲线距离超过200米，即为构成误导行为。其次，应当注重行为人行为内容中的显著部分。比如，行为人为了将在广州温室里种植的甜瓜装扮成哈密瓜销售，在其包装上用鲜艳红色画了一座火山，并且用显著字体标注"火焰山"，尽管其包装上还附着了其他图案和文字，但显然该火山图形和"火焰山"文字对购买者理解其甜瓜的原产地具有决定意义。最后，应当考虑行为人的行为内容给交易相对人留下的整体印象。不能将行为内容割裂开来，尤其不能将非行为内容作为行为内容进行碎片化判断。

第三节　对误导行为的法律规制

一、民事规制

（一）差止请求权和损害赔偿请求权

经营者实施误导行为，应当按照《反不正当竞争法》第17条承担差止责任和损害赔偿责任。损害赔偿额可以按照原告逸失利益损失、被告侵害所得、法定赔偿进行计算。此外，原告还可以就律师费、调查取证费、鉴定费、订正广告费、商誉损失等请求赔偿。在原告按照逸失利益或者被告侵害所得寻求损害赔偿的情况下，应当考虑在市场上存在诸多竞争者的情况下，原告的逸失利益或者被告侵害所得是否是由于被告的误导行为所导致的必然结果。

（二）请求权主体

关于误导行为差止请求权和损害赔偿请求权的行使主体，《反不正当竞争法》第17条第2款虽然规定为合法权益受到侵害的经营者，但在误导行为的情形中，直接受害的是终端消费者和批发商、零售商等中间层次的交易者，而不是和误导行为人仅存在抽象竞争关系而无具体竞争关系的经营者，究竟哪些主体可以行使差止请求权和损害赔偿请求权呢？

首先必须明确的是，只有因为误导行为而实际购买了误导行为人的商品或者接受了行为人服务的终端消费者、中间层次的交易者，才会因误导行为而遭受实际损害，虽被误导但并未实际作出购买决定的终端消费者、中间层次的交易者，并未遭受实际损害。根据民事诉讼法的基本原理，只有和被诉行为具有直接利害关系者才有资格提起诉讼，因而只有因为误导行为实际购买了误导行为人商品或者服务的交易相对人，才能行使差止请求权和损害赔偿请求权。

然而，终端消费者虽是误导行为的受害者，但反不正当竞争法并未赋予其请求权，所以其只能以消费者权益保护法为依据行使差止请求权和损害赔偿请求权。与此不同，因为误导而实际购买了误导行为人商品或者服务的中间层次交易者，由于是直接利害关系人，可以直接根据《反不正当竞争法》第17条行使差止请求权和损害赔偿请求权。同时，与误导行为人处于同一营业圈即存在具体竞争关系的竞争者，其交易机会可能因误导行为而减少，营业上的利益可能遭受损害，因此可以直接以《反不正当竞争法》第17条为依据行使差止请求权和损害赔偿请求权。相反，在原被告营业圈根本不重合的情况下，原告营业上的利益不会因为被告的误导行为而受损，原告无行使请求权的依据。

1964年的ライナービヤー案中，被告因为将类似啤酒但并非发泡酒的酒冠名为"ライナービヤー"，并作为一种啤酒销售，让消费者和交易者误以为是一种啤酒，而遭到4个公司起诉。日本东京地方裁判所、日本东京高等裁判所、日本最高裁判所均以4个原告处于寡占状态，被告生产、销售量的增加将

导致 4 个原告销售量的减少为由，认定 4 家公司营业上的利益将遭受损害，因此都有权行使差止请求权和损害赔偿请求权。❶

日本上述案例限于原被告营业圈重合且啤酒行业处于寡占状态的罕见情况，因此射程并不远。原被告营业圈虽然重合，但原被告所经营的行业并非处于仅有几个经营者的寡占状态，而是数量众多，尽管被告的行为破坏了公平竞争秩序，此时要确定谁的利益真正遭受了损害并不容易。认为所有的同类经营者营业上的利益均受损，并允许所有经营者行使请求权，显然会带来诉讼的不经济，也可能会给被告造成不合理的过重责任负担。此种情况最好赋予经营者团体诉讼主体资格，以全体名义行使请求权，维护行业中的公平竞争秩序，从而维护每个经营者营业上的利益。当然，这属于立法论上需要解决的问题。

二、行政规制

在我国，实施误导行为的经营者，需要承担行政责任。《反不正当竞争法》第 20 条规定："经营者违反反不正当竞争法第八条规定对其商品作虚假或者引人误解的商业宣传，或者通过组织虚假交易等方式帮助其他经营者进行虚假或者引人误解的商业宣传的，由监督检查部门责令停止违法行为，处二十万元以上一百万元以下的罚款；情节严重的，处一百万元以上二百万元以下的罚款，可以吊销营业执照。经营者违反反不正当竞争法第八条规定，属于发布虚假广告的，依照《中华人民共和国广告法》的规定处罚。"

三、刑事规制

我国《反不正当竞争法》并未规定误导行为人的刑事责任。日本不正当竞争防止法第 21 条第 2 款第 1 项规定，出于不正当目的，实施误导行为的，单处或者并处 5 年以下有期徒刑或者 500 万日元以下罚金。第 22 条第 1 款第 1 项规定，法定代表人、法人或者自然人的代理人、使用人或者其他员工，对该法人或者自然人的业务从事误导行为的，除了对直接行为人单处或者并处 5 年以下有期徒刑或者 500 万日元以下罚金，对法人处以 3 亿日元以下罚金，对自然人处以 500 万日元以下罚金。从条文规定可以看出，日本只处罚出于图利加

---

❶ 東京地判昭 36.6.30 下民 12 卷 6 号 1508 頁「ライナービヤー事件」。東京地高判昭 38.5.29 判時 342 号 16 頁「同二審」。最判昭 40.6.4. 判時 414 号 29 頁「同上告審」。

害目的的市场误导行为,要求行为人主观上存在误导消费者的故意。

德国反不正当竞争法第 16 条规定了两种可刑罚的误导行为。第一种是一般的可刑罚广告行为。行为人出于制造给人以特别优惠的假象为意图,在公开的告示中,或者在针对较大范围的多数人的通告中,通过不真实的宣传进行误导广告的,处 2 年以下自由刑或者罚金。第二种是累进式顾客广告行为。也就是通常所说的多层次传销行为。在商业交易中,以许诺方式诱使消费者购买商品、接受服务或者受让权利,称如果他们诱使其他人从事同类交易,即向他们提供特殊利益,而且该其他人以此种方式,可进一步招徕下一层次的顾客,亦可获得同类利益的,处 2 年以下自由刑或者罚金。两罪的成立都要求行为人主观上故意,案件原则上为自诉案件,且自诉人仅为受害人,但在存在公共利益时,刑事追究机关可以职权查处和提起公诉。罚金以行为人每日平均应有或者可能有的纯收入为准,最低为 5 单位日额金,最高为 360 单位日额金,1 单位日额金最低不少于 1 欧元,最高不得超过 5000 欧元。❶

---

❶ 更为详细的论述可以参见范长军. 德国反不正当竞争法研究 [M]. 北京:法律出版社,2010:409-419.

第七章
商业毁谤行为

第一节 概 论

一、规制商业毁谤行为的目的

根据《反不正当竞争法》第 11 条，经营者编造、传播虚假信息或者误导性信息，损害竞争对手的商业信誉、商品声誉的，构成不正当竞争行为。该条属于《巴黎公约》第 10 条之二第 3 款第 2 项禁止的行为，即在经营商业中，具有损害竞争者的营业所、商品或工商业活动的商誉性质的虚伪说法。

市场误导行为规制直接保护的是消费者和中间层次交易者的利益，仅间接保护竞争利益，而商业毁谤行为规制直接保护的是竞争者的个人利益，仅间接保护消费者免受商业毁谤行为影响而作出交易决定。此外，市场误导行为的样态是，经营者对自己的产品或者服务进行误导的宣传，而商业毁谤行为的样态是，对他人的商品或者服务进行诋毁性的宣传。

商业毁谤行为虽不会减损竞争，但将使竞争者处于不利竞争地位，使自己处于有利竞争地位，如容忍经营者编造、传播虚假信息或者误导性信息，受害经营者通过不断努力打造信用的意愿将因此而被削弱，消费者福利也将因此而受损，因而需要加以规制。

二、与《民法典》的关系

商业毁谤行为同时可能违反《民法典》第 1024 条的规定（民事主体享有

名誉权。任何组织或者个人不得以侮辱、诽谤等方式侵害他人的名誉权。名誉是对民事主体的品德、声望、才能、信用等的社会评价），受害人因而享有损害赔偿请求权和停止侵害请求权，从而出现民法典上的请求权和反不正当竞争法上的请求权并存的现象。不过根据特别法优先于一般法适用的原理，如果行为人实施的行为损害的是竞争者的名誉，则应当优先适用《反不正当竞争法》第11条。相反，如果行为人实施的行为损害的不是竞争者的名誉，而是一般主体的名誉，则只能适用《民法典》第1024条等规定。

三、与言论自由的关系

涉及商业毁谤的案件中，被告常以言论自由进行抗辩。然而，从美国司法实践看，作为言论自由组成部分的商业性言论自由受到的保护程度通常低于政治性等其他言论自由受到的保护程度。理由是，商业性言论对于阐述思想观点的贡献要低于其他形式的言论，商业性言论者出于自身经济利益考虑，通常不太容易接受劝阻而改变自己的言论，且商业性言论者对相关市场和产品具有广泛知识，完全可以评判自己言论的真实性。❶

何谓商业性言论？在1990年的U. S. Healhtcare, Inc. v. Blue Cross of Greater Philadelphia 案中，美国第三巡回上诉法院依据美国联邦最高法院和其他法院以往的判决认为，商业性言论是对于发言者和听众的经济利益的表达，通常是通过关于产品和服务销售的商业性广告的方式表达。相关言论是否属于商业性言论，需要通过以下三个要素进行判断。一是该言论是否是广告。二是该言论是否指向了具体的产品或者服务。三是发言者是否具有经济动力。如果回答均是肯定的，则相关言论属于商业性言论。❷

在相关言论属于商业性言论的情况下，无法一般性地享有美国宪法第一修正案保护的言论自由的豁免，需要根据案件事实判断该言论与商业毁谤行为之间的关系。

四、主观过错是否是商业诋毁行为的构成要件

编造并散布虚假或者误导性信息损害他人商业信用或者商品声誉的行为，

---

❶ 李明德. 美国知识产权法 [M]. 2版. 北京：法律出版社，2014：654–661.
❷ U. S. Healhtcare, Inc. v. Blue Cross of Greater Philadelphia, 898 F. 2d 914 (3d Cir. 1990).

性质上只能是主观故意行为。但不能由此认为，商业诋毁行为的构成，需要主观过错要件。单纯散布虚假或者误导性信息，客观上损害他人商业信用或者商品信誉的行为，行为人主观上可能是出于故意，也可能出于非故意，甚至没有过错，商业诋毁行为是否成立呢？

从维护新闻自由和言论自由的角度看，确有通过主观过错要件限制责任主体范围的必要。但在移动互联网已经十分发达、几乎每个个体都已经成为信息生产者和发布者的情况下，将主观过错设置为商业毁谤行为的构成要件，一是将极大增加受害者的举证负担，二是可能使每个个体都成为毁谤信息的转发者而可以不用承担任何法律责任，从而使商业主体陷入巨大风险之中。未来协调商业主体利益和言论自由利益之间的关系，法律和司法解释不宜将主观过错设置为商业毁谤行为的构成要件，但在个案中允许被告根据《民法典》规定的一般情况下无过错不承担法律责任的规则，进行不侵权抗辩，也就是不应当要求受害者承担被告存在主观过错的举证责任，而应当要求被告承担不存在过错的举证责任。

第二节 商业毁谤行为的构成要件

一、原被告之间存在具体的竞争关系

（一）具体的竞争关系

只有原被告之间存在具体的竞争关系，商业毁谤行为指向的对象是特定竞争者时，商业毁谤行为才成立。商业毁谤行为指向的对象为非竞争者的一般民事主体时，该行为成立的是一般名誉权侵害行为，适用《民法典》第1024条等规定进行处理，但不构成商业毁谤行为，不适用《反不正当竞争法》第11条的规定。

具体的竞争关系，是指基于产品或者服务、地域、时间等因素，一方受益直接导致另一方受损，受益与受损之间存在能量转换式的结果。虽处于同一地域，但一方的受益与另一方的受损之间不存在能量转换式的结果，则双方虽可能成立抽象的竞争关系，但不成立具体的竞争关系。竞争者，是指作为商品或

者服务的供应者、需求者而与一个或者多个经营者处于具体竞争关系的经营者。❶

(二) 特定竞争者的判断

商业毁谤行为是否指向特定竞争者,需要结合具体案情进行判断。商业毁谤行为以指名道姓的方式或者图示的方式,明确指向特定的竞争者,社会公众按照常识即可毫无疑义地判断出商业毁谤行为指向的是该特定竞争者的,商业毁谤行为指向特定竞争者不存在争议。**商业毁谤行为虽未采取指名道姓方式或者图示方式明确指向特定竞争者,或者虽然以其他全部竞争者为指向对象,但根据地域范围、时间跨度、市场结构、特定的法律或者经济关系等因素,社会公众按照常识亦可明确判断出商业毁谤行为指向的特定竞争的,亦不能否认商业毁谤行为指向特定竞争者。**

1. 根据地域范围可以判断出商业毁谤行为指向特定竞争者的事例。比如,仅相隔一条街门对门的某个餐馆,为了争取食客在向路人散发的传单上宣称,"街对面的餐馆卫生条件极差,饭菜里面经常吃出老鼠屎",该传单虽未明确指出街对面的餐馆名称,但食客根据"街对面"这个地域范围,根据常识至少可以得出,行为人餐馆所在位置街正对面和两个斜对面的餐厅卫生条件差,饭菜里面经常吃出老鼠屎的结论,因而满足商业毁谤行为必须指向特定竞争者的要件。

2. 根据市场结构可以判断出商业毁谤行为指向特定竞争者的事例。比如,北京某安保公司在互联网上宣称,"其他安保公司安保人员没有经过专业训练,安保设备落后,安保对象经常出现生命、财产安全事故",该宣称虽未指名道姓,但因整个北京连同行为人在内仅有 3 家安保公司,社会公众尤其是作为相对人的客户对被商业毁谤的对象心知肚明,因而满足商业毁谤行为必须指向特定竞争者的要件。

3. 根据法律或者经济关系可以判断出商业毁谤行为指向特定竞争者的事例。比如,在实体案件中终审败诉的 A 公司,不顾法院判决确认的 B 公司注册的商标不够成抢注 A 公司商标的事实,仍然在今日头条发表声明称,"A 公司的商标 C 在中国大陆被严重抢注,将继续申诉,维权到底"。该声明虽未指

---

❶ 参见本书第一编第二章第一节。

名道姓说出 B 公司的名称，但对于社会公众尤其是 B 公司的上下游顾客而言，由于 A 仅和 B 公司之间存在诉讼关系，很容易判断出 A 公司声明中抢注其商标的公司是 B 公司，因而满足商业毁谤行为必须指向特定竞争者的要件。❶

（三）以全体竞争者为指向对象时的处理

不以特定竞争者为指向对象，而以全体竞争者为指向对象，除了上述根据市场结构可以识别出一个或者几个特定竞争者的特殊情形满足商业毁谤行为成立所需要的行为指向特定竞争者要件之外，由于社会公众尤其是相关公众一般会将商业毁谤行为当做调侃和玩笑看待，并不会影响竞争者、商品或者服务在相关公众心目中的声誉，也不会影响相关公众的购买决定，行为人虽然借此突出了自己、自己的商品或者服务，但实质上并不会毁损特定竞争者的信用，**因此并不满足商业毁谤行为必须指向特定竞争者的要件**。至于该行为是否构成《反不正当竞争法》第 2 条第 2 款一般条款规制的行为，则需要根据第 2 条第 2 款进行具体判断。以全体竞争者为毁损对象的事例，比如，某笔记本电脑公司做广告宣称，其公司产品性能稳定，从不黑屏，耐热性能好，可以连续一周不关机等，而市场上的同类产品"性能极不稳定，经常黑屏，死机，耐热性差，用不到 1 小时就发烫"。该公司的广告虽贬低了其他所有竞争者公司的笔记本电脑，但因交易对手据此无法判断出究竟哪一家公司的笔记本电脑属于被贬损的对象，因此该公司的行为并不满足商业毁谤行为的构成要件。

二、毁损行为

毁损行为，即"编造、传播虚假信息或者误导性信息"的行为。

1. 通过编造、传播虚假信息进行的毁损

（1）虚假信息。虚假信息是无法通过举证证明其真实性的信息，或者是可以通过举证证明其与真实事实或者状态不相符合的信息。宣称竞争对手的浏览器非法收集并出卖用户的隐私，而事实上竞争对手的浏览器并未收集并非法出卖用户的隐私，该信息即为虚假信息。从举证责任分配角度看，受害人只需要提出侵害人声称或者传播了该信息，并且对其信用造成了损害即可，侵害人

---

❶ 参见北京棉田纺织品有限公司与无印良品（上海）商业有限公司等商业诋毁纠纷一审民事判决书［北京市朝阳区人民法院（2020）京 0105 民初 59143 号民事判决书］。

不能举证证明该信息为真实信息，即构成商业毁谤行为。

（2）编造、传播虚假信息。编造，即凭借想象力虚构不存在事实基础的信息。传播虚假信息，是指将虚假信息告知或者散布给行为人以外的第三人。第三人是特定的个别第三人，还是不特定的少数或者多数第三人，在所不问。行为人传播虚假信息，第三人只需要具备知悉该虚假信息的可能性即可，第三人是否实际知悉该虚假信息，是否相信该虚假信息，并不影响传播虚假信息行为的成立。但仅在行为人内部（企业内部）传播关于竞争对手的虚假信息，不会毁损竞争对手的信用，不会影响需要者的购买决策，因此不构成传播虚假信息行为，也不构成商业毁谤行为。仅将编造的虚假信息告知竞争对手，以此胁迫对方，亦不属于传播虚假信息行为。

仅编造关于竞争对手的虚假信息，但未传播的，不会毁损竞争对手的信用，不构成商业毁谤行为。编造并传播虚假信息，或者自己虽未编造但传播了他人编造的虚假信息，客观上都可能损害竞争对手的信用，行为人独立构成商业毁谤行为。但在编造虚假信息行为人和传播虚假信息行为人分工合作情况下，行为人构成共同毁损竞争对手信用的行为。

2. 通过传播误导性信息进行的毁损

（1）通过传播真实事实进行的毁损。商业毁谤行为，客观上通常表现为编造、传播虚假信息的行为。一般情况下，传播关于竞争者真实信息的行为，不管是否对竞争者的信用造成了毁损，基于宪法保护的言论自由，以及真实事实能够为需要者提供作出购买决定的有用信息，原则上都是合法的，不构成商业毁谤行为。

但是，在某些特定情况下，传播的虽然是真实信息，但这些信息与需要者作出购买决定并无关系，客观上却会误导需要者对竞争对手的信用作出负面评价，也会构成商业毁谤行为。典型的事例如，在媒体上公开指出竞争对手产品或者服务的真实缺陷是合法的，因为产品或者服务是否存在缺陷是需要者作出购买决定的必要信息。但为了商业目的大肆宣传竞争对手若干年前因为偷税漏税受过刑事处罚的真实事实，则构成商业毁谤行为，因为竞争对手若干前因为偷漏税受过刑事处罚的真实信息，并非现今需要者作出购买决定所需要的信息。指出竞争对手若干年前犯集资诈骗罪而受过刑事处罚的真实事实是合法的，因为竞争对手是否存在诈骗行为是投资者决定是否购买其金融产品的重要信息，但为了商业目的极力宣扬竞争对手的疾病、精神状况等个人敏感隐私，则构成商业毁谤行为,因为竞争对手的个人敏感隐私,并非需要者作出购买决定所必要的信息。

(2) 通过价值判断进行的毁损。价值判断与事实主张不同,是人们对各种社会现象、问题,作出的好与坏或应该与否的判断,表现为观点、看法、认为,属于主观范畴,而事实是客观存在。事实存在真实与虚假之分,价值只存在正确与谬误之别。事实主张可以通过证据证明,而价值判断无法通过证据证明。基于宪法上的言论自由,价值判断即使存在谬误,但只要具有客观事实基础,原则上不构成商业毁谤行为。比如,宣称竞争对手的啤酒"淡如水,喝了等于白喝",就属于价值判断,只要竞争对手的啤酒存在度数低,口感清淡的事实,不管是否达到行为人宣称的"淡如水,喝了等于白喝"的程度,行为人的行为就不构成对竞争对手信用的毁损行为。

实践中事实主张与价值判断经常纠缠在一起,并不容易判断。比如,宣称作为竞争对手的律师事务所"业务能力差,缺乏经验",既可能指该律师事务所的大部分工作人员尚未取得国家规定的法律资格证和律师执业证(事实主张),也可能指已经取得法律资格证和律师执业证的律师缺乏办案经验,没有达到当事人所要求的业务能力(价值判断)。该行为是否构成商业毁谤行为,需要结合该事务所的大部分工作人员是否取得国家规定的法律资格证和律师执业证,以及已经取得法律资格和律师执业证的律师是否缺乏办案经验、是否达到当事人所需要的业务能力(当事人的评价),进行综合判断,而不能简单地将其认定为一个单纯的事实主张,并轻易作出行为人的行为构成商业毁谤行为的结论。

价值判断和事实主张之间也存在转化的可能性。比如,在法院尚未作出判决之前,召开新闻发布会宣称竞争对手侵害了其知识产权,由于法律规范规定的侵权要件是否在案件事实中得以再现尚未经过法院审查,而且这个审查过程无法加以证明,因此属于价值判断。但在法院作出竞争对手侵害其知识产权的生效判决后,再宣称竞争对手侵害了其知识产权,由于存在法院生效侵权判决的事实,因此行为人的价值判断转化为事实判断。一般而言,能够转化为事实主张的价值判断,仍然属于言论自由范畴,不宜认定为商业毁谤行为。但无法转为事实主张的价值判断,则很可能构成商业毁谤行为。比如,行为人虽召开新闻发布会宣称竞争对手侵害了其知识产权,但法院的生效判决认定竞争对手不侵害其知识产权,则行为人的行为构成毁损竞争对手信用的行为。

三、损害竞争对手的商业信用

损害竞争对手的商业信用,是指"损害竞争对手的商业信誉、商品声誉"。

1. 商业信誉和商品声誉

商业信誉是社会公众尤其是相关公众对经营者的经营能力、信用状况、商业活动、人身关系、商业关系等的综合评价,是经营者在市场经济生活中信用、声望的基本定位。商品声誉是社会公众尤其是相关公众对经营者提供的产品或者服务的综合评价,包括品质、价格、包装、知识产权等各个方面。商业信誉和商品声誉已经成为经营者最重要的无形资产。

2. 损害竞争对手的商业信用

(1) 判断主体。行为人的行为是否损害竞争对手的商业信用,理论上以一般社会公众作为判断主体。市场经济中,只有相关公众的购买决定才可能因商业毁谤行为受到影响,因此行为人的行为是否损害竞争对手的商业信用,拥有通常信息、具有通常注意力和通常理解力的相关公众的评价占据更为重要的地位。

(2) 足以损害竞争对手的商业信用。行为人的行为客观上必须足以损害竞争对手的商业信用,降低社会公众尤其是需要者对竞争者、竞争者产品或者服务的正面评价。损害要求的是可能性,而非现实性。行为人的行为已经造成竞争对手商业信用的实际损害,满足商业毁谤行为的客观后果要件。即使行为人的行为尚未造成竞争对手商业信用的实际损害,但如放任该种行为存在,足以造成竞争对手商业信誉受损的,亦满足商业毁谤行为的客观后果要件。

一般而言,行为人编造、传播虚假信息或者误导性信息,就应当推定足以损害竞争对手的商业信用。但是,行为人举证证明其毁损行为存在合理理由的除外。是否存在合理理由,需要通过两个因素判断。一是是否属于宪法保护的言论自由。批评性的商业言论,亦属于言论自由保护的范围。不能因为是足以损害竞争对手商业信用的批评性言论,就一概认定为商业毁谤行为。二是是否符合比例原则,即是否满足了相关公众作出购买决定时所必需的信息需求,且对竞争对手造成的损害最小。如果回答是肯定的,则毁损竞争对手信用的行为,属于正当的商业言论自由保护的行为。

不对客观事实进行具体分析直接针对竞争对手的辱骂批评,比如"某某公司的产品狗屎不如""某某宾馆就是一个垃圾场",并不满足相关公众作出购买决定所需要的信息要求,却足以毁损竞争对手的商业信用,构成商业毁谤行为。但是,向媒体或者监督检查机关举报竞争对手产品某些未经科学验证的信息,虽然足以降低竞争对手的正面评价,但因为是相关公众作出购买决定时所必须的信息,且不存在其他为了满足需要者信息需求的更小损害竞争对手的方式,因此不属于毁损竞争对手信用的行为。

实践中,有些商业毁谤行为非常隐蔽,且争议很大。比如,实体案件中败诉的被告,按照判决的要求在指定媒介上发表如下消除影响的声明:

"3A品牌自1980年在美国诞生以来,B公司在包括美国在内的全世界各地开设店铺,注册3A商标。在中国大陆范围内,B公司几乎在所有商品和服务类别上注册了'3A'商标,但仅在布、毛巾、床罩等商品类别的部分商品上被其他公司抢注了'3A'商标。因此,B公司针对这些商品不能使用3A商标,但公司于2010年至2015年错误使用了这些商标。对此,C高级人民法院在终审判决中认定,B公司在个别设计的床罩、毯子、浴巾、面巾上使用3A商标的行为,侵害了D公司的商标权。B公司发布本声明,为消除上述行为给D公司造成的影响,我公司已经对上述商品的商标标注情况进行了整改。"

B公司的该消除侵害D公司商标权影响的声明,是否构成商业毁谤行为呢?持否定意见者认为,B公司的声明并未编造、传播虚假信息或者误导性信息,不会造成D公司商业信用、商品声誉受损,因此不构成商业毁谤行为。然而,B公司虽然按照终审法院判决书"在实体门店及天猫旗舰店发表声明、消除影响"的要求发表了"声明",但在这种特定情境下,该"声明"中的"在中国大陆范围内,B公司几乎在所有的商品和服务类别上注册了'3A'商标,但是仅在布、毛巾、床罩等商品类别的部分商品上被其他公司抢注了'3A'商标"的措辞,足以导致相关公众将该"声明"中的"其他公司"和D公司划上等号,认为D公司"抢注"了其"3A"商标,是不法之徒,不是民事侵权案件中的受害者,而B公司不但不是两个民事侵权案件中的侵权行为人,反而是真正的受害者。尤其是在中国当下商标法语境中,"抢注"一词本身几乎就是通过不正当竞争等非法手段将他人享有在先权益的标识抢先申请商标注册这种不法行为的一种简便说法。而事实是,D公司在民事侵权纠纷案件中,法院已经判决确认,D公司就涉案"3A"商标享有合法、有效的商标权,存在行使请求权的基础,并不存在抢注 B 公司"3A"商标的行为,是民事案件中的真正受害者,而非不法之徒。综合这些情况可以看出,B 公司的"声明"不但没有起到澄清事实的效果,反而编造并传播了 D 公司"抢注"其"3A"商标的虚假信息,足以导致相关公众误认为 D 公司提供的"3A"毛巾、被子等商品为山寨品,并因此发生退货等现象,D 公司的商业信誉、商品声誉将因此遭受损害,满足上述商业毁谤行为的构成要件,构成对 D 公司的商业毁谤行为。

第三节 特定行为与商业毁谤行为

一、比较广告与商业毁谤行为

(一) 比较广告和不正当比较广告

我国《广告法》第 2 条规定,广告是指商品经营者或者服务提供者通过一定媒介和形式直接或者间接地介绍自己所推销的商品或者服务的商业活动。我国《广告法》并未对比较广告进行定义。德国反不正当竞争法第 6 条第 1 款规定,比较广告是指直接或者间接地指明竞争者或者由竞争者提供的商品、服务的广告。由此可见,比较广告的基本特征是具备可识别性,直接或者间接指明竞争者或者其提供的商品或者服务,并将自己或者自己可替代的商品或者服务与竞争者、竞争者提供的商品或者服务进行比较。德国法未对广告进行立法定义。但欧盟《误导与比较广告指令》第 2 条 A 项规定,广告是指贸易、工商业、手工业或者自由职业活动中以促进商品销售、服务提供以及包含不动产、权利与义务的转移为目的的任何形式的意思表示。

我国《广告法》或者《反不正当竞争法》均未对不正当比较广告作出规定。这应当与我国立法者认为不正当比较广告行为可以分别被混淆行为、市场误导行为、商业毁谤行为所覆盖有关。日本不正当竞争防止法亦未将不正当比较广告规定为独立的不正当竞争行为,理由应该与我国立法者的理念相同。但德国反不正当竞争法第 6 条将不正当比较广告独立规定为不正当竞争行为,在法的适用上,如果不正当比较广告行为同时构成不当模仿他人成果行为、市场误导行为、贬低或者诋毁商誉行为，则优先适用关于不正当比较广告行为的第6条规定。

（二）构成商业毁谤行为的不正当比较广告行为

德国反不正当竞争法第6条第2款限定性列举规定了如下6种不正当比较广告行为：

（1）不与满足相同需求或者相同目的的商品、服务相关联的比较。

（2）未客观地与商品、服务的一个或者多个主要的、重大的、可核实的以及典型的特征或者其价格相关联的比较。

（3）在商业交易中导致广告行为人与竞争者之间或者他们提供的商品、服务之间或者他们使用的标志之间混淆危险的比较。

（4）不正当地充分利用或者损害了竞争者使用的标志的声誉的比较。

（5）贬低或者污蔑竞争者的商品、服务、活动、人身或者商业关系的比较。

（6）将商品、服务描述为使用了某种受保护标志的商品、服务的复制品或者仿制品的比较。

上述6种不正当的比较广告行为，基本可以对应于我国《反不正当竞争法》规制的混淆行为、市场误导行为、商业毁谤行为。比如，将自己提供的风干辣味牛肉与老干妈辣酱进行比较，因风干辣味牛肉和老干妈辣酱并不存在充分的可替代性，在德国属于上述第一种不正当比较广告行为，在我国则属于混淆性使用他人商标的侵权行为。**我国常见的隐性使用他人注册商标作为搜索关键词的行为，如果搜索结果同时呈现行为人和注册商标权人信息或者双方具有充分可替代性产品或者服务的信息，且不存在其他商标侵权或者不正当竞争行为，本质上属于合法的比较广告行为，可以增加消费者福利，不应当作为商标侵权或者不正当竞争行为处理**。再比如，A宣称"A的产品价格比B的产品价值便宜"，而事实是，A的产品价格仅在"双十一"价格比B的产品价格便宜，过了双十一即提价，且价格比B的产品价格贵，A的比较广告在德国属于上述第二种不正当比较广告行为，在我国则构成市场误导行为。但是，宣称"A牛奶比B牛奶含脂量低"，虽然消费者可能无法从广告中直接进行核实，但经过专家鉴定能够加以核实，则为正当比较广告。

与商业毁谤行为对应的不正当比较广告行为，是上述第5种不正当比较广告行为，即贬低或者污蔑竞争者的商品、服务、活动、人身或者商业关系的比较广告行为。是否构成贬低或者污蔑，判断方法与第七章第二节"损害竞争者的商业信用"方法相同。

二、知识产权侵权警告与商业毁谤行为

（一）知识产权侵权警告

知识产权是排他权，针对未经许可实施或者利用知识产权的行为人，不管其是否存在主观过错，权利人既可以通过诉讼方式行使差止请求权，亦可在诉讼之外行使差止请求权。向竞争对手或者和竞争对手存在交易关系的上下游企业发送宣称竞争对手侵害其知识产权的警告函，是知识产权人在诉讼之外行使差止请求权的样态之一，是知识产权人实现自我救济的基本方式，具有私力救济性质，有利于推动权利人和侵权行为人通过协商、和解等诉讼外的方式解决彼此间的纠纷，减少司法案件量，节约司法成本。

（二）知识产权侵权警告与商业毁谤行为

一般来说，经过确认不侵权之诉或者侵权案件的实体审理，法院最终认定竞争对手侵害其知识产权的事实主张成立，知识产权人为了实现自我救济给竞争对手发送警告函的行为，即使给竞争对手造成了商业信用上的毁损，也属于合法、正当行使差止请求权的行为，不构成对竞争对手商业信用的毁损行为，亦不构成滥发侵权警告函损害竞争对手的不正当竞争行为，或者一般侵权行为。

但是，仅根据自己主张的侵权事实针对竞争对手的交易相对人发送警告函，且在发送警告函之后的合理期间内不对竞争对手提起诉讼，或者虽然在发出警告函的合理期限内提起诉讼，但在竞争对手主动提起的确认不侵权诉讼或者自己主动提起的侵权案件实体审理中败诉，法院最终确认竞争对手不侵害其知识产权，发函者宣称竞争对手侵害其知识产权的事实主张并不成立，如果有证据进一步证明知识产权人捏造权利人身份的虚假信息，或者知识产权有效性存在重大瑕疵，根据正常理性人标准无法期待其有胜诉可能性，则基本可以得出知识产权人针对竞争对手交易相对人发送警告函的行为，目的仅在于利用警告函妨碍竞争对手的商业关系进行不正当竞争，构成假象请愿行为，而非正当

行使知识产权的行为。❶

在上述基本前提下,如果有证据进一步证明竞争对手的商业信誉或者商品声誉因知识产权人的侵权警告函受到了损害,则可得出知识产权人在侵权警告函中编造了竞争对手侵害其知识产权的虚假信息,并散布给了竞争对手以外的第三人,即竞争对手的交易相对人,权利人发送侵权警告函的行为构成商业毁谤行为。

为了避免过度限制知识产权人在诉讼之外行使差止请求权进行自我救济的权利,鼓励在诉讼外解决纠纷,不能不问具体情形,一概认定在不侵权确认之诉或者侵权之诉中败诉的知识产权人发送警告函的行为属于滥发侵权警告函的行为,甚至直接得出损害竞争对手商业信用的结论。专利、商标涉及较为复杂的技术和法律问题,判断是否有效并非易事。根据正常理性人标准,如果可以期待知识产权人在不侵权确认之诉或者侵权之诉中存在胜诉可能性,则即使最终知识产权人败诉,亦不能认定其滥发知识产权侵权警告,更不能就此认定其发送警告函的行为构成对竞争对手的商业毁谤行为。

第四节 对商业毁谤行为的规制

一、民事规制

(一) 差止请求

违反《反不正当竞争法》第 11 条规定,毁损其他经营者商业信用或者商品声誉的,受害者可以请求停止侵害,废弃侵权工具或者产品。请求停止侵害,比如,请求行为人撤回毫无权利基础的侵权警告函,撤回登载在报纸、杂志、互联网上的商业毁谤文字或者广告,停止散布损害竞争者商业信用或者商品声誉的虚假信息等。请求废弃侵权工具或者产品,比如,销毁记载了毁损竞争者信用文字的广告牌、小册子、宣传单等。

---

❶ 黄铭杰. 竞争法与智慧财产法之交会:相生与相克之间 [M]. 台北:元照出版有限公司, 2009:482-491.

（二）损害赔偿请求

按照《反不正当竞争法》第 17 条第 2 款、第 3 款、第 4 款，信用遭受毁损的经营者，可以请求主观上具有过错的行为人给予损害赔偿，损害赔偿的具体数额，可以按照权利人逸失利益、侵权人侵权所得、500 万以下法定赔偿进行确定。

1. 过失的判断

一般情况下的商业毁谤行为，行为人都是出于故意，主观上均具有过失。但在发送知识产权侵权警告函构成商业毁谤行为的情形中，知识产权人主观上是否具有过失，需要具体分析。因专利技术仅为公知技术，欠缺新颖性被宣告无效的，专利侵权警告函明显不存在权利基础，发送警告函行为构成商业毁谤行为，一般应当认定行为人主观上存在过失。❶ 但是因为专利技术不具备创造性而被宣告无效，发送专利侵权警告函行为构成商业毁谤行为的，由于专利权人信赖专责机关授予专利权时对创造性的判断，就难以肯定专利权人存在毁损竞争对手信用的主观故意或者过失。❷ 虽然对知识产权的权利范围，比如，专利技术范围、商标类似性，进行了错误判断，但如果是信赖专责机关裁定的结果而发送侵权警告函，一般也不能认定警告函发送者存在过失。❸

但是，仅仅和律师或者专利、商标代理人进行了交谈，或者听取律师或者专利、商标代理人意见，发送侵权警告函构成商业毁谤行为的，不能轻易否定警告函发送者的主观过错。律师或者专利、商标代理人基于自身利益考虑，不排除存在隐瞒专利瑕疵或者编造关于权利虚假信息或者误导性信息的情形。在此情况下，警告函发送者是否存在过错，关键在于侵权判断客观上是否存在困难的事实。虽然和律师或者专利、商标代理人进行过商谈，或者直接听取了律师或者专利、商标代理人意见，但商品形态是否实质同一、作品是否实质相似、外观设计是否近似、专利技术创造性有无，即使在法官之间、专家之间、审查员之间，或者这些专家相互之间，都存在很大分歧的，一般也不能直接认定警告函发送者存在主观过错。❹ 相反，如果判断是否侵权非常容易，则即使

---

❶ 大阪地判平元. 9.18 判不競 1250ノ154ノ6 頁「パイプライン事件」。
❷ 大阪地判昭 53.12.19 無体集 10 巻 2 号 617 頁「ビニールレール事件」。
❸ 大阪地判平 13.10.25 判不競 1250ノ172ノ499 頁「スマイルマーク事件」。
❹ 東京地判平 4.4.27 知裁集 24 巻 1 号 230 頁「測量顕微鏡事件」。津地判平 3.8.23 判不競 1250ノ172ノ34 頁「ノーブレンステップ事件」。

警告函发送者和律师、代理人进行了商谈，或者直接听取了律师、代理人的意见，也应当肯定其主观上存在过错。

2. 损害额的计算

侵害行为人究竟因商业毁谤行为获利多少，证明极为困难，因而在计算权利人的损害额时，侵害行为人获利标准几乎无法适用。当然，权利人的逸失利益，即没有商业毁谤行为时，原告能够销售的商品数量或者能够获得的服务量证明起来也非易事。尤其是商业毁谤行为对受害者影响持续的时间长短难以确定，更增加了权利人逸失利益计算的难度。为了克服权利人损害额计算的困难，除了考虑商业毁谤行为的具体情节，灵活适用法定赔偿标准外，可以综合考虑案件情况，从以下几个方面考虑受害者的经济损失：

（1）合理时间内的逸失利益损失。比如，没有发生商业毁谤行为时受害餐厅每日的销售收入，减去发生商业毁谤行为后每日的销售收入，再乘以商业毁谤行为影响的持续时间（以天为单位）。

（2）原告为了消除商业毁谤行为不利影响实际支出的广告宣传费。

（3）由于商业毁谤行为，客户退货或者取消订单，原告因此遭受的利润损失、实际支付的运费、处置费等。

（4）原告的合理开支，包括差旅费、鉴定费、复印费等。

（5）合理的律师费。

（三）信用恢复措施请求

受害者商业信用遭受损害，可以请求侵害行为人采取必要的信用恢复措施，具体包括消除影响的订正广告、赔礼道歉的谢罪广告、私人道歉信或者私下当面道歉等方式。无论是订正广告还是谢罪广告，都必须严格按照法院判决书规定的方式进行。赔礼道歉是采取公开的谢罪广告形式，还是不公开的私人道歉信或者私下当面道歉方式，应当视商业毁谤行为的严重程度而定，在报纸、杂志、互联网等媒介上公开赔礼道歉不是唯一的选择。

（四）请求权人

不管是否被指名道姓，也不管是商品生产者还是销售者，或者是服务提供者，只要在一般公众尤其是相关公众眼中，商业毁谤行为指向了特定对象，则该等特定对象均可行使请求权。

二、行政规制

在我国,商业毁谤行为人需要按照《反不正当竞争法》第 23 条承担行政责任。具体内容是,经营者违反该法第 11 条规定损害竞争对手商业信誉、商品声誉的,由监督检查部门责令停止违法行为、消除影响,处 10 万元以上 50 万元以下的罚款;情节严重的,处 50 万元以上 300 万元以下的罚款。

三、刑事规制

由于日本刑法第 233 条规定了信用毁损以及业务妨碍犯罪,日本不正当竞争防止法没有再重复规定信用毁损行为的刑事处罚。我国《反不正当竞争法》第 31 条虽然规定"违反本法规定,构成犯罪的,依法追究刑事责任。"但因《反不正当竞争法》并未具体规定违反行为构成的具体犯罪及其刑罚措施,因此违反行为的犯罪构成及其刑事处罚均转至适用《刑法》规定。我国《刑法》第 221 条规定,捏造并散布虚伪事实,损害他人的商业信誉、商品声誉,给他人造成重大损失或者有其他严重情节的,构成损害商业信誉、商品声誉罪。

(一)损害商业信誉、商品声誉罪的构成要件

1. 犯罪主体

该罪犯罪主体为受害者的竞争对手,而非一般主体。公民个人或者其他法人、非法人组织因为受害者竞争对手指使,实施损害商业信誉、商品声誉犯罪的,一般与受害者的竞争对手构成共同犯罪。

2. 犯罪主观方面

该罪的犯罪主观方面为故意。即行为人明知行为会发生损害他人商业信誉、商品声誉的后果,仍然追求该结果发生。具体而言,是指行为人认识到自己是在捏造虚假信息,或者散布虚假信息或者误导性信息,且会损害竞争对手的商业信誉或者商品声誉,但仍然希望或者放任这种结果发生。过失不构成损害商业信誉、商品声誉罪。行为人捏造并散布虚假信息或者误导性信息,损害竞争对手商业信誉、商品声誉的动机在于获得竞争优势非法牟利,还是出于嫉妒、泄愤等其他动机,并不影响该罪的成立。

3. 犯罪客体

该罪的犯罪客体是公平的竞争秩序和竞争对手的商誉权(名誉权),属于

复杂客体。商誉权和特殊的名誉权,是对作为经营者的竞争者的经济能力、社会信用状况、商品或者服务的品质或者性能等给予的综合社会评价,兼具人身和财产双重属性。该罪的犯罪对象则是竞争对手的商业信誉、商品或者服务声誉。商业信誉是社会公众对竞争对手经营能力、信用状况等给予的社会评价。商品或者服务声誉是社会公众对竞争对手提供的商品或者服务的品质、性能等给予的社会评价。

4. 犯罪客观方面

该罪的犯罪客观方面表现为捏造并散布虚假信息或者误导性信息,损害他人的商业信誉、商品声誉,给他人造成重大损失或者有其他严重情节的行为。具体包括如下三个要素。

一是捏造并散布虚假信息或者误导性信息。仅捏造但没有散布的,不构成犯罪。仅散布但未捏造的,如果是受捏造者的唆使或者收买,则与捏造者构成共同犯罪。

二是客观上损害竞争对手的商业信用、商品声誉。主要表现为通过广告、新闻发布会、散发传单、组织人员以消费者名义向监管机关或者新闻媒体或者消费者协会虚假投诉、在展览会或者业务洽谈会上向竞争对手潜在交易客户散布虚假信息、捏造虚假侵权事实恶意诉讼、在商品包装或者说明书上直接贬损竞争对手等方式,损害竞争对手商业信誉或者商品声誉。

三是给竞争对手造成重大损失或者具备其他严重情节。给他人造成重大直接经济损失,严重妨害他人正常生产经营活动或者导致停产、破产的,造成恶劣影响的,可以认定为给竞争对手造成重大损失或者具备其他严重情节。

(二)损害商业信誉、商品声誉罪的刑罚

根据《刑法》第 221 条,犯损害他人商业信誉、商品声誉罪的,处 2 年以下有期徒刑或者拘役,并处或者单处罚金。根据《刑法》第 231 条:"单位犯本节第二百二十一条至第二百三十条规定之罪的,对单位判处罚金,并对其直接负责的主管人员和其他直接责任人员,依照本节各该条的规定处罚。"

第八章
侵害数据的不正当竞争行为

第一节 概 论

在以物联网、大数据和人工智能等信息技术进步为突出标志的第四次产业革命大背景下,数据作为市场主体竞争力的源泉,作为新的生产要素,价值日益凸显。气象数据、农业数据、地图数据、医疗健康数据、机械运行数据、消费动态数据、判决数据、个人出行数据等经过活用,可以创出新的事业活动,产生对经济发展具有牵引作用的高附加值。为了激励企业利用各种各样的数据创出具有新的附加价值的产业形态,营造一个与数据的创出、收集、分析、管理等投资相适应的能够合理收回投资的环境是非常必要的。

但是,以数字化方式存在的可以活用的数据,创出、收集、分析、管理等需要持续耗费巨大人力、物力、财力,复制和扩散却非常容易,几乎不需要耗费成本,一旦被他人不正当获取并加以扩散,从事数据产业活动的公司(以下简称"数据权利人")很可能丧失收回投资的机会,从事数据事业活动的动力也将因此被减损。为了确保数据权利人安心创出、收集、分析、管理、提供数据,对于不正当获取、使用、披露其保有数据的行为,构筑法律措施进行规制已是数字经济时代各方面的强烈呼声,各国也在积极努力进行法律规制措施的探索。

日本是较早正式采取法律措施规制不正当获取、使用、披露数据行为的国家,其于2018年修改不正当竞争防止法,基于数据作为商品被广泛提供、团体内部数据共享、数据权利人通过交易向第三人提供数据等想法,将不正当获取、使用或者披露数据权利人采取技术措施限制提供的数据的行为，规定为不正当竞争行为进行规制，赋予数据权利人差止请求权和损害赔偿请求权。同时为了保证数据的自由流通和安全利用，防止保护萎缩数据利用的效果，规定了获取、利用或者披露行为的例外，且考虑目前积累的实际案例少，经验不足，担心对数据利用活动产生过度负面效应，对不正当获取、使用或者披露行为未规定刑事处罚措施。

此外，尽管限制提供的数据与商业秘密都以技术信息或者经营信息作为保护对象，且都将不正当获取、使用或者披露等行为规定为不正当竞争行为，但保护的前提在于权利人通过交易向第三者提供数据。而商业秘密保护的前提是将技术信息和经营信息在企业内部作为秘密进行管理，二者保护目的并不相同，尽管日本不正当竞争防止法条文上使用了类似语言，但应当按照各自的趣旨进行解释。

我国《民法典》第127条规定，"法律对数据、网络虚拟财产的保护有规定的，依照其规定。"但因数据保护牵涉数据拥有者、收集者、整理和分析者、处理者、利用者等各方利益关系，我国至今尚未制定专门保护数据的法律。它山之石，可以攻玉。本章主要以日本不正当竞争防止法为蓝本，讨论数据的反不正当竞争法保护问题。

第二节 限制提供的数据的构成要件

网格化、信息化时代，数据海量存在，日本不正当竞争防止法只保护限定提供的数据。所谓限定提供的数据，按照日本不正当竞争防止法第2条第7款规定，是指以业务为目的向特定人提供的采用电磁方法（电子方法、磁气方法以及人的知觉所不能感知的其他方法）积累了相当数量以及进行了管理的技术信息或者经营信息（作为商业秘密管理的除外）。据此，受日本不正当竞争防止法保护的限定提供的数据，需要具备限定提供性、相当积累性、电磁管理性、属于技术信息或经营信息、作为秘密管理的数据除外、与公众可以无偿利用的信息相同的数据除外等6个要件。6个要件是否成立，以涉案不正当竞争行为发生时作为判断时点。

一、限定提供性

日本不正当竞争防止法仅保护符合特定要件向特定相对人提供的数据。具体而言，限定提供性应当符合下列两个要求。

（一）以营业为目的

以营业为目的，是指反复、持续提供数据的意思。虽尚未实际提供，但数据权利人反复、持续提供数据的意思已经通过投资、贷款、厂房或者机器设备租赁、雇佣工人、广告等行为客观反映出来，并通过一般社会常识能够得到确认，也属于以营业为目的。即使数据的提供是无偿的或者仅向个人提供，如果属于反复、持续提供数据行为中的一个环节，也满足该要件。数据权利人重复提供数据、数据权利人在互联网主页上公开发表从下个月开始销售数据的意思、将数据提供给团体内部的成员等，均属于以营业为目的。

（二）向特定的人提供

特定的人，是指在一定条件下，可以获得数据权利人提供的数据的人。特定的人，是多数人，还是少数人，抑或者是个别人，并不影响其特定的人的身份。只要付费就可获得数据权利人提供的数据的人、满足特定资格参加数据共享的某个团体的人，均是特定的人。

二、相当积累性

相当积累性，是指受保护的限定提供的数据，仅限于采用电磁方法积累，且达到了具有商业价值程度的相当数量的电子数据。这个要件与大数据时代的背景相适应。

通过电磁方法积累的数据，究竟达到多少"量"才满足"相当数量"的要求，日本不正当竞争防止法并未确切规定。由于限定提供的数据属于以营业为目的提供的数据，相当数量的要求需要根据每个数据的性质进行具体判断。一般来说，通过电磁方法积累的数据，如果达到了有利用价值的程度，就应当认为满足了相当数量的要求。该数据是否有价值，则需要进一步根据该数据产生的附加价值、利用可能性、交易价格、收集和解析时投入的劳力、时间和费用等进行综合判断。比如，从过去五十年全国的气象数据中，投入大量劳力、时间和费用，将有关台风或者海啸的数据抽取出来进行解析，并总结出某个地区台风发生变化规律的数据，分析、解析制作等均具有利用价值，因此满足了相当积累性要求。

数据权利人提供的数据，虽只是其保有的数据的一部分，但如经过综合判断，该部分也具有利用价值，则也满足相对积累性的要求。比如，积累全国地区移动电话位置信息的数据权利人，从中抽出特定地区内移动电话的位置数据进行销售，该数据虽限于特定地区内，但仍然具有利用和交易价值，满足相当积累性要件。大数据时代，单个数据、少数几条数据、数量有限的数据，比如，某几辆出租车的行使数据，或者某几十辆出租车的行使数据，对于制作一个 1000 万人口以上的特大城市的交通导航地图，几乎没有什么参考和利用价值，因此不满足相当积累性的要求。

三、电磁管理性

受日本不正当竞争防止法保护的限定提供的数据，必须是采用电磁方法进行管理的数据。电磁管理性要求数据权利人具有将该数据作为仅向特定的人提供的数据进行管理的意思，且该意思从外部看具体、明确，特定者以外的第三人能够认识到数据权利人的意思。如此要求的目的在于确保第三人的预见可能性以及经济活动的安定性。

所谓电磁方法，最简单的解释，就是用电流大小记录各种信息，然后再通过计算机读取该电流信号并还原成各种信息的方法，包括电子方法、磁气方法、人的知觉不能直接感知的其他方法。

数据权利人采取管理措施的具体内容和管理程度，虽因企业的形态和规模、数据的性质等不同而存在差异，但应当达到第三人容易且能够认识的程度。作为对应措施，数据权利人采取限制特定的人以外的第三人访问其数据的技术措施是必要的。

访问限制措施，通常包括认证技术、通过专用传输线路提供。认证技术多种多样，比如，ID 和密码、IC 卡、特定终端机和令牌、面部特征或者表情、指纹等生理信息认证、电子证明书、IP 地址、激活方式、将数据暗号化等。采用专用传输线路向特定的人提供数据，也可以起到限制第三人访问、干扰和利用数据的作用。

虽采取了限制复制数据的技术手段，但无法抵御特定的人以外的第三者访问数据的,比如,采用 DVD 提供的数据,特定的人以外的人虽不可以复制但可以阅览其中的数据时,不能认为满足电磁管理性要件。

四、属于技术信息或者经营信息

日本不正当竞争防止法保护的信息,包括可以利用或者期待可以利用的各种技术信息或者经营信息,并且包括文本、画像、声音、影像等各种信息。技术信息,是指与技术有关的结构、原料、组分、配方、材料、样品、样式、植物新品种繁殖材料、工艺、方法或其步骤、算法、数据、计算机程序及其有关文档等信息。经营信息,是指与经营活动有关的创意、管理、销售、财务、计划、样本、招投标材料、客户信息、数据,以及客户的名称、地址、联系方式、交易习惯、意向、内容等信息。

但是,儿童色情图片数据、毒品广告数据、毁损名誉犯罪内容的数据等违反公序良俗的信息,与不正当竞争防止法确保事业者之间公正竞争以及助益国民经济的健康发展的立法目的不相容,因而并非受保护的技术信息或者经营信息。

五、作为秘密管理的数据除外

为了避免交叉、重复保护,日本不正当竞争防止法规定,权利人作为秘密进行管理的数据,不再作为限定提供的数据进行保护。

作为秘密管理的数据,即商业秘密。商业秘密是权利人作为秘密管理于企业内部的信息,以自己使用为原则,除了许可使用外,尽量避免让自己以外的任何人知道,以保持自己的市场竞争优势。限定提供的数据,则以向满足一定条件的特定外部者提供并获取对价为目的,需要尽可能让自己以外的更多人使用,以收回投资并赚取利润。

限定提供的数据,虽然也通过 ID 或者密码等进行电磁管理,或者要求数据被提供者承担不得向第三者披露的义务,但数据权利人采取这些措施的目的在于确保获取数据的特定人向其支付对价,只要支付对价,任何人都可以知悉并利用其数据,而非基于将这些数据作为秘密进行管理的意思,并且该意思客观上也无需让相对人认识。在此情况下,这些数据并不符合作为秘密进行管理的要件。比如,向只要付费就可以获得会员资格的会员提供限定提供的数据,数据权利人虽分配给会员可以访问数据的 ID 或者密码,但在此情况下,即使数据权利人禁止会员向第三人披露,也并非将数据作为秘密进行管理的意思。相反,将研发任务委托给外部事业者时,在协议中明确要求外部事业者不得向任何人披露,并以此作为条件方将记载有数据的硬盘交给外部事业者,相对方可以从权利人采取的措施中认识到权利人将数据作为秘密管理的意思,因而属于作为秘密管理的数据,属于商业秘密。

六、与公众可以无偿利用的信息相同的数据除外

日本不正当竞争防止法第 19 条第 1 款第 8 项第 2 小项规定,与公众可以无偿利用的信息相同的数据,不属于受保护的限定提供数据。

公众可以免费利用的信息,亦称为公开的信息,是指相对方不确定,也不限制相对方,无偿、广泛提供,任何人都可以免费使用的数据。

无偿,是指获得数据权利人提供的数据时,无需支付金钱等对价,也不存在购买附加品,或者要求获得数据的一方将自己管理的数据提供给自己等其他附加条件。比如,提供数据时,仅要求获得者注明出处,而不要求任何金钱等对价,或者任何人均可无偿访问,数据运营者仅通过广告获得收入而在互联网上提供的数据,均属于无偿提供的数据。团体内只要具有会员资格就可利用的数据、可以免费登录浏览的人才网站中的招聘信息、政府提供的统计数据、地图公司提供的紧急避难所数据、互联网上可以自由阅览仅需注明出处的数据等,都是典型的公众可以无偿利用的数据。

公众可以利用,是指不特定的人可以访问该数据。比如,任何人都可自由访问的刊载于主页上的数据,即是公众可以利用的数据。

相同,是指限定提供的完整数据或者部分数据,与公众可以无偿利用的数据完全相同或者实质相同。完全相同,是指一模一样。实质相同,是指虽对数据进行了简单、机械加工,但并未产生任何实质变化。未进行任何加工处理,原样提供的政府统计数据,或者仅改变统计年份顺序提供的政府统计数据,或者仅将政府统计数据和其他公开数据简单机械合并在一起提供的数据(比如,仅合并 2018 年与 2019 年的 GDP 增长率进行提供的数据),属于与公众可以无偿利用的信息相同的数据。

某些数据,即使记载于纸质媒介,但公众可以无偿利用时,与该数据相同的电子数据,亦属于和公众可以无偿利用的信息相同的限定提供的数据。

第三节　侵害限制提供的数据的不正当竞争行为及其适用除外

为限定提供的数据权利人与利用者利益的平衡，促进数据的流通和利用，日本不正当竞争防止法第 2 条第 1 款第 11 项到 16 项，仅将获取、使用以及披露等 3 种直接侵害限定提供的数据权利人利益的恶性行为规定为不正当竞争行为。获取、使用、披露行为的对象为限定提供的数据，包括限定提供的全部数据和限定提供的数据中具有利用价值的部分数据。每次获取一小部分，连续或者断续获取的结果，在整体上达到了相当数量的情况下，该一连串的行为应当一体评价为获取的不正当行为。

一、不正当获取、使用或者披露限定提供的数据的行为

日本不正当竞争防止法第 2 条第 1 款第 11 项规定，采取盗窃、欺诈、胁迫或者其他不正当手段获取限定提供的数据的行为，或者使用、披露通过不正当获取行为获得的限定提供的数据的行为，构成不正当竞争行为。

（一）不正当获取行为

获取是指将数据置于自己的管理之下。通过记录数据的媒介，自己或者第三人获取数据的行为；对映射数据的放映进行拍照，不伴随记录媒介的数据移动，自己或者第三人直接获取数据的行为，均为获取数据的行为。获取行为的具体样态包括：将保存于服务器或者其他物理媒介中的数据复制到自己的计算机或者 USB 中的行为；使数据处于在自己账号管理的云空间能够利用状态的行为；将保存于公司内部服务器的数据复制到自己控制的其他媒介上的行为；请求他人将记录了数据的电子文档通过邮件发送给自己的行为（以该文档未采取限制访问措施，打开该文档即可获取其中的数据为前提）或者将该邮件转发给第三人让第三人获取该数据的行为；将数据打印于纸上随身带走的行为、打开计算机显示器中的照片或者视频进行拍摄的行为等。但是，虽然获得了访问数据的 ID 或者密码，却因为暗号化等技术措施事实上无法获得数据的行为非获取行为。

实践中常见的不正当获取行为包括：窃取保存了限定提供的数据的USB、移动硬盘的行为；潜入数据权利人的设施，将数据打印于纸上，或者将数据保存到自己的USB等储存媒介上，随身带走的行为；伪装成正当的数据受领者，对数据权利人发送指示将数据存储在其管理的服务器中的邮件，让数据权利人误以为是来自有权者的邮件，并在其服务器中存储数据的行为；向数据权利人发送计算机病毒，抽取保存在该公司管理的非公开服务器中的数据的行为；在研究与其他公司产品的技术相互兼容性过程中，为了确认本公司产品的运作，通过网络擅自进入该其他公司的电脑进行操作，使该公司采取的密码无效化，进而获取该公司数据的行为；伪装成有正当权限访问数据，擅自取得用于访问数据的密码，取得数据的行为等。

仅获得可以访问限定提供的数据的ID或者密码但并未实际获取数据的行为，虽然还不是不正当获取数据行为，但因为获取的可能性非常高，数据保有者营业上的利益存在受侵害的可能性，因此数据权利人仍然可以针对行为人行使预防差止请求权，行为人应当承担将访问数据的ID或者密码返还给数据权利人，或者直接销毁ID或者密码的法律责任。

但是，为了数据权利人的利益，或者存在其他客观的正当理由而获取限定提供的数据的行为除外。以下获取行为原则上不属于以不正当手段获取限定提供的数据的行为：

（1）游戏机等维修业者在维护、修理、更换游戏机和终端的过程中，在必要的范围内，备份保存在该设备中的施加了保护措施的限定提供的数据，并在修理等之后进行还原，将保护措施（未采取与非法访问禁止法相抵触的方法）解除的行为（虽然游戏机销售时没有明确规定可以解除保护措施，但修理业者没有一一得到机器制造商的许可）。

（2）在研究与其他公司产品的技术相互兼容性等过程中，为了确认在市场上购买的该其他公司产品的技术相互兼容性，不与网络连接（采用不与非法访问禁止法相抵触的方法）解除该产品的保护措施，在必要的范围内获取限定提供的数据的行为（虽然在产品销售时没有明确规定是否可以解除保护措施，但也可能不一定要获得需要产品技术相互兼容性的所有企业的许可）。

（3）发生了向特定者存储加密数据的服务器丢失的危险，比如病毒感染、水淹等危险，服务器运营者在未获得数据权利人事前许可的情况下，紧急解除该密码密钥，并向其他服务器备份的行为。

(4) 因发生病毒侵入等原因，数据本身可能有害，有必要进行确认和构筑对策的情况下，未得到数据权利人许可，获取限定提供的数据的行为。

(5) 在与商品的 3D 形状相关的数据是限定提供的数据，使用该数据通过 3D 打印机打印出的商品已经销售的情况下，购买该商品者通过 3D 扫描仪扫描该商品获得该商品形状数据的行为。这种行为类似于通过反向工程获取商业秘密的行为。

（二）不正当使用行为

使用是指将数据用于各种商业或者非商业活动的行为。实践中常见的使用行为包括：将获取的数据用于研究开发的行为；将获取的数据用于制造产品或者编制计算机程序的行为；从取得的数据中分析、解析利用 AI 技术开发（学习）软件用的学习用数据集的行为；将取得的数据用于利用 AI 技术开发软件的行为；使用取得的数据重新制作数据库，为了方便检索而进行分类、排序的行为；对获取的数据进行净化等加工行为；将获取的数据和通过其他途径收集的数据进行整理制作数据库的行为；将获取的数据用于销售等营业活动的行为。

获取数据后，虽仅保存起来而不加使用，但如使用或者披露可能性非常高的情况下，依旧会构成侵害数据权利人营业上利益的行为，数据权利人亦可针对行为人可能性非常高的使用或者披露行为采取预防差止措施，即删除保存的数据。

在使用获取的数据得到的成果物，比如，使用数据开发的物品，学习数据而生成的学习模型，在与原来限定提供的数据不同的情况下，对该成果物进行使用或者转让的行为，不构成不正当竞争行为。但如该成果物，比如，原本包含了获取的数据的数据库，与获取的数据实质相同时，使用该成果物的行为相当于使用获取的限定提供的数据的行为，构成不正当竞争行为。

（三）不正当披露行为

披露是指将数据置于第三人可以知道的状态的行为，但并不要求达到第三人实际知道该数据或者披露的相对方获取该数据的地步。比如，将数据置于任何人都可浏览的主页上，不管是否有人实际知道或者获取该数据，该行为都构成披露行为。此外，第三人是特定的第三人，还是不特定的第三人，并不影响披露行为的成立。

将使用非法获取的数据生成的数据库等成果物进行披露的行为,如果该成果物与非法获取的限定提供的数据实质相同,则对该成果物的披露行为等同于对非法获取的限定提供的数据的披露行为。但是,使用非法获取的限定提供的数据得到的成果物和原限定提供的数据实质不同的情况下,对该成果物的转让行为不构成披露型的不正当竞争行为。

实践中常见的披露行为包括:将记录有数据的数字化或者纸质媒介交给第三人的行为;在第三人可能访问的主页上刊载数据的行为;将记录有数据的电子文档通过邮件发给第三人的行为,且不管邮件接收方是否打开该邮件;将获取的 EXCEL 格式的数据转换为 PDF 文档加以保存,并针对该数据向第三人设定访问权限的行为;将数据保存在服务器上后,书面或口头告知第三方用于访问该服务器的密码的行为;将大量数据显示在平板电脑、智能手机等显示器或屏幕上,让第三方阅览的行为等。

(四)通过其他不正当手段的获取行为

其他不正当手段,不仅是指与盗窃罪、欺诈罪等应受刑罚处罚行为相当的行为,也包括按照社会一般观念,采用与这些应受刑罚处罚行为具有同等违法性的违反公序良俗手段获取限定提供的数据的行为。违反日本不正当访问禁止法、违反刑法上的使用不正当指令电磁记录行为等的指令的行为、与这些行为相当的违反公序良俗的行为,破坏 ID、密码、暗号花等访问限制管理措施的行为,均属于其他不正当手段。

二、显著违反诚信原则使用或者披露限定提供的数据的行为

日本不正当竞争防止法第 2 条第 1 款第 14 项规定,合法获得限定提供的数据的行为人,出于获取不正当利益目的,或者加害限定提供的数据保有者的目的,使用该限定提供的数据的行为(限于违反与该限定提供的数据管理相关的任务而使用的行为)以及披露该限定提供的数据的行为,是不正当竞争行为。

该项意在规制严重违反诚信原则使用或者披露合法获得的限定提供的数据的行为。业务受托单位、被许可人、团体会员、员工等因业务或者工作原因,基于限定提供的数据权利人按照契约披露而合法获取限定提供的数据,但因图

利加害目的，以限定提供的数据权利人并不许可的样态使用或者披露限定提供的数据，属于明显违反诚信原则的恶性行为，不加规制数据权利人的利益将严重受损。该项具体规制的不正当竞争行为包括两种：一是出于图利加害目的披露限定提供的数据的行为。二是出于图利加害目的，且违反与该限定提供的数据管理相关的任务而使用限定提供的数据的行为。

（一）图利加害目的

图利目的，是指获取不正当利益目的。图利目的，一般是指利用限定提供的数据从事具有竞争关系的事业。加害目的，是指造成限定提供的数据权利人财产上的损害、信用的毁损、其他有形无形的不当损害，并不要求损害已经实际发生。

违反契约约定，以契约规定使用样态以外的方式使用限定提供的数据，或者违反契约约定向第三人披露限定提供的数据，满足图利加害目的要件。实践中常见的满足图利加害目的的行为，比如，违反禁止向第三人披露而获取限定提供的数据的行为人，抽取限定提供的数据的全部或者一部分用于自身商品或者服务，披露给顾客；违反禁止向第三人披露而获取限定提供的数据的行为人，在互联网上公开限定提供的数据；违反契约约定，将仅可以用于受托数据分析业务的限定提供的数据，用于自己的新产品研发或者制造等。

如果契约条款对可以许可使用或者披露的范围规定不明确或者没有规定，由于是合同解释之争，即使最终法院认定行为人违反合同约定，超范围使用或者披露限定提供的数据，亦不宜认定行为人存在图利加害目的。

使用或者披露存在正当理由的，也不宜认定行为人具有图利加害目的。比如，对于以在特定系统中使用为条件取得的限定提供的数据，考虑到系统更新频繁的行业交易惯例，在与契约约定不同的系统使用数据不能认定行为人具有图利加害目的。再比如，以禁止向第三方披露为条件而获得的限定提供的数据，专门为了行为人自身需要，向专门的数据分析、加工者披露，分析、加工后返还的行为，可视为是在契约许可范围内自己的实施行为，也不能认为行为人具有图利加害目的。

契约到期时间、到期后是否续约、续约的条件等在契约中规定不明确或者没有规定，行为人预定续约，继续原契约期间的使用或者披露行为的，即使被认定为契约到期后的使用或者披露行为，也不宜认定行为人具有图利加害目的。

在订立契约谈判过程中，行为人当然期待契约成立且事后被正当化的前景下，或者行为人认为获得了默示许可的情况下，使用或者披露限定提供的数据，即使最终没有达成契约，但在预期其行为将最终纳入契约当中这一点上，原则上也不能认为行为人具有图利加害目的。❶ 比如，在考虑接受许可的阶段，对于从权利人那里获取的样本数据，考虑到是被许可的使用范围，为了判断是否有可能用于本公司的业务而使用，不能认为具有图利加害目的。再比如，只有团体成员才能阅览的由限定提供的数据组成的数据库，对于已经开始向团体办理入会手续的人，考虑到有入会可能所以不存在问题，而向其披露的行为也不能认为存在图利加害目的。

行为人虽然认识到不得在契约目的之外使用或者披露限定提供的数据，但因过失超过契约允许的范围使用或者披露了限定提供的数据，虽应承担违约责任，但不能认为具有图利加害目的。比如，对于仅为了利用 AI 技术开发软件 A 而被允许使用的限定提供数据，尽管行为人已经认识到这一点，但将其他软件 B 误认为 A，并将数据用于 A 的学习，不能认为行为人具有图利加害目的。

为了限定提供的数据权利人的利益而从事的无因管理行为，即使行为人认识到违反了契约规定，也不能认为其具有图利加害目的。比如，为了数据保管的安全性，将契约上禁止向第三人披露的数据委托给第三人管理，或者为了更为有效地为限定提供的数据权利人加工处理契约约定的数据，采用合同规定方法以外的更为有效的方法对数据进行加工处理，不能认为行为人具有图利加害目的。

具有正当目的的使用或者披露限定提供的数据，也不能认为行为人具有图利加害目的。包括：

（1）出现保护数据紧急需要的情况。比如，数据保管设备需要紧急维护，但由于该公司内部没有其他数据保管设备，以未被允许披露的子公司暂时保管为目的，而向其子公司披露限定提供的数据；或者限定提供的数据遭受病毒感染，为了防止感染扩散，而向病毒感染诊断或者杀毒公司披露限定提供的数据。

（2）基于法律法规而使用或者披露限定提供的数据。基于立法、执法或

---

❶ 日本経済産業省. 限定提供データに関する指針，2019 年 1 月 23 日，頁 28 – 29.

者司法公务需要，向立法、执法或者司法机关披露限定提供的数据。

（3）为了保护人的生命等其他公益上的理由。比如，为了在灾害发生时进行避难引导，将不允许公开的交通信息数据向自治体公开；或者为了保护人的生命，将不允许在商业设施中公开的人流量数据向第三方公开。

（二）违反与限定提供的数据有关的管理任务

为了保护数据的正常流通，避免萎缩正当取得数据者的事业活动，日本不正当竞争防止法第2条第1款第14项规定，正当取得者未披露但使用正当取得的限定提供的数据的行为，只有在行为人违反与限定提供的数据有关的管理任务时，才属于需要规制的不正当使用行为。

所谓与限定提供的数据有关的管理任务，是指当事人之间存在为了数据保有者利益的委托信任关系。是否存在这种委托信任关系，需要根据具体情况进行具体判断。比如，为了限定提供的数据权利人的利益而承包其数据加工任务，当事人之间就存在委托信任关系；而为了新商品开发等目的，专门为数据取得者购买数据，当事人之间就不存在委托信任关系。同时为了数据权利人和自身利益的，或者同时处理权利人的数据和非权利人的数据的，也不能否定属于与限定提供的数据有关的管理任务。比如，数据许可契约中，机器用户（数据权利人）将自己机器的运行数据许可给机械制造者（获得数据者），如果机器制造者将机器运行数据用于自己机器的版本升级外，同时用于用户机器的维修，仍然认为存在与限定提供的数据有关的管理任务。而如果作为机器制造者的数据取得者仅将从机器用户那里获取的该机器运行数据用于其制造的机器的版本升级，则不存在与限定提供的数据有关的管理任务。

数据委托分析加工契约中，受托人的任务就是为委托人分析、加工数据，因此受托人一般存在与限定提供的数据有关的管理任务。

三、转得者的不正当获取、使用或者披露行为

（一）获取时恶意的转得行为

限定提供的数据，非常容易复制和移转，如果数据辗转流通到第三人手中，数据可能会迅速扩散出去，为了防止损害的扩大，日本不正当竞争防止法构筑了相应的救济措施，禁止获取数据时恶意的转得行为。

具体内容是，知道限定提供的数据存在不正当获取的事实（第2条第1款第12项），或者限定提供的数据存在不正当披露的事实（第2条第1款第15项），而获取该限定提供的数据，或者获取后使用或者披露该限定提供的数据，构成不正当竞争行为。

与商业秘密不同的是，因为重大过失不知道限定提供的数据存在不正当获取的事实，而获取、使用或者披露限定提供的数据的，不属于不正当竞争行为。据此，日本不正当竞争防止法并未对转得者课以是否存在不正当获取或者披露事实进行确认等注意义务和调查义务。❶

（1）存在不正当获取或者披露的事实。所谓不正当获取或者披露的事实，是指自己获取限定提供的数据以前的任何时点存在的不正当获取（第2条第1款第12项）或者不正当披露（第2条第1款第15项）的事实。据此，不仅从不正当获取或者披露行为人那里直接获得限定提供的数据的行为，以及获得后的使用或者披露行为，而且从不正当获取或者披露行为人以外的第三人那里间接获取限定提供的数据的行为，以及获取后的使用或者披露行为，在满足主观恶意的前提下，都构成获取时恶意的侵害数据行为。

（2）恶意。一是要求行为人知道存在不正当获取或者披露的事实。知道属于数据权利人禁止向外提供的数据，但赠与正当获取者贵重物品，请求其将数据提供给自己，或者收到数据权利人存在不正当获取或者披露行为明确根据的警告函件，或者知道数据提供者承认了不正当获取或者披露的事实，行为人主观恶意的第一个要件成立。二是要求行为人认识到不正当获取或者披露的数据与自己转得的数据相同或者实质相同。收到数据权利人提示的基于电子水印等可追溯性验证结果确认了数据相同，或者收到数据权利人存在数据同一明确根据的警告函件，行为人主观恶意的第二个要件成立。

（二）取得时善意但事后恶意的转得行为

获取限定提供的数据时，不知道该数据存在不正当获取或者披露的事实（善意），但获取后知道该数据存在不正当获取或者披露的事实（恶意），如果对获取后的行为不加任何限制，数据权利人的损失可能进一步扩大，为此日本不正当竞争防止法第2条第1款第13项和第16项规定了防止数据保有者损害

---

❶ 日本経済産業省. 限定提供データに関する指針，2019年1月23日，頁37.

进一步扩大的措施。

具体内容是，善意获取后知道该限定提供的数据存在不正当获取的事实，披露该限定提供的数据的行为（第2条第1款第13项），或者善意获取后知道该限定提供的数据系不正当披露的数据，或者获取后知道该限定提供的数据存在不正当披露的事实，披露该数据的行为（第2条第1款第16项），构成不正当竞争行为。

与侵害商业秘密行为不同的是，因重大过失不知道限定提供的数据存在不正当获取或者披露的事实，而披露该限定提供的数据的，不构成不正当竞争行为。据此，日本不正当竞争防止法并未对转得者课以是否存在不正当获取或者披露事实进行确认等注意义务和调查义务。❶ 另一个与侵害商业秘密行为不同的是，对于商业秘密，善意获取后转变为恶意的、使用该商业秘密的行为，原则上也构成不正当竞争行为。但对于限定提供的数据，善意获取后转变为恶意的，使用该限定提供的数据的行为并不构成不正当竞争行为。

恶意的判断与上述获取时恶意的转得行为的判断相同，不再赘述。

四、适用除外

为了确保公众获取、使用和披露信息的权利，平衡数据权利人和数据利用者之间的利益，保证交易安全，防止过度保护萎缩使用数据的事业活动，日本不正当竞争防止法第19条第1款第8项规定了如下两种例外行为。

（一）获取、使用或者披露和公众可以无偿利用的信息相同的限定提供的数据的行为

具体内容是指，获取、使用或者披露的限定提供的数据，如果和公众可以无偿利用的信息相同，则不属于不正当竞争行为。

（二）在原权限范围内披露限定提供的数据的行为

此种适用除外行为确保了交易安全和秩序。具体内容是指，通过交易获取限定提供的数据的行为人，如果获取时不知道该数据存在不正当获取或者披露的事实，即善意获取该数据，即使事后知道该数据存在不正当获取或者披露的

---

❶ 日本経済産業省. 限定提供データに関する指針, 2019年1月23日, 頁40.

事实，即善意转得后变为恶意，依旧可以在变为恶意之前通过交易取得的原权限范围内披露该数据。同时，因第 2 条第 1 款第 13 项和第 16 项并未禁止善意转恶意后行为人使用限定提供的数据的行为，因此行为人也可以在原权限范围内使用该限定提供的数据。综合起来看，这不过是善意转恶意的第三人在交易权限范围内可以披露和使用商业秘密规则的翻版。日本不正当竞争防止法第 19 条第 1 款第 6 项规定，通过交易善意无重过失（获取商业秘密时，不知道该商业秘密存在不正当获取或者披露的事实，且不知道无重过失）获取商业秘密者，在获取时的原权限范围内使用或者披露该商业秘密，不构成不正当竞争行为。

所谓原权限范围，是指获取时买卖契约、许可契约等约定的披露期间、披露目的、披露方式等条件确定的范围。形式上契约虽然到期，但如果可以合理期待契约关系继续，可以继续的契约规定的范围也属于原权限范围。比如，除非提出解除契约，否则以同一契约内容更新契约，签订可在取得数据的契约期间内向第三方提供数据的自动更新契约，转变为恶意后进行自动更新，并在更新后将转变为恶意之前获取的数据提供给第三方，就属于在原权限范围内的披露行为。

第四节 日本保护数据不正当竞争法模式的评价

一、日本保护数据不正当竞争法模式的优点

从上述阐释可以看出，日本对数据选择了非赋权的反不正当竞争法行为保护模式，而非赋予绝对权的权利保护模式。该法并不保护所有面向一般公众公开且一般公众可以无偿利用的数据、没有附加利用价值的单条或者少量数据，而是要求受保护的数据符合限定提供性、相当积累性、电磁管理性等要件，属于限定提供的数据。通过不正当竞争防止法保护数据，而不是专利法、著作权法等其他知识产权专门法或者民法典进行保护，说明在日本立法者心目中，数据仅是数据权利人营业上的利益客体，尚未上升为绝对权意义上的权利客体，因而受不正当竞争防止法规制的行为也仅限于通过不正当手段获取、使用或者披露数据权利人限定提供的数据的行为，其他人独立投入资金和劳力对相同数

据进行收集、整理、加工、解析，即使产出的成果和在先数据权利人的成果一模一样，在先数据权利人也不能对在后者行使请求权。**此种弱保护模式的选择，划定了受保护的数据和不受保护的数据之间的界限，契合了物联网、大数据和人工智能时代充分挖掘和利用数据的需要，避免了数据和信息的垄断，平衡了数据权利人和数据利用者利益，兼顾了数据排他性和数据自由流动性，不失为保护数据的一种较为理想的法律模式，值得我国借鉴。**

二、日本保护数据不正当竞争法模式的弊端

从立法技术上看，日本保护数据的反不正当竞争法模式，至少存在以下三个方面的问题。

1. 在保护客体、保护要件、规制的不正当竞争行为方面，数据和商业秘密具有高度重合度

从保护客体看，二者保护的均是技术信息和经营信息。从保护要件看，日本不正当竞争防止法要求受保护的数据具备限定提供性，且和公众可以自由、无偿利用的公开信息不具有实质同一性。这和商业秘密要求的非公知性要件存在暗合之处。商业秘密性质上只能向特定的人提供，否则不为秘密。商业秘密的非公知性，指受商业秘密保护的信息不为相关公众所知悉，意味着该信息与公众可以自由、无偿利用的信息不具有实质同一性。日本不正当竞争防止法要求受保护的数据具备相当积累性，实质是要求受保护的数据应当采用电子手段积累足够数量，具有附加利用价值。这和商业秘密保护的信息需要具备的价值性并无实质区别。日本不正当竞争防止法要求受保护数据具备的电磁管理性，虽然范围窄于商业秘密要求的秘密管理性中的管理措施，但本质上都是防止没有接触或者访问权限的第三人，尤其是竞争者非法接触或者访问技术信息或者经营信息，以确保利用者获取、使用或者披露者支付费用，确保竞争优势，功能上相同。

尽管日本经济产业省2019年1月23日发布的《关于限定提供的数据的指针》刻意强调，限定提供的数据是在满足一定条件下向特定外部者提供的信息，而商业秘密是作为秘密管理于企业内部的信息，二者之间不能相互转化。限定提供的数据的权利人采取的限制访问的技术措施，目的不在于将数据作为商业秘密进行保密，而在于确保获取、利用或者披露者支付费用，限制访问技

术措施的动机完全归为保证付费,而非将数据作为秘密信息进行保密。❶ 但这种理由显得比较牵强,并无很强的说服力,因为保证付费目的和保密目的并非完全冲突、不可融合,实践中也很难截然分开。总而言之,日本不正当竞争防止法将数据和商业秘密分置保护的做法,存在重复规定之嫌,增加了司法适用难度,也可能使得相关当事人无所适从,或者导致相关当事人利用商业秘密保护条款和限定提供的数据保护条款,不正当寻求双重保护的现象。❷

2. 从规制的不正当竞争行为看,对于侵害商业秘密不正当竞争行为和侵害数据不正当竞争行为存在厚此薄彼之嫌疑

按照日本不正当竞争防止法第 2 条第 1 款第 9 项规定,善意获得他人不正当获取或者披露的商业秘密,行为人事后因为商业秘密保有者警告等原因转变为恶意的,行为人使用、披露善意获取的商业秘密的行为构成不正当侵害商业秘密的行为。而按照日本不正当竞争防止法第 2 条第 1 款第 13 项、第 16 项规定,善意获得他人不正当获取或者披露的限定提供的数据后,因为数据权利人的侵权警告等原因事后转变为恶意的行为人的,仅披露善意获取的限定提供的数据行为,构成不正当竞争行为,行为人使用该限定提供的数据的行为,不构成不正当竞争行为。同时,按照日本不正当竞争防止法第 2 条第 1 款第 5 项规定,获取商业秘密时知道或者因为重大过失不知道该商业秘密系不正当获取或者披露的事实,而获取、使用或披露该商业秘密的行为,构成侵害商业秘密的不正当竞争行为。简言之,即恶意或者重过失者转得、使用、披露商业秘密的行为,均构成不正当竞争行为。与此不同,按照日本不正当竞争防止法第 2 条第 1 款第 12 项、第 15 项规定,仅恶意转得限定提供数据的行为,构成侵害限定提供数据的行为,恶意重过失者获取行为,即获取限定提供的数据时,因重大过失不知道该数据存在不正当获取或者披露的事实,而获取、使用或者披露该限定提供数据的行为,不构成侵害限定提供数据的不正当竞争行为。**此外,按照日本不正当竞争防止法第 2 条第 1 款第 10 项,除非获得使用侵害技术秘密生产的产品时不知道且不知道无重过失,转让、交付,为了转让、交付而展示,进口、出口、通过电气通信线路提供使用侵害技术秘密生产的产品的行**

---

❶ 日本経済産業省. 限定提供データに関する指針[EB/OL](2019-01-23)[2021-07-01]: 40. https://www.meti.go.jp/policy/economy/chizai/chiteki/guideline/h31pd.pdf.

❷ 田村善之,岡村久道. 限定提供データ制度導入の意義と考え方[R]. NBL No.1140 (2019.2.15).

为，构成侵害商业秘密的行为。而按照日本不正当竞争防止法第 2 条第 1 款第 11 至第 16 项规定，转让、交付，为了转让、交付而展示，进口、出口、通过电气通信线路提供使用限定提供的数据生产产品的行为，并不构成侵害限定提供数据的不正当竞争行为，除非使用限定提供数据生产的产品和限定提供数据相同或者实质相同。

从商业价值角度看，数据和商业秘密对于产业发展同等重要，且二者保护的客体绝大部分情况下相同，立法上的保护水准实难厚此薄彼，作出差别待遇规定。日本立法者对于此种差别待遇规定的原因，并未作出任何解释和说明。此种做法，虽严格保护了商业秘密保有者的利益，但难以有效保护数据业者的利益。

3. 无法保护性质上只能免费向一般公众开放使用的数据的当事人的利益

如上所述，日本不正当竞争防止法强制性规定受保护的数据，须以向特定人提供、采取电磁管理措施等为前提要件。这样一来，很多性质上必须免费向公众开放使用才能获得回报的数据收集、整理、分析、加工、处理者的利益，将无法受到保护。这明显不利于这类性质的数据收集、整理、分析、加工、处理以及依赖于这些数据的事业活动的展开，并且会严重损害消费者的福利。举例而言，大众点评、美团收集、整理、加工、维护的餐饮、旅游等信息，从利用可能性以及成本－收益角度看，只能采取向一般公众公开，任由其免费使用，大众点评、美团通过广告和提供其他附加服务收回运营成本、赚取利润的商业模式。按照日本不正当竞争防止法保护数据的模式，大众点评、美团收集、整理、加工、维护的数据，并不满足向特定人提供的数据、采取电磁管理措施要件，无法得到保护。这意味着不但一般公众可以免费利用大众点评、美团收集、整理、加工、维护信息，竞争对手也可以免费利用这些信息，制作、提供和大众点评、美团具有竞争关系的产品或者服务，并且竞争对手因为节省成本而在竞争中处于优势地位。这必将严重挫伤大众点评、美团耗费巨额成本，从事餐饮、旅游等信息收集、整理、加工、维护、提供以及利用这些信息提供其他附加服务的积极性，进而导致消费者可以免费利用的餐饮、旅游等数据供应不足利益受损的问题。

基于上述对日本保护数据反不正当竞争法模式优缺点的分析，可以得出如下结论，即数据保护应当采用反不正当竞争法模式而非赋予绝对权利的创权模式进行保护。但保护数据的日本不正当竞争法模式并非最佳选择，我国不应当照搬照抄，需要进行适当改造后，才能作为保护数据的可取模式。

第五节　数据反不正当竞争法保护的技术路线

一、数据赋权保护模式的反思

对于付出了资金、劳力和时间收集、整理、解析、加工而成的具有新生产要素性质的数据，任由竞争对手免费获取、使用，制作或者提供同质化的或者具有其他附加价值的产品或者服务，确实存在因市场失灵而导致供应不足的问题，因而有从法律上对保证其供应的激励进行增援的必要。

目前，关于数据的法律保护，赋权保护模式是我国学理界的主流观点。围绕赋权保护，学者们提出了数据资产权与数据经营权等新型数据财产权❶、大数据有限排他权❷、数据生产者权❸、数据控制者权❹❺、企业数据权❻、抽象的集合性财产权利❼、企业数据物权（所有权）❽❾❿、企业数据知识产权等五花八门的"权利"概念⓫⓬。总结这些观点可以看出，赋权说提出了两种具体制度安排：一种安排是对现有财产权制度进行扩展性解释，将新的财产权问题纳入既有财产权制度中加以调整，比如数据所有权说、知识产权说。另一种安排是突破原有财产权制度，在提出新的权利类型的基础上，创设出新的财产权

---

❶ 龙卫球. 再论企业数据保护的财产权化路径 [J]. 东方法学, 2018 (3) 50: 63.
❷ 崔国斌. 大数据有限排他权的基础理论 [J]. 法学研究, 2019, 41 (5): 3–24.
❸ 姚佳. 企业数据的利用准则 [J]. 清华法学, 2019, 13 (3): 114–115.
❹ 戴昕. 数据隐私问题的维度扩展与议题转换：法律经济学视角 [J]. 交大法学, 2019 (1): 35–50.
❺ 黄震, 蒋松成. 数据控制者的权利与限制 [J]. 陕西师范大学学报（哲学社会科学版）, 2019, 48 (6): 34–44.
❻ 管洪博. 大数据时代企业数据权的构建 [J]. 社会科学战线, 2019 (12): 208–215.
❼ 胡凌. 论赛博空间的架构及其法律意蕴 [J]. 东方法学, 2018 (3): 87–99.
❽ 时明涛. 大数据时代企业数据权利保护的困境与突破 [J]. 电子知识产权, 2020 (7): 61–73.
❾ 周林彬, 马恩斯. 大数据确权的法律经济学分析 [J]. 东北师大学报（哲学社会科学版）, 2018 (2): 30–37.
❿ 石丹. 大数据时代数据权属及其保护路径研究 [J]. 西安交通大学学报（社会科学版）, 2018 (3): 78–85.
⓫ 王德夫. 知识产权视野下的大数据 [M]. 北京：社会科学文献出版社, 2018: 155.
⓬ 汤琪. 大数据交易中的产权问题研究 [J]. 图书与情报, 2016 (4): 38–45.

制度，比如数据资产说、数据经营权说、数据控制权说、有限排他权说。不论是扩张式解释抑或是创设新型数据权利，都试图将数据绝对权利化，进行强保护。赋权保护说充分肯定了数据的生产要素价值，为数据产业服务提供者相关权利与他人行为自由划定边界，有利于降低公众的信息成本，给数据利用者提供合理的行为预期，确保法的安定性。

然而，是否需要通过赋权保护模式为数据服务产业创设新的激励增援机制，则不无疑问。

首先，赋权保护无法满足数据权利法定性与透明度的内在要求，强行适用赋权保护会过度妨害数据市场运转、数据技术提升、科学研究以及数据共享。❶ 具体而言，物权说完全颠覆了物权话语权体系中的物限定为有体物而不包括无体物的基本法理，用物权保护数据将严重妨碍他人利用数据的自由。知识产权绝对权说忽视了绝大部分数据难以满足专门知识产权法保护客体法定要件的现实情况，存在绝对权泛化弊病。新型财产权说只不过是物权保护模式的翻版，无法为所有数据划定清晰的权利边界，存在过度攫取公有领域中信息的危险。

其次，从域外看，对于人工智能生成的数据，仅有 Zech、Franceschi 等少数学者持权利化的赋权保护观点❷❸。2005 年，欧盟对 1996 年颁布实施的《关于数据库保护的指令》的绩效进行了评估，结果发现，特殊权利（Sui Generis）的创设不但未给欧盟数据库产业带来实质效果，反而损害了欧盟出版业与数据库产业的发展。❹ 2001 年，欧盟的数据库条目为 4085 条。但到了 2004 年，欧盟数据库条目只有 3095 条，较 2001 年减少了近 1/4。❺ 从 2002 年至 2004 年间，欧盟的数据库产业所占市场份额由 33% 下降至 24%。相反，并未创设特殊权利仅通过反不正当竞争法、合同法、技术措施等保护数据库的美国，数据库产业份额反而由 62% 上升至 72%。在 1996 年欧盟颁布《关于数据库保护的指令》

---

❶ 李晓宇. 智能数字化下机器生成数据权益的法律属性 [J]. 北方法学, 2021 (2): 44-53.
❷ ZECH H. A Legal Framework for a Data Economy in the European Digital Single Market: Rights to Use Data [J]. Journal of Intellectual Property Law & Practice, 2016, 11 (6): 460-470.
❸ FRANCESCHI A D, LEHMAN M. Data as Tradeable Commodity and New Measures for their Protection [J]. The Italian Law Journal, 2015 (1): 51-71.
❹❺ Commission of the European Communities. First Evaluation of Directive 96/9/EC on the Legal Protection of Databases (2005-12-12) [2021-07-01]. https://ec.europa.eu/info/sites/default/files/evaluation_report_legal_protection_databases_december_2005_en.pdf.

时，欧盟与美国的数据库产量的比例为 1∶2，到 2004 年时该比例降为 1∶3❶。由此可见，相比创设特殊权利或者其他财产权利，通过反不正当竞争法保护数据更有利于数据服务产业的进步❷。

最后，从法律体系解释角度看，在数据权利人收集、整理、解析、加工的数据构成具有独创性的表达或者在数据的选择、编排方面具有独创性时，可以作为原创作品或者汇编作品受到著作权法的保护。数据权利人收集、整理、解析、加工的数据（技术信息或者产品外观设计）构成具有新颖性、创造性、实用性的发明创造或者产品外观设计时，可以作为发明或者实用新型或者外观设计申请专利。数据权利人收集、整理、解析、加工的数据具备非公知性且权利人采取了秘密管理措施时，可以作为商业秘密受到反不正当竞争法保护。即使数据权利人收集、整理、解析、加工的数据均不符合上述特定法律保护的客体要件，但未经许可使用他人付出了资金和劳力而创出的数据，亦属于侵害他人营业上的利益的不法行为，可以日本民法典第 709 条为依据，请求损害赔偿。在有契约约定的情况下，亦可依据契约约定，追究违约方的责任❸。

二、反不正当竞争法保护数据的技术路线

具体到我国，因我国《反不正当竞争法》和德国反不正当竞争法一样，规定有一般条款，与日本不正当竞争防止法不同，司法机关亦可通过适用《反不正当竞争法》第 2 条第 2 款，规制不正当获取、使用数据权利人收集、整理、解析、加工数据的行为，保护数据权利人营业上的利益。由此可见，现有知识产权法律资源已经足以为数据权利人收集、整理、解析、加工数据的行为，提供足够的激励援助，并无另行创设新的激励支援机制的必要。从司法实践看，法官也通常适用《反不正当竞争法》第 2 条对数据进行保护。如在"微播公司诉创锐公司案"❹"腾讯 TIM 诉抖音、多闪平台"❺"淘宝诉美景案"❻

---

❶❷ Commission of the European Communities. First Evaluation of Directive 96/9/EC on the Legal Protection of Databases（2005 - 12 - 12）[2021 - 07 - 01]. https：//ec. europa. eu/info/sites/default/files/evaluation_report_legal_protection_databases_december_2005_en. pdf.

❸ フェアトレード委員会第 1 小委員会. 平成 30 年不正競争防止法の改正 [J]. 知財管理，2020，70（1）：121 - 126.

❹ 北京市海淀区人民法院（2019）京 0108 民初 35902 号民事裁定书。

❺ 天津市滨海新区人民法院（2019）津 0116 民初 2091 号民事裁定书。

❻ 浙江省杭州市中级人民法院（2018）浙 01 民终 7312 号民事判决书。

"腾讯诉华为案"❶ "大众点评诉百度地图案"❷ "新浪微博诉脉脉案"❸ 中，对于平台之间的公开数据之争，法官均适用《反不正当竞争法》第 2 条对被告行为进行了评价。

日本保护数据的反不正当竞争法模式，与我国、美国的实践暗合，适应了物联网和人工智能时代数据创出和利用的客观需要，值得肯定。但其为数据保护设定的"限定提供性""电磁管理性""和公众可以无偿使用的信息相同的数据除外"等三个前提要件，过度提高了数据保护的门槛，与数据利用的惯常商业模式相冲突，不利于数据的创出和利用，也损害消费者利益，应当予以删除，只保留相当累积性和属于技术信息或者经营信息两个要件。相当累积性要求受保护的数据数量足够庞大，具有附加利用价值，从而排除单个或者少量数据的保护。属于技术信息或者经营信息，则可以将违反公序良俗的数据排除在保护，不至于损害公共利益。

上述思路具体应用到我国，在我国《反不正当竞争法》尚未像日本不正当竞争防止法一样，设定明确、具体条款规制数据获取、利用行为的情况下，只能通过适用《反不正当竞争法》第 2 条规定的一般条款，认定和处理未经数据权利人同意，获取、利用其数据的行为，是否构成需要被规制的不正当竞争行为。

具体而言，究竟如何适用我国《反不正当竞争法》第 2 条第 2 款规制不正当获取、使用数据权利人收集、整理、解析、加工的数据的行为呢？对此，从现有司法判决来看，思路和方法基本都是聚焦于通过适用抽象的诚信原则和捉摸不透的商业道德评价被告行为的不正当性，存在司法过度介入市场、极大增加市场主体行为之不可预见的嫌疑。知识产权是一种制约他人行为模式的权利，知识产权的创设原则上应当坚持法定原则，在知识产权法定原则之外创设法益型的知识产权，需要以知识产权正当化依据的激励理论为依据，同时兼顾他人的行动自由。❹❺ 适用《反不正当竞争法》第 2 条的一般条款，为尚未权利化的数据提供保护，同样需要如此。具体而言，首先，要评估数据权利人收

---

❶ 重庆市第一中级人民法院（2017）渝 01 行保 1 号民事裁定书。
❷ 上海市浦东新区人民法院（2015）浦民三（知）初字第 528 号民事判决书。
❸ 北京知识产权法院（2016）京 73 民终 588 号民事判决书。
❹ 李扬. 知识产权法政策学视点下的著作权法定原则 [J]. 中国版权，2020（5）：20 - 22.
❺ 田村善之. 田村善之论知识产权 [M]. 李扬，等译. 北京：中国人民大学出版社，2013：15 - 17.

集、整理、解析、加工的数据,是否是社会所需要的产品,是否能够带来效率性,是否能够增加消费者福利。如果答案是肯定的,基本可以得出该产品是社会所需要的产品,是应当受法律保护的利益。其次,要分析市场是否足以保证该产品的供应,解决产品提供者的利益还流问题。如果答案是肯定的,则不需要法律进行增援;如果答案是否定的,则需要法律对该产品供应的激励进行增援。具体到数据,就是要分析允许自由获取、使用或者披露他人收集、整理、解析、加工的数据,是否会严重损害数据权利人营业上的利益,比如严重挤占其市场份额、导致其经营困难、导致其破产倒闭,以至于减杀其进一步收集、整理、解析、加工数据的积极性,从而导致数据的供应不足,减损消费者福利。如果答案是肯定的,则需要对不正当获取、使用数据权利人数据的行为进行规制。最后,法律创设激励增援机制时,是否会不成比例地限制他人的行动自由。如果答案是否定的,则可得出需要对不正当获取、使用权利人数据的行为进行规制。就数据而言,通过《反不正当竞争法》第 2 条第 2 款进行保护,只不过是将其作为权利人营业上的利益进行保护,而非绝对权意义上的保护,因此并不妨碍他人对相同数据进行收集、整理、解析、加工,提供竞争性数据产品或者服务,也不会妨碍公众自由利用公开提供的数据,不会损害消费者的利益。❶

---

❶ 李扬,李晓宇. 大数据时代企业数据权益的性质界定及其保护模式建构[J]. 学海,2019(4):180-186.

第九章
侵害商品化权的行为

第一节 商品化权概论

一、商品化权的含义和性质

商品化权虽名义上被称为"权利",但现行法上并未有规定,其实为一种应受法律保护的利益,"商品化权"只不过是一种便宜说法。本书为研究方便,使用商品化权这个概念。

商品化权,即民事主体控制未经许可将其本人的姓名、肖像或者声音等,其创作的作品名称或者作品中虚拟人物的名称等元素,其拥有所有权的物的名称或者形象,使用于商品或者服务的宣传广告,或者直接使用于商品或者服务上的权利。❶ 商品化权是一种财产权,保护的是自然人身份元素或者作品名称、作品中虚拟角色的名称等元素、物的名称或者形象的商业价值,而非自然人的人格利益。当然,虚拟角色形象或者名称、物的名称或者形象,本身就不存在任何人格利益。

商品化权的外延要广于形象权。所谓形象权(the right of publicity)❷,是

---

❶ 李明德教授对形象权的界定如下:"形象权是指人们对自己的身份进行商业性使用的权利",并认为只有自然人才享有形象权,且性质上是一种财产权。参见:李明德. 美国知识产权法 [M]. 2 版. 北京:法律出版社,2014:691.

❷ 在日本被称为パブリシティ権,其实就是美国 right of publicity 的日文直接翻译。参见:田村善之. 不正競争防止法概説 [M]. 2 版. 東京:有斐閣,2003:505–541.

自然人对其姓名、肖像、声音和签名等人身元素享有的排他的商业性使用权益。❶ 商品化权和形象权虽同为财产性权益，保护的均非人格利益，但二者在权益主体和客体两个方面存在区别。一是主体有差别。形象权起源于隐私权，只有自然人拥有隐私权和享有隐私权，法人、非法人组织或者虚拟角色等均不具有隐私或者享有隐私权，形象权的主体只限于自然人。❷ 商品化权的主体不限于自然人，法人或者非法人组织等对其所有物的名称或者形象、作品名称、作品中虚拟角色的名称等元素具有的商业化利用价值在一定条件下也享有排他利用的利益，因此也可以成为商品化权主体。二是客体范围不同。形象权的客体限于自然人的姓名、肖像、声音、签名等元素。商品化权的客体不仅包括自然人的姓名、肖像、声音、签名等与自然人人身有关的元素，还包括具有商业利用价值的作品名称、作品中虚拟角色的名称等元素、物的名称或者形象，范围广于形象权客体。由此可见，商品化权包括形象权，形象权不过是商品化权的一个方面。

我国虽有案例以商品化权并非一种法定权利为由对其不予保护，但《最高人民法院关于审理商标授权确权行政案件若干问题的规定》第 22 条第 2 款规定，对于著作权保护期限内的作品，如果作品名称、作品中的角色名称等具有较高知名度，将其作为商标使用在相关商品上容易导致相关公众误认为其经过权利人的许可或者与权利人存在特定联系，当事人以此主张构成在先权益的，人民法院予以支持。可见，该解释对具有较高知名度的作品名称、作品中的角色名称等元素的商品化权明确给予了保护，但对于物的商品化保护问题不置可否。

日本早在 1976 年的マーク・レスター案中，就以侵害财产利益和精神利益为由，将未经许可将英国著名童星出演的电影场面用于电视 CM 的行为认定为不法行为，从而开启了商品化权的保护大门。❸ 其后，未经许可将艺人和运动员的肖像或者姓名用于日历和奖牌、垫子等案件相继出现，并被认定为不法行为而承担差止责任。1988 甚至出现了直接使用パブリシティ権的判决。❹ 2000 年更是出现了未经许可将马主的赛马名用于游戏的行为、被认定为不法

---

❶ 李明德. 美国知识产权法 [M]. 2 版. 北京：法律出版社，2014：701.
❷ 李明德. 美国知识产权法 [M]. 2 版. 北京：法律出版社，2014：691 - 701.
❸ 東京地判昭 51.6.29 判時 817 号 23 頁「マーク・レスタ事件」。
❹ 田村善之. 不正競争防止法概説 [M]. 2 版. 東京：有斐閣，2003：505.

行为、保护物的商品化权的判例。❶ 然而，物的商品化权是否成立并非没有争论。同样是将赛马名称用于游戏的案件，日本东京地方裁判所、东京高等裁判所的主张，就和名古屋地方裁判所、名古屋高等裁判所的意见截然相反。❷

二、商品化权保护的理论根据

商品化权保护的理论根据，至少存在顾客吸引力说、人格利益保护说和激励说。

（一）顾客吸引力说

顾客吸引力说认为，真实人物的姓名、肖像、声音、签名等人身元素，真实人物创作的作品名称或者作品中虚拟人物的名称等元素，真实人物拥有所有权的物的名称或者形象，具有顾客吸引力，能够产生财产价值，因而需要得到法律保护。

然而，具有顾客吸引力，能够产生财产价值，并不意味着能就此直接得出具有值得法律保护的利益的结论。❸ 在知识产权领域中，搭取他人顾客吸引力的便车，并不一定违法。保护商品化权，意味着他人利用姓名、肖像、声音、签名、名称、形象的表现自由和经济活动自由受到了制约，这种制约需要正当化的根据。❹ 既然搭便车并不一定违法，仅仅因为真实人物的姓名、肖像、声音或者签名等元素，真实人物创作的作品名称或者作品中虚拟人物的名称等元素，真实人物拥有所有权的物的名称或者形象，具有顾客吸引力，就直接得出可以制约他人行动自由的结论，正当性依据不足。否则，利用外部经济效果的所有行为，都可能受到规制。❺

我国司法实践中，仅以作品名称或者虚拟角色名称等元素知名就得出应该赋予其创作者商品化权并规制他人利用行为的结论的做法，只不过是顾客吸引

---

❶ 名古屋地判平12.1.19 判夕1070号233页「競走馬パブリシティⅠ」，名古屋高判平13.3.8 判夕1071号294页「同二审」。

❷ 東京地判平13.8.27 判时1758号3页「競走馬パブリシティⅡ」，東京高判平14.9.12 判时1809号140页「同二审」。

❸ 北村行夫. 顧客吸引力の破綻とパブリシティ権理論の再構築 [J]. コピライト，2003年 (505)：4-5.

❹ 中山信弘. 工業所有権法（上）（第二增補版）[M]. 東京：弘文堂，2000：6.

❺ 田村善之. 不正競争防止法概説 [M]. 2版. 東京：有斐閣，2003：506.

力说的具体应用，周全性和妥当性有所欠缺。

（二）人格利益保护说

人格利益保护说认为，真实人物的肖像、姓名、声音、签名等人身元素未经本人同意，他人不得随意利用，本人对其姓名、肖像、声音、签名等具有值得法律保护的人格利益。商品化权保护的正当化根据，核心就在于保护人格利益。❶

然而，如上所述，商品化权本身保护的并非真实人物的姓名、肖像、声音、签名等人身元素包含的人格利益，仅是其中的财产性利益。首先，侵害人格利益是人格权所守备的范围，且受害者一般只能寻求精神损害赔偿，而侵害商品化权不涉及人格权的侵害，除非侵害行为同时损害受害者的人格，否则受害者只能寻求财产性损害赔偿。其次，作品名称、作品中虚拟角色的名称等元素，物的形象和名称的商品化权保护，根本就没有一般人格内容。用人格利益保护解释商品化权的正当性根据，人格利益说和顾客吸引力说一样欠缺说服力。

（三）激励说

激励说认为，虽然搭取他人事业活动而产生的顾客吸引力并非就是违法行为，但如果搭便车行为导致他人通过事业活动取得一定成果的热情减退，以至于该成果在市场上供应不充分，且保护该成果即使招致制约他人搭便车行为的结果但仍然存在值得法律保护的利益的话，则有必要制止搭便车行为。换句话说，在市场失灵，无法解决相关成果供应的激励机制的情况下，法律就有了介入的空间。❷ 从已有的裁判例来看，某些无法归入著作权法等特定知识产权法保护范围的成果，亦被从防止市场失灵的角度，纳入了侵权法的保护范围，搭取他人事业活动成果的行为因此被认定为不法行为。真实人物姓名、肖像、声音、签名等人身元素，作品名称、作品中虚拟角色名称，物的名称和形象的商品化权保护的正当性，也应当在此种激励理论的框架内进行考虑。❸ 据此，未

---

❶ 渡辺修. 人格メルクマークの利用権 [J]. 法学, 1996, 60 (6)；花本広志. 人格権の財産的側面 [J]. 独協法学, 1997 (45).

❷ 田村善之. 知的財産法 [M]. 3 版. 東京：有斐閣, 2003：3-10.

❸ 田村善之. 不正競争防止法概説 [M]. 2 版. 東京：有斐閣, 2003：507.

经许可在商业活动中利用他人姓名、肖像、声音、签名等人身元素，作品名称、作品中虚拟角色名称等元素，物的名称和形象，如果减弱了相关主体从事文艺事业、体育事业、创作活动、其他相关事业活动的动力，可能导致相关成果的市场供应不足，且对他人利用行为的制约，并不影响他人的选择自由，他人并不遭受损害或者遭受的损害最小时，对此行为就应当以侵害商品化权的不正当竞争行为处理。

进一步而言，对于未经许可利用肖像、姓名的行为如果主张人格利益，则无须再借助激励理论解释姓名、肖像、声音、签名等人身元素商品化权保护的正当性，因为在此情况下，作为制约他人利用自由的原理，人格利益保护说相比激励论更具有说服力。话虽如此，对于人格利益稀薄或者与人格利益无关的作品名称、作品中虚拟角色的名称等元素，物的名称或者形象的商品化权保护，作为制约他人利用自由的原理，则只有激励说能够担当证明其正当性的责任。❶

（四）小结

关于商品化权保护的正当化根据的有顾客吸引力说、人格利益保护说、激励说，本书赞成激励说。以激励说为基础，可以得出以下几点结论。

（1）对于未经许可利用真实人物姓名、肖像、声音、签名等人身元素的行为，如果原告以其姓名权或者肖像权受到侵害为由起诉，且提出精神损害赔偿、赔礼道歉等诉求，则应当按照姓名权或者肖像权受到侵害的法律构成进行判断。如果原告以其姓名、肖像、声音、签名等的商品化权受到侵害为由起诉，且提出的是财产性损害赔偿请求，则需要按照本章第二节所探讨的商品化权受侵害的法律构成进行判断，无须考虑侵害行为是否会导致姓名权人或者肖像权人精神受损害的问题，也无须考虑赔礼道歉等救济措施。而如果原告以被告未经许可使用其姓名、肖像、声音、签名等为由起诉，且同时主张财产和精神损害赔偿、赔礼道歉，则既包含人格权主张的内容，又包含商品化权主张的内容，需同时对其主张进行审理，不能仅因支持原告精神损害赔偿、赔礼道歉的诉讼请求，就否定其财产损害赔偿请求。

（2）对于未经许可利用作品名称、作品中虚拟角色名称等元素，物的名称或者形象的行为，由于与人格利益保护无关，原告只能从财产利益保护的角

---

❶ 田村善之. 不正競争防止法概説 [M]. 2版. 東京：有斐閣，2003：507-508.

度主张商品化权，并从本章第二节所要探讨的商品化权受侵害的法律构成进行判断。

（3）行使以激励论作为保护依据的商品化权，由于会制约他人的表现自由和经济活动自由，究竟是否允许，仍然需要进行综合利益考量后再行判断。

第二节　侵害商品化权行为的构成要件

商品化权的保护，一方面要解决相关成果的供应问题，另一方面要解决他人表现自由和经济活动自由的问题。这两个目标的解决需要从侵害商品化权行为的构成要件方面进行把握。

一、对自然人的姓名等进行利用

（一）自然人的姓名、肖像、声音、签名等人身元素

自然人的姓名，是指自然人户籍和身份证上的姓和名。能够识别特定自然人的著名艺名、别名、雅号等，也应当视为自然人的姓名。自然人的肖像，不仅包括自然人用于各种登记事项的写真照片，而且包括能够识别特定自然人的素描像、彩色画像、卡通像、拟人化的形象等。自然人的声音，即自然人嘴里发出的任何声响。签名，即自然人手写的自己的名字。

有一种观点认为，受商品化权保护的主体，只限于著名艺人、运动员等具有顾客吸引力的主体。❶ 此种观点并不可取。美国加州最高法院在1990年的梦露案中指出："过去的判例都裁定，每个人都就自己的形象享有财产权益，未经许可的商业使用属于应当加以纠正的侵权行为。"❷ 自然人是否知名，并非侵害自然人商品化权的构成要件，仅是计算损害赔偿时需要考虑的因素。

1988年日本东京地方裁判所判决的桑拿广告一案中，被告未经同意，违反与原告之间仅能将原告和其他很多购买者并列在一起以小图片方式刊载的约定，将原告的脸部照片以大图片的方式刊载，让人感觉到原告有什么感想需

---

❶ 斋藤博. 氏名・肖像の商業的利用に関する権利［J］. 特許研究, 1993（15）: 22–26.
❷ Moore v. Universal Pictures, 205 USPQ 1090（Cal. Supreme Court, 1990）.

发表的样子。原告虽不知名，但东京地方裁判所仍然以被告违反他人意愿使用他人姓名，且侵害了他人不暴露自己肖像的自由为由，认定被告的行为构成不法行为，支持了原告的损害赔偿请求。❶

在公共场合拍摄视频或者照片，"一不小心"将自然人拍进视频或者图片里，如果采用公众可以识别特定自然人的方式公开呈现，甚至突出使用自然人的影像或者形象，基于人格权或者商品化权的保护，应当允许特定自然人对该利用行为人行使请求权。

（二）作品名称、作品中虚拟角色名称等元素，物的名称或者形象

1. 作品名称、作品中虚拟角色名称等元素

作品名称是作品内容的高度概括，是作者思想的集中体现。作品中虚拟角色的名称，是特定虚拟角色的识别符号，是虚拟角色性格、形象的集中体现，也属于思想的范畴。作品中的其他元素，包括作品中武功秘籍的名称（如葵花宝典）、兵器的名称（如青龙偃月刀）、故事发生地点名称（如情花谷）、其他道具名称（如圣杯）等。这些元素亦可称为虚拟物。虚拟物的名称本身并非作品，不受著作权法保护，通常也并非作为指示商品来源的标识使用，不受商标法保护。

由于与人格利益无关，仅涉及财产利益，作品名称、作品中虚拟角色名称等元素，要成为商品化权的保护客体，应当具备一定知名度，具有吸引顾客、带来商业利益的价值。没有知名度，没有顾客吸引力，不能带来任何商业价值的作品名称、作品中虚拟角色名称等元素，不能成为商品化权的客体。然而，为了不过度限制他人的表现自由和经济活动自由，具备一定知名度仅是成为商品化权保护客体的必要条件，而非充分条件。最终是否受保护，还需要结合其他要件尤其是第三个要件，进行综合判断。

2. 物的名称或者形象

物的名称或者形象，是指现实中真实存在的事物的名称或者形象。一般而言，物的所有权人，对其物享有以物理上接触的方式占有、使用、收益、处分的排他权利，超过这个范围，对于物理上或者法律上可以接触其物者利用物的名称或者形象的行为，不能行使所有权。

---

❶ 東京地判平元.8.29 判時 1338 号 119 頁「サウナ風呂広告事件」。

问题是，通过付费方式或者与所有权人进行交涉，或者按照法律规定，物理上或者法律上能够接触其物者，对该物的名称或形象进行商品化利用时，物的所有权人能否收取对价？如果收取对价，其法律根据和深层次的理论根据又是什么？

对此，日本法上存在截然不同的裁判例。在赛马名称案中，对于让众多赛马登场的集合型赛马游戏，一部分马主以自己所有的赛马的名称未经许可被利用为由提起诉讼。名古屋地方裁判所和名古屋高等裁判所以这些赛马具有顾客吸引力为由，肯定了物的商品化权的成立，支持了所有权人的请求，认定被告的行为构成日本民法典第709条的不法行为。❶ 而几乎同样的案件，东京地方裁判所和东京高等裁判所，则以原告欠缺实体法上的请求权依据为由，驳回了原告的请求。❷ 在1984年的长尾鸡案中，日本高知地方裁判所认定拍摄原告使用改良品种和特殊管理与饲养方法培育的长尾巴鸡并将拍摄的照片用于制作销售明信片的行为，侵害了原告的所有权，实际上也属于肯定物的商品化权的案例。❸

按照本章第一节的观点，既不能仅因为物的名称或者形象具有顾客吸引力，也不能仅因激励事业活动成果的供应，就限制他人的表现自由和经济活动自由，在以激励论为基点判断是否需要保持事业活动成果供应的同时，还需要考虑他人的行动自由，所以物的商品化权是否成立，同样需要结合其他要件尤其是第三个要件进行综合判断。

二、广告宣传或者商品化利用

广告宣传，是指将自然人的姓名、肖像、声音或者签名等人身元素，作品名称、作品中虚拟角色的名称等元素，物的名称或者形象，通过电视、报纸、杂志、互联网、小册子、户外广告牌、户外气球、店招等各种媒介，用于推销自己的商品或者服务。

商品化，包括两个方面的含义：一是指将自然人的姓名、肖像、声音或者

---

❶ 名古屋地判平12.1.19 判夕1070号233页「競走馬パブリシティⅠ」，名古屋高判平13.3.8 判夕1071号294页「同二審」。
❷ 東京地判平13.8.27 判時1758号3页「競走馬パブリシティⅡ」，東京高判平14.9.12 判時1809号140页「同二審」。
❸ 高知地判昭59.10.29 判夕559号291页「長尾鶏事件」。

签名等人身元素,作品名称、作品中虚拟角色的名称等元素,物的名称或者形象,直接使用在商品、商品包装或者服务提供场所、提供服务所用的物品上,或者用于商品装潢。二是指利用自然人的姓名、肖像、声音、签名等元素,作品名称、作品中虚拟角色的名称,物的名称或者形象,生产销售有形或者无形的衍生品。利用商品化权的客体制作玩具、玩偶、明信片,开发游戏,制作动漫,进行二次创作,是实践中常见的商品化利用形态。

三、利用行为足以给商品化权人的利益造成严重损害

由于并非自然人的姓名、肖像、声音、签名等元素,虚拟角色的名称或者形象、物的名称或者形象具有顾客吸引力,需要激励该等成果的供应,就可以绝对限制他人的表现自由和经济活动的自由,商品化权的保护在考虑激励市场供应、解决市场失灵问题的同时,还需要考虑他人的表现自由和经济活动自由,因而除非对自然人的姓名或者肖像等元素、作品名称或者作品中虚拟角色的名称、物的名称或者形象的广告宣传或者商品化利用行为,足以给商品化权益人利益造成严重损害,否则应当允许自由利用,而不应当将他人利用行为认定为不正当竞争行为。

首先,未经许可将自然人姓名或者肖像等元素用于广告宣传或者进行商品化利用的行为,由于可能导致公众误以为相关商品或者服务经过了特定自然人的推荐,难免会损害自然人的名誉,造成其精神上的痛苦或者困惑。即使不至于造成自然人名誉的损害、精神上的痛苦或者困惑,也不能忽视此等利用行为可能剥夺自然人姓名等人身元素财产化的利益,否则极有可能削弱自然人继续从事文艺、体育活动或者其他事业活动的激励。由此,一般而言,未经许可将自然人姓名或者肖像等元素用于广告宣传或者进行商品化利用的行为,足以给商品化人人格或者财产利益造成严重损害的,对该行为进行规制,不能说是过度限制了行为人的表现自由和经济活动自由。

不过,即使是自然人的姓名或者肖像等元素,也并非绝对应当受商品化权保护。和激励生产经营活动没有关系的政治家等公众人物的姓名或者肖像,被用于嘲讽政治活动或者报道时事新闻目的时,不在商品化权保护范围之内。基于表现自由、报道自由和公众知情权,在电视、报纸、杂志或者其他媒介上使用自然人的肖像或者姓名,也应当不受商品化权控制。在人物传记中,为了更好地表现人物,或者为了批评目的,只要依赖于肖像或者姓名的表现并未占整

个传记的主要部分，不能认为侵害了传记人物的商品化权。无营利目的，在粉丝网站或者自主创办的粉丝刊物上，使用知名艺人等的肖像，除了增加艺人的知名度之外，不会给其造成人格或者财产上的重大损害，也不应作为侵害商品化权的行为处理。但是，如果市场上已经有该知名艺人的写真集在销售，而网站又主要由艺人的肖像写真构成，由于对市场上写真集的销售会造成替代，使知名艺人遭受重大损失，则仍然构成侵害该艺人商品化权的行为。

其次，未经许可将作品名称、作品中虚拟角色的名称，物的名称或者形象用于广告宣传或者进行商品化利用的行为，由于不涉及自然人的肖像、姓名等人格利益，在判断其是否侵害商品化权时，除了考虑是否需要激励相关成果的开发，还需要更加注重他人的利用自由。如果现有的激励机制已经足以解决相关成果的供应，则不再需要通过商品化权创设新的激励机制。如果相关成果不需要重复开发，或者不属于需要激励开发的成果，也不需要通过商品化权激励该成果的开发，相反应当鼓励自由利用。只有在相关成果确实具有价值，属于社会所需要的成果，且自由利用该成果的搭便车行为严重损害该成果开发的激励，现有的激励机制又不足以解决该成果的供应，以至于导致该成果的供应不足时，才需要对自由利用该成果的搭便车行为予以规制，否则就应当得出他人可以自由利用的价值判断。

比如，在上述长尾鸡案中，使用投入相当费用、时间和精力育成的长尾鸡的形象制作的明信片，如果大受消费者青睐，他人自由利用长尾鸡形象的行为，显然会妨碍长尾鸡的所有权人从利用其长尾鸡形象制作的明信片销售中获得收益的机会，且所有权无法控制他人的此种利用行为，其育成长尾鸡的激励很可能因此而减退，在此情况下，就有必要肯定长尾鸡所有权人的商品化权保护请求。

在上述赛马名称案中，虽不否定需要考虑为马主的购马、调教等活动提供一定激励，但马主基于与日本中央赛马协会之间的关系而获得的收益分配，已经足以解决此种激励，无须再额外提供商品化权的激励。对于集合型游戏而言，如果每个马主对其所有的马的名称都拥有商品化权，游戏制作者动辄将陷入纠纷当中，游戏的销售也将面临权利主体过多造成的巨大障碍，这个因素对于被告的行为是否构成不法行为的判断，需要着重考虑。❶

---

❶ 内藤篤，田代貞之. のパブリシティ権概説［M］. 東京：木鐸社，1999：225-226，284-288.

在金庸诉江南案中[1]，被告虽未经金庸同意使用其多部武侠小说中具有顾客吸引力的虚拟角色名称，比如黄蓉、郭靖、乔峰、杨康、穆念慈、康敏、令狐冲等，读者可能会将被告的作品误认为是金庸创作的作品或者与金庸存在某种联系并因此而发生购买关系，且不排除武侠小说中虚拟角色的名称亦是需要激励开发的成果，但被告的使用行为不会挤占金庸原武侠小说的市场份额，更不会取代金庸原武侠小说的市场，且金庸本人不太可能将这些角色纠缠在一起进行二次创作，被告不会存在剥夺金庸衍生品市场的可能性，尚不足以给金庸的利益造成严重损害。而将被告行为认定为侵害商品化权的不正当竞争行为，可能窒息同人作品的创作，减少文化的多样性和大众的文化福利，综合考量，认定金庸对这些虚拟角色名称不享有商品化权更为合理。对作品名称，漫画、动画、网络游戏中虚拟角色名称等的利用行为，也应当采取同样的综合利益衡量方式。

但是，如果作品名称、作品中虚拟角色的名称，物的名称或者形象的商品化，已经成为商品化权主体收回投资并获取收益的主要方式或者重要方式，不保护商品化权足已削弱商品化权主体进一步从事相关成果开发的激励，并可能导致该成果的供应不足，且规制被告行为不会影响被告从事文体活动或者其他事业活动的选择自由，则还是有必要将商品化市场交给商品化权主体控制，他人自由利用的价值应退居次要地位。

四、未经许可

经过许可，使用自然人姓名、肖像、声音或者签名等人身元素，作品名称、虚拟角色名称，物的名称或者形象，只要没有超出许可使用的边界，相当于商品化权人与被许可人签订了不行使差止请求权和损害赔偿请求权的契约，商品化权人不得行使请求权。

五、不符合著作权法等特定知识产权法保护客体的要件

自然人的姓名或者肖像等元素，作品名称、虚拟角色名称，物的名称或者形象，如果已经符合著作权法规定的作品要件，或者已经发挥了识别商品或者服务来源的作用，成为注册商标或者未注册商标，则可以著作权法或者商标法

---

[1] 广州市天河区人民法院（2016）粤 0106 民初 12068 号民事判决书。

以及《反不正当竞争法》第 6 条作为行使请求权的依据,商品化权无须再行介入。

第三节　对侵害商品化权行为的规制

一、差止请求

如本章第一节所述,"商品化权"虽冠名为"权利",但实质不过是一种司法者在激励理论指导下,经过综合利益考量后加以保护的利益,不同于著作权、专利权、商标权等绝对权。在日本,因其民法典第 709 条并未赋予受法律保护的利益享有者差止请求权,因而在日本,商品化权主体提出的差止请求,尤其是作品名称、作品中虚拟角色名称和物的商品化权人针对行为人提出的差止请求,除非被告在侵害作为财产权益的商品化权的同时侵害了原告的人格利益,否则并不被法院支持。❶

在我国,《民法典》第 179 条采取的是侵权承担民事责任的构造,并未对侵害权利和侵害受法律保护的利益的请求权进行区分,因此从法源上看,不管行为人侵害的是权利还是受法律保护的利益,民事权益主体均可行使差止请求权。据此,在我国,不管是姓名、肖像等人身元素的商品化权主体,还是作品名称、作品中虚拟角色名称和物的名称或者形象的商品化权主体,从请求权基础看,均可针对未经许可利用其物的名称或者形象的行为人行使差止请求权。从司法实践看,亦支持了商品化权人的差止请求权。❷

在美国,对于侵害形象权的行为,基于形象权是一种财产权以及形象权侵权的损害额难以计算,法院更倾向于下达禁令而不是判给损害赔偿。以纽约州民权法第 51 条为例,该条规定,如被告未经许可而商业性地使用了他人的身份,原告首先可以申请禁令救济,以防止被告进一步侵权。加州民法典虽然没

---

❶ 名古屋地判平 12.1.19 判夕 1070 号 233 页「競走馬パブリシティ I」,名古屋高判平 13.3.8 判夕 1071 号 294 页「同二審」。

❷ 三毛案 [上海市高级人民法院(1997)沪高民终(知)字 48 号民事判决书];邦德 007 案 [北京市高级人民法院(2011)高行终字第 374 号行政判决书];姚明案 [湖北省高级人民法院(2012)鄂民三终字第 137 号民事判决书];功夫熊猫案 [北京市高级人民法院(2015)高行(知)终字第 1969 号行政判决书]。

有明确规定原告可以申请禁令救济，但事实上并不妨碍法院总是在适当的情况下下达针对被告的禁令。❶

但是，从理论上而言，是否需要承认并非绝对权且不包含人格利益的商品化权如此强大的排他效力值得讨论。从弱化商品化权对表现自由和经济活动自由的妨碍作用、促进商品化权人和利用行为人资源最大效率化利用的角度看，以不承认并不包含人格利益的商品化权主体的差止请求权为宜。

二、损害赔偿请求

商品化权受侵害而发生损害赔偿请求权时，以侵害行为人主观上具有故意或者过失的过错为必要。

（一）损害额的确定

1. 财产损害

损害赔偿作为侵害行为的救济手段，一般以恢复没有发生侵害行为时权利人的财产状态为限度，也就是应当以没有发生侵害行为时权利人能够获得的利益，即逸失利益，作为损害赔偿额。

在商品化权人使用其商品化权客体从事商品生产销售时（比如，将自然人的肖像或者物的形象制成玩偶出售），其损害额应当根据因侵害行为导致其商品销售的减少量，减去商品化权人没有能力销售的数量的利润、因为竞争性商品导致的减少量、消费者口味变化导致的减少量、本身经营管理不善导致的减少量，再乘以没有发生侵害行为时其单位利润确定。

在商品化权人未使用其商品化权客体实际从事商品生产销售时，则将侵害行为人侵害所得推定为商品化权人的逸失利益。侵害所得，应当考虑被侵害客体的知名度、侵害时间、侵害地域等因素合理确定，也就是应当考虑被侵害客体在侵害所得中的贡献率确定。

然而，在确定逸失利益和侵害所得时，推定因果关系存在困难，在此情况下，至少侵害行为人获得商品化权人的使用许可应当支付的许可使用费，可以推定为逸失利益请求赔偿。关于许可使用费，历史上存在真实、合理的可比较协议时，可以此协议作为参考，再根据签订许可协议时商品化权客体的知名

---

❶ 李明德. 美国知识产权法［M］. 2版. 北京：法律出版社，2014：748－749.

度、许可期限、生产销售数量、许可地域等因素具体确定。

在美国，如果被告存在主观恶意，则法院还可以判决被告支付3倍以下惩罚性赔偿金。在美国加州，按照加州民法典第3344条和第3344条之一，除了可以赔偿原告实际损失或者被告所得利润赔偿，还可以按照法定赔偿金计算损害赔偿金，只要被告行为构成侵权，至少应当支付750美金的损害赔偿金。❶

2. 精神损害赔偿

未经许可对自然人的姓名或者肖像进行商品化利用，导致自然人精神痛苦的，应对该自然人遭受的精神损害进行赔偿，以慰藉该自然人。在前述日本东京地方裁判所1988年裁判的桑拿广告案中，被告因违反约定条件使用原告的肖像对其桑拿服务进行推荐广告，被判赔偿原告150万日元的精神损害赔偿。❷

3. 律师费等合理费用

包括律师费、调查取证费、鉴定费等合理费用。

三、信用恢复请求

对自然人姓名或者肖像的商品化利用，如同时造成自然人精神痛苦，在财产损害赔偿和精神损害赔偿不足以慰藉自然人遭受的精神痛苦时，受害者还可以请求侵害行为人采取订正广告方式为其消除影响、恢复名誉。在不公开赔礼道歉不足以慰藉受害人的必要情况下，还应当支持受害者的公开赔礼道歉请求。❸

四、请求权人

商品化权是一种与人格权分离的财产权，可以转让、许可使用和继承，❹受让者和继承人因此而当然取得对侵害者的差止请求权和损害赔偿请求权。

商品化权的许可使用，分为独占许可使用、排他许可使用和普通许可使

---

❶ 李明德. 美国知识产权法［M］. 2版. 北京：法律出版社，2014：748.
❷ 東京地判平元. 8.29判時1338号119頁「サウナ風呂広告事件」。
❸ 東京地判昭51.6.29判時817号23頁「マーク・レスター事件」。
❹ 李明德. 美国知识产权法［M］. 2版. 北京：法律出版社，2014：749；伊藤正己. プライバシーの権利［M］. 东京：岩波書店，1963：148；阿部浩二. パブリシティの権利と不当利得［M］//谷口知平，甲斐道太郎. 新版注釈民法（18）債権（9）［M］. 東京：有斐閣，1991：578、588；五十嵐清. 人格権論［M］. 名古屋：一粒社，1989：75.

用。在独占许可使用情况下,被许可人获得排他使用商品化权客体的地位,当然可以行使差止请求权和损害赔偿请求权。在排他许可情况下,被许可人亦取得除了商品化权人以外的排他使用商品化权客体的地位,在商品化权人不行使请求权的情况下,可以自己名义独立行使请求权。在普通许可情况下,因被许可人没有取得排除使用商品化权客体的地位,除非商品化权人授权,否则不能单独行使请求权。

演艺团体成员是否可以利用团体名称,双方有约定的从约定。无约定时,因团体名称基本不附着成员人格利益,且承认每个成员对团体名称的商品化权,将导致使用不经济、市场混乱、损害消费者利益等不利后果,因此以不承认成员的商品化权,而承认管理演艺团体的经纪公司享有该演艺团体的商品化权为宜。在发生侵害纠纷时,演艺团体为请求权人。但是,成员为了客观说明自己是某某演艺团体的成员而使用该团体名称时,尽管可能利用了该团体名称的商品化利益,也应当认为是合理使用行为,演艺团体不得针对成员行使请求权。至于成员利用自己肖像或者姓名的行为,因团体成员本来就对其肖像或者姓名等元素享有商品化权,管理该团体的经纪公司无权干涉,对于侵害行为,可以独立行使请求权。

在成员艺名与演艺团体名称完全同名的情况下(如红粉女孩),成员是否可以利用团体名称,有约定的从约定。无约定的,因该团体名称与成员的人格利益、财产利益紧密联系在一起,应视为该成员可以利用该名称的商品化权,该利用行为本质上是成员对自己艺名的商品化利用行为。发生侵害纠纷时,与请求权人有约定的,按照约定处理;无约定的,成员可独立行使请求权。

五、自然人死亡后的商品化权

自然人死亡后,享有民事权利承担民事义务的主体消失,作为民事主体基本资格要件的权利能力丧失,关于其是否继续享有人格利益,该种人格利益是否可以继承,民法学界存在争议。但从人格权中分离出来的商品化权,性质上是一种财产权益,正如美国加州民法典第334条之一第2款所规定的,"可以通过合同或者信托和遗嘱文件的方式,将其全部或者部分自由转移。"❶ 美国第二巡回上诉法院在1978年的菲克多一案中,明确指出,普莱斯利在向鲍克

---

❶ 李明德. 美国知识产权法[M]. 2版. 北京:法律出版社,2014:703.

斯公司转让其姓名和肖像用于印刷、出版和发行相关物品时，从自己身上分离出了一项单独的无形财产权。通过鲍克斯公司经营，普莱斯利获得了一定比例的权利金。作为一项可以转让的财产权利，这项专有权利属于鲍克斯，并且让人们得出结论认为，这项权利在普莱斯利死亡后仍然存在，普莱斯利仅是鲍克斯公司专有权利收益的获得者，他的死亡不应当导致鲍克斯财产权益的消亡。[1]

然而，美国纽约州的民权法第50条则明确规定，只保护"任何活着的人"的形象权，并不保护自然人死亡后的形象权。其具体规定是，任何个人、企业和公司，为了广告目的或者商业目的，使用任何活着的人的姓名、肖像或者画像，而没有事先获得该人，或者在未成年的情形下没有事先获得其父母或者监护人的书面同意，构成轻罪。据此，美国纽约州并不保护自然人死后的形象权，形象权不能成为继承的对象。

自然人对其姓名、肖像等元素享有的商品化权，虽然以具有人身属性的姓名、肖像、声音等为基础，但性质上已经是一种独立于人格权的财产权益。法律保护具有财产权属性的商品化权的依据，在于激励文体等事业活动。自然人死亡后，虽不再存在从事文体活动的余地，但在自然人生前，在以其肖像或者姓名的利用为基础的商品化权庇护之下展开的事业活动，在其本人死亡后如果突然终止，被许可人或者继承人等从事商品化事业投资的意欲必然因保护的不可预测性而减退，从而构成商品化事业活动的严重障碍。这说明，在自然人死亡后的一定期间，承认作为财产权的商品化权的存续并非毫无疑义。而且，如果仅以商品化事业活动在自然人在世时已经开始为保护的必要限度，也不会对继承人以外的人利用死亡后自然人的姓名、肖像、声音等元素从事商品化事业构成障碍。

将自然人死亡后商品化权的保护，或者将继承人可以继承的商品化权，限定为自然人在世时已经开始的商品化事业，继承人虽不能对自然人死亡后利用自然人姓名、肖像等元素开始商品化事业的行为人以侵害商品化权为由行使请求权，但在保护死者人格利益的国家，如果行为人的使用行为造成了继承人的精神损害，仍然可以人格利益受到损害为由请求停止侵害、精神损害赔偿或者

---

[1] Factors Etc. v. Pro Arts, Inc., 579 F.2d 215 (2d Cir. 1978); 李明德. 美国知识产权法 [M]. 2版. 北京：法律出版社，2014：704.

赔礼道歉。但在行为人的使用行为并未造成继承人精神损害的情况下，则其商品化事业行为不应当受到妨碍。尤其是，对自然人姓名或者肖像等元素的商品化利用行为，如果结果已经使自然人的姓名或者肖像等元素发挥了识别商品或者服务来源的作用，则自然人死亡后，使用者证明他人的商业性使用行为存在商品来源混淆可能性的情况下，可以《反不正当竞争法》第6条为依据，行使差止请求权和损害赔偿请求权。

反对意见认为，自然人死亡后商品化权的保护，不应当以该自然人在世时已经商品化利用其姓名、肖像等为前提条件，否则就意味着商品化权的保护被人为设置了前提条件，且会增加法院甄别哪些人在世时商业利用了其姓名、肖像等人身元素，哪些人没有被商业利用的负担。[1] 话虽如此，在自然人死亡后商品化权的保护未设定任何前提条件，且没有统一规定保护期限的情况下，意味着商品化权可以得到永久性保护。一方面，在自然人的姓名、肖像等人身元素事实上已经没有商业利用价值的情况下，其已经丧失了保护的必要性。另一方面，对自然人在世时未进行商品化利用的姓名、肖像等提供永久性的商品化权保护，不利于姓名、肖像等商品化权客体的商业化利用和市场竞争，尤其是在继承人等雪藏而不利用这些商品化权客体的情况下，情况更是如此。

在美国，也有一些州的法律明确规定了形象权的保护期限。比如，俄克拉荷马州规定形象权的保护期是自然人有生之年加死亡后100年，加州民法典第3344条之一规定形象权保护期为自然人有生之年加死亡后70年，内华达州、肯塔基等州的法律规定形象权保护期为自然人有生之年加死亡后50年，田纳西州的法律规定形象权的保护期为自然人有生之年加死亡后10年，或者一直持续到有关形象丧失商业利用价值为止。

---

[1] Martin Luther King, Jr., Center for Social Change, Inc. v. American Heritage Products, Inc., 216 USPQ711（Supreme Court of Georgia, 1982）.

第十章
引诱违约行为

第一节 概 论

一、何谓引诱违约行为

引诱违约行为（inducing of breach of contract）是指第三人采取说服、劝告、利诱等非暴力方式，诱使合同当事人一方违反合同约定，导致合同不能全面、适当履行的行为。[1] 引诱违约行为具有如下两个特征：

（1）引诱违约行为的主体系合同当事人以外的第三人。合同当事人以外的第三人实施引诱违约行为，是认定引诱违约行为成立的关键。合同当事人自发违约，无讨论引诱违约、责难第三人违法性的必要。

（2）合同当事人以外的第三人实施引诱违约行为，采取的是劝告、说服、利诱等非暴力方式。第三人采取暴力、欺诈、胁迫等本身违反刑法或者民法的手段逼迫合同当事人违约的，因该手段触犯刑法或者民法，直接适用刑法或者民法进行规制即可，无须再适用其他法律进行评价。比如，第三人采取欺诈、胁迫手段，使合同一方当事人在违背真实意思情况下与其订立合同的，受欺诈或者受胁迫方可以《民法典》第148条至150条为依据，请求法院或者仲裁机构撤销合同，亦无适用其他法律进行救济的必要。

---

[1] 朱泉鹰. 美国干涉合同法的特征和发展趋势：兼谈中国的干涉合同法律问题［J］. 比较法研究，1988（3）：65.

二、对引诱违约行为进行反不正当竞争法评价的必要性

（一）保护竞争者、消费者利益的需要

一般违约行为，只涉及双方当事人利益。但引诱违约行为与此不同，涉及守约方、违约方、引诱方三方的利益。从竞争法视角看，如果引诱违约行为人出于图利加害目的，为了抢占守约方背后的优势竞争资源，或者为了雪藏守约方的优势竞争资源从而削弱其竞争优势，而仅追究违约方的违约责任，放纵第三人的引诱违约行为，守约方经营上的利益将受到严重损害，同时，其他人势必争相模仿第三人的引诱违约行为，从而使公平竞争秩序遭受破坏。此外，已经对守约方的服务或者产品有所投入的消费者，由于转换成本而产生的某种锁定效应，也将因合同当事人一方的违约行为而遭受损失。在网络直播行业中，已经打赏自己喜欢的主播的网民，由于直播平台规则的约束，在主播违约跳槽时，其无法要求退费，从而遭受金钱损失，就是消费者因引诱违约而受损的典型事例。

合同法虽然能够保护守约方利益，侵权责任法虽然能够保护作为守约方的受害者的私人利益，但均难以保护消费者利益，特别是其他竞争者的利益，无法维护公平的竞争秩序。与合同法、侵权责任法相比，脱胎于法国民法典第1382条❶的反不正当竞争法，要求违反者承担公法上的责任，在保护竞争者利益、消费者利益，维护公平竞争秩序方面，具有独特优势和价值。

（二）合同法规制的缺陷

一方面，基于合同相对性，守约方只能追究违约方而不能追究第三人的违约责任。且从直播平台引诱竞争对手知名主播跳槽引发的案件看，守约方依据合同法请求主播继续履行具有人身性质的合同的主张几乎得不到法院支持，❷

---

❶ 法国民法典第1382条规定，任何行为致他人损害时，因自己的过失而致行为发生之人对该他人负赔偿责任。

❷ 详见四川省宜宾县人民法院（2016）川1521民初1478号民事判决书、上海市第一中级人民法院（2018）沪01民终1285号民事判决书和上海市第一中级人民法院（2018）沪01民终1286号民事判决书。

法院判赔的违约损害赔偿效果也并不理想。❶ 另一方面，即使守约方能够追究第三人的责任，合同法上也缺乏行使请求权的依据。《民法典》第 593 条虽然规定"当事人一方因第三人的原因造成违约的，应当依法向对方承担违约责任。当事人一方和第三人之间的纠纷，依照法律规定或者按照约定处理"，但该条解决的仅是违约方与守约方的法律关系，守约方不能据此向引诱合同当事人一方违约的第三人行使债权请求权。值得肯定的是，该条后半句为适用反不正当竞争法解决"当事人一方和第三人之间的纠纷"提供了解释空间。

（三）劳动合同法规制的缺陷

《劳动合同法》第 91 条规定，用人单位招用尚未解除或者终止劳动合同的劳动者，应当对其他用人单位的损失承担连带赔偿责任，一定程度上突破了劳动合同相对性的限制，保障了劳动者原用人单位的权益。但根据文义解释和目的解释，用人单位承担的仍然是无过错的违约连带责任，如此，若用人单位明知劳动者与原用人单位存在劳动合同关系仍然引诱其违约时，其虽承担连带违约责任，但如原用人单位遭受了其他方面的利益损失，原用人单位仍然难以得到有效补偿，且存在放纵用人单位引诱违约行为的可能。

此外，对于非劳动合同关系以外平等主体之间的合同关系，第三人引诱一方当事人违约时，《劳动合同法》第 91 条无法作为守约方行使请求权的依据。

（四）侵权责任法规制的缺陷

不管采取债权不可侵犯说❷、债权利益保护说❸，还是债权物权化说❹，理论界普遍认为债权具有不可侵犯性，第三人负有不得侵害义务。第三人引诱违约行为属于典型的侵害债权行为，适用侵权责任法追究第三人引诱违约行为的责任理论上不存在任何障碍，问题来自实务界。

《民法典》侵权责任编虽规定"本编调整因侵害民事权益产生的民事关

---

❶ 在对 90 个主播跳槽纠纷进行的统计发现，合同约定的违约金最高达 500 万元人民币，但为了尽可能得到法院支持，70% 的直播平台选择主张低于合同约定的数额，平均主张数额为 3364288 元。虽如此，法院平均判赔仅为 1585588 元，判赔支持率仅为 44.4%，即原告即使下调违约金，获得法院支持的也不到一半。

❷ 史尚宽. 债法总论 [M]. 北京：中国政法大学出版社，2000：1-2.

❸ 王利明. 违约责任论（修订版）[M]. 北京：中国政法大学出版社，2003：747-748.

❹ 佟强. 侵害债权制度法律性质考察 [J]. 现代法学，2005（2）：89.

系"(第1164条),"行为人因过错侵害他人民事权益造成损害的,应当承担侵权责任"(第1165条第1款),但民事权益系不确定性概念,法官是否能够将债权解释为受侵权责任编保护的民事权益,具有不确定性。即使法官将债权解释为受侵权责任编保护的民事权益,也还得进一步行使自由裁量权对侵害债权行为的构成要件进行认定,最终是否能够保护受侵害的债权具有不可预见性。考虑到案件改判率对业绩考核的影响、错案追究制度带来的职业风险,以及可能来自理论界混淆侵权责任法和合同法界限的批评,法官在认定债权属于侵权责任法保护的对象时通常持十分谨慎的态度。这就使得适用侵权责任法规制第三人引诱违约行为的司法实践性大为降低。或许受司法此种态度的影响,债权受损的当事人在起诉时,也常尽可能避免将侵权责任法作为请求权依据,转而选择合同法或者其他法律作为行使请求权的依据,❶ 这进一步降低了适用《民法典》侵权责任编评价引诱违约行为的可能性。

(五) 行业规范缺失

行业规范可以起到行业自治的作用,从而有效规范引诱违约行为。比如《国际足联球员身份及转会规程》(Regulations on the Status and Transfer of Players)第17条"无正当理由终止合同的后果"第4项规定,"在保护期内违约或诱导违约的俱乐部,除支付赔偿金外,还将受到体育处罚。任何与无正当理由终止合同的职业球员签约的俱乐部将被视为诱导职业球员违约。俱乐部将被惩罚在完整以及连续的两个注册期内不能注册任何国内或国际的新球员,俱乐部只能在下一个注册期开始前相关体育处罚已经全部执行完毕的情况下,才能注册国内或国际的新球员。特别是不可使用本规定第6条第1款中的特例和临时措施提前注册球员。"第17条第5项规定,受《国际足联章程》及有关规程管辖的任何个人(俱乐部官员、球员经纪人、球员等)为促成转会而诱导球员和俱乐部违约的,都将受到制裁。《中国足球协会球员身份与转会管理规定》第48条第4款更为明确规定,任何与无正当理由终止现有合同的职业球员签订工作合同的俱乐部,均将被视为诱导球员违约。足球协会的这些规定,有效遏制了球员无正当理由转会的行为,以及俱乐部之间随意引诱优秀球员转会的行为。

---

❶ 上海市第一中级人民法院(2007)沪一中民五(商)初字第99号民事判决书。

但并非任何行业都制定了行业内行之有效、普遍遵守的行业规则。网络直播行业作为一个新兴行业，乱象丛生，利益关系错综复杂，至今也未形成行业自治规范，相互引诱对方网红主播违约跳槽，以图不正当侵占竞争对手核心竞争资源的事情常有发生。

三、效率违约与引诱违约行为

波斯纳认为，如果合同一方当事人从违约中获得的利益大于另一方从实际履行中获得的预期利益，并且违约的赔偿被限定在预期受益限度内，这将促使其违约。因为违约所创造的价值，因而应受法律保护。❶ 这就是所谓的效率违约理论。效率违约是否可以使引诱违约行为正当化呢？答案是否定的。

效率违约的适用需要具备三个条件：一是实际履行与损害赔偿等价，二是违约救济方式为损害赔偿，三是违约方拥有守约方的充分信息。❷ 引诱违约行为并不具备这三个要件。

（1）实际履行合同和违约损害赔偿并不具备等价性。实际履行合同目的在于继续完成合同约定事项，而违约损害赔偿仅是补偿因违约造成的损失。违约损害赔偿范围受到可预见规则和减损规则的限制，且具体数额难以精确计算，救济效果不如继续履行。

（2）实务中，守约方通常首选继续履行合同，而非损害赔偿。在合同标的构成守约方核心竞争资源的情况下，继续履行合同更能使守约方利益最大化，违约损害赔偿不能充分救济守约方遭受的实际损失。这也是为什么大多数网络直播平台在违约诉讼中首选要求主播继续履行合同的原因。

（3）违约方并不拥有守约方的充分信息。由于保护商业秘密等原因，实务中守约方一般不会告知违约方履行合同的预期收益，违约方在违约时难以准确判断其违约获利是否大于守约方从其实际履行中获得的预期收益，其违约行为是否属于效率违约。仅凭违约方冲动的主观臆断进而决定是否履约，与经济分析法学派提倡的经济理性人假设自相矛盾。❸

即使上述条件成立，引诱违约也并一定能够带来效率。从价值角度看，对

---

❶ 理查德·波斯纳. 法律的经济分析（上）[M]. 蒋兆康, 译. 北京：中国大百科全书出版社, 2003：150.

❷ 孙良国. 效率违约理论研究 [J]. 法制与社会发展, 2006（5）：103-104.

❸ 陈凌云. 英美合同法之违约获益赔偿责任研究 [M]. 北京：法律出版社, 2017：54.

于社会生活而言，有约必守的合同精神、稳定的交易秩序、公平的竞争环境，相比经济学上已经被过于庸俗化的效率似乎更加重要。动辄以所谓效率为借口放纵违约行为和引诱违约行为，社会基本的诚信品格将荡然无存，合同也将充满不确定性。从整体效率看，引诱违约行为也不一定能够带来效率。引诱违约虽可能增加了违约方和引诱违约方的收益，但损害了守约方、相关消费者以及可能的交易关联方的利益。违约方获得的收益，是否大于给守约方、相关消费者以及可能的交易关联方造成的损失，存在不确定性。此外，为了预防违约以及解决违约纠纷，守约方都将耗费交易成本和诉讼成本。当将这些成本都考虑进引诱违约给违约方带来的收益时，引诱违约是否能够带来效率性更是一个未知数。

总而言之，一般不能以效率违约为由认定引诱违约行为不构成不正当竞争行为。

四、立法例

美国法律学会研究院发布的《侵权法重述第二版》［Restatement（Second）of Tort］第37章第766～774A条将第三人故意且不当引诱或者以其他手段导致合同一方当事人违约从而干涉合同履行的行为，视为侵权行为，行为人应当对合同另一方当事人因违约遭受的损失承担赔偿责任，即通过侵权法规制引诱违约行为。但德国反不正当竞争法和我国澳门特别行政区的《澳门商法典》则明确将引诱违约行为规定为一种不正当竞争行为。日本不正当竞争防止法虽未将采用不正当手段实施的引诱违约行为规定为不正当竞争行为，但也存在通过民法典第709条等将此种行为认定为不法行为的实务做法。

（一）德国反不正当竞争法

德国反不正当竞争法第4条第10项规定，有目的阻碍竞争者的行为构成不正当竞争行为。根据范长军博士的研究，该种不正当竞争行为具体包括挖聘竞争者的雇员和争夺竞争者已有顾客的行为，也就是本章所称的引诱违约行为。

一般而言，优质劳动力和市场交易机会作为竞争资源，应当允许经营者自由争夺，反不正当竞争法不会因为一方经营者成功争夺这些竞争资源，导致他方经营者经营失败，甚至破产倒闭，而认定其行为构成不正当竞争行为。但竞争者使用不正当手段争夺竞争资源时,则构成德国反不正当竞争法第 4 条第 10 项规定的有目的阻碍竞争者的不正当竞争行为。具体而言,构成此种不正当竞争行为,需具备两个要件:

一是阻碍竞争者的目的。何谓阻碍竞争者目的,需要在个案中具体认定。将挖聘的优质劳动者雪藏而不任用,或者用于与其特长不相干的工作岗位,大规模且一次性挖聘竞争对手占据重要工作岗位的员工,都是构成阻碍竞争者的直接的、有利的证据。

二是采用了不正当手段。以不按时按量完成工作等方式唆使竞争者的雇员违反合同主要义务挖聘雇员,以散布原雇主谣言或者为雇员承担违约金等有意识施加干预并谋求一定影响等方式促使雇员违反合同,明知道雇员承担保密义务或者竞业禁止义务仍然进行挖聘的,以及采用德国反不正当竞争法第 4 条第 1 项所禁止的不客观合理的影响侵害雇员的决定自由,或者第 7 条所禁止的采用不断向雇员的工作地点或者住宅打电话骚扰雇员的方式挖聘雇员的,均构成采用了不正当手段的直接证据。❶ 但是,竞争者的雇员已经违约,仅为其提供高薪聘用合同的,或者只是为了告知雇员可以提供工作机会或者为了预约协商时间和地点而短时间打电话,并不构成对竞争者的阻碍行为。

(二) 我国澳门特别行政区《澳门商法典》

我国澳门特别行政区 1999 年出台的《澳门商法典》第 10 编"企业主之间之竞争规则"中第 167 条规定,"诱使员工、供应者、顾客及其他须遵守合同义务者违反彼等已向竞争者承担之合同义务,视为不正当竞争行为",❷ 明确将促使他人违反合同义务的行为视为不正当竞争行为。相比美国利用侵权法规制引诱违约的行为,我国澳门特别行政区的此种做法更多地考虑了竞争因素。

按照上述条文,首先,引诱违法行为须发生在竞争者之间,即原合同的债权人应当是引诱行为人的竞争者。其次,引诱对象应当是负有合同义务者,包括员工、供应者和顾客。这些主体代表了一个企业正常运转所依赖的劳动力市场、生产资料市场和商品市场。❸ 保护这些对作为竞争者的债权人的重要竞争资源,对其利益和市场竞争秩序意义十分重要。最后,诱使员工、供应者、顾

---

❶ 范长军. 德国反不正当竞争法研究 [M]. 北京:法律出版社,2010:167-168.
❷ 赵秉志. 澳门商法典 [M]. 北京:中国人民大学出版社,1999:55.
❸ MANKIW N G. Macroeconomics [M]. 7 th ed. Duffield:Worth Publishers,2009:19.

客以及其他须遵守合同义务者违反已承担的合同义务。这说明，员工、供应者、顾客等已经与作为债权人的竞争者签订合同，而非仅处在缔约谈判阶段。

此外，行为人促使合同依规定终止或于知悉他人违反合同行为后为自己或者第三人利用该行为的，视为不正当竞争行为。

根据《澳门商法典》第171条和第172条的规定，对于引诱违约在内的所有不正当竞争行为，受害者可以请求法院判决引诱行为人承担立即停止行为、消除影响和赔偿损失的责任。

（三）日本不正当竞争防止法

日本不正当竞争防止法虽然未将引诱违约行为列举为一种不正当竞争行为，但日本司法实践中，也多出现以日本民法典第709条（因故意或者过失侵害他人权利或者受法律保护的利益的，负赔偿责任）或者商法第261条第3款、民法典第44条为依据，将认识到雇员存在竞业禁止义务或者保密义务但仍然挖聘该雇员的第三者的行为认定为不法行为的案例，理论界也颇为赞成司法实践中的此种做法。❶

但是，在并未违反特定法令或者当事人之间的竞业禁止契约，或者竞业禁止契约本身无效可能性非常高的情况下，企业可能缺少应该受保护的利益，或者应该受保护的利益非常淡薄，在此情况下，竞业行为原则上并非不法行为。比如，原公司董事退职后经营竞业公司并欢迎三位前员工加入的行为，东京地方法院并不认为构成不法行为。❷

但是，如果并非竞业带来的不利益，而是着眼于雇员退职本身造成的不利益，则针对特定企业的雇员，图谋一起挖聘该等雇员的行为，则存在构成不法行为的空间。从竞争角度看，这种行为威胁到并没有遭受淘汰必然性的企业的存在，毫无意义地减杀竞争，应当被评价为不法行为。

不过，不着眼于个别原雇员退职行为的违法性，而将一连串行为判断为违法行为又超出了企业通常可以预测的范围，企业即使穷尽一切防御手段仍不免被剥夺机会，因而认定挖聘雇员行为是否违法时，要求一起大量挖聘。❸

---

❶ 吉田邦彦. 債権侵害論再考 [M]. 東京：有斐閣，1991：604-605；田村善之. 不正競争法概説 [M]. 東京：有斐閣，2003：478-479.
❷ 東京地判平3.8.30 判時1426号125頁「データイースト」事件.
❸ 田村善之. 不正競争法概説 [M]. 東京：有斐閣，2003：480.

第二节　引诱违约行为构成不正当竞争行为的要件

一、概　论

我国《反不正当竞争法》第二章并未将引诱违约行为列举为一种法定的不正当竞争行为。对于未被列举为法定不正当竞争行为的商业行为，是否构成不正当竞争行为，需要以《反不正当竞争法》第2条第2款为依据，进行判断。最高人民法院在海带配额案中认为，适用第2条第2款认定不正当竞争行为需要同时具备以下三个要件。一是法律对该种竞争行为未作出特别规定，二是其他经营者的合法权益确因该竞争行为受到了实际损害，三是该种竞争行为因确属违反诚信原则和公认的商业道德而具有不正当性或者说可责性。❶ 其中不正当性或者说可责性是认定的关键因素。

关于不正当性的判断，理论界存在商业道德标准和经济效率标准。前者认为，违反诚信原则和公认商业道德的竞争行为具有不正当性，后者认为，损害经济效率的行为具有不正当性。❷ 然而，商业德道标准内涵不确定，常被司法随意解读，缺少可预见性，将过度干预市场自由竞争。经济效率标准则存在倒果为因的逻辑弊病，不符合市场竞争优胜劣汰的本质，损害不能单独作为认定不正当竞争行为的构成要件。

参考德国和我国澳门特别行政区相关立法，结合本书第一编相关论述，本书作者认为，为了避免不适当干预契约自由和劳动者的择业自由，引诱违约行为构成不正当竞争行为应当具备如下构成要件。

---

❶ 《最高人民法院办公厅关于印发〈最高人民法院知识产权案件年度报告（2010）〉的通知》。
❷ 孟雁北. 反不正当竞争法视野中的商业道德解读：以互联网行业不正当竞争行为的规制为例证 [J]. 中国工商管理研究，2012（12）；蒋舸. 关于竞争行为正当性评判泛道德化之反思 [J]. 现代法学，2013（6）；宁度，张昕. 论竞争行为不正当性的"经济性"评判标准 [J]. 电子知识产权，2017（6）.

二、引诱违约行为构成不正当竞争行为的要件

(一) 合同已经生效且当事人不存在任意解除权

这是引诱违约行为发生的前提,合同不成立,不存在违约情形。对于仅处于合同磋商过程中的优质劳动力资源,他人完全可以优厚工资待遇和工作环境引诱,加以争夺,这是市场资源优化配置的基本源泉,不宜像有些学者认为的那样,作为侵害合同缔结行为处理,❶ 更无从认定为引诱违约的不正当竞争行为。合同虽成立,但不生效,本身不受法律保护,也不存在引诱违约之说。但可撤销合同在被撤销之前仍然有效,第三人引诱其中一方当事人在撤销前违约的,应当承担不正当竞争行为的法律责任。

当事人一方拥有任意解除权的合同,比如,定作人拥有任意解除权的加工承揽合同,双方当事人均拥有任意解除权的委托合同,❷ 意在保护当事人的意思自由,因此即使第三人引诱当事人违约,也落入当事人任意解除权的行为自由范围,不能认定为构成不正当竞争行为。

(二) 引诱违约行为人和合同债权人之间存在具体竞争关系

引诱违约行为,目的在于通过引诱合同当事人违约,侵占竞争对手的优势竞争资源,削弱竞争对手的竞争优势,增加自己的竞争优势,故引诱违约行为构成不正当竞争行为,要求引诱违约行为人和合同债权人之间存在具体竞争关系。

从竞争角度看,引诱违约行为人和合同债权人之间不存在具体竞争关系,对引诱违约行为人而言不存在实际意义,一般不会发生引诱违约行为。即使发生引诱违约行为,也可能落入合理的效率违约范围,不宜作为不正当竞争行为处理。

---

❶ 马俊驹,白飞鹏. 第三人侵害合同缔结的侵权责任论纲 [J]. 法商研究(中南政法学院学报),2000 (5):23. 第三人侵害合同缔结,是指从要约人发出要约时始到收到受要约人的承诺时止这段时间内,第三人以破坏双方缔约为目的,侵害受要约人的承诺权,使缔约双方的权利和利益受到侵害的行为。

❷ 分别参照《民法典》第787条和第933条。

（三）行为人故意实施了引诱违约行为

引诱违约构成不正当竞争行为，要求行为人故意实施引诱违约行为。故意，要求行为人主观上明知或者应当知道被引诱违约行为人与合同债权人之间存在合同关系，行为人是否知晓合同具体内容或者被引诱违约行为人承担的具体合同义务则在所不问。在被引诱违约行为人告知引诱违约行为人其与前雇主或者债权人还存在合同关系，或者直接为被引诱违约行为人提供违约金，或者因为媒体报道或者法律诉讼关系等知道被引诱违约行为人与前雇主存在合同关系的情形下，可以直接认定行为人主观上知道或者应当知道合同关系存在。司法实务中，法院也可以根据独家代言或者签约主播在直播平台开设账号直播等行业惯例和经营模式特点，推定行为人知道或者应当知道存在合同关系。

引诱违约行为构成不正当竞争行为，不但要求行为人主观上明知或者应知合同关系存在，而且要求在明知或者应知合同关系存在的前提下，仍然实施引诱合同一方当事人违约的行为。

行为人实施的引诱违约行为，包括劝说、唆使、利诱等。劝说是指以言辞劝告、说服合同一方当事人违反合同约定。仅单纯对当事人的合同义务提出看法和建议，并不构成引诱违约行为。唆使是指行为人有意识地施加干预并谋求一定的影响以促使合同当事人违约。虚构合同债权人或者与合同履行有关的虚假事实，促使当事人违约，属于典型的唆使行为。利诱是指行为人以有形无形的物质或者精神等利益，诱使当事人主动违约。利诱手段包括高薪利诱、为违约人承担违约金、为违约行为人聘请律师处理违约纠纷、美色利诱等。

由于劝说、唆使、利诱等行为通常在秘密状态下实施，行为人是否实施了引诱违约行为，原告通常不容易证明。但为了确保人才的自由流动，也不能因此减轻原告的举证责任。如果原告能够证明被告主动为违约人承担违约金或者聘请律师处理违约纠纷或者提供相比原薪水不成比例的高薪水，则法官可结合自由心证，初步认定被告实施了引诱违约行为。当然，法院也可以充分发挥举证妨碍制度的作用，要求被告出示与违约行为人签订的合同或者其他往来文书，以此获得被告是否实施了引诱违约行为的证据。

（四）足以严重损害竞争者、消费者或者其他竞争参与者的利益

不正当竞争行为作为一种发生在工商业领域的特殊侵权行为，其成立同样

需要结果要件。但和一般侵权行为结果要件不同的是，不正当竞争行为要求足以严重损害竞争者、消费者或者其他市场参与者的利益。引诱违约行为构成不正当竞争行为，同样需要这种结果要件。

以引诱直播平台主播违约跳槽为例，首先，该行为足以严重损害竞争者利益。直播平台好不容易培养和打造出来的人气主播，和观众数量、流量大小、打赏多少、广告费用多少密切相关，属于平台的核心竞争资源。一旦被其他直播平台引诱违约跳槽，不但会带走观众，还会带走流量和打赏，这对于以观众换取流量，以流量换取打赏和广告费等其他收益的直播平台而言，无疑会遭受致命损害。数据显示，85.7%的受访网民会选择跟主播一起更换平台❶，51.2%的用户表示喜欢的主播常驻直播平台是留住用户的关键❷。其次，该行为足以严重损害消费者利益。消费者进入直播平台虽然免费，但打赏主播需要在平台内购买虚拟货币，直播平台竞争对手引诱人气主播违约跳槽，按照用户协议，用户原来购买的虚拟货币不能退回，跟随主播至新的直播平台又要购买新的虚拟货币，无形中增加了消费成本。可见，在内容同质化严重的直播行业，主播违约更换直播平台并不能增加消费者的福利，反而徒增消费者观看直播的时间和金钱成本。最后，该行为足以严重损害其他竞争参与者的利益。其他竞争参与者，是指除了直接竞争者和消费者之外，作为商品或者服务的供应者、需求者进行活动的主体。市场经济关系是一个复杂的链条关系，涉及合同当事人以外各种主体的经济关系，主播违约跳槽不但会严重损害作为竞争对手的直播平台的利益和作为消费者的网民的利益，而且可能损害主播经纪公司、直播内容服务提供者等相关主体的利益，可谓牵一发而动全身。

总体来看，相比自身挖掘和培养，经营者通过实施引诱违约行为侵夺他人已经固定的优势竞争资源，成本可能更低，效益更加明显，极容易被其他市场主体模仿，如果放任自流，必将引发恶性竞争，相互成为受害者和加害者，最终损害公平竞争秩序。将之评价为不正当竞争行为，在私法手段之外，辅之以公法手段加以规制，是非常必要的。

---

❶ 艾媒大文娱产业研究中心. 2017—2018 中国在线直播行业研究报告［EB/OL］. (2018 - 01 - 25). ［2020 - 08 - 30］. http://www.iimedia.cn/60511.html.

❷ 艾媒大文娱产业研究中心. 2019Q1 中国在线直播行业研究报告［EB/OL］. (2019 - 04 - 30). ［2020 - 08 - 30］. https://www.iimedia.cn/c400/64226.html.

第三节 救济手段

一、损害赔偿请求

引诱违约行为构成不正当竞争行为的，受害的经营者可以根据《反不正当竞争法》第17条请求损害赔偿。但不能请求终止引诱违约行为人与违约行为人之间签订的劳动合同或者合作合同，除非引诱违约行为人和违约行为人之间合谋损害前合同债权人的利益。受害经营者是否可以请求已经与引诱违约行为人签订合同的违约行为人继续履行原劳动合同，由于劳动合同具有人身强制属性，因此这取决于违约行为人的意愿。违约行为人拒绝继续履行原劳动合同的，由于不能强迫其继续履行原劳动合同，原劳动合同的债权人只能请求损害赔偿。

关于损害赔偿的计算，按照受害人因为引诱违约行为遭受的实际损失或者引诱违约行为人因为引诱违约所获得的利益确定。受害人因为引诱违约行为遭受的实际损失，主要是指在被引诱违约行为人实际履行合同的情况下受害人的可得利益损失。受害人为培养被引诱违约行为人支付的培训费、广告费、违约赔偿金等，都可以被受害人的可得利益涵盖，因此不能再重复记入受害人因为引诱违约行为遭受的实际损失。引诱违约行为人因为引诱违约行为所获得的利益，也主要是指被引诱违约行为人履行与引诱违约人之间的合同，引诱违约行为人可以获得的利益。

二、竞业禁止请求

受害经营者是否可以请求被引诱的违约行为人承担一定期限的竞业禁止义务，得看该行为人的具体身份而定。如果该行为人属于公司董事或者高级管理人员，则按照《公司法》第148条第1款第5项的规定，其负担法定竞业禁止义务，在给予相应经济补偿的前提下，受害经营者可以请求其承担2年以内的竞业禁止义务。

虽不是公司董事或者高级管理人员，但接触过受害者商业秘密的违约行为人，按照《劳动合同法》第23条和第24条的规定，在给予相应经济补偿的前提下，亦可能承担约定的竞业禁止义务，受害经营者亦可以请求其承担 2 年以内的竞业禁止义务。

既不是公司董事或者高级管理人员，也未接触过受害者商业秘密的一般雇员，因为并不负担竞业禁止义务，受害者不得请求其承担竞业禁止义务，除非不存在其他任何可以救济受害者的方式。

第十一章
互联网环境下的新型不正当竞争行为

第一节 《反不正当竞争法》第 12 条与其他法条的适用关系

互联网技术的日新月异使不正当竞争出现了全新的样态。一方面，传统市场中的商业毁谤等不正当竞争行为依托互联网平台大规模展开。另一方面，互联网市场本身孕育出了大量新型不正当竞争行为。这些新型不正当竞争行为依托互联网技术的发展，扎根于互联网市场，形式上有别于传统市场环境中的不正当竞争行为，且呈现出种类繁多、技术性强、影响深远等特点。为了保护互联网市场中的良性竞争，促进互联网市场主体提高商品和服务品质，降低成本，推陈出新，不断生产和提供最能满足消费者所需的互联网产品或服务，《反不正当竞争法》2017 年修订时，新增第 12 条，专门就互联网环境下新型的不正当竞争行为进行了规定。

《反不正当竞争法》第 12 条对互联网环境下的新型不正当竞争行为采取了"概括＋列举＋兜底"的立法模式。互联网领域日新月异，千变万化，新类型不正当竞争行为不断出现，限定列举很难跟上现实情况变化的步伐，兜底条款的存在赋予法官一定自由裁判权，在个案中认定新类型的不正当竞争行为，从而适应实践发展的需要。这是此种立法模式的优点。缺点是，该种立法模式造成第 12 条与《反不正当竞争法》其他条文之间存在交叉重叠，因此需要厘清该条与其他条文之间适用的先后顺序关系。

首先，经营者虽利用了网络技术，通过影响用户选择或者其他方式，实施了妨碍、破坏其他经营者合法提供的网络产品或者服务正常运行的行为，但如果客观上导致了商品或者服务来源的混淆、侵害了商业秘密、毁损了他人商业信用或者进行了虚假宣传，由于《反不正当竞争法》第6条、第8条、第9条、第10条的规定更为具体，行为要件更为明确，利用网络技术等为这些条文规制的行为所吸收，因此应当分别优先适用这些条文的规定处理。比如，在竞争对手提供的互联网产品或者服务中设置与事实不符的插标警告行为，虽利用了网络技术，影响了用户选择，破坏了竞争者合法提供的网络产品或者服务正常运行，但应当优先适用《反不正当竞争法》第11条规定，按照商业毁谤行为处理。再比如，通过技术手段进行虚假刷量的行为，应当优先适用《反不正当竞争法》第8条规定，按照虚假宣传行为处理。

其次，不符合《反不正当竞争法》第6条、第8条、第9条、第10条等行为构成要件，但符合《反不正当竞争法》第12条第2款第1项至第3项明确列举的行为构成要件，则应当视情况适用该第1项至第3项的规定。不符合该第1项至第3项列举的行为构成要件，但符合第12条第2款的如下概括性构成要件：（1）利用了技术手段，（2）通过影响用户选择或者其他方式，（3）实施了妨碍、破坏其他经营者合法提供的网络产品或者服务正常运行的行为，则应当作为《反不正当竞争法》第12条第2款第4项规定的"其他妨碍、破坏其他经营者合法提供的网络产品或者服务正常运行的行为"处理。比如，屏蔽视频广告的行为，聚合导流行为，利用了网络技术影响了用户选择，完全破坏了经营者合法提供的免费视频＋广告服务的正常运行，应当优先适用第12条第2款第4项规定，作为"其他妨碍、破坏其他经营者合法提供的网络产品或者服务正常运行的行为"处理。

最后，只有在经营者的行为既不符合《反不正当竞争法》第6条至第12条第2款第1项至第3项例示性规定行为要件，也不符合第12条第2款第4项的兜底性行为要件，即没有利用网络技术，未影响用户选择，未妨碍、破坏其他经营者合法提供的网络产品或者服务正常运行，才能根据经营者行为的具体情况考虑《反不正当竞争法》第2条的适用。

司法实践中出现的将干扰经营者合法提供的微信产品内容分享功能正常运

行的行为❶；购买视频 VIP 账号，通过流化技术将云端呈现的画面实时一对一传输到用户本地手机中的涉案 APP 上，进行分时出租等干预视频网站商业盈利模式的行为❷；绕开反爬虫技术保护措施抓取后台数据，并在被告经营的 APP 上展示的行为❸；利用挂机软件提供视频等刷量服务影响网络平台数据真实性，降低用户对平台信息信任度的行为❹；提供云游戏平台服务，导致用户可以通过不同终端的云游戏平台直接运行游戏但游戏官网、客服、充值、周边产品购买、教学视频、玩家论坛、新兵训练、用户协议等并未进行页面跳转，且并未改变游戏在原告服务上的原始状态的行为❺；统统认定为《反不正当竞争》第 12 条第 2 款第 4 项的兜底性行为，并不恰当。在这些案件中，被告行为虽干扰了原告合法提供的互联网产品或者服务，但并未妨碍、破坏原告合法提供的互联网产品或者服务，在认定其是否构成不正当竞争行为时，应当援引《反不正当竞争法》第 2 条第 2 款或者第 8 条作为分析依据，而非第 12 条第 2 款第 4 项。

总结司法实务可以发现，面对互联网领域中新出现的花样不断翻新的不正当竞争行为，《反不正当竞争法》第 12 条往往无能为力。更加具有讽刺意味的是，很多案件中，法院在评判某种发生在互联网领域中的不正当竞争行为，是否构成第 12 条规定的不正当竞争行为时，也不得不依靠《反不正当竞争法》第 2 条进行评价。从这个意义上而言，《反不正当竞争法》第 12 条即互联网专条，其诞生之日也就是其死亡之时。《反不正当竞争法》第 12 条的存在，充分暴露出了立法中利益反映不均衡现象所造成的无法适应实践发展需要的困境以及立法结构性缺陷。

---

❶ 天津市第一中级人民法院（2019）津 01 民初 1319 号民事判决书。
❷ 北京知识产权法院（2019）京 73 民终 3263 号民事判决书。
❸ 北京知识产权法院（2019）京 73 民终 2799 号民事判决书。
❹ 江苏省高级人民法院（2019）苏民终 778 号民事判决书。
❺ 杭州互联网法院（2020）浙 0192 民初 1329 号民事判决书。

第二节 互联网环境下新型不正当竞争行为的构成要件和种类

一、互联网环境下新型不正当竞争行为的构成要件

(一) 利用了技术手段

互联网环境下新型不正当竞争行为,不同于其他不正当竞争行为的最大特征之一是,行为人实施不正当竞争行为时,采用了技术手段。

技术手段,主要是指网络技术手段。网络技术手段,从基础功能角度,可以分为信息存储技术、信息处理技术、信息传输技术、信息应用技术。从物理功能角度,可以分为硬件技术、软件技术、应用技术。从应用角度,可以分为基础应用类技术(包括即时通信技术、搜索引擎技术、网络新闻技术、社交应用技术、远程办公技术、云端化服务技术等);商务交易类技术(包括网络购物技术、网上外卖技术、网络支付技术等),网络娱乐类技术(包括网络游戏技术、网络视频技术、网络直播技术、网络音乐技术、网络媒体技术等),公共服务类技术(包括在线教育类技术、在线医疗类技术、网约车技术等)。这些网络技术,均可用于妨碍、破坏、干扰其他经营者合法提供的网络产品或者服务,影响网络用户选择。

(二) 通过影响用户选择或者其他方式

从广义上说,任何正当、公平竞争,都是通过影响用户选择或者其他方式进行的,但前提是不能侵害用户的知情权、理性选择权。经营者在利用网络技术通过影响用户选择或者其他方式进行竞争时,如果侵害了用户的知情权、理性选择权,则难谓正当。某些串改电脑本地设置的技术、添附某些设置的技术、拦截竞争产品的技术,常常采用虚构事实暗示或者强迫网络用户的方式,或者根本不让网络用户知情的方式在后台进行,均属于典型的侵害用户知情权、理性选择网络产品或者服务的方式。

（三）实施了妨碍、破坏其他经营者合法提供的网络产品或者服务正常运行的行为

妨碍，是指经营者提供的网络产品或者服务虽然可以继续运行，但用户使用不便，需要用户重新设置或者设法变通。破坏，是指使经营者合法提供的产品或者服务无法运行或者部分功能丧失。打开当前服务则自动关闭他人服务或者他人服务某些功能，是典型的破坏行为。对经营者提供的网络产品或者服务进行的不正当竞争行为，不限于妨碍和破坏，还包括干扰等行为。互联网专条将互联网领域中的新型不正当竞争行为限定为妨碍和破坏两种形式，导致两个结果：一是法官将干扰等行为扩大解释为妨碍或者破坏行为，适用互联网专条进行处理。二是法官转而适用《反不正当竞争法》第2条第2款认定妨碍和破坏以外的其他互联网新型不正当竞争行为。

经营者合法提供的产品或者服务，包括基础应用类产品或者服务，比如即时通信、搜索引擎、网络新闻、社交应用、远程办公、云端化服务等；商务交易产品或者服务，比如网络购物、网上外卖、网络支付等；网络娱乐类产品或者服务，比如网络游戏、网络视频、网络直播、网络音乐、网络媒体等；公共服务类产品或者服务，比如在线教育类、在线医疗类、网约车等。

二、互联网环境下新型不正当竞争行为的种类

（一）未经其他经营者同意，在其合法提供的网络产品或者服务中，插入链接、强制进行目标跳转的行为

互联网环境下，不同经营者提供的产品或者服务相互之间可能存在相互干扰的情况，但相互干扰并不一定构成不正当竞争。未经其他经营者同意，在其合法提供的网络产品或者服务之中，插入链接、强制进行目标跳转，目的在于争夺网络流量和其他交易机会，并从广告中获取最大化收益。经营者实施的此种行为，如果不是出于私力救济等必要，且手段、方式、程度、范围等不超过私力救济等的限度，则不管相关用户是否对互联网产品或者服务来源产生混淆、误认，亦属于妨碍、破坏其他经营者合法提供的网络产品或者服务正常运行的不正当竞争行为。

在浙江天猫网络有限公司与上海载和网络科技有限公司、载信软件（上

海）有限公司不正当竞争纠纷案中，❶ 被告通过"帮5淘"购物助手在原告页面中插入相应标识，并以减价标识引导用户至"帮5买"网站购物的行为，降低了原告网站的用户粘性，劫持了原告的网络流量和商业交易机会，被法院认定为未经其他经营者同意，在其合法提供的网络产品或者服务中，插入链接、强制进行目标跳转的不正当竞争行为。

（二）误导、欺骗、强迫用户修改、关闭、卸载其他经营者合法提供的网络产品或者服务的行为

互联网环境下，经营者为了争夺网络流量和其他交易机会，为自己谋取商业利益，往往利用技术创新、保护网络用户或者公共利益等名义，在推广自己的网络产品或者服务时，误导、欺骗、强迫网络用户修改、关闭、卸载其他经营者合法提供的网络产品或者服务，不正当干扰其他经营者网络产品或者服务的安全性、完整性，减少甚至剥夺其他经营者的网络流量和其他市场交易机会，影响了用户体验，侵犯了用户的合法权益，构成不正当竞争行为。

在腾讯诉北京搜狗科技发展有限公司、北京搜狗信息服务有限公司不正当竞争纠纷案中，❷ 被告的搜狗拼音输入法采用定时和不定时弹出"搜狗输入法管理器—输入法修复"窗口的方式，引导用户在"修复"输入法时删除QQ拼音输入法在语言栏的快捷方式，造成用户无法再选择使用QQ拼音输入法的行为，最终被法院认定构成误导、欺骗、强迫用户修改、关闭、卸载其他经营者合法提供的网络产品或者服务的不正当竞争行为。

（三）恶意对其他经营者合法提供的网络产品或者服务实施不兼容的行为

按照计算机领域的普遍理解，兼容是指经营者提供的网络产品或者服务可以在其所处的网络环境中自主下载、安装、运营而不受其他网络产品或者服务的干扰、妨碍、破坏，但两个平行运行的网络产品或者服务之间的信息交互，不应当理解为兼容，否则个人隐私、个人信息、商业秘密和大数据的保护将成为一句空话。恶意对其他经营者合法提供的网络产品和服务实施不兼容，是指互联网领域中的经营者出于图利或者加害目的，使其他经营者提供的网络产品

---

❶ 上海知识产权法院（2017）沪73民终197号民事判决书。
❷ 北京市第一中级人民法院（2009）一中民初字第16849号民事判决书。

或者服务所处的网络环境中自主下载、安装、运营而受到其他网络产品或者服务的干扰、妨碍、破坏的行为。用户和消费者能否正常使用的体验，不应当成为判断经营者是否实施了恶意不兼容的主要因素。恶意不兼容包括不同产品、服务在同一环境下无法同时正常运行，不同产品、服务之间无法实现交互等。

市场经济中，决定自己提供的网络产品或者服务与他人的网络产品或者服务是否兼容一般属于自由竞争的正常范围，经营者出于利益最大化考虑，有权利选择不与其他经营者提供的产品或者服务兼容。如2010年的"3Q"大战期间，腾讯QQ就选择对360软件实施不兼容。不兼容行为是否构成不正当竞争行为，取决于经营者是否存在恶意，但何谓"恶意"并不容易判断。一般来说，如果对其他所有经营者的产品或者服务实施兼容，但没有正当理由仅对特定经营者的产品或者服务实施不兼容，歧视和加害目的明显，应当属于恶意情形。司法判例则认为，如果经营者及时采取措施修复了产品或者服务不兼容的情况，应当推定经营者不具备主观恶意。在北京奇虎科技有限公司、奇智软件（北京）有限公司诉北京金山安全软件有限公司、珠海金山软件有限公司不正当竞争纠纷案中，[1] 原告诉称被告的金山网盾阻止其360安全卫士运行的行为构成恶意不兼容的不正当竞争行为。北京市第一中级人民法院认为，经营者在发现软件不兼容后于合理时间内采取措施解决了软件冲突的情况下，应当认为该经营者并不具备不兼容的主观恶意，其行为不应认定为不正当竞争行为。

（四）其他妨碍、破坏其他经营者合法提供的网络产品或者服务正常运行的行为

互联网专条规定的不正当竞争行为，属于对商业实践和司法判例的总结，不可能穷尽所有利用技术手段。通过影响用户选择或者其他方式，实施妨碍、破坏其他经营者合法提供的网络产品或者服务正常运行的行为在实践中不断翻新。从这个角度而言，互联网专条的诞生之日，就是其死亡之时。目前而言，较为突出者包括下列行为：

（1）通过向用户提供具有屏蔽合法网络广告功能的产品或者服务，获取用户、推广产品、获取流量的行为。 短期看，屏蔽网络视频等广告的行为有利于网络用户；但从网络生态和长远看，将导致与投放合法网络广告相关的上下

---

[1] 北京市第一中级人民法院（2011）一中民初字第136号民事判决书。

游经营者因无法收回投资而无法提供和完善其网络产品或者服务，无法维护正常的经营活动，并将减少网络用户选择机会，增加网络用户的消费成本，最终破坏正常的网络生态和消费者利益，综合进行利益考量，应当认定该行为构成不正当竞争行为。

（2）通过技术手段破坏、规避其他网络经营者为自身产品或者服务设置的技术限制措施，妨碍、破坏其他经营者合法提供的网络产品或者服务的正常运行的行为，不正当损害了其他经营者合法利益，影响了其他经营者正常经营活动，可能导致其他经营者合法提供的产品或者服务的供应不足，也应当认为构成不正当竞争行为。

第三节 互联网环境下新型不正当竞争行为与私力救济抗辩[1]

一、概 论

互联网环境下的经营者本身大多掌握技术，因此在互联网环境下遭遇不正当竞争行为时，往往会利用自己掌握的技术对侵犯自身权益的不正当竞争行为进行实时的"还击"，因而产生了针对互联网环境下不正当竞争行为进行的"私力救济"问题。所谓私力救济，是指依法享有民事权益的主体，在紧迫且必要的情况下，在法律许可的范围内，依自身实力通过实施自卫或自助行为救济被侵害的民事权利。[2] 自卫型私力救济行为包括正当防卫和紧急避险行为。自助型私力救济行为，是指为了保证权利而采取的法律上允许的、具有进攻性的行为[3]，或者是指权利人为保护自己的权利，而对他人的自由或财产施以拘束或损毁的行为。[4]

尽管有学者认为，私力救济相比国家公权力救济而言，具有直接性、经济

---

[1] 李扬，张旗. 私力救济抗辩初探 [J]. 中山大学学报（社会科学版），2019（1）.
[2] 江平. 民法学 [M]. 北京：中国政法大学出版社，2000：88-89.
[3] 卡尔·拉伦茨. 德国民法通论 [M]. 王晓晔，等译. 北京：法律出版社，2013：358.
[4] 梁慧星. 民法总论 [M]. 5 版. 北京：法律出版社，2017：283.

性、效率性、便利性、一定程度的实效性、充分张扬的当事人主体性❶等优点，因而都应当被法律有条件地承认，但因我国《中华人民共和国民法通则》（已废止）和《中华人民共和国民法总则》（已废止）只承认自卫型私力救济的法律效力❷，导致我国法院在审理不正当竞争民事案件时，对于当事人提出的私力救济抗辩，基本不予采纳、不予审查。❸ 此种司法态度不但忽视了互联网市场竞争特点，而且也不利于及时保护守法合规、诚实守信的互联网经营者和消费者利益，更不利于有效维护互联网领域中公平正当的竞争秩序。

鉴于互联网环境下不正当竞争行为的特点和对公平竞争秩序的特殊要求，在互联网不正当竞争纠纷案件中，司法应当有条件地承认不正当竞争行为受害方提出的私力救济抗辩，以打造保护互联网市场中的良性竞争，促进互联网市场主体提高商品和服务品质，降低成本，推陈出新，不断生产和提供最能满足消费者所需的产品或服务。

私力救济抗辩，特指在有关互联网不正当竞争民事纠纷案件中，针对原告不正当竞争行为的指控，如果被告被指控的不正当竞争行为仅仅是针对原告在先的不正当竞争行为采取的必要、合理救济手段，则被告可以据此对抗原告请求法律救济的权利。

二、私力救济抗辩的必要性和合理性

根据徐昕教授的研究，人们选择私力救济作为解决纠纷方式的动因主要有：私力救济行之有效；诉讼效率低、成本高、不确定因素多；民众对司法的信心不足；公力救济的功能有局限；诉讼可能影响当事人之间的社会关系；诉讼无法充分吸收当事人的不满；当事人自保和报复的冲动等❹。有关互联网环境下不正当竞争民事案件应当有条件地允许被告针对原告在先不正当竞争行为进行私力救济抗辩，具体有以下理由。

---

❶ 徐昕. 论私力救济 [M]. 北京：中国政法大学出版社，2005：196－198.

❷ 分别参见《中华人民共和国民法通则》（已废止）第128条、第129条和《中华人民共和国民法总则》（已废止）第181条、第182条。

❸ 以"不正当竞争；私力救济"、"不正当竞争；自助行为""不正当竞争；自力救济"等作为关键词在无讼案例网https://www.itslaw.com/bj（2017年11月20日访问）进行搜索，共查找到24篇在不正当竞争案件中提及私力救济抗辩的案件，其中仅有2件案件法院支持了当事人的私力救济抗辩，且这2件案件均为互联网不正当竞争案件。

❹ 徐昕. 论私力救济 [M]. 北京：中国政法大学出版社，2005：196－197.

（一）允许被告进行私力救济抗辩是由互联网市场及其竞争的特点决定的

互联网市场最突出的特点是效率高、受众广、技术硬、淘汰快、影响深。效率高，主要体现为信息传播的即时性和整个市场效率的极大提升。受众广，体现为互联网用户数量的庞大以及信息覆盖范围的广度上。技术硬，主要体现为互联网经营者需要依托强有力的技术。淘汰快，主要体现为互联网产品和服务的快速更迭，并因此形成了极高的市场淘汰率。影响深，主要体现为互联网活动痕迹的永久性，谁也无法预知，某个负面事件是否会在未来的某一天被再度提及、发酵，进而将企业带进生死存亡的窘境。

互联网市场及其竞争的上述特点，要求每一个互联网经营者必须具备对任何事件作出快速反应和处理的能力，这其中就包括对互联网不正当竞争行为的处理。诉讼固然是解决问题的良好办法，但是以月甚至以年为单位来计算的诉讼进程，对于分秒必争的互联网市场环境来说，无疑是巨大的不效率。以"3Q"大战为例，在"扣扣保镖"关于QQ存在安全隐患、盗取用户隐私的宣扬中，用户往往会选择相信安全软件，立即更换通信软件。此时如果腾讯无法采取私力救济手段维护自己的权益，漫长的诉讼过后，等待它的也许是一份胜诉判决书和一个早已失去的市场。可以说，在互联网市场中，通过必要的私力手段维护自身权益既是经营者万分无奈又是刻不容缓的事情。

（二）允许被告进行私力救济抗辩客观上有利于建立互联网市场的商业道德

允许被告对互联网环境下不正当竞争行为进行私力救济抗辩：一方面，能够及时遏制不正当竞争行为，使行为主体不能收获其预想中的效果，以此威慑漠视一般商业道德的互联网经营者；另一方面，允许被告进行私力救济抗辩能够宣扬商业道德在互联网市场中的作用——通过私力救济，被侵害主体非但没有失去用户或被市场淘汰，反而赢得了用户的信任，及时挽回了自身损失。这种正面的结果是鼓舞所有市场主体遵守商业道德的良好范例。

（三）允许被告进行私力救济抗辩对竞争秩序的整体影响不大

总结现有能够搜集到的所有相关案例可以发现，针对互联网领域中的新型不正当竞争行为实施的私力救济行为，具有技术性、防御性和及时性三个特点，主要目的在于降低互联网环境下不正当竞争行为给自身造成的危害和损失。针对对象与影响都被限定在非常小的范围之内，极大地区别于互联网环境下花样繁多的不正当竞争行为，只不过是对破坏竞争秩序行为的修正，对整个市场竞争秩序并未造成实质损害，也没有加剧互联网领域的不正当竞争。

(四) 允许私力救济抗辩不足以冲击司法审判及行政监管

在形式单一、耗时较短、范围窄小的前提下，允许对互联网环境下不正当竞争行为进行私力救济抗辩，仅仅是司法救济或行政救济的补充。实践中除了部分互联网经营者选择私力救济之外，绝大部分互联网经营者还是选择司法和行政渠道解决不正当竞争纠纷案件，以期得到具有国家公权力和强制力保障的裁量结果。进一步说，私力救济抗辩能否得到承认，最终决定权仍掌握在经过审慎思考之后行使自由裁量权的法院手中。在行使市场监管职责时，行政部门也掌握着是否允许受害者进行私力救济的话语权。被告或者被投诉人对互联网环境下不正当竞争行为进行私力救济，需要国家公权力机关严格把关，承认私力救济抗辩不会冲击司法审判和行政监管职能。

三、私力救济抗辩的要件

私力救济不是法外之地，更不是私人暴力，在有关互联网环境下的不正当竞争民事纠纷案件中，允许被告进行私力救济抗辩，必须具备如下要件，以免弊大于利，使整个互联网陷入无序而不可控的状态。

(一) 存在在先的不正当竞争行为

这是互联网经营者者进行私力救济抗辩的前提条件。私力救济针对的行为可以是利用互联网技术实施的传统不正当竞争行为，如商业诋毁行为、侵害商业秘密行为等，也可以是《反不正当竞争法》第12条规定的互联网环境下新型的不正当竞争行为。

(二) 互联网环境下的不正当竞争行为具有威胁性和紧迫性

威胁性，是指在先的不正当竞争行为已经实际发生，并正在损害竞争对手商业上的合法权益。不正当竞争行为尚未发生或者仅有发生可能，不得对其实施所谓的私力救济行为，否则该行为本身可能构成不正当竞争行为。

紧迫性，是指由于在先的不正当竞争行为，经营者通过互联网提供的线上或者线下产品与服务市场口碑迅速恶化、负面新闻爆发、用户群体大量流失、被替代风险剧增、造成现实财产损失等。在先不正当竞争行为已经发生且经营者极有可能因此被淘汰出相关市场的紧迫情况下，如果不允许其通过技术手段采取必要措施进行私力救济，以及时、有效制止在先不正当竞争行为，而只能通过冗长而复杂的司法或者行政途径进行救济，等待经营者的极有可能就是被淘汰出互联网市场的命运。

（三）私力救济行为具有即时性

即时性，是指私力救济行为必须在在先不正当竞争行为正在发生的过程中作出。在先不正当竞争行为尚未发生，或者虽已发生但已经停止，不得进行私力救济。否则，私力救济行为不但不具有正当性，反而会转化为应受法律规制的主动的不正当竞争行为。

（四）私力救济行为仅能针对在先不正当竞争行为主体

私力救济行为针对的对象必须具有特定性和唯一性，即仅能针对在先不正当竞争行为主体。以私力救济为名，针对在先不正当竞争行为主体以外的主体实施特定行为的，超出了行为对象特定范围的限制，不但不具有正当性，而且可能构成不正当竞争行为。

（五）私力救济行为只能出于防御目的，且必须具备保守性

防御性，是指私力救济目的在于维护自身正在受在先不正当竞争行为侵害的合法权益。保守性，是指私力救济行为采取的手段与在先不正当竞争行为采取的手段大体相当。私力救济行为是否具有防御性和保守性，可以借鉴行政法学上的比例原则进行判断。

比例原则，也称禁止过度原则，主要包括三个子原则：适当性原则、必要性原则和均衡性原则。❶适当性原则要求，私力救济必须是为了及时、有效保护自身商业上的合法权益免受正在进行中的在先不正当竞争行为侵害的必要手段。必要性原则要求，为了及时、有效保护自身商业上的合法权益免受在先不

---

❶ 杨登峰. 从合理原则走向统一的比例原则 [J]. 中国法学, 2016 (3): 89.

正当竞争行为侵害，在拥有多种手段可以维护自身利益的情况下，只能选择给在先不正当竞争行为主体造成最轻损害的手段，而不能选择彻底破坏在先不正当竞争行为主体所有的产品或者服务、趁机抢占其市场的手段。均衡性原则要求，经过综合衡量，允许私力救济所欲保护的法益，即经营者利益、消费者利益以及技术创新、商业模式创新等公共利益，与因此而给在先不正当竞争行为主体、消费者利益以及技术创新、商业模式创新等公共利益造成的损失相比，前者明显大于后者。

针对互联网环境下的不正当竞争行为进行的私力救济如果同时满足上述五个条件，则其具有正当性，反不正当竞争法无须介入，司法机关相应地应当允许相关案件中的被告进行私力救济抗辩。但就我国目前的审判实践看，司法还较为习惯地停留在"竞争行为给其他竞争者造成损害即不正当"的固有思维模式上，而忽视了在先不正当竞争行为主体与私力救济行为主体之间的利益平衡，忽略了私力救济对整个互联网市场竞争的良性影响，基本不承认私力救济行为的正当性和合法性。在奇虎诉百度案❶、北京金山安全软件有限公司诉合一案❷、北京阿里巴巴信息技术有限公司与北京三际无限网络科技有限公司互诉案❸中，被告的私力救济行为均未被法院承认，而被认为构成不正当竞争行为。

四、私力救济抗辩中的私力救济措施

在互联网环境下遭遇在先不正当竞争行为时，被侵害主体可以选择下列一种或几种私力救济措施维护自己的合法权益。

（一）在互联网公共平台发布评论、帖子和文章，澄清事实真相

这种救济方式适用于包括商业诋毁在内的几乎所有发生在互联网环境下的不正当竞争行为。此种救济手段成本最低，所运用的互联网技术也最为基础，并且可以线上线下同时进行。由于在先不正当竞争行为存在危险性和紧迫性，

---

❶ 北京市海淀区人民法院（2014）海民初字第5724号民事判决书。
❷ 北京市海淀区人民法院（2013）海民初字第17359号民事判决书。
❸ 北京市第二中级人民法院（2006）二中民初字第16174号民事判决书、北京市高级人民法院（2007）高民终字第469号民事判决书、北京市海淀区人民法院（2007）海民初字第1873号民事判决书、北京市第一中级人民法院（2007）一中民终字第13142号民事判决书。

对此种私力救济方式，不应苛求被侵害主体百分之百实事求是、公正客观地描述竞争对手的不正当竞争行为，即使稍显刻薄、渲染、夸张的措辞语句，考虑到具体情境，法律也应当给予一定程度的包容。

（二）设置插标警告

本来，插标行为是安全软件为实现正常功能而在互联网中采取的技术措施，目的在于提示用户某种互联网产品或者服务是否安全，但在激烈的互联网市场竞争中，设置插标警告已经演变为一种后果较为严重的商业诋毁手段。针对在先的不正当竞争行为，特别是通过互联网设置插标警告进行商业诋毁的行为，被侵害主体应当可以利用技术措施实施插标警告，包括在自身经营的产品或服务中创设插标警告，也包括在对方所经营的产品或服务中（包括对方的官方网站、栏目首页、主要产品下载区等）创设插标警告，以向互联网用户揭露或者说明在先不正当竞争行为，提示不兼容情况。

（三）屏蔽、删除在先不正当竞争行为主体的产品或服务，终止兼容合作

产品或者服务兼容与否本身就是自由竞争的一部分。当互联网经营者遭受行为主体的不正当竞争，又与其有现实的合作关系时，可以选择放弃与对方的合作，即屏蔽、删除对方的产品或服务；也可以自行放弃兼容性，即让自身的产品或服务与对方不兼容。但需要注意的是，由于此种手段能对他人经营的产品或服务进行直接的干扰，因此一般而言，只有当被侵害主体的产品或服务先遭受了无正当理由的干扰、破坏，无法完整正常地提供该产品或服务时，才能够运用该种手段进行私力救济，而且私力救济措施只能针对对方用以实施不正当竞争行为的产品或服务，而非对方的所有产品或服务。

五、私力救济抗辩的法律效果

在有关互联网环境下的不正当竞争民事纠纷案件中，被告如果成功进行了私力救济抗辩，则产生如下两个法律效果：一是阻却作为在先不正当竞争行为主体的原告的金钱救济请求，二是阻却作为在先不正当竞争行为主体的原告的禁令救济请求。而且不管被告进行私力救济时主观上是否有过错，都不影响私

力救济抗辩的这两个法律效果。

但是,私力救济抗辩的这两个法律效果都有时间限制,即以在先不正当竞争行为存续时间以及损害后果存在为限。如果在先不正当竞争行为人由于主客观原因停止了实施不正当竞争行为,而且消除了损害后果,则被告不得再援引私力救济抗辩。在此情况下,被告对在先不正当竞争行为停止后而且损害结果消除后实施的行为,不但不能援引私力救济抗辩,反而可能需要承担实施不正当竞争行为的法律后果。

第十二章
知识产权警告函行为与不正当竞争

第一节 概 论

一、绪 论

知识产权警告函行为，是指知识产权人针对指称侵害其知识产权的行为人发送侵权警告函件，并要求其停止侵害行为或者采取其他补救措施的行为。侵权警告名称为警告函，还是律师函、公开信或者广告、启示，在所不问。侵权警告函行为的对象有二：一是涉嫌侵害知识产权行为人本身，二是涉嫌侵害知识产权行为人之交易相对人。

一般而言，经过司法程序或者准司法程序，认定知识产权人的知识产权不存在、被宣告无效、已过保护期，或者行为人的行为不侵权，知识产权人没有发出侵权警告函的请求权基础，在知识产权人向行为人的客户发送侵权警告函的情况下，该行为人可以商业毁谤为由，针对知识产权人行使损害赔偿和停止侵害请求权。此情形下，无必要再讨论知识产权侵权警告函行为是否构成独立的不正当竞争行为，也无须纠缠何谓正当行使知识产权行为，何谓滥用侵权警告构成不正当竞争行为。

然而，在知识产权人直接向行为人发送侵权警告函而没有散布的情况下：其一，即使经过司法或准司法程序认定权利人无发出侵权警告的请求权基础，亦无认定其行为构成商业毁谤行为的法理基础。其二，虽然经过司法或者准司法程序，认定权利人无发出侵权警告函的请求权基础，也不能就此倒推出知识产权人发出侵权警告的行为必然构成不正当竞争行为。其三,在知识产权人向行为人或者行为人的客户发送侵权警告函之后,行为人以滥发侵权警告函构成不正当竞争为由直接针对知识产权人提起不正当竞争之诉时,法院将面临判断知识产权人发送侵权警告函的行为是否构成不正当竞争的问题。由此,仍有探讨知识产权侵权警告函行为,究竟在何种情况下构成独立的不正当竞争行为的必要。

二、德国的实践

2004年德国修改其反不正竞争法之前,德国联邦最高法院一直沿用帝国法院的如下立场:违法的侵权警告侵害被警告人的营业权,类推适用德国民法典第1004条,权利人应负不作为责任,有过错时则应按照民法典第823条第1款规定负损害赔偿责任。德国联邦最高法院的理由是,权利人享有独占的排他权利,相对于被警告人,通常更清楚其权利状况,因此应该在错误的侵权警告中承担更大风险,以平衡不同当事人利益。所谓违法的侵权警告,是指因为权利不存在、权利被宣告无效、权利已过保护期或者行为人不侵权等不存在请求权基础的侵权警告。❶

但德国联邦最高法院的上述立场遭受了德国学界长时间的批评。批评意见认为,进入侵权诉讼程序之前的侵权警告具有与侵权诉讼同样的功能,而且有利于节约诉讼成本;被警告人拥有对抗警告人的不侵权确认之诉等保护自己合法权益的手段;反不正当竞争法对营业权的保护,相比民法典对营业权的补充保护,应当优先适用。

因来自学术界批评的压力,在2004年的一个案件中,德国联邦最高法院第一民事委员会就能否放弃对违法侵权警告适用民法典转而适用反不正当竞争法的问题,认为如果侵权警告人故意通过权利警告阻碍被警告人的竞争,可以适用反不正当竞争法第3条,第4条第1、8、9项结合第9条,以及民法典第826条予以规制,并提交德国联邦最高法院大民事委员会先行裁决。2005年,德国联邦最高法院大民事委员会就此作出裁决支持了原司法判例的做法,并重申违法的侵权警告在将来也应当被认定为侵害了被警告人的营业权,应根据民法典赔偿他人遭受的损害。然而,德国联邦最高法院大民事委员会的上述裁决

---

❶ 范长军. 德国反不正当竞争法研究[M]. 北京:法律出版社,2010:170.

并未平息学界的进一步批评。学界认为,德国联邦最高法院大民事委员会的裁决未能在 2004 年反不正当竞争法修改的基础上对法律的适用进行检讨,依旧沿用旧判例的思路。❶

目前,德国学术界的主流意见是,违法的侵权警告构成反不正当竞争法第 4 条第 10 项规制的阻碍竞争行为,或者第 4 条第 8 项规制的商业诋毁行为,或者第 4 条第 10 项规制的联合抵制行为,反不正当竞争法作为特别法,优先适用于经营者营业权的保护,受害者可以分别依据第 8 条、第 9 条,行使排除妨碍请求权、损害赔偿请求权。❷

三、日本的实践

在 2001 年审理磁气信号记录用金属粉末案❸中,东京地方裁判所开始以知识产权侵权警告属于"知识产权正当行使"为由否定侵权警告者的不法行为责任之前,日本累积的裁判例基本认为,权利人作出行为人的产品侵害其权利的判断具有过失时应当负赔偿责任,有争论的仅是过失的认定应当宽松还是严格。但自 2001 年东京地方裁判所率先利用侵权警告属于知识产权行使的理论来否定侵权警告者的责任后,争论的焦点转变为,从警告的内容和状态判断,其究竟属于正当权利行使的一环,还是属于日本不正当竞争防止法所规制的信用诋毁行为。❹

首创于磁气信号记录用金属粉末案的"知识产权正当行使论"认为,在专利权等权利无效或者竞业者的行为没有侵害专利权等知识产权的情况下,权利人仍然向竞业者的交易对象发送专利权等侵权警告,应属于信用诋毁行为,但是,专利权人追究侵权产品的转让者或者受让者的责任属于正当的权利行使。在这种情况下,如果专利权等侵权警告属于权利行使的一环,专利权人等不负损害赔偿责任,但外观上虽然是权利行使的一环,实质是为了毁损对方的信用以取得交易上的优势地位的,则专利权人等应当承担责任。究竟如何判断专利权人等是正当行使权利还是为了毁损对方信用以取得交易上的优势地位呢?三村量一法官提出了如下综合判断因素:警告函的形式、内容;发出警告

---

❶ 范长军. 德国反不正当竞争法研究 [M]. 北京:法律出版社,2010:171-173.
❷ 范长军. 德国反不正当竞争法研究 [M]. 北京:法律出版社,2010:173.
❸ 東京地判平 13.9.20「磁気信号記録用金属粉末事件」,判時 1801 号.
❹ 田村善之. 日本现代知识产权法理论 [M]. 李扬,等译. 北京:法律出版社,2010:42.

函之前的情况；警告函的传播时间、期间、数量、范围；警告函的接受者，包括交易对象的经营种类、内容、规模，与竞业者的关系和交易状态，涉嫌侵权产品的参与程度，应对专利权等侵权诉讼的能力以及实际应对；发出警告函后专利权人和交易对象的具体行动；其他因素。

具体到该案，鉴于专利权人 Y 在与 X 交涉无果的情况下才向 A 发送侵权警告函，在警告函中说明了专利内容，并指出 A 的行为侵权了其专利权要求 A 接受交涉，A 不仅参与了涉嫌侵权产品的使用和流通，而且还在利用该产品来制造并销售录像带，A 具有应对专利权侵权诉讼的能力和经验，并告知 Y 自己知道不直接与 Y 进行交涉的后果，Y 已经在美国向 A 和 A 的系列公司提起侵权之诉，法院认为 Y 的侵权警告属于以提起诉讼为前提的正当权利行使行为，不属于不正当竞争行为。❶

关于该案，二审东京高等裁判所也采用了正当权利行使论，否定了专利权人的责任。但提出了与一审正当权利行使论不同的两点理由。一是把侵权警告函行为的客观内容、状态作为是否属于正当权利行使的判断因素的同时，还列举了警告者未能知道专利权的无效或非受侵害的事实，认为在容易知道专利权不存在和非受侵害的情形下实施的侵权警告函行为属于违法行为，否则不属于违法行为。具体到该案，Y 的专利权是在经过申请后的公告和异议等程序之后才获得授权的，与该项专利相对应的专利在其他四个国家也已获得授权，针对 Y 基于该项专利权提出的停止侵害请求，X 所提起的不侵权确认之诉和无效宣告请求需要耗费很长时间，因此不能断定 Y 很容易就能知道该项专利无效的理由，所以 Y 的侵权警告属于正当权利行使行为。二是将正当的权利行使行为作为违法性的阻却因素。❷

正当权利行使论产生后，为东京地方裁判所后续的一些判决所采纳并完善，但其影响也仅限于此，该种产生于判例的理论在日本并非一种已经被普遍接受的理论。❸

四、我国的司法实践

我国并无法律明文规定正当知识产权侵权警告函行为与非正当警告函行为

---

❶ 東京地判平 13.9.20「磁気信号記録用金属粉末事件」，判時 1801 号，118 頁。
❷ 東京高判平 14.8.29「磁気信号記録用金属粉末事件」，判時 1807 号，132－134 頁。
❸ 田村善之. 日本现代知识产权法理论［M］. 李扬，等译. 北京：法律出版社，2010：52－72.

之间的判断标准。《最高人民法院关于审理侵犯专利权纠纷案件应用法律若干问题的解释》第18条规定："权利人向他人发出侵犯专利权的警告，被警告人或者利害关系人经书面催告权利人行使诉权，自权利人收到该书面催告之日起一个月内或者自书面催告发出之日起二个月内，权利人不撤回警告也不提起诉讼，被警告人或者利害关系人向人民法院提起请求确认其行为不侵犯专利权的诉讼的，人民法院应当受理。"该条虽提到侵权警告，但规定的是提起确认不侵权之诉的条件，并未规定正当知识产权侵权警告的判断标准。在双环与本田确认不侵权及损害赔偿纠纷案❶中，最高人民法院就何种条件下发送侵权警告函属于正当行使权利的行为作出了如下重要判示。

（一）侵权警告函发出的时间

关于侵权警告函发出的时间，最高人民法院在上述判决中认为："**专利权人发送侵权警告是其自行维护权益的途径和协商解决纠纷的环节，法律对于在法院侵权判决之前专利权人自行维护其权益的行为，并无禁止性规定。允许以此种方式解决争议有利于降低维权成本、提高纠纷解决效率和节约司法资源，符合经济效益。**"因此，专利权人既可以针对法院已经判决认定的侵权行为向被诉侵权行为人发送侵权警告函，也可以在提起侵权诉讼之前或者起诉期间发送侵权警告函。

（二）知识产权人发送侵权警告函时的注意义务

"权利人发送侵权警告维护自身合法权益是其行使民事权利的应有之义，但行使权利应当在合理的范围内。""判断侵权警告是正当的维权行为，还是打压竞争对手的不正当竞争行为，应当根据发送侵权警告的具体情况来认定，以警告内容的充分性、确定侵权的明确性为重点。权利人发送侵权警告必须以确定的具体侵权事实为依据，在发送侵权警告时应当对所警告的行为构成侵权善尽审慎注意义务，对所涉侵权的具体事实进行充分考量和论证后进行。侵权警告的内容不应空泛和笼统，对于权利人的身份、所主张的权利的有效性、权利的保护范围以及其他据以判断被警告行为涉嫌构成侵权的必要信息应当予以披露。权利人发送侵权警告的目的，在于让被警告者知悉存在可能侵害他人权

---

❶ 最高人民法院（2014）民三终字第7号民事判决书。

利的事实，自行停止侵权或与权利人积极沟通、协商解决纠纷，权利人无需再提起侵权之诉寻求公力救济。"

最高人民法院在上述判示中不但要求知识产权人发送侵权警告函之前善尽审慎注意义务，而且对权利人针对制造者和销售者发送警告函时的注意义务作了区分。"从侵权警告信的发送对象看，权利人所履行的审慎注意义务也并不相同。制造者作为侵权的源头，通常是权利人进行侵权警告的主要对象，权利人希望被警告的制造者停止侵权行为或与其进行协商以获得授权，制造者往往会选择与权利人正面协商、沟通的方式解决纠纷。权利人发送侵权警告的对象还可能包括产品的销售商、进口商，或者发明或实用新型产品的使用者等，这些人作为制造者的交易相对方，往往也是权利人争夺的目标客户群。由于他们通常对是否侵权的判断认知能力相对较弱，对所涉侵权的具体情况知之较少，与制造者不同，他们的避险意识较强，更易受到侵权警告的影响，可能会选择将所涉产品下架、退货等停止被警告行为，拒绝对制造者的商品进行交易。因此，向这些主体进行警告的行为容易直接导致制造商无法销售，影响所涉产品的竞争交易秩序。……侵权警告不同于法院对诉前行为保全的裁定，所涉侵权行为并不会因侵权警告行为而当然停止，被警告者是否停止所涉侵权行为由其自行决定，尤其是对销售商而言，侵权警告的内容对其能否作出合理判断、自行承担由此导致的商业风险更为关键。因此，向这些主体发送侵权警告时，对确定被警告行为构成侵权而产生的注意义务要高于向制造者发送侵权警告的情形，其警告所涉信息应当详细、充分，如披露请求保护的权利的范围、涉嫌侵权的具体信息以及其他与认定侵权和停止侵权相关的必要信息。否则，易导致交易方面对内容不明确的警告内容，为避免自身涉及警告信所称的后果，停止进行交易，影响公平竞争的交易秩序。"

（三）发送警告函的正当性，是否受最终判决和知识产权无效宣告影响

对此，最高人民法院认为："权利人可通过侵权警告达到制止侵权的目的，甚至达到在市场上先发制人而不需要提起侵权之诉的效果。侵权警告中的侵权事实是权利人的单方认识，所涉侵权行为是否构成侵权需要法院审理确定。……权利人维权的方式是否适当并非以被警告行为是否侵权的结论为判断依据，而是以权利人维权的方式是否正当，是否有违公平的竞争秩序，是否存在打击竞争对手作为衡量的标准。由于侵权认定的专业性和复杂性，不能过高

要求权利人对其警告行为构成侵权的确定性程度，否则会妨碍侵权警告制度的正常效用和有悖此类制度的初衷。在权利人发送侵权警告行为得当，不存在过错时，即使最终被警告的行为不构成侵权，也可能不属于滥用权利，无需对竞争者的损失进行赔偿。"

第二节 美国反托拉斯法上的诺尔－佩宁顿法理（Noerr－Pennington）

一、诺尔－佩宁顿法理（Noerr－Pennington）

市场主体基于反竞争动机，企图借助立法、行政或者司法程序或者机制的运作，阻碍其他市场主体参与竞争并产生实际限制竞争的结果，该市场主体的行为，是否违反谢尔曼法（Sherman Act）之规定？美国联邦最高法院通过一系列判决，发展出诺尔－佩灵顿法理，对这个问题作出了回答。

1961年，美国联邦最高法院对 Eastern Railroad Presidents Conference v. Noerr Motor Freight 案的判决（以下简称"诺尔案判决"），❶首先对上述问题进行了探索。该案中，卡车运输业者指控铁路运输业者及其雇佣的公关公司，为限制竞争目的从事各种宣传活动，包括向相关政府机关陈情，促使其通过不利于卡车运输业者的法案，在大众及其交易相对人中塑造不利于卡车业者的形象，影响卡车业者与铁路运输业者之交易相对人的正常交易关系。且上述宣传活动中，部分内容不真实或者错误。

针对上述铁路运输业者及其公关公司的行为，美国联邦最高法院认为，其向相关政府机关陈情，促使其通过不利于卡车运输业者法案的行为，虽为自身利益并存在限制竞争之动机，但乃行使宪法规定的请愿权的行为，以商业行为作为规制对象的反托拉斯法，不应介入政治过程，因而不适用反托拉斯法。在大众及其交易相对人中塑造不利于卡车业者形象的行为虽非直接向政府机关所为的请愿，但实际是为了完成第一项目的附带事项的行为，不论其请愿手法是

---

❶ 365 U. S. 127 (1961). 相关介绍可参见 CALKINS S. Developments in Antitrust and the First Amendment: the Disaggregation of Noerr [J]. Antitrust Law Journal, 1988, 57: 327.

否合理正当或者有虚伪不实情形，真正目的乃是促使相关政府部门通过有利于自己的法令或者政策，因此也应当排除反托拉斯法的适用。诺尔案判决的精髓在于，体现了对民主政治的尊重。有利于自己且有反竞争效果的请愿行为最后是否如愿，自己并不能预测，更不能决定，决策权在于需要考量各种政策因素的政府机关手中，政府机关的决策行为，不应受反托拉斯法之规制。该案中铁路运输业者及其公关公司的宣传虽有不实或错误之处，但卡车运输业者亦可公开反驳和澄清，法院不宜介入该过程论断是非。

诺尔案判决主要针对立法过程中的请愿行为，1965年美国联邦最高法院对United Mine Workers v. Pennington案的判决，[1]则将反托拉斯法排除适用的请愿行为由立法领域扩大到了行政领域。据此，针对行政机关所为的请愿行为，只要其目的在于以此影响行政部门的执行决定，也不受反托拉斯法规制。

在美国三权分立宪政体制下，最终完成诺尔－佩灵顿法理三部曲的是1972年美国联邦最高法院对California Motor Transport Co. v. Trucking limited案的判决，[2]该判决将反托拉斯法排除适用的请愿行为由立法、行政领域扩大到司法领域。该案中被告被指控共谋提起各种诉讼，阻碍竞争者取得营业权。在被告提起诉讼的行为是否适用诺尔案判决中阐述的法理的争议点上，美国联邦最高法院认为，依法向司法机关提起诉讼或者告诉的行为，亦适用该法理，不受反托拉斯法的规制。

二、诺尔－佩灵顿法理之假象例外（sham exception）

按照诺尔－佩灵顿法理，虽任何人均可就其关心事项向立法、行政或者司法部门表达意见或者建议，以此影响立法、行政或者司法决策或者判断，以最大化争取和维护自己的权益。但是，如请愿目的并非希望立法、行政或者司法部门予以回应，采取有利于自己的决策或者行动，而意在借助请愿程序本身实施反竞争目的，则构成假象请愿行为，与诺尔－佩灵顿法理基础不合，自无诺尔－佩灵顿法理之适用。

在上述诺尔案判决中，美国联邦最高法院虽提到"单纯的假象"（mere sham）请愿行为，但并未予以解释。在California Motor Transport案判决中，美

---

[1] 381 U. S. 657 (1965).
[2] 404 U. S. 508 (1972).

国联邦最高法院将假象请愿行为界定为"可能导致司法或者行政程序遭到滥用之违法或者应受指责的行为"。❶ 该案中的被告虽然拥有合法权利，在提起的 40 件法律诉讼中赢得 21 件案件的胜诉，但其不管是否存在诉讼原因，亦不关心案件实体事项，只要发现有竞争者试图取得相关营业权，即对其发动法律程序，而不考虑其诉讼内容是否合理与有无胜诉把握，目的在于阻止竞争者进入相关市场，构成假象请愿行为，不适用诺尔－佩灵顿法理。❷

在司法程序中，假象请愿行为主要表现为以下两种类型。

一是虚伪不实陈述。立法程序中，因言论自由以及各种表达意见管道的存在，因而即使有不实信息夹杂其间，亦不因此丧失诺尔－佩灵顿法理之适用。但诉讼程序讲究当事人主义，事实真相的发现依赖于当事人提供的证据，因此诉讼程序中请愿人的行为标准要比立法程序中严格，正如美国联邦最高法院所说，"在政治舞台上所宽宥的不实陈述，在审判过程中，并不享有豁免的权利"。❸ 在 Walker Process Equipment, Inc. v. Food Machinery & Chemical Corp. 一案中，因专利权人通过不实陈述而取得专利，又基于该专利权提起侵权诉讼，因此不得免除反托拉斯法的适用。❹

为了防止过度妨碍请愿权和言论自由的行使，同时考虑到进行虚伪不实陈述可以利用伪证、侮辱、毁谤等刑事犯罪予以规制，虚伪不实陈述构成假象请愿例外需要具备如下严格要件：其一是行为人明知信息虚伪不实，但仍然进行使用。不知道或者没有理由应当知道信息虚伪不实加以使用的，仍有诺尔－佩灵顿法理之适用，不违反反托拉斯法。其二是虚伪不实信息对诉讼胜败结果产生实质影响。其三是虚伪不实信息掌握于一方当事人手中，他方当事人通过公开渠道不容易获取，若他方当事人容易获得相关信息并反驳该虚伪不实信息，不构成假象请愿例外。四是虚伪不实信息客观上应为虚伪不实信息，而不是理解或者认知上的不同。❺

二是无合理根据的诉讼。美国联邦最高法院在 1993 年的 Professional Real

---

❶ 404 U.S. 508 (1972), at 513.

❷ ELHAUGE E. Making Sense of Antitrust Petitioning Immunity [J]. CALIFORNIA LAW REVIEW. 1992, 80: 1177, 1184.

❸ California Motor Transport Co. v. Trucking limited, 404 U.S. 508, 513 (1972).

❹ 382 U.S. at 172-175 (1965).

❺ HOVENKAMP H. Federal Antitrust Policy: the Law of Competition and Its Practice [M]. 2nd ed. Saint Paul: West Academic Publishing, 1999: 689-690.

Estate Investors v. Columbia Pictures Industries 判决中指出，无合理根据的诉讼，是指客观上毫无根据且主观上系基于恶意干扰竞争秩序的诉讼。客观上毫无根据，系指具有理性之人现实上无法期待其有胜诉的可能，该诉讼的提出欠缺客观根据。因此若一客观的当事人指称，其诉讼经过理性计算将产生对其有利的结果，则该诉讼适用诺尔－佩灵顿法理，并进一步免除适用反托拉斯法。主观上的恶意，系指行为人提起诉讼的背后隐藏着直接干扰竞争者的商业关系，并经由利用政府的程序本身，而非寻求该诉讼的结果，作为一种反竞争的武器。❶

美国联邦最高法院在上述 Professional Real Estate Investors v. Columbia Pictures Industries 判决中进一步指出，即使原告举证证明被告的假象诉讼中所具有的客观与主观要素，并因此而成功反驳被告有关诺尔－佩灵顿豁免之主张，其仍然必须证明被告存在实质的违反反托拉斯法的行为。假象诉讼证据的存在，仅仅是剥夺被告免于反托拉斯法适用的豁免权，并未因此减轻原告应当承担证明其其他主张的义务。❷ 换句话说，原告证明被告提起的诉讼属于假象请愿，仅产生被告不享有诺尔－佩灵顿豁免的结果，而不能就此推断被告行为同时构成违反反托拉斯法的行为。被告行为是否构成违反反托拉斯法的行为，需要按照反托拉斯法规定的行为要件，进一步具体判断。对于美国联邦最高法院的此种二阶段判断法，黄铭杰教授进行过如下精要评论："若就 Noerr-Pennington 法理与反托拉斯法，系分别基于保障请愿权与维护竞争秩序二种不同规范目的发展而成一事以观，此种二阶段式的判断法则，当属法理之必然。"❸

综上所述，美国诺尔－佩灵顿法理的最大启示，在于调和知识产权行使行为与竞争法规范的关系时，在判断行为是否构成不正当竞争行为或者是否构成违法的垄断行为时，应当先行判断该知识产权行使行为是否构成广义的请愿权行使行为。如果回答是肯定的，则认定属于正当行使知识产权的行为；如果回答是否定的，则需要根据反不正当竞争法或者反垄断法规制的行为的构成要件，进一步判断其违法性。

---

❶ 508 U.S. 49（1993），at 60-61.
❷ 508 U.S. 49（1993），at 61.
❸ 黄铭杰. 竞争法与智慧财产法之交会：相生与相克之间 [M]. 台北：元照出版有限公司，2009：489.

第三节 诺尔-佩灵顿法理与知识产权侵权警告函行为

一、诺尔-佩灵顿法理适用于知识产权侵权警告函行为的可行性

诺尔-佩灵顿法理原本只适用于向立法、行政、司法机关的请愿、投诉、诉讼等广义请愿行为，不适用于向涉嫌侵害知识产权的行为人发送侵权警告函的行为，但该法理旨在调和知识产权法规范与竞争法规范之冲突，促使当事人之间尽量在诉讼之前进行沟通，达成和解，解决冲突，减少诉源，减轻司法负担，因而可扩张适用于侵权警告函行为。美国反托拉斯法权威注释著作对此进行了如下解释："……保护人民提起诉讼的权利，却不同时保护人民威胁提起诉讼的权利，完全违背常理。绝大多数诉讼于提起前，当事人间事先存在各种沟通，比如明示或者默示威胁行为人，如不改变其行为或提供其他救济措施，则将提起诉讼的警告函。此类诉讼前的沟通提供了非常有用的通知，并促进了纠纷的解决。如反托拉斯法规则是先鼓励诉讼，其后再沟通，将显得愚不可及。"❶ 事实上，在美国联邦最高法院表态前，美国第五、第十、第十一巡回法院以及加利福尼亚北区法院就已经将该法理适用于诉前知识产权警告函行为了。❷

考虑到知识产权排他权的本质，以及诺尔-佩灵顿法理的宪法基础乃在于任何人均可就其关心事项向政府机关表达意见和愿望，以借此影响政府的意思决定，最大程度维护其自身权益，一般而言，针对指称侵权行为人发送侵权警告函的行为，应该理解为行使知识产权的正当行为豁免于反不正当竞争法和反垄断法的适用，借此鼓励当事人私下沟通解决之道。对于以经过审查核准或者授权的商标权、专利权等公示性权利为基础，基于对国家机关授权可靠性的信赖而对侵权行为人发送警告函的行为而言，情况更应当是如此。

---

❶ AREED P E, HOVENKAMP H. Antitrust Law: an Analysis of Antitrust Principles and Their Application, New York: Aspen Publishers, 1996: 65.
❷ See Coastal States Mktg., Inc. v. Hunt, 694 F. 2d 1358 (5th Cir. 1985); McGuire Oil Co. v. Mapco, Inc., 958 F. 2d 1552 (11th Cir. 1992); Cf. Cardtoons, L. C. v. Major League Baseball Players Ass'n, 208 F. 3d 885 (10th Cir. 2000); eBay, Inc. v. Bidder's Edge, Inc., 2000 - 2 Trade Cas. (N. D. Cal. 2000).

二、假象知识产权侵权警告函行为

然而，将诺尔－佩灵顿法理适用于知识产权行使行为也并非没有例外。与假象请愿目的仅在于利用请愿程序本身造成反竞争效果一样，警告函行为目的亦可能并不在于实体上有利于自己的结果，而仅在于利用无合理根据的警告函程序损害竞争对手，扰乱竞争秩序，因而有必要对假象警告函行为适用反不正当竞争法进行规制。

无合理根据的警告函行为，总体来看，包括如下两种警告函行为。

一是知识产权虽有效，但明知或者应当知道警告函行为的对象不构成知识产权侵害，却针对该等对象发出警告函。针对流通于市场上并非专用于实施侵害知识产权、主观上不知道警告函行为对象利用该非专用品实施侵害知识产权行为、且不知道没有重大过失的一般商品销售者发送侵权警告，知识产权人无理由对该等商品销售者行使任何权利，实已超出诺尔－佩灵顿法理的规范趣旨，不能受该法理庇护。

一种观点认为，知识产权人向指称侵权行为人的上下游企业发送警告函的行为，不属于行使知识产权的正当行为，不能受诺尔－佩灵顿法理之庇护。此种观点站不住脚。知识产权是一种排他权，市场主体不管处于交易的什么环节，只要其行为落入知识产权控制的行为范围，且不存在不侵权抗辩法定事由，该行为就构成侵权，知识产权人针对该侵权行为人发送警告函，理当属于行使知识产权的行为。是否正当仍需判断其是否构成假象例外，答案为否，则属行使知识产权的正当行为，有诺尔－佩灵顿法理之庇护；答案为是，则不受该法理之庇护。径直将针对竞争对手上下游交易对方发送警告函的行为认定为非正当行使知识产权的行为，甚至直接认定为不正当竞争行为的做法，是对知识产权排他权本质的误解。

二是不存在赖以发送侵权警告函的有效知识产权。有效知识产权，是权利人针对侵害行为人行使排他权的基础。发送警告函时并不拥有有效知识产权，自无理由针对任何人发送侵权警告函，亦无诺尔－佩灵顿法理之适用。

有效知识产权，仅指知识产权人发送侵权警告函时，作为具有理性之人，相信其拥有的知识产权有效，且其知识产权获取手段合法，不存在通过虚伪不实陈述或者资讯获取之情势。通过虚伪不实陈述或者提供虚假信息获取专利权、商标权、植物新品种权、集成电路布图设计权等公示性知识产权，该等知识产权实体上是否有效存疑，以此为基础发送侵权警告函，甚至提起侵权诉讼，难谓行使知识产权的正当行为，不能豁免反不正当竞争法或者反垄断法的适用。通过水印等技术措施编造知识产权人身份或者权利证书，或者将非公示性权利冒充为公示性权利，或者在知识产权保护期过后，针对指称侵权对象发送侵权警告函，均不拥有有效知识产权，亦无诺尔－佩灵顿法理之适用。

有效知识产权，仅要求发送侵权警告函时该知识产权有效，还有一层含义，即纵使知识产权人或者警告函行为对象事后提起诉讼过程中，该专利权、商标权等公示性知识产权被宣告无效或被撤销，或者作品被认为无独创性或者属于思想范畴不受著作权法保护，亦不影响该警告函行为属行使知识产权之正当行为的认定。盖因专利权、商标权等公示性权利的权利范围、效力状态、侵害标准等，或者作品有无独创性、是否属于思想范畴等，客观上充满不确定性，在排除了知识产权人获取过程中的虚伪不实行为后，知识产权人并不容易清晰、客观作出判断。要求知识产权人发送侵权警告时其拥有的知识产权不但有效，而且稳定，实超过一般理性人之判断能力，非属合理。于此，一般应当假定，只要在发送侵权警告函时知识产权有效，该警告函行为原则上具有合法合理根据，除非有明白且令人信服的假象例外证据存在，否则不能以知识产权事后被宣告无效或者知识产权人在实体案件中败诉而否定诺尔－佩灵顿法理之适用。❶

三、提起诉讼是否适用诺尔－佩灵顿法理的前提

知识产权警告函行为适用诺尔－佩灵顿法理，是否以知识产权人提起诉讼为前提？诸多学者对此持肯定态度，认为该法理之适用，以知识产权人提起诉讼为前提，发函可能侵权之人，要求其停止侵害行为并协商解决办法。❷ 此种观点值得商榷。既然警告函行为目的在于在诉讼外沟通解决纠纷，减轻法院诉累，则不应当强逼知识产权人进入诉讼程序。将知识产权人是否在将来提起诉讼而对侵权行为人发送侵权警告函，作为警告函行为是否适用诺尔－佩灵顿法理之有无的必要条件，意味着警告函行为未实现协商解决目的时，必须针对侵

---

❶ Handgards v. Ethicon, 601 F. 2d 986 (9th Cir. 1979), cert. denied, 444 U. S. 1025 (1980).
❷ 黄铭杰. 竞争法与智慧财产法之交会：相生与相克之间 [M]. 台北：元照出版有限公司，2009：491；AREED P E, HOVENKAMP H. Antitrust Law: An Analysis of Antitrust Principles and Their Application, New York: Aspen Publishers, 1996: 67.

权行为人发起诉讼程序，否则不管是否存在合法合理根据，其警告函行为均非行使权利的正当行为，再无从适用诺尔－佩灵顿法理。如此将否定一切有合法、合理依据但事后未发动诉讼程序的警告函行为的正当性，显然有违警告函行为的初衷。虽然事实上警告函行为未实现让侵权行为人停止侵害并协商解决办法之目的情况下，知识产权人会发起诉讼程序维护其权益，但不能由此推断出如下结论：是否发动诉讼程序属于判断警告函行为是否属于行使权利的正当行为，以及是否适用诺尔－佩灵顿法理之先决条件。

四、诺尔－佩灵顿法理的适用与警告函的形式要件

知识产权警告函行为适用诺尔－佩灵顿法理，是否以知识产权人发送的警告函充分、详细记载据以判断被警告行为涉嫌构成侵权的必要信息为前提？对此，最高人民法院在前述双环诉本田确认不侵权和损害赔偿纠纷案判决中认为，知识产权人发给制造者的警告函，"侵权警告的内容不应空泛和笼统，对于权利人的身份、所主张的权利的有效性、权利的保护范围以及其他据以判断被警告行为涉嫌构成侵权的必要信息应当予以披露"，而知识产权人发给销售者的警告函，"警告所涉信息应当详细、充分，如披露请求保护的权利的范围、涉嫌侵权的具体信息以及其他与认定侵权和停止侵权相关的必要信息"。最高人民法院虽然对发送给制造者和销售者的警告函内容要求进行了区分，但实操标准并不清晰。

本书认为，既然警告函的发送以拥有有效知识产权为前提，不管是针对制造者还是销售者的警告函，至少应当记载如下信息：权利人身份信息、拥有知识产权的信息（专利证书、商标注册证、作品原件或复制件信息、作品登记证书、受让或者许可使用合同等其他权利凭证）、涉嫌侵权的具体信息（侵权产品、侵权商标、侵权作品等）。有了这些信息，被警告行为人足以判断其行为是否构成侵权，并决定是否停止相关侵权行为。

要求权利人在警告函中披露权利保护范围，甚至要求权利人在警告函中提供详细侵权对比信息甚至专业机构鉴定报告并不合理。一者，警告函中记载了专利证书、商标注册证的情况下，行为人很容易查询到专利等公示性权利的保护范围。二者，专利的等同排他边界、注册商标的排他边界、作品的排他边界并不十分清晰，因此导致专利权、商标权、著作权等的保护范围难以清楚划定，权利人技术上难以做到清晰披露权利保护范围。三者，在权利人披露了身

份信息、权利信息、侵权信息等基本信息的情况下，被警告行为人完全可以自行判断商业风险，进而采取相应策略维护自己的权益。要求权利人增加成本，在警告函中提供详细侵权对比信息甚至专业机构鉴定报告，而不是要求被警告行为人耗费成本，利用发达的查询管道查询相关信息，或者通过咨询律师或者其他专业人士对是否侵权作出判断，有本末倒置之感，不符合知识产权排他权的本质。

五、假象知识产权侵权警告函行为构成不正当竞争行为的具体判断

即使依上述情事判断警告函行为属于行使知识产权正当行为之假象例外且不适用诺尔-佩灵顿法理庇护，并不能就此直接推断出知识产权人的行为构成不正当竞争行为。接下来要做的是，根据反不正当竞争法规制的具体行为要件，进一步判断该行为是否构成应受规制的商业毁谤行为、虚假宣传行为。在警告函行为不符合《反不正当竞争法》明文列举的不正当竞争行为构成要件而适用第2条时，则应当根据本书第一编第二章关于《反不正当竞争法》第2条一般条款如何适用的要件，继续判断警告函行为是否构成独立的不正当竞争行为。

参考文献

[1] 小野昌延. 注解不正競争防止法：新版上下巻［M］. 東京：青林書院, 2007.

[2] 経済産業省知的財産政策室. 逐条解説 不正競争防止法［M］. 東京：商事法務, 2016.

[3] 経済産業省知的財産政策室. 逐条不正競争防止法解説［M］. 東京：商事法務, 2019.

[4] 経済産業省知的財産政策室. 逐条解説不正競争防止法：改正版［M］. 東京：有斐閣, 2012.

[5] 経済産業省. 限定提供データに関する指針」［EB/OL］.（2019-01-23）[2020-04-10]. https://www.meti.go.jp/policy/economy/chizai/chiteki/guideline/h31pd.pdf.

[5] 日本経済産業省. 限定提供データに関する指針」, 2019年1月23日.

[6] 小野昌延, 山上和則編. 不正競争の法律相談［M］. 東京：青林書院, 2010.

[7] 松村信夫. 不正競業訴訟の法理と実務［M］. 4版. 東京：民事法研究会, 2004.

[8] 田村善之. 不正競争法概説［M］. 2版. 東京：有斐閣, 2003.

[9] 渋谷達紀. 商標法の理論［M］. 東京：東京大学出版社, 1973.

[10] 渋谷達紀. 知的財産法講義（Ⅲ）［M］. 東京：有斐閣, 2005.

[11] 渋谷達紀. 不正競争防止法［M］. 東京：発明推進協会平成, 2014.

[12] 豊崎光衛. 工業所有権法：新版［M］. 東京：有斐閣1975年版.

[13] 大阪弁護士会友新会. 最新不正競争関係判例と実務［M］. 3版. 東京：民事法研究会, 2016.

[14] 茶園成樹. 不正競争防止法［M］. 東京：有斐閣, 2015.

[15] 金井重彦, 小倉秀夫はか. 不正競争防止法コンメンタール：改正版［M］. レクシスネクシスジャパン, 2004.

[16] 田村善之. 知的財産権と損害賠償：新版［M］. 東京：弘文堂, 2004.

[17] 山本庸幸. 要説不正競争防止法［M］. 3版. 東京：日本発明協会, 2002.

[18] 竹田稔. 知的財産権要論（不正競業編）［M］. 東京：日本発明協会, 2002.

[19] 竹田稔. 不正競争防止法概説 [M]. 東京：有斐閣，1994.

[20] 松村信夫. 不正競競業訴訟の法理と実務 [M]. 3版. 東京：民事法研究会，2001.

[21] 小野昌延，松村信夫. 新注解不正競争防止法概説 [M]. 東京：青林書院，2011.

[22] 青木博通. デザインとブランドの保護 [R]. 札幌：北海道大学大学院法学研究科，2006.

[23] 吉田邦彦. 債権侵害論再考 [M]. 東京：有斐閣，1991.

[24] 中山信弘. 工業所有権法（上）：第二増補版 [M]. 東京：弘文堂，2000.

[25] 内藤篤，田代貞之. パブリシティ権概説 [M]. 東京：木鐸社，1999.

[26] 伊藤正己. プライバシーの権利 [M]. 東京：岩波書店，1963.

[27] 谷口知平，甲斐道太郎. 新版注釈民法（18）債権（9）[M]. 東京：有斐閣，1991.

[28] 五十嵐清. 人格権論 [M]. 名古屋：一粒社，1989.

[29] 田村善之. 日本现代知识产权法理论 [M]. 李扬，等译. 北京：法律出版社，2010.

[30] 迪特尔·施瓦布. 民法导论 [M]. 郑冲，译. 北京：法律出版社，2006.

[31] Commission of the European Communities. First Evaluation of Directive 96/9/EC on the Legal Protection of Databases（2005 - 12 - 12）[2021 - 07 - 01］. https：//ec. europa. eu/info/sites/default/files/evaluation_report_legal_protection_databases_december_2005_en. pdf.

[32] AREED P E, HOVENKAMP H. Antitrust Law：An Analysis of Antitrust Principles and Their Application, NewYork：Aspen Publishers，1996.

[33] 史尚宽. 债法总论 [M]. 北京：中国政法大学出版社，2000.

[34] 王利明. 违约责任论 [M]. 北京：中国政法大学出版社，2003.

[35] 陈凌云. 英美合同法之违约获益赔偿责任研究 [M]. 北京：法律出版社，2017.

[36] 徐昕. 论私力救济 [M]. 北京：中国政法大学出版社，2005.

[37] 梁慧星. 民法总论 [M]. 北京：法律出版社，2017.

[38] 黄铭杰. 竞争法与智慧财产法之交会：相生与相克之间 [M]. 台湾元照出版公司，2009.

[39] 黄铭杰. 公平交易法之力量与实务：不同意见书 [M]. 台北：学林文化出版公司，2002.

[40] 李明德. 美国知识产权法 [M]. 2版. 北京：法律出版社，2014.

[41] 范长军. 德国反不正当竞争法研究 [M]. 北京：法律出版社，2010.

[42] 李扬. 商标法基本原理 [M]. 北京：法律出版社，2018.